普通高等教育“十一五”国家级规划教材

国家级精品资源共享课配套教材

电子商务

ELECTRONIC COMMERCE（第五版）

张润彤　主编

科学出版社

北　京

内 容 简 介

本书是普通高等教育“十一五”国家级规划教材，也是国家级精品课程及国家级精品资源共享课“电子商务”的主干教材的修订第五版。本书共15章，全面系统地介绍了电子商务的整体框架及其涵盖的主要内容，使读者在阅读本书后对电子商务有清晰完整的了解。本书强调相关概念、理论和应用的成熟性与完整性，使其可以反映教材特点；同时也强调研究成果的先进性，力图反映电子商务的最新发展趋势。书中每章附有相关的复习思考题。为配合教学的需要，本书还配有多媒体教学课件。

本书可作为高等学校电子商务、计算机技术与应用、信息管理与信息系统、国际经济与贸易和工商管理等专业本科生和研究生的教材，同时也可作为相关领域高级管理人员的参考用书或培训教材。

图书在版编目(CIP)数据

电子商务 / 张润彤主编. -- 5 版. -- 北京 : 科学出版社, 2024. 8.
(普通高等教育“十一五”国家级规划教材)(国家级精品资源共享课配套教材).--ISBN 978-7-03-079202-0

Ⅰ. F713.36

中国国家版本馆 CIP 数据核字第 20240Q3A93 号

责任编辑：王京苏/责任校对：王晓茜
责任印制：张　伟/封面设计：楠竹文化

科学出版社 出版
北京东黄城根北街16号
邮政编码：100717
http://www.sciencep.com

三河市骏杰印刷有限公司印刷

科学出版社发行　各地新华书店经销

*

2005年9月第一版　开本：787×1092　1/16
2009年12月第二版　印张：21　1/2
2014年2月第三版　字数：510 000
2019年6月第四版　2024年8月第三十次印刷
2024年8月第五版

定价：58.00元

(如有印装质量问题，我社负责调换)

第五版前言

电子商务是数字经济快速发展的驱动力。党的二十大报告指出，“加快发展数字经济，促进数字经济和实体经济深度融合[①]”。政府在推动“数字中国”战略和深化“互联网+”行动计划方面发挥了重要作用，加快了电子商务的创新和发展。随着技术的快速发展和市场环境的变化，当今电子商务展现出新的特点和趋势。“非接触经济”的繁荣、新一代数字技术的突破创新、消费者需求和行为模式的变化，推动电子商务行业从传统电商向“新电商”升级，新业态、新模式不断涌现，技术层面的广泛渗透和应用层面的深度融合，催生出社交电商、直播电商、兴趣电商、信任电商、共享经济、反向定制等新模式。近年来，电子商务交易额持续增长，反映出中国经济中数字化转型的活力，展示了电子商务的多样化和创新能力。同时，我们也看到，伴随网民数量增长的趋缓，电子商务也面临着总体增速趋缓、市场竞争加剧、线上成本攀升的发展环境。电子商务的探索性实践与快速发展迫切需要现代电子商务理论和技术的支持与不断创新，这是本书诞生并不断再版的大背景。

本书第一版于 2005 年 9 月出版，由 2004 年国家级精品课程“电子商务”课程组编写，系“国家级精品课程指定教材”暨“中国科学院规划教材”，并于 2007 年被列为普通高等教育“十一五”国家级规划教材。本书一经面世，即受到了广大读者的极大欢迎，一再重印。为适应电子商务理论、技术与实践发展的需要，本书曾于 2009 年 12 月、2014 年 2 月和 2019 年 6 月分别出版了第二版、第三版和第四版。在此期间，在教育部、北京交通大学和兄弟院校、该领域众多的专家学者及广大读者和学生的大力支持下，经本课程组教师的不懈努力，以本书为主要推荐教材的“电子商务”课程于 2013 年 5 月被教育部批准为“国家级精品资源共享课”。

自本书第四版出版以来的 5 年时间里，电子商务无论从理论、技术还是实践应用方面都更加成熟和完善。随着互联网技术和应用的快速发展，虚拟现实、边缘计算和数字孪生等一批具有时代特征的信息技术的涌现和应用极大地促进了电子商务的成熟和普及，电子商务又呈现出许多新的形态和内容。为反映和适应电子商务理论与应用迅猛发展的特点，同时在总结和汇集了本书第四版在教学过程中的经验与建议的基础上，我们对本书第四版的文字部分以及配套课件进行了全面的修订，形成了第五版。

《电子商务（第五版）》在保持第四版主体架构的基础上，进一步深化和扩展了内容。本书继续沿着电子商务的基本概念、技术基础和发展脉络展开，全面涵盖了电子商务领

---

① 《习近平：高举中国特色社会主义伟大旗帜 为全面建设社会主义现代化国家而团结奋斗——在中国共产党第二十次全国代表大会上的报告》，https://www.gov.cn/xinwen/2022-10/25/content_5721685.htm[2022-10-25]。

域的基础知识和主流内容。同时，我们结合中国最新政策和思想，以党的二十大精神为指导思想，对电子商务的最新现状、发展趋势、关键数据和案例研究进行了全面更新，以体现行业的新特征和前瞻性。为了更好地适应教学和自学的需求，本书还增加了最新的多媒体教学资源。通过这次修订，我们旨在提供一个既全面又重点突出的视角，帮助读者理解电子商务的经典理论和实践，掌握最新技术和方法，同时预见行业的未来趋势。

本书的修订工作由张润彤和张倩瑶负责。本书在编写过程中，参考了大量的文献资料，采用了该领域内一些专家学者最新的研究成果和观点，在此对这些专家学者表示特别感谢！

电子商务是一门新兴的、快速发展的学科，它的许多特性还在不断地发展和完善，因此许多问题还需不断地认识和探讨。书中如有不妥之处，敬请广大读者不吝赐教，以期不断改正。

张润彤

2024 年 6 月

目录

Contents

01 第1章 电子商务概述 / 1

1.1 引言 / 2

1.2 电子商务的定义、模型与研究对象 / 3

1.3 电子商务的特点 / 9

1.4 电子商务的分类 / 13

1.5 电子商务的机理 / 17

02 第2章 电子商务带来的革命 / 25

2.1 电子商务的起源与发展 / 26

2.2 中国电子商务的发展状况 / 31

2.3 电子商务的未来发展趋势 / 35

2.4 电子商务与社会变革 / 37

2.5 电子商务与企业变革 / 41

03 第3章 电子商务的运作模式 / 44
3.1 O2O 的运作模式 / 45
3.2 C2B 的运作模式 / 47
3.3 共享经济运作模式 / 50
3.4 跨境电子商务运作模式 / 54
3.5 农村电子商务运作模式 / 59

04 第4章 电子商务下的物流 / 63
4.1 物流与物流管理 / 64
4.2 电子商务下的物流 / 65
4.3 电子商务下的配送与配送中心 / 70
4.4 电子商务下的物流模式 / 72
4.5 电子商务下的供应链管理模式 / 76

05 第5章 电子商务系统基本技术体系 / 80
5.1 电子商务系统技术框架 / 81
5.2 计算机网络与互联网技术 / 86
5.3 电子商务表达层基础技术 / 91
5.4 电子商务应用逻辑层基础技术 / 97
5.5 电子商务数据层基础技术 / 101

06 第6章 电子商务系统相关技术及其发展 / 104
6.1 IP 协议及其发展 / 105
6.2 移动通信技术 / 109

6.3　物联网技术　/ 113
6.4　分布计算及其影响　/ 114
6.5　大数据技术　/ 119
6.6　虚拟现实技术及其应用　/ 122

07 第 7 章
电子与网络支付　/ 125
7.1　网络支付的基本理论　/ 126
7.2　网络支付的基本流程和基本模式　/ 131
7.3　B2B 典型的网络支付方式　/ 133
7.4　B2C 典型的网络支付方式　/ 135
7.5　其他网络支付方式　/ 141

08 第 8 章
电子商务的安全　/ 150
8.1　电子商务的安全问题与需求　/ 151
8.2　电子商务网络平台的安全及防火墙技术　/ 153
8.3　数据机密性技术　/ 157
8.4　数据完整性技术　/ 162
8.5　数字证书与认证中心　/ 166
8.6　安全电子商务的安全协议机制　/ 170

09 第 9 章
电子商务的法律保障　/ 176
9.1　电子商务呼唤新法律　/ 177
9.2　电子商务立法的全球审视　/ 179
9.3　《电子签名法》详析　/ 181
9.4　电子商务中的法律问题　/ 185

9.5 电子商务法律服务与保障体系建设 / 193
9.6 我国电子商务法律机制体系的构建 / 195

10 第10章 电子商务知识产权保护与标准化 / 198

10.1 电子商务知识产权保护 / 199
10.2 电子商务中的著作权保护 / 201
10.3 电子商务中的域名和商标 / 206
10.4 电子商务中的专利权保护 / 208
10.5 电子商务标准化 / 211
10.6 “互联网+”与知识产权 / 215

11 第11章 企业电子商务的创建与管理 / 218

11.1 明确创建企业电子商务的目的 / 219
11.2 创建企业电子商务的准备 / 223
11.3 创建企业电子商务 / 226
11.4 企业电子商务的管理 / 230
11.5 电子商务营销 / 235

12 第12章 电子商务与现代企业管理 / 239

12.1 网络经济与虚拟管理 / 240
12.2 电子商务与业务流程重组 / 242
12.3 电子商务与供应链管理 / 246
12.4 电子商务与企业资源计划 / 251
12.5 电子商务与客户关系管理 / 255
12.6 电子商务环境下 BPR、SCM、ERP、CRM 的集成 / 258

13 第13章 电子商务的典型应用 / 263
13.1 电子商务在政府部门的应用：电子政务 / 264
13.2 电子商务在旅游业的应用：旅游电子商务 / 267
13.3 制造业电子商务应用 / 269
13.4 中国零售电子商务 / 274
13.5 跨境电子商务 / 278
13.6 互联网金融 / 283

14 第14章 移动电子商务及其应用 / 287
14.1 移动电子商务概论 / 288
14.2 移动电子商务的现状与发展 / 292
14.3 移动电子商务的基础——移动互联 / 297
14.4 移动支付 / 302
14.5 移动电子商务安全 / 305

15 第15章 电子商务是经济发展的必然趋势 / 310
15.1 电子商务的优势和价值 / 311
15.2 制约电子商务发展的因素 / 314
15.3 中国电子商务发展的总体战略 / 317
15.4 电子商务发展的新看点 / 320
15.5 电子商务的发展趋势 / 323

参考文献 / 327

第 1 章

电子商务概述

本章要点：本章概述了电子商务定义的发展历程，从多个角度对电子商务的定义做出介绍，并通过分析电子商务的特点，对电子商务的发展趋势做了进一步阐述。本章阐述了电子商务的分类，在分析电子商务系统基本结构的基础上，针对电子商务基础平台、服务平台和支撑环境三个方面阐述了电子商务机理。

1.1 引言

当今世界网络、通信和信息技术快速发展，互联网在全球迅速普及。信息化的不断发展、网络经济的兴起、信息技术的突破已经不单纯是信息产业的变革，它已经涉及社会、经济和文化的方方面面。网络经济使得现代商业具有不断增长的供货能力、不断增长的客户需求和不断增长的全球竞争三大特征，使得任何一个商业组织都必须改变自己的组织结构和运行方式，以适应这种全球性的发展和变化。

随着信息技术在国际贸易和商业领域的广泛应用，利用计算机技术、网络通信技术和互联网实现商务活动的国际化、信息化和无纸化，已成为各国商务发展的一大趋势。电子商务正是为了适应这种以全球为市场的变化而出现和发展起来的。电子商务提出了一种全新的商业机会、需求、规则和挑战，它代表了未来信息产业的发展方向，代表了未来商务活动的发展方向，已经并将继续对全球经济和社会的发展产生深刻的影响。

随着移动终端的发展及无线网络的普及，移动电子商务得到了较快的发展，每年的商务额度增长率较大，移动电子商务在电子商务中所占据的比例也越来越大。

1.1.1 网络与商务的结合

一项技术的发明和应用需要人们的探索。爱迪生发明电灯的时候，没人能意识到它将对人们的生产生活产生什么样的影响，蒸汽机的发明也曾经面临同样的境遇。而今的互联网，作为全球范围内信息传递的基础，应用于科研信息的传递、新闻信息的传递、个人信息的交流等领域，显示出了很大的便利性。它将信息传递的领域进一步拓展，从科学研究和个人生活领域拓展到经济活动和企业生产经营活动领域。

商务活动自身发展的需要才是决定这一应用必将成功的关键因素。商务活动包括收集市场信息、分析比较市场信息、交易谈判、交货付款等。商务活动中的很多环节都体现为信息的搜集、分析、处理和交流。面对经济全球化和日益激烈的市场竞争，要想在全球竞争中生存和发展，客观上就要求企业提高其商务活动效率及商务决策的科学性和可靠性。而借助计算机处理，企业能够有效提高商务决策的科学性和可靠性；借助于互联网，企业能显著提高商务活动效率。于是，为了提高商务活动的效率和效益，将计算机和互联网应用到商务活动中来就成为时代发展的必然。

1.1.2 电子商务实现过程

网上书店是电子商务中影响较大的一个部分，已成为电子商务奇迹的亚马逊网上书店是其中众所周知的。为了给读者提供一个关于电子商务概念的直观理解，下面以网上书店的购物流程为例，演示一个基本的电子商务实现过程。

（1）浏览、检索商品。不同网站的检索方式略有差异，一般网上书店都提供多种检索方式。其中，目录检索和模糊检索是一般网站都具有的典型检索方式，有些网站还提供热销产品推荐等检索方式。

（2）确定购买。确定所要购买的商品（图书）后，鼠标点击“购买”（有些网站是点击商品的图标，有些是点击商品的名称，也有些是点击专门的链接部分），此时该商品就被放入购物清单（有些网站称其为购物车、购物筐或购物篮等）。如果想放弃购买，可以在购物清单中删除拟购商品。如果确认购买，此时可以修改订购数量等。一般网站设计的默认订购数量为一个单位，如一本书、一套书等。

（3）继续购买。如果同时还要购买其他商品，一般可点击购物清单中的“继续挑选商品”链接，即可转入商品浏览、搜索环节，如还需继续购买则重复上述步骤。

（4）注册会员，登记开户。一般网站都要求注册会员，一方面是为了收集消费者信息，另一方面是为了便于联系购买事项，如确认订单等，同时也方便完成送货环节的相关事项。注册会员时，消费者要填写个人基本信息，填写地址和联系方式等。注册会员是消费者首次登录网站时需要完成的，再次登录时只需输入用户名和密码，已有的注册信息就会直接被提取出来。

（5）确认送货信息。完成登记开户后，在收货信息页面填写收货人的详细信息，为了保证所购商品顺利送达，需要准确填写收货人的姓名、地址、邮编、电话等信息。

（6）选择送货方式。多数网站都有若干种送货方式以供选择，其所需费用、送货时间和送货服务水平不同，消费者可酌情选择该订单的送货方式。

（7）选择付款方式。多数网站采用在线支付、邮局汇款、银行电汇和货到付款等方式。

（8）填写其他事项。填写发票所需要的相关信息。有些网站还可以为商品提供礼品包装。

（9）确认信息，提交订单。各项信息审核无误后，消费者提交订单，完成购买过程。

在整个购物过程中，作为消费者，只需在计算机前点击鼠标，其他所有业务都将由网店及其合作伙伴来完成。电子商务应用以互联网为代表的各种信息技术，为商务活动、企业、个人提供各种形式的服务。应该指出的是，作为消费者，进行网上购物或享受网络提供的各种服务是很简单的事情，而作为提供网上购物或各种服务的电子商务运营商，它们需要完成的各种工作则要多得多，本书将就这些内容做出详细的阐述。

1.2　电子商务的定义、模型与研究对象

从形式上来说，电子商务主要是指利用 Web（网页）或类似 Web 的技术所提供的通信手段，依托网络进行交易活动，包括通过互联网买卖产品和提供服务。产品可以是实体的也可以是数字化的。电子商务并不仅仅局限于在线买卖，它从生产到消费的各个方面都影响着商务活动的方式。对于顾客来说，查找和购买产品乃至服务的方式都有了新的渠道。

1.2.1 电子商务定义概述

关于电子商务的定义，专家学者、政府部门、行业协会和信息技术公司从不同角度提出了各自的见解。这些定义各有不同的出发点与含义，分别从不同的角度阐述了电子商务，从中也可以看到人们对认识电子商务进行的一些探索。

1. 电子商务定义的探索历程

最初，人们认识电子商务是从“电子”和“商务”的字面含义而来的。所谓“电子”，就是指通过电子方式，也就是不同于物理接触的方式；所谓“商务”，就是指商业交换活动。其中，电子方式就是利用电子工具，包括电子数据交换（electronic data interchange，EDI）、电子邮件（E-mail）、公告板系统（bulletin board system，BBS）、条码（bar code）、图像处理、智能卡等。商务活动是指围绕交易行为而发生的广告、交易、支付、服务等活动，它包括企业面向其外部而发生的交易行为，也包括企业内部为完成交易活动而展开的产品（服务）设计、生产、财务管理、营销策划和售后服务等活动。随着电子商务实践的发展，电子商务不仅包含其表象上的“电子”和“商务”，更包含为开展一种不同于传统的商务所需要的各种内容。随着移动物联网的发展，移动电子商务的发展较之传统电子商务有了更大的优势，移动应用与商务成为新的商务方式。

电子商务是计算机网络的第二次革命，是通过电子手段建立的一个新的经济秩序，它不仅涉及电子技术和商业交易本身，而且涉及诸如金融、税务、教育等社会其他层面。从微观角度说，电子商务是指各种具有商业活动能力的实体（生产企业、商贸企业、金融机构、政府机构、个人消费者等）利用网络和先进的数字化传媒技术进行的各项商业贸易活动。一次完整的商业贸易过程是复杂的，包括交易前了解商情、询价、报价、发送订单、应答订单、发送和接收送货通知、取货凭证、支付汇兑过程等，此外还涉及行政过程的认证等行为。电子商务涉及资金流、物流、信息流的流动。严格地说，只有上述所有贸易过程都实现了无纸贸易，并且使用各种电子工具完成，才能称之为一次完整的电子商务过程。

电子商务不仅包括企业间的商务活动，还包括企业内部的商务活动，如生产、管理、财务等，它不仅仅是硬件和软件的集成，而且是把买家与卖家、厂家与合作伙伴在 Intranet（内部网）、Extranet（外联网）和互联网上利用互联网技术与原有的系统集成起来进行业务活动［IBM（International Business Machines Corporation，国际商业机器公司）提出］，在网络化的基础上再造各类业务流程，实现电子化、网络化的运营方式。从这个意义上讲，电子商务所指的商务不仅包含交易，而且涵盖了贸易、经营、管理、服务和消费等各个业务领域，其主题是多元化的，功能是全方位的，涉及社会经济活动的各个层面。从最初的电话、电报到电子邮件以及 20 多年前就开始应用的 EDI 技术，都可以说是电子商务的某种形式。发展到今天，人们提出了通过网络实现包括从原材料的市场调研、采购到产品的展示、订购再到产品制造、储运以及电子支付等一系列贸易活动在内的完整电子商务的概念。随着物联网和云计算的应用和发展，电子商务将会迎来一个很好的发展机遇。受益于信息技术的应用，电子商务的发展也会更加便捷、安全，将极大地提高电子商务的销售额度。

2. 电子商务定义

一般而言，理解电子商务应包含以下几层含义。

（1）采用多种电子方式，特别是通过互联网。

（2）实现商品交易、服务交易（其中包含人力资源、资金、信息服务等）。

（3）包含企业间的商务活动，也包含企业内部的商务活动（生产、经营、管理、财务等）。

（4）涵盖交易的各个环节，如询价、报价、订货、售后服务等。

（5）采用电子方式是形式，跨越时空、提高效率是主要目的。

综合以上分析，可以针对电子商务做出如下定义：电子商务是各种具有商业活动能力和需求的实体（生产企业、商贸企业、金融企业、政府机构、个人消费者等）为了跨越时空限制，提高商务活动效率，采用信息通信技术实现商品交易和服务交易的一种贸易形式。

1.2.2　电子商务的概念模型

电子商务的概念模型是对现实世界中电子商务活动的一般抽象描述，它由电子商务实体、交易事务、电子市场和物流、资金流、商流、信息流等基本要素构成，如图 1-1 所示。

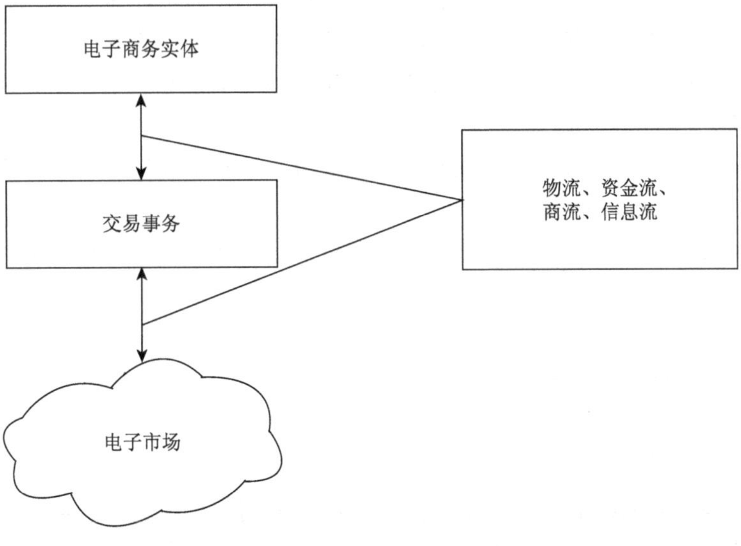

图 1-1　电子商务的概念模型

在电子商务概念模型中，电子商务实体是指能够从事电子商务活动的客观对象，它可以是企业、银行、商店、政府机构、科研教育机构和个人等；交易事务是指电子商务实体之间所从事的具体的商务活动的内容，如广告宣传、询价、报价、商品运输、转账支付等；电子市场是指电子商务实体从事商品和服务交换的场所，它由各种各样的商务活动参与者，利用各种通信装置，通过网络连接成一个统一的经济整体。

电子商务的任何一笔交易都包含物流、资金流、商流和信息流。其中物流主要是指商品和服务的配送和传输渠道，对于大多数商品和服务来说，物流可能仍然经由传统的营销渠道；然而对于有些商品和服务来说，可以直接以网络传输的方式进行配送，如各种电子出版物、信息咨询服务、有价信息等（这里需要指出，有些学者认为，无形产品通过网络传输不属于物流范畴）。资金流主要是指资金的转移过程，包括付款、转账、结算、兑换等过程。商流是指商品或服务所有权的转移，它的标志是提货单、房产证等法律文书。信息流既包括商品信息的提供、促销行销、技术支持、售后服务等内容，也包括诸如询价单、报价单、付款通知单、转账通知单等商业贸易单证，还包括交易方的支付能力、支付信誉和中介信誉等。

从电子商务的概念模型不难看出，电子商务实质上是电子商务实体围绕交易事务通过电子市场发生的经济活动关系，产生这些经济活动关系是通过物流、资金流、商流、信息流来实现的。电子商务区别于传统商务的一个重要方面就是电子市场取代了传统的有形市场。对于每个电子商务实体来说，它所面对的是一个电子市场，它必须通过电子市场来选择交易的内容和对象。因此，电子商务的概念模型可以抽象地描述为每个电子商务实体和电子市场之间的交易事务关系。

随着电子技术和网络的发展，电子中介作为一种工具被引入生产、交换和消费中，人们进行贸易的顺序并没有改变，还是有交易前、交易中和交易后几个阶段。但在这几个阶段中人们进行联系和交流的工具变了，如以前我们用纸面单证、电子单证，现在改用电子银行，而这种生产方式的变化必将形成新的经济秩序。在这个过程中，有的行业会兴起、有的行业会没落，有的商业形式会产生、有的商业形式会消失，这就是为什么我们称电子商务是一次社会经济革命。仅从交换这个范围来看，电子工具是通过改变中介机构进行货币中介服务的工具而改变了其工作方式，从而使它们产生了新的业务，甚至出现了新的中介机构。这个阶段的一个重要特点就是信息流处于一个极为重要的地位，它在一个更高的位置对商品流通的整个过程进行控制。所以说，电子商务同现代社会正逐步兴起的信息经济是密不可分的。

1.2.3 电子商务的框架模型

1. 电子商务的框架

从电子商务发展的趋势来看，未来的电子商务应用将架构在今天的技术设施上。尽管技术的变革日新月异，但可以断定，目前由无数计算机、通信网络及通信软件结合而成的信息高速公路将是未来电子商务的基础。电子商务应用包括很多种形式，既有消费者层面的应用，如家庭购物、随选视频等；又有企业层面的应用，如采购、在线营销与广告等；还有企业内部经营管理层面的应用，如供应链管理（supply chain management，SCM）和远程财务管理等。无论电子商务应用的形式如何，这些应用的前提都是依靠下列基础设施的先行来完成实现。这些基础设施包括：①普遍的商业服务，以便顺利进行销售和购买的程序；②发布信息及信息传播能力，以便传送及接收信息；③多媒体内容及网络出版，以便创造此类产品及其传递工具；④信息高速公路（最底层的基础），以便提供所有电子商务都必须依赖的“交通系统”。

2. 电子商务框架模型的含义

在电子商务框架模型中，两个支撑起整个电子商务应用的支柱，同基础设施一样有着不可或缺的重要性（图 1-2）。公共政策、合法性及隐私问题是维持电子商务应用顺利开展的社会规范，正如传统商务活动一样，没有法律法规调整约束的电子商务应用是难以开展的。而针对传统贸易方式的法律法规在应用于电子商务时可能有某些方面的不适应，这就是说电子商务环境下的立法工作要与时俱进，在保证司法工作连续性的前提下做出必要的调整与修改。电子商务公共政策包括围绕电子商务的税收制度、信息的定价、信息传输的收费方式和收费价格等。公共政策一般由政府和行业组织制定并监督实施，立法和隐私保护问题一般由专门的立法部门立法并由司法部门监督开展实施。电子邮件、多媒体及网络协议的技术标准是保证电子商务应用顺利开展的技术规范，可以设想，没有兼容一致的技术标准，通信网络将是信息“孤岛”，电子邮件将不知从何而来、去往何处，多媒体文件将不知用何种媒体播放器打开。

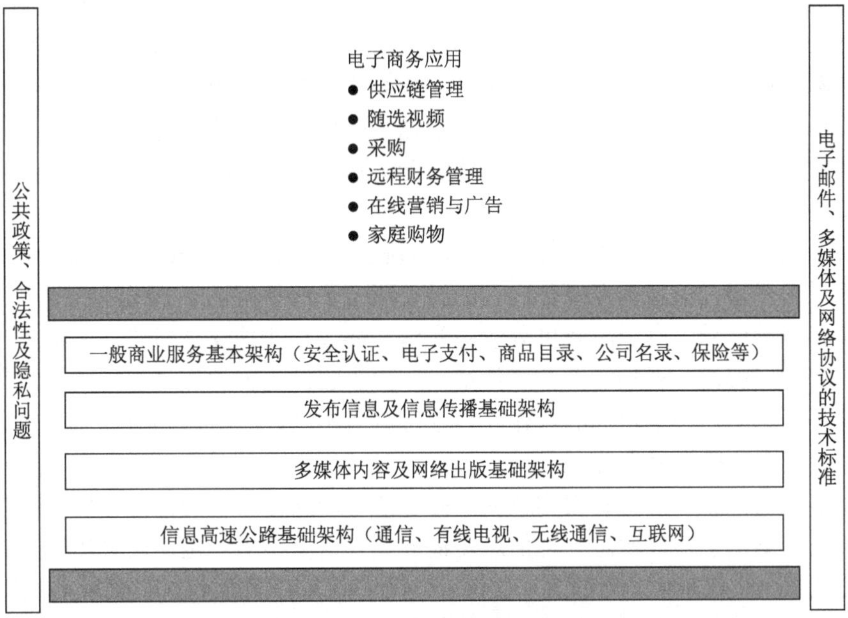

图 1-2　电子商务框架模型

各国采用不同的制式传输视频信号，假如不采取某种程度上的统一或转换机制，将会造成严重的问题。在电子商务领域也有很多标准正在制定和完善过程中，如用可扩展标记语言的电子商务（electronic business using extensible markup language，ebXML）和安全电子交易（secure electronic transaction，SET）协议等。总之，缺少了技术标准网络互联互通，信息共享将无法实现，更谈不上建立在此基础上的更高级的电子商务应用，这与建立全球范围的信息交流平台的宗旨是相悖的。可以这样讲，社会规范和技术标准/规范是电子商务应用顺利开展的两条腿，缺少任何一条腿都不能顺利行走。而社会规范调整了与电子商务有关的社会各方之间的权责关系，是电子商务运作的社会保障，其建立的难度甚至比技术规范更大。

在电子商务框架模型中，最底层的是信息高速公路基础架构（通信、有线电视、无线通信、互联网）。所谓“信息高速公路”，就是一个高速度、大容量、多媒体的信息传输网络，其速度之快，比目前网络的传输速度快 1 万倍，其容量之大，一条信道就能传输大约 500 个电视频道或 50 万路电话。此外，信息来源、内容和形式也是多种多样的，网络用户可以在任何时间、任何地点以声音、数据、图像或影像等多媒体方式相互传递信息。传统商务活动要依赖公路来促进信息交流与沟通，依赖公路将货物送达各地，电子商务也要依赖各种通信网络来开展业务，将信息从一个位置传输到指定的另一个位置。所不同的是，信息高速公路并不是一条独家经营的资料渠道，也不是根据前人经验、教条规范及原有需求所建造的，信息高速公路正在持续地建设中，并将形成一个由相互连接的各种信息公路组成的集合，包括电话网络、有线电视网络、无线通信和卫星联机等。信息高速公路是信息传遍全球的通道，其所涉及的范围比现有交通网络更大、更密集，仅卫星联机通信系统就可直接覆盖全球。无论是城市、乡镇还是农村，无论是海上航行的船只还是偏远的山区，甚至是地球上的生命禁区，信息高速公路都可以将其触角延伸其中。当然，由于人类对信息传输总量（即传输带宽）的要求不断增加，对信息传输可靠性的要求也不断提高，所传输信息的类别也不断增加，因此信息高速公路的建设也是不断发展的，其传输能力和技术水平也将随着信息技术的发展而不断地提高。

信息高速公路只是使得通过网络传递信息成为可能，而多媒体内容及网络出版基础架构解决了信息高速公路上“跑什么车”的问题。在信息高速公路上，来往运输的载运内容的性质很重要，信息和多媒体内容的种类决定了何种载运工具最适宜。电影可以分解为视频和音频信号，电子游戏可分解为音乐、视频等几种媒体格式，而电子书籍则包含文字、音频、图像、视频等多种媒体格式，由于它们包含的媒体形态不同，其信息组织格式也不尽相同，甚至它们的传输通道也将有所不同，这一点颇似今天某些大型卡车或拖车不允许在某些道路上行驶一样。

发布信息及信息传播基础架构解决的问题是不同媒体形式的信息如何实现在网络上按要求传播，如电子邮件就是一种信息传播方式。需要指出的是，信息传播工具提供两种交流方式：一种是非格式化的数据交流，一般采用人工可阅读的自然语言来描述对象，如传真和电子邮件等；另一种是格式化的数据交流，它主要用于计算机系统之间的数据传输，传递和处理过程可以是自动的，无须人工干涉，如 EDI 技术就是一个典型例子。

一般商业服务基本架构是要构建一种贸易服务基础设施。所谓贸易服务基础设施，是指为了方便交易而提供的通用业务服务，是所有的企业、个人在参与贸易时都会用到的服务，主要包括安全认证、电子支付、商品目录、公司名录、保险等。这些贸易基础设施的健全与否，直接影响到电子商务开展的可能性和便利性。安全认证不健全的直接后果就是网上签订合同成为空话，重要信息在网上传输受到很大程度的限制，这对电子商务的实施是致命的。

电子商务应用的表现形式各不相同，其应用的领域也将不断扩大，它是集信息、技术、服务和商品交易为一体的综合性的虚拟市场。应注意的是，电子商务是各个方面的政策、科技和商业利益结合在一起的系统工程。“整合”的概念对电子商务十分重要，分析问题时将电子商务的各方面分割开来并不意味着电子商务是它们的简单相加。只有将这些相关方面整合起来，电子商务的实施才能达到其应有的效果，才能为社会服务，才能发挥电子商务应有的积极作用。

1.2.4　电子商务的研究对象

电子商务研究的对象由商务对象、商务媒体、商务事件和物流、资金流、商流、信息流等基本要素构成。

商务对象是指从事电子商务的客观对象，包括企业（business）、客户（customer）和政府（government），因此产生了企业与企业间的电子商务、企业与消费者间的电子商务、企业与政府间的电子商务等电子商务模式。

商务媒体是指商务对象进行交易的场所，或者说是虚拟电子市场。虚拟电子市场一方面与传统的市场有很多共同点，如都要遵从价值规律和等价交换规律等；另一方面，虚拟市场又与传统的市场有很大的差异。这些差异主要表现在信息技术的应用上，从时间、空间上将市场扩展到了最大化，从效率上产生了质的飞跃。应该认识到，信息技术的这一影响是深远的。信息技术的发展使得电子商务出现了很多新的形态，互联网的广告形式使得更多的网民能够受到广告的影响，大数据等信息挖掘和推送技术的应用，以及类似微博营销等手段的应用也使得客户能够迅速了解到产品信息，现阶段随着推送技术的发展，电子商务网站会定期地把相关的产品发送给用户，以便促使用户立刻购买。

商务事件是指电子商务对象之间所从事的具体商务内容，如询价、报价、支付、广告、商品储存运输等。电子商务一方面创造了很多传统商务所未能涉及的商务活动内容，另一方面也将部分传统商务活动的形式推入“坟墓”。

研究电子商务，既要对上述各因素进行单独研究，又要研究它们相互之间的关系，从而使得上述各因素相互协调、相互促进，共同为电子商务的发展协同工作。

1.3　电子商务的特点

以互联网为依托的电子商务技术平台为传统商务活动提供了一个无比宽阔的发展空间，其突出的优越性是传统商务媒介手段根本无法比拟的。电子商务具有高效性、方便性、社会性和技术性的特点，下面将对这四个特点分别进行阐述。

1.3.1 电子商务的高效性

电子商务最基本的特性为高效性，即提供买、卖双方进行交易的一种高效的服务方式。网上购物为消费者提供了一种方便、迅捷的购物途径，为商家提供了一个遍布世界各地的、广阔的、有巨大潜力的消费者群体。因而，无论是对大规模的企业还是对中小规模的企业，甚至是对个体经营者来讲，电子商务都是一种机遇。电子商务的高效性体现在很多方面。例如，电子商务可以扩展市场，增加客户数量；通过将信息网络与数据库相连，企业能记录下客户每次访问、购买的情况和购货动态以及客户对产品的偏好，企业通过统计这些数据就可以获知客户最想购买的产品，从而为产品的生产、开发提供有效的信息；网络营销还可以为企业节省大量的开销，如企业无须营业人员、无须实体店铺，并可以提供全天候服务，提高销售量，提高客户满意度和企业知名度等。

通过电子商务，企业与企业之间的交易同样也变得十分高效。企业间订单信息通过互联网络可以进行快速的传递，甚至是实时的传递。企业可以通过互联网寻求合作伙伴，可以在互联网上进行招标采购，可以通过互联网检索商品信息，这些较之于传统的贸易方式都大大地提高了效率。

电子商务作为一种新的交易方式，高效率是其生存之本。应该说，高效率是电子商务生来就具有的特性，但是否具有高效益则不一定，现阶段电子商务运作中的很多问题突出地表明了这一点。在一些领域，由于相关的服务不配套，电子商务可能只在一些环节实现了高效率，而其他一些环节并没有提高效率，甚至由于电子商务的采用，其他一些环节的效率变得更低，如在网上书店购书效率很高，但若物流配送效率较低，也将导致整个电子商务的流程速度缓慢。作为一项电子商务形态的服务，不仅要发挥电子商务与生俱来的高效率特性，还要力争做到整个商务流程和物流供应链高效协调运作，这才是电子商务生存和发展所必须考虑的问题。

1.3.2 电子商务的方便性

时间、空间限制是人们从事社会经济活动的主要障碍，也是构成企业经营成本的重要因素，电子商务把商业和其他业务活动所受的时空限制大大弱化了，从而降低了企业经营成本和国民经济运行成本。

传统交易方式不可避免地受时间和空间距离的限制。在电子商务环境中，这一局限性被打破，客户不再像以往那样因受地域的限制而只能在一定区域内、有限的几个商家中选择交易对象，寻找所需的商品。他们不仅可以在更大的范围内，甚至可以在全球范围内寻找交易伙伴、选择商品，更重要的是，他们的目光不再只集中在商品的价格上，在某种意义上服务质量的好坏成为商务活动成功与否的更为关键的因素。企业通过开放的互联网来开展客户服务，过去客户颇费周折才能获得的服务，现在只要用一种非常简捷、方便的方式便能够获得。利用互联网尤其是移动互联网服务，人们在任何地方都可以达成交易、支付款项，完成各种业务手续，同城交易与异地甚至跨国交易所需的时间相差无几。随着全球信息高速公路的发展、宽带光纤通信的普及，电子商务将会进一步展现其打破空间限制的优越性。

克服时间上的制约也是很重要的。基于互联网的电子商务没有节假日，全天候提供服务，随时办理各种业务，没有人员就餐时间，也没有人员离岗时间。银行广泛应用的自动柜员机很好地说明了这一点。自动柜员机之所以被大量推广，就是因为它能够保证持续的服务，而这一点只有少量的营业网点才能用人工方式实现。自动柜员机仅仅克服了时间上的制约就能得到广泛应用来为银行客户提供便利，而基于互联网的电子商务不仅能克服时间上的制约，还能克服空间上的制约，这进一步说明了电子商务的方便性。

1.3.3　电子商务的社会性

经济全球化和信息化是当今世界经济发展的两大潮流，各国城市、乡村的人们正在有意识或无意识地被纳入世界经济分工体系，互联网和电子商务加速了这一变革进程。电子商务构筑了一个电子化的市场，而市场又是人们从事交易的场所，是一切交换关系的总和，这就决定了电子商务的产生是体现交换关系的产物，是协调人们之间利益关系的一种方式。从某种意义上讲，研究电子商务的社会性特点就抓住了电子商务的关键。电子商务的最终目标是实现商品的网上交易，但这个看似简单的过程实际却是相当复杂的。商务活动是一种协调运作的过程，它需要雇员和客户、生产方与供货方、销售方以及商务伙伴之间的相互协调。电子商务要应用各种相关技术和系统的协同处理来保证交易过程的顺利完成，同时电子商务还涉及许多社会性的问题。例如，商品和资金的流转方式变革；法律的认可与保障；政府部门的支持和统一管理；公众对网上购物的热情和认可等。所有这些问题都涉及全社会，它不是一个企业或一个部门就能解决的，需要全社会的努力和整体的实现，才能最终将电子商务潜在的优越性转变为现实的生产力。单一的技术发明难以独打天下，互联网的商业应用需要其他的技术支持，更需要社会制度和社会意识的支持。虚拟的网络要与实实在在的社会相结合，因此电子商务是虚实结合的综合体。

电子商务是高度自主、自立、自由的松散系统。由于互联网是一个国际性网络，不受任何一国法律的管辖，且作为成长迅速的高新技术产物，国际上尚未达成有关公约来规范其形式和内容。任何区域性电脑网络只要在技术上执行互联网协议（Internet protocol，IP），就可以联入互联网；任何企业缴纳数额不多的注册费后，即可获得自己专用的域名，在网上自主从事商务活动。因此，电子商务目前仍是自由度相对较高、约束较少的一个经营活动领域。这一特点有利于企业探索新的经营方式，降低营运成本。但与此同时，该特点也导致了一些不好的结果，那就是一些不良分子欺骗消费者、侵犯他人知识产权的行为难以得到及时有效的查处。现实的电子商务运作表明，很有必要针对网上交易活动制定和执行一些基本规范，通过国际协调，以法律形式来保障网络用户的合法权益，维持网上交易的良好秩序。

针对传统商务形式，世界各国已经拥有一些法律法规（甚至包括一些国际上的条约、协定等）来协调商务活动中的矛盾和冲突。电子商务作为一种商务形式，理所当然应该遵从这些法律法规的调整。然而，现有的法律法规应用于电子商务后出现了一系列新问题，如身份证实问题、管辖权问题、合同的收到与证实问题等。这些问题的出现，迫切要求世界各国制定新的适应电子商务发展的法律法规，调整原有法律法规中不适应的部分。

电子商务社会性特点的另一个表现就是电子商务改变了商务运作模式，改变了商务流程，带动了经济结构变革。电子商务的产生和发展促进了一些服务的社会化，推动了企业业务外包实践。由于电子商务涉及的领域较多，而且业务运作的专业性较强，任何一家企业都难以完全由企业自身来完成全部业务，面对激烈的全球化市场竞争，很多企业选择了业务外包的运作模式。同时，大量的外包业务需要专业化的组织来承担，于是造就了一大批具有市场竞争力的、专业性很强的企业。这些专业性的企业不断成长、发展和壮大，它们的专业技术水平不断得到提升，其市场竞争力也得到提高，它们在一些领域的效率往往超过一些大企业。这反过来又进一步促进了一些核心企业将更多的业务外包出去，因为外包这些业务能以较小的代价（成本）获得较好的服务。核心企业与专业性的企业之间是一种双赢的合作关系，因而它们之间的合作能够在一定时期内稳步发展。双方为了在战略层次和战术运作层次上进行协调，通常都会建立虚拟企业的运作形式，实现跨组织、跨企业的管理协调，这就是新的商务运作模式。应该看到，即使没有电子商务的发展，面对全球化的激烈竞争，企业之间也有开展跨组织、跨企业进行业务协调的内在动力，不过在企业的业务外包问题上就很容易陷入“先有鸡还是先有蛋”的问题。核心企业为了提高市场竞争能力，希望将一些专业化的业务外包出去，在没有一家可信任的合作伙伴（专业性的企业）出现之前，企业只能是偶尔外包。由于全社会范围内外包的专业化业务较少，一些专业性的企业很难得到充分的发展，其提供服务的能力受到限制。由于专业性的企业能力欠缺，核心企业的业务外包动力也就受到制约，从而进一步又限制了专业性的企业的发展，于是“虚拟企业”和“虚拟经营”就成为一句空话。而正是电子商务的发展打破了这种互相制约的循环，将这种互相制约的关系变成互相促进的关系，推动形成了一种新的商务运作模式，并用一些技术手段保证了新的商务运作模式的顺利实施。“虚拟企业”和“虚拟经营”只是电子商务产生变革的一例，在其他社会领域，电子商务的影响同样也不可忽视，如网络游戏已经在娱乐领域占有相当的分量，网上聊天和网络社区已经成为社会沟通的重要渠道之一。

1.3.4 电子商务的技术性

电子商务实施过程中采用了大量计算机技术和网络通信技术等新技术手段。没有计算机技术和网络技术的发展，没有计算机网络的广泛应用，就没有电子商务。由此可见，电子商务具有较强的技术依赖性。除了计算机技术和网络技术外，电子商务还涉及新的管理思想、管理方法、安全技术、自动识别技术和标准化技术等，同时还涉及物流活动中应用的机械化、自动化和智能化技术。人们利用它们支持电子商务的运作。

电子商务中很关键的环节是集成技术。电子商务中新技术的运用并非意味着企业原有的信息系统和设备将被全盘淘汰。电子商务网络系统的真正商业价值在于它能够协调新技术的开发运用和原有技术设备的改造利用，使用户能更加有效地利用他们已有的资源和技术，从而更加高效地完成企业的生产和销售及客户服务活动。应用集成技术，电子商务提高了事务处理的整体性和统一性，它能规范事务处理的工作流程，将人工操作和电子信息处理集成为一个不可分割的整体。这样，不仅能提高人员和设备的利用效率，也提高了系统运行的可靠性。

根据中国互联网络信息中心的第 53 次《中国互联网络发展状况统计报告》，截至 2023 年 12 月，我国网民规模达 10.92 亿人，较 2022 年 12 月新增网民 2480 万人，互联网普及率达 77.5%。截至 2023 年 12 月，我国累计建成 5G 基站 337.7 万个，覆盖所有地级市城区、县城城区。此外，我国网络购物用户规模增势明显，较 2022 年 12 月增长 6967 万人，增速为 8.2%，助力网上零售额连续 11 年稳居全球第一。互联网普及率的提升以及 5G 的出现与普及，极大地促进电子商务的发展。

1.4　电子商务的分类

电子商务参与方主要有四部分，即企业、个人消费者、政府和中介方。中介方主要为电子商务的实现与开展提供技术、管理和服务支持。传统的电子商务按照电子商务业务处理过程涉及范围可以分为企业内部的电子商务、企业间的电子商务、企业与消费者之间的电子商务、企业与政府之间的电子商务和企业与经理人之间的电子商务。随着电子商务的发展，针对不同的应用情况，业内还提出了许多新兴的电子商务模式，如线上与线下融合的电子商务、交易市场之间的电子商务等。

1.4.1　企业内部的电子商务

企业通过内部网自动进行商务流程处理，增加对重要系统和关键数据的存取，保持组织间的联系。它的基本原理同企业间的电子商务类似，只是企业内部进行交换时，交换对象是确定的，交换的安全性和可靠性要求较低，主要是实现企业内不同部门之间的交换（或者内部交易）。企业内部的电子商务的实现主要是在企业内部信息化的基础上，将企业的内部交易网络化，它是企业外部电子商务的基础，而且相比外部电子商务更容易实现。企业内部的电子商务系统可以增加企业处理商务活动的敏捷性，使企业能对市场状况更快地做出反应，更好地为客户提供服务。

1.4.2　企业间的电子商务

企业间的电子商务（business to business，B to B 或 B2B）即有业务联系的公司之间用电子商务将关键的商务处理过程连接起来，形成网上的虚拟企业圈。例如，企业利用计算机网络向它的供应商进行采购，或利用计算机网络进行付款等。这一类电子商务，特别是企业通过私营或增值计算机网络采用 EDI 方式所进行的商务活动已经存在多年。

这种电子商务系统具有很强的实时商务处理能力，使公司能以一种可靠、安全、简便、快捷的方式进行企业间的商务联系活动并达成交易。

1.4.3 企业与消费者之间的电子商务

企业与消费者之间的电子商务（business to consumer，B to C 或 B2C）活动是人们最熟悉的一种电子商务类型。大量的网上商店利用互联网提供的双向交互通信，完成在网上进行购物的过程。这类电子商务主要是借助于互联网开展在线式销售活动。随着互联网的发展，这类电子商务异军突起。例如，在互联网上目前已出现许多大型超级市场，所出售的产品一应俱全，从食品、饮料到电脑、汽车等，几乎包括所有的消费品。由于这种模式使客户和企业双方跨越了时间和空间，大大提高了交易效率，节省了各类不必要的开支，因而得到人们的认同，获得迅速的发展。

1.4.4 企业与政府之间的电子商务

政府与企业之间的各项事务都可以涵盖在企业与政府之间的电子商务（business to government，B to G 或 B2G）中，包括政府采购、税收、商检、管理条例发布等。一方面，政府作为消费者，可以通过互联网发布自己的采购清单，公开、透明、高效、廉洁地完成所需物品的采购；另一方面，政府对企业宏观调控、指导规范、监督管理的职能通过网络以电子商务的方式更能得到充分、及时的发挥。借助于网络及其他信息技术，政府职能部门能更及时全面地获取所需信息，做出正确决策，能迅速、直接地将政策法规及调控信息传达于企业，起到管理与服务作用。电子商务的发展也方便了很多有了解政府政策需求的用户，使得政府的政策能够在最有效的时间内传递给各个用户，提高了政府人员的办事效率。

1.4.5 企业与经理人之间的电子商务

企业与经理人之间的电子商务（business to manager，B to M 或 B2M）是相对于 B2B、B2C、C2C 模式而言的，是一种全新的电子商务模式。这种电子商务与以上三种有着本质的不同，其根本的区别在于目标客户群的性质不同，以上三种电子商务的目标客户群都是以消费者的身份出现，而 B2M 所针对的客户群是企业、产品的销售者或者企业工作者，而不是最终消费者。

企业通过网络平台发布产品或者服务信息，职业经理人通过网络获取该企业的产品或者服务信息，并且为该企业提供产品销售或者企业服务，企业通过经理人的服务达到销售产品或者服务的目的。职业经理人通过为企业提供服务获取佣金。

B2M 与传统电子商务相比有了巨大的改进，除了面对的用户群体有着本质的区别外，B2M 具有一个更大的优势：电子商务的线下发展。以上三种传统电子商务的特点是，商品或者服务的买家和卖家都只能是网民，而 B2M 模式能使网络上的商品和服务信息完全走到线下，企业发布信息，经理人获得商业信息，并且将商品或者服务提供给所有的百姓，不论是线上还是线下。B2M 本质上是一种代理模式。

1.4.6　线上与线下融合的电子商务

线上与线下融合的电子商务（online to offline，O to O 或 O2O）是将线上电子商务模式与线下实体经济相融合，通过互联网将线上商务模式延伸到线下实体经济，或者将线下资源推送给线上用户，使互联网成为线下交易的前台的一种商业模式。O2O 模式需具备四大要素，即独立网上商城、国家级权威行业可信网站认证、在线网络广告营销推广、全面社交媒体与客户在线互动。O2O 绕不开的或者说首先需要解决的是，线上订购的商品或者服务如何到线下领取？专业的说法是线上和线下如何对接？这是 O2O 实现的一个核心问题。目前用得比较多的方式是上海翼码信息科技股份有限公司的电子凭证，即线上订购后，购买者可以收到一条包含二维码的彩信，购买者凭借这条彩信到服务网点经专业设备验证通过后，即可享受对应的服务。这一模式很好地解决了线上到线下的验证问题，安全可靠，且可以后台统计服务的使用情况，在方便了消费者的同时也方便了商家。

另外，还出现了一些新的 O2O 商业模式。

（1）线下营销到线上交易模式（offline to online）。

这个模式在日韩早已流行，但当时智能手机还没有兴起，直到这几年智能手机和 5G 移动网络普及，二维码拍码购物模式兴起，很多企业通过在线下做营销（如 1 号店在地铁张贴带二维码电子标签的商品海报）在线上实现交易，这也是 O2O 模式。

（2）线下营销到线上交易再到线下消费体验模式（offline to online to offline）。

典型例子是电信运营商为留住手机客户，会在每个时间段进行营销，而且很多营销在线下触发，线上完成交易，然后客户在线下消费体验。

（3）线上交易或营销到线下消费体验再到线上消费体验模式（online to offline to online）。

这个模式目前应用还不是很多。例如，用户在线上玩一款游戏，该游戏的道具带有麦当劳某款套餐，用户在游戏中购买麦当劳道具，可以在线下的麦当劳实体店享受套餐，回到线上游戏中他仍然可以使用麦当劳道具。这即是经典的线上线下互动模式。

1.4.7　交易市场之间的电子商务

网上电子交易市场（e-market）的不断增加，导致不同的交易市场之间也需要实时动态传递和共享信息，即信息的交换（exchange），从而产生了交易市场之间的电子商务（exchange to exchange，X to X 或 X2X）模式。X2X 实际上是一个 X（交换）的延伸和扩展，每一个独立的 X 都有其自身的信息、资源和覆盖的范围，这注定其具有一定的局限性。可能有的电子商务交易不能够独立在一个 X 内部完成，X2X 可以使一个 X 的交易信息无限地延伸和扩展，从而使买卖双方都扩大了选择的范围，提高了交易成功的机会，因此可以说 X2X 是 B2B 的一次深入发展。Commerce One 是 X2X 的首先提出者。作为全球最大的 B2B 网站之一，Commerce One 主要提供网上采购解决方案（Commerce One buy site solution）和网上市场构建方案（Commerce One marketplace solution）。Commerce One 拥有一个全球贸易社区平台（Global Trading Web，GTW），它是一个基于 XML（extensible markup language，可扩展标记语言）的大型 B2B 交易社区，由许多协调的门户站点组成，每个门户站点都是独立的，各自在某个行业成为网上市场的领导者。GTW 就是 Commerce One 建立的 X2X 模式。

1.4.8 消费者与消费者之间的电子商务

消费者与消费者之间的电子商务（consumer to consumer，C to C 或 C2C）是消费者个人对消费者个人的电子商务模式。这种模式的思想来源于传统的跳蚤市场。在市场中，买卖双方可以进行一对一的讨价还价，只要双方同意，立刻可以完成交易。而电子商务中的 C2C 模式的本质是网上拍卖，它的主要特点是：它是一种平民之间的自由贸易，在网上完成跳蚤市场的交易，从而促进了个人之间商品的流通（特别是二手商品）。以卖方为主的 C2C 模式是一种由出售商品的个人在网上发布消息，由多个买者竞价，或与买者讨价还价，最终成交的模式。这种模式的代表有易趣、雅宝等拍卖网站。以买方为主的 C2C 模式是一种由想购买商品的个人在网上发布求购信息，由多个卖者竞卖，或与卖者讨价还价，最终达成交易的电子商务模式。

1.4.9 消费者—企业的电子商务

消费者—企业的电子商务（customer to business，C2B），是电子商务模式的一种。C2B 通过聚合消费需求相同、数量庞大的消费者，形成一个巨大的购买群，使消费者直接面对厂家进行集体议价，享受批发价购买单品的价格优势，改变了消费者在传统 B2C 模式中，由商家出价的价格劣势地位。C2B 模式相较于其他模式，要求网民具有更高的网络消费觉悟，网络传播更发达快速。

1.4.10 企业—企业—消费者的电子商务

企业—企业—消费者的电子商务（business to business to customer，B2B2C）是 B2C 和 B2B 两种电子商务模式的整合。这种模式的思想是以 B2C 为基础，以 B2B 为重点，将两个商务流程衔接起来，从而形成一种新的电子商务模式。产生这种模式的原因是在 B2C 这种商务模式中，零售的特点决定了商家的配送工作十分繁重，同时个体消费者又不肯为了原本低额的商品付出相对高额的配送费用。这种特性使得 B2C 模式面临着巨大的挑战。面对这种现实，在 B2C 这种模式中引入 B2B 模式，即把经销商作为销售渠道的下游引进，从而形成了 B2B2C 模式。这种模式一方面可以减轻配送的负担，另一方面也能减轻库存问题所带来的压力，从而降低成本，增强网上购物快速、价格低的优势。

另外，该模式中的上下游企业也能够发挥各自的优势，各尽所能，共同受益。“书生之家”网站采用提供开架浏览服务吸引读者，把读者订单推送给书店执行并从中收取佣金的商业运作模式，既充分发挥了自己的特长，又与其他所有书店结成了战略联盟，各司其职，各尽所能，互不冲突，共同获益。“书生之家”与数百家出版社和书店签约，上架数万种图书，目前已经形成一定规模。

1.4.11 企业—企业—企业的电子商务

企业—企业—企业的电子商务（business to business to business，B2B2B）实质上是商务代理协作模式。与常规的 B2B 模式相比，商务代理协作模式增加了一个中间环节，但这个中间环节相对于整个社会来说是集成化运作，将众多企业分散执行的销售功能集中地由商务代理协作商来完成，降低社会商品流通的交易费用，因而市场的无形之手自然会向有利于商务代理协作商的方向调节，商务代理协作商自然也就获得了盈利空间。这种电子商务模式的典型代表是“诺亚方舟”。

还有一些模式包括 B2F（business to family，企业对家庭）、B2M（business to market，企业对市场）、M2C（manufacture to customer，生产厂商对消费者）、P2C（production to customer，生产对消费者）、P2P（peer-to-peer，点对点、渠道对渠道）、B2S（business to share，分享式商务、体验式商务）以及 S2P（supply chain platform to business，供应平台对企业）还没有完全成熟。

实际上，电子商务发展至今，多数企业网上销售并不是仅仅采用一种电子商务模式，而往往是综合采用多种模式，即将各种模式结合起来实施电子商务。Golf Web 就是一家有 3500 页有关高尔夫球信息的网站，这家网站采用的就是综合模式，其 40%的收入来自订阅费和服务费，35%的收入来自广告，还有 25%的收入是该网站专业零售点的销售收入。该网站已经吸引了许多大公司广告客户，如美国银行和美国电话电报公司等。专业零售点开业后前两个月的收入就高达 10 万美元。由此可见，在网上销售中，一旦确定了电子商务的基本模式，企业不妨考虑一下采取综合模式运营的可能性。例如，作为一家在线旅行服务公司，携程旅行网（http://www.ctrip.com）成功整合了高科技产业与传统旅行业，向超过 2000 万名会员提供包括酒店预订、机票预订、度假预订、商旅管理、特约商户及旅游资金计算在内的全方位旅行服务，被誉为互联网和传统旅游无缝结合的典范。从现实消费者的需求出发，结合电子商务的流程、技术和知识，是现代产业发展和转变的趋势。

1.5 电子商务的机理

本节从电子商务系统角色的角度阐述电子商务系统的基本结构，并在此基础上对电子商务基础平台、电子商务服务平台与应用以及电子商务系统的支撑环境进行较为详细的分析和阐述。

1.5.1 电子商务系统的基本结构

电子商务系统是由许多系统角色构成的一个大系统。由于电子商务条件下的各方是通过网络进行信息沟通和业务合作的，因此需要一些传统商务活动中没有参与或者参与程度不深的一些角色，如用于网上身份验证的认证中心、完成商品配送的物流中心和提供电子商务相关服务的电子商务服务商等。在电子商务系统中，即使是传统商务中的角色，在功能和定位上也发生了巨大的变化，如完成网上支付的银行等。电子商务系统的基本结构如图 1-3 所示。

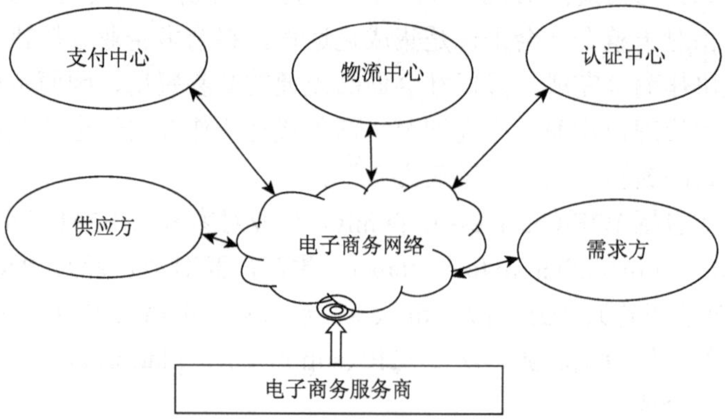

图 1-3　电子商务系统的基本结构

电子商务系统的主要角色有需求方、供应方、支付中心、认证中心、物流中心和电子商务服务商。其中，需求方可以是企业也可以是个人，只要通过电子商务系统采购（购买）商品或服务，就是电子商务系统中的需求方；供应方与需求方类似，可以是企业也可以是个人，只要通过电子商务系统提供商品或服务，就是电子商务系统中的供应方；支付中心的功能是为电子商务系统中的需求方和供应方等角色提供资金结算和支付服务，它一般由网络银行来承担；认证中心是一些不直接从电子商务交易中获利的第三方机构，负责发放和管理用来证明参与方身份的数字证书，使各参与方均能相互确认身份；物流中心接受供应方的送货要求，负责及时地将有形实物商品送达需求方指定的地点，并跟踪商品的动态流向；电子商务服务商提供网络接入服务、信息服务以及应用服务。所有参与方围绕电子商务网络相互协作开展业务，共同完成电子商务系统的功能。

1.5.2 电子商务基础平台

电子商务基础平台是企业电子商务上层服务、应用系统与企业内部信息系统连接的基础平台，为企业的电子商务应用提供运行环境和管理工具，是保证电子商务系统具有高扩展性（high scalability）、集中控制（central control）、高可靠性的基础。电子商务基础平台是面向系统效率的，其目标是提高系统的整体性能，这是与电子商务服务平台的根本差异。

一般来说，为了使企业的商务活动在互联网上能够在任何时间段内持续不断地进行，系统必须是强大和可靠的（strong and reliable）。为了保证系统的可维护性，系统需要进行集中控制，实现系统在线运行状态的监控，并可以根据用户访问压力动态调整系统资源（硬件设备、软件配置）。此外，为了保证能够动态扩展系统，要求基础平台能够与不同接口互联。电子商务系统的基础平台一般包括以下一些组成部分。

（1）负荷均衡（load balancing）。负荷均衡是指如何使电子商务系统服务器的处理能力和它承受的压力保持均衡。负荷均衡可以处理服务器集群（cluster）结构中各个服务器性能动态调整和负荷分配。它使电子商务系统中硬件性能得到有效的均衡，避免特定的设备或系统软件由于压力过大而出现崩溃和拒绝服务的现象，这样便能够在一定程度上提高系统的可靠性。

（2）连接/传输管理（connectivity/communication management）。连接/传输管理的主要作用是满足系统可扩充性的需要，用以实现电子商务系统和其他系统之间的互联，实现应用之间的互操作。一般来讲，这一部分包括三个方面的内容：异构系统的连接及通信，如 Unix 系统上的 Web 服务器与 IBM ES9000 之间的连接；应用间的通信接口，保证应用程序通过不可靠信道进行连接时，可以完成差错恢复及续传，并为应用之间的互操作提供应用程序接口（application programming interface，API），简化应用通信的开发工作；应用和数据库连接（database connectivity）之间的接口。

（3）事务管理。由于电子商务系统所支持的商务活动涉及大量的联机事务处理（online transaction processing，OLTP）和联机分析处理（online analysis processing，OLAP），这就要求系统具备很强的事务管理（transaction management）性能。事务管理的作用包括两方面：一是保证分布式环境下事务处理的完整性、一致性和原子性；二是缩短系统的响应时间，提高交易过程的实时性。

（4）网站管理（portal management）。网站是电子商务系统的客户服务接口，用于表达系统商务逻辑的处理结果。所以在电子商务系统中，网站具有重要的地位。网站管理的基本作用是为站点维护、管理和性能分析提供技术支持手段，它主要实现系统状态的监控、系统性能调整、用户访问授权、客户访问历史记录等功能。通过网站管理功能，可以记录客户的访问数据，了解用户的需求。分析这些数据能够使企业了解客户的潜在需求。

（5）数据管理。数据管理为电子商务应用相关数据的存储、加工、备份和表达（presentation）提供支持，同时为应用程序提供应用开发接口。通常该部分利用支持 Web 的数据库管理系统（database management system，DBMS）实现，但是与传统的 DBMS 相比，该部分与 Web 的接口方式更加丰富，如支持 API、开放式数据库连接（open database connectivity，ODBC）等接口方式，而且对多媒体数据的支持能力更强。除利用传统的 DBMS 实现数据管理外，目前也有一种做法是将 Web 和 DBMS 更紧密地结合起来，构造所谓的 WebDB。大数据及相应技术的出现更使得数据管理成为电子商务的一个最重要的功能和盈利模式。

（6）安全管理。该部分的基本功能是为电子商务系统提供安全可靠的运行环境，防止或者减少系统被攻击的可能，提高系统抗拒非法入侵或攻击的能力，保障联机交易过程的安全。

1.5.3 电子商务服务平台与应用

电子商务服务平台的基本作用是为电子商务系统提供公共的服务，为企业的商务活动提供支撑，增强系统的服务功能，简化应用软件的开发。该部分通过集成一些成熟的软件产品，向企业提供一些公共的商务服务，如客户关系管理（customer relationship management，CRM）、企业 SCM 和涉及交易的支付及认证等。电子商务服务平台的基本组成通常包括以下几个方面。

（1）支付网关接口（payment gateway interface）。支付网关接口是电子商务系统和银行之间的接口，它负责通过互联网和 Extranet 在客户和银行之间进行交互，完成与商品交换相关的电子支付。

在线支付（online payment）一般是在银行、客户、企业之间进行的，银行从本质上看是这种商务链中的一个虚拟商务中介。要完成在线支付，银行一般需要建立相应的支付网关（payment gateway）。企业则需要在支付网关之间建立安全的交易通道和接口，通过支付网关接口和安全交易通道,企业电子商务系统和银行的支付网关进行数据通信，完成电子资金的转移。对于任何一个试图通过互联网完成在线销售的企业来讲，这一部分都是不可或缺的。

（2）认证中心接口。要保证在线交易的真实性（即确保交易是在真实的买方和卖方之间进行）和不可抵赖性，就必须有特定的中介机构担保和确认交易双方的身份。所谓的认证中心，就是完成该职能的商务中介。认证中心一般可以发放标识交易参与方身份的电子证书，并负责对交易过程中买卖双方身份的审核验证，对交易的真实性进行担保。为了保证公正和权威，认证中心一般由独立于交易双方的第三方来承担，并且要保持绝对的中立，对交易双方的身份进行仲裁。

（3）CRM。任何企业从事现代商务活动都需要对客户、客户的需求具有深刻的了解，并能够主动地通过互联网发现其潜在的客户群体，CRM 正是为了满足这样一类需要而产生的。CRM 注重的是与客户的交流，企业的经营是以客户为中心，而不是传统的以产品或以市场为中心。为方便与客户的沟通，CRM 可以为客户提供多种交流的渠道。

（4）内容管理（content management）。企业商务活动一般需要大量的信息资源做支持，而且随着企业商务活动的发展，如产品越来越多、服务的内容和深度逐步增大，企业需要处理的信息量也在快速增长。那么，如何对这些内容进行管理？如何使企业的用户及合作伙伴在这些海量信息中迅速发现对自身有价值的信息？这些就是当下企业商务活动必须解决的问题。此外，电子商务系统中的很多信息是在 Web 上的超级文本文件，那么如何对这些非结构化或者半结构化的内容进行管理，从技术角度看也是一个难点。在这种背景下，专门的内容管理软件及相关的建议标准就在电子商务系统中应运而生。

目前，内容管理一般以轻量目录访问协议（light directory access protocol，LDAP）为基础，可实现集成或综合查询（integrated query）、内容过滤、非结构化数据管理和外部数据整理等功能。内容管理与联机接入处理（online access process）、数据仓库（data warehouse）等方面要相互配合才能发挥其应有的作用。

（5）搜索引擎（search engine）。搜索引擎是一项既传统又在不断发展的技术，它负责向用户提供对电子商务系统中的数据进行快速、综合检索的功能。

搜索引擎与爬虫程序（Crawler）和全文检索相关。它包括数据采集（包括手工采集、通过 Crawler 或者其他类似程序自动收集）、数据整理加工、全文检索等基本功能。如果说内容管理中的 LDAP 侧重于数据组织和管理，以便为数据的快速检索提供支持，那么搜索引擎则侧重于在大量的数据中快速找到与用户的兴趣点相关的内容，两者具备非常密切的关系，所以也有些观点认为搜索引擎本身就应当从属于内容管理。

（6）商务智能工具（business intelligent tools）。HP（惠普）公司将电子商务的发展归结为“智能化电子服务”（intelligent e-service）；IBM 则认为在以 Internet、Intranet 和 Extranet 为基础的商务活动中，需要进一步进行数据挖掘、分析和整理，才能使电子商务系统更为有效。目前，数据仓库等技术已经被广泛地引入电子商务系统中，力图在全部数字化的信息资源中，通过数据挖掘（data mining）和整理，对企业运作的全过程进行自动的分析，给出商务建议，从而使电子商务系统具备“智能”。商务智能工具是实现这些智能决策支持的基础。

（7）电子商务应用系统。电子商务应用系统是电子商务系统的核心，它为企业电子商务活动提供具体的支持。前面所阐述的各个部分都是为该部分提供不同的环境和技术支持。电子商务应用系统一般是在 Web 服务器之上，由应用开发人员根据企业特定的应用背景和需要来建立的，它能够实现企业应用逻辑所需要的各种功能。电子商务应用系统的个性化特点一般较为明显，不同企业的应用系统可能有较大差异。

（8）电子商务表达平台。电子商务表达平台在整个企业电子商务系统的顶层，面向电子商务系统的最终用户。电子商务表达平台有两个基本功能：第一，作为与用户的接口，接受用户的各种请求，并传递给应用系统；第二，将应用系统的处理结果以不同的形式进行表达，并提供给发出请求的用户信息终端。目前，大多数表达平台是以 Web 服务器为核心的。所以，也有人认为电子商务表达平台包括两部分，一部分是 Web 服务器，另一部分则是在 Web 服务器的基础上向其他非 PC（personal computer，个人计算机）信息终端提供支持的软件。电子商务表达平台支持的信息终端一般包括 PC、无线移动通信设备（如手机）、PDA（personal digital assistant，个人数字助理或掌上电脑）、其他信息终端（如信息家电）等。电子商务表达平台的特点也是难点在于：它要将一种业务逻辑处理结果表示成多种表达形式［如支持 PC 的超级文本格式、支持无线移动设备的 WAP（wireless access points，无线接入点）结构］，而且要使这些结果适应于不同信息终端的特点。

（9）安全保障环境。企业电子商务系统至少包含两层安全保障环境，那就是内部安全保障环境和外部安全保障环境。安全保障环境不仅仅是技术或产品的问题，它实际上是保障企业商务活动安全的一整套方案，简单地讲，它包括安全策略、安全体系、安全措施等内容。

1.5.4 电子商务系统的支撑环境

电子商务系统的支撑环境主要是指为保证电子商务活动的开展而必须建立的一系列环境，它是电子商务系统的组成部分。电子商务系统的支撑环境主要包括电子商务的支付环境、电子商务的物流环境和电子商务的信用环境。支撑环境的完善与否直接关系到电子商务开展的好坏，这一点从中国物流制约电子商务发展的现实状况中就可以看出。

1. 电子商务的支付环境

随着越来越多的企业通过互联网开展业务，如何进行支付的问题越来越突出。电子商务涉及的范围广泛，网上交易对便利性、实时性的要求非常高，这就要求支付环节也应满足这一要求。传统支付方式要做到这一点非常困难，解决问题的唯一出路就是利用电子支付。

电子支付是电子商务活动的关键环节和重要组成部分，是电子商务能够顺利发展的基础条件。没有良好的网上支付环境，网上客户就只能采用网上订货、线下结算付款的方式，只能实现较低层次的电子商务应用。这就使得电子商务高效率、低成本的优越性难以发挥，使得电子商务的应用与发展受到严重的阻碍。

网上金融服务是电子商务的重要一环，随着电子商务的普及和发展，网上金融服务的内容也在发生着很大的变化。网上金融服务包括网络银行、家庭银行、企业银行、个人理财、网上证券交易、网上保险、网上纳税等业务，所有这些网络金融服务都是通过电子支付的手段来实现的。所以从广义上讲，电子支付就是资金或与资金有关的信息通过网络进行交换的行为，在一般电子商务中就表现为消费者、企业、中介机构和银行等通过互联网所进行的资金流转，它们主要通过信用卡、电子支票、数字现金、智能卡等方式来实现。由于电子支付是在开放的互联网上实现的，支付双方当事人并不见面，信息也很可能受到黑客的攻击和破坏，而这些信息的泄露和受损直接威胁交易各方的切身利益，所以身份认证和信息安全是电子支付要考虑的重要问题。关于电子支付的详细内容本书后续章节将进一步讨论。

2. 电子商务的物流环境

物流是指物质实体从供应者向需求者的物理移动。近年来，随着电子商务的飞速发展，物流问题十分突出地表现出来。支持有形商品网上交易的物流已经成为有形商品网上交易活动能否顺利进行和发展的一个关键因素。没有一个高效、合理、畅通的物流体系，电子商务所拥有的优势就难以得到有效的发挥，电子商务也就难以得到较好的发展。与电子商务有关的物流问题，本书后续章节也将进一步讨论。随着物联网和信息化技术的发展，电子商务的物流环境将会得到更好的发展和完善，物联网是新一代信息技术的重要组成部分，通过智能感知、识别技术与普适计算、泛在网络的融合应用，被称为继计算机、互联网之后世界信息产业发展的第三次浪潮。物联网是互联网的应用拓展，与其说物联网是网络，不如说物联网是业务和应用。因此，应用创新是物联网发展的核心，以用户体验为核心的创新 2.0 是物联网发展的灵魂。

3. 电子商务的信用环境

在电子商务条件下，商务活动都是通过计算机网络开展的，交易各参与方互不见面，不签纸面合同、不签字盖章、不用纸质票据，取而代之的是网上沟通、电子合同、数字签名和网上支付。与传统商务活动相比，电子商务对商业信用的要求更加迫切。在商业信用尚未完善的情况下，交易的一方对交易的另一方是否能够按照约定履行交易更没有把握，这必然极大地影响、限制电子商务的应用与推广。因此，电子商务信用体系的建立对电子商务至关重要。

电子商务信用体系的建立是一个综合性的任务，不是仅仅依靠某一方面的努力就能够解决的，这个过程中有意识问题也有技术问题和法律问题，更需要时间让电子商务系统的各个角色逐渐适应。首先，社会各方面要大力引导、创建一个具有良好的信用意识的社会环境。其次，建立和完善电子商务认证中心十分迫切。认证中心是改善电子商务信用环境最基本的技术手段，是电子商务活动正常进行的必要保障。再次，制定相关法律和制度也有利于营造良好的信用氛围。保障正常电子商务活动的进行，要通过法律规范电子商务交易各方的交易行为，规范和确认什么样的电子合同、数字签名等在法律上是有效证据，哪些是无效证据，从而保障讲信用的合法交易者的合法利益，打击不讲信用的不法行为。最后，建立社会信用评价制度和体系，为电子商务交易提供资信服务。将社会信用评价制度和体系应用到社会生活的各方面，促进企业和个人努力提高信用，自觉避免有损信用的事件的发生。

不少发达国家在信用体系方面已经有了很好的基础，而且在不断发展以适应电子商务的需要。例如，阿里巴巴一向致力于打造诚信商业社区，积极推进商业诚信环境的建设。它以“让诚信的商人富起来”为使命，推出一系列网络诚信服务，同时坚决反对商业不诚信行为。2011 年 6 月，阿里巴巴在社区就建立诚信机制开展征集活动，很多会员都提出了很多很好的建议，但目前信用体系尚存在不足，希望能够尽力完善阿里巴巴信用体系，让诚信指数更科学地反映会员的信用、贸易成熟度及透明度。阿里巴巴的信用体系分为以下几个部分：①个人实名认证；②诚信保障服务；③投诉管理；④诚信推广；⑤诚信档案。阿里巴巴旗下的淘宝网作为亚洲最大的零售商圈，其自身信用管理模式经过多年的发展已经日趋成熟。通过对淘宝网信用管理相关措施的研究，大致可以将其信用管理方法分为三类，即信息展示类、卖方限制类和交易辅助类。

复习思考题

1. 简述电子商务的概念。
2. 简述电子商务的概念模型。
3. 简述电子商务的框架模型。
4. 简述电子商务的特点。
5. 从电子商务的概念模型出发，简述电子商务与传统商务的异同。

6. 简述电子商务的研究对象。
7. 目前电子商务的模式有哪些?
8. 电子商务系统有哪些主要组成部分?
9. 电子商务系统的支撑环境包括哪些内容?

第2章

电子商务带来的革命

本章要点：电子商务的产生有着深刻的技术背景和商业原因，它的发展经历了基于传统EDI的电子商务和基于互联网的电子商务等几个阶段。自诞生以来，电子商务在世界各国得到了迅速的应用与发展，并带来了一场史无前例的革命。这场革命的影响力不仅仅局限于商业本身，它对社会的生产和管理、人们的生活和就业、政府职能以及教育文化都产生了巨大的影响。

2.1 电子商务的起源与发展

2.1.1 电子商务的产生

广义的电子商务的起源可以追溯到 19 世纪 30 年代电报刚刚诞生之时。商人为了加快贸易信息传递，采用莫尔斯电码点和线的形式在电线中传输贸易信息，这标志着运用电子手段进行商务活动进入了新纪元。后来利用电话、传真等传递商贸信息的活动则是电子商务活动的开端。

在与计算机技术和网络通信技术的互动中，电子商务逐步发展并完善，其中以 EDI 的出现为另一个重要标志。EDI 是一种在公司之间传输订单、发票等作业文件的电子化手段，通过计算机通信网络将贸易、运输、保险、银行和海关等行业信息，用一种国际公认的标准格式，实现在各有关部门或公司和企业之间的数据交换与处理，完成以贸易为中心的全部过程。国际标准化组织（International Organization for Standardization，ISO）将 EDI 描述成“将贸易（商业）或行政事务处理按照一个公认的标准变成结构化的事务处理或信息数据格式，从计算机到计算机的电子传输”。通过 EDI，电子商务实现了商业数据的无纸化处理。

现代意义上的电子商务是互联网技术成熟后才开始的。1990 年，互联网进入以资源共享为中心的实用服务阶段。1991 年，美国政府宣布互联网向社会公众开放，允许在网上开发商业应用系统。1992 年，互联网主干网上计算机发展到 4500 台。1993 年，万维网（world wide web，WWW）在互联网上出现，这是一种具有处理图文、声像等超文本对象能力的网络技术，使互联网具备了支持多媒体应用的功能。到 1995 年，互联网上的商业信息量首次超过了科教信息量，这既是互联网此后产生爆炸性发展的标志，也是电子商务从此大规模起步发展的标志。随着近年来移动终端的发展，移动电子商务这种业态模式也得到了迅速的发展，销售额呈几何倍数增长。移动电子商务将互联网、移动通信技术、短距离通信技术及其他信息处理技术完美结合，使人们可以在任何时间、任何地点进行各种商贸活动，实现随时随地、线上线下的购物与交易、在线电子支付以及各种交易活动、商务活动、金融活动和相关的综合服务活动等。

互联网有三个特点：一是信息交流的双向性；二是开放式信息传输标准，即信息提供者可以采用多种方式，信息接收者可以通过方便快捷的方式收集信息，同时使各种系统之间的互联变得简单；三是范围广泛，互联网是全球性网络结构，可以轻松实现全球范围内的连接，深入千家万户，使交易范围无限扩大，费用却大大降低；使依赖于传统 EDI 的企业迅速介入互联网，轻而易举地实现全球性网上交易。互联网相对于其他媒体的这种绝对优势使得互联网得以迅速普及，同时为 EDI 技术带来了无限生机，并直接推动了电子商务的发展。

2.1.2　电子商务产生的背景和原因

电子商务的产生与发展是社会发展的客观要求，同时又有着深刻的商业和技术背景。

（1）电子商务是商务应用需求的必然结果。在商品经济条件下，经济规律作用的结果必然要求全球资源在世界范围内实现最优配置，因而形成了经济全球化、市场国际化、社会分工国际化及产业结构在全球范围的调整，而这又导致了资本的大量转移和大批跨国公司的涌现，推动了国际贸易的发展。国际贸易的迅速增长造成了传统的以纸为载体的贸易单证和文件数量的激增。市场的激烈竞争使生产方式由大规模的批量生产向柔性的小批量多品种生产转变，以适应迅速变化的市场的各种需求，组织形式则由大型、纵向、集中式向横向、分散式、网络化发展。制造商、供货商和消费者之间，跨国公司与各分公司之间迫切要求提高商业文件、单证的传递和处理速度、空间跨度和准确度。追求商业贸易的“无纸化”成为所有贸易伙伴的共同需求。而传统的贸易单证和文件采用人工处理，劳动强度大、效率低、出错率高、费用高。以纸为载体的贸易单证和文件成为阻碍国际贸易发展的一个关键因素。

（2）电子商务是信息技术发展的必然结果。信息技术的发展为电子商务的产生和发展奠定了坚实的技术基础，并且推动着电子商务应用的蓬勃发展。计算机的处理速度越来越快，处理能力越来越强，价格越来越低，因而能够进入普通百姓家庭和中小企业，这一切都为电子商务的应用提供了物质基础；互联网逐渐成为全球通信与交易的媒体，全球上网用户呈指数增长，国际线路容量不断增大，带宽不断扩宽，特别是越来越多的用户使用宽带上网，互联网上的应用和服务也更加丰富，这些又为电子商务的发展提供了应用条件；网络计算技术的迅速发展，从早期的以 X.25 协议为基础的专业网络到以 TCP（transmission control protocol，传输控制协议）/IP 协议组为基础的互联网，从集中式计算到分布式处理再到大集中式的云计算处理模式的螺旋式发展，每一步都成为电子商务前进的里程碑；网络编程语言的不断演化，从早期的汇编语言到 C 语言、B 语言，一直到 Perl、Java、C# 语言的出现，每一次变革都为电子商务的应用带来新的机遇；网络数据库也在不断推陈出新，既有应用于大型部署的 Sybase、Oracle，也有适用于小型应用的 MySQL 等；计算机安全保障技术和网络安全技术的研究和发展，包括数据加密技术、数字签名技术和防火墙技术的应用等，为电子商务的发展提供了重要保障。

（3）电子商务环境的发展起到了重要的推动作用。电子商务的发展离不开电子支付、网络安全以及相关法律体系的支撑。以电子支付技术为基础的信用卡和电子货币的普及应用，为电子商务提供了金融基础。信用卡凭其方便、快捷、安全等优点成为人们消费支付的重要手段，并由此形成了完善的全球性信用卡计算机网络支付系统，为电子商务中的网上支付提供了重要的技术手段。1996 年 2 月，VISA 与 Mastercard 两大信用卡国际组织共同发起制定保障在互联网上进行安全电子交易的 SET 协议，该协议的制定得到了 IBM、Microsoft、Netscape、GTE、VeriSign 等一批技术领先的跨国公司的支持。SET 协议适用于 B2C 模式，围绕客户、商户、银行，或客户、商户、收单行或开户行以及其他银行的相互关系对客户进行身份确认（把数字加密技术用于数字签名和颁发电子证书），以此保障交易安全。此后，VISA 与 Mastercard 两组织共同建立安全电子交易有限公司 SETCO，专门从事管理与促进 SET 协议在全球的应用推广。SET 协议的出台使得在一个安全的网络环境下完成购物和支付成为可能，对电子商务的发展起到了关键的推动作用。

（4）电子商务随着科技的发展和进步不断演变发展形式。电子商务发展的第一阶段从电子销售（B2C）到电子贸易（B2B），再到电子集市，其主要特征为实验化、资本化、过度竞争、以技术为中心、面向组织和信息。第二代电子商务的发展是在 2001—2006 年以 C2C 为内容迅速发展的，其间的主要特征为业务驱动、盈利和利润、融合传统、面向过程。第三代的电子商务模式以移动服务、社交网站、微博、流媒体视频分享网站为主。微博营销和口碑营销成为新的营销方式。在电子商务发展形式演变的过程中，宽带业务、大数据应用、物流信息化、信息安全和诚信建设是电子商务中任重而道远的建设任务。

2.1.3 全球电子商务发展现状

电商过去几年在我国的发展相当迅速，在世界主要国家与地区同样也获得了迅猛发展。

1. 全球网民数量增加，亚洲网民占据半壁江山

截至 2022 年底，全球网民人数已达到 53 亿人（图 2-1），互联网普及率达 66%。亚洲电商销售额遥遥领先，其网民数量占全球网民数的 51.4%。2001—2022 年全球及中国网民增速如图 2-2 所示。发达国家和地区的互联网覆盖率较高，但网民增速则相对偏低。2022 年，全球电商市场以亚洲为中心，在电商销售额全球领先的经济体中，亚洲经济体占据半数。其中，中国、日本、韩国、印度和印度尼西亚分列第一、三、六、七、九位。Statista 数字市场展望估计，2022 年，中国电商市场产生了约 1.5 万亿美元的收入。美国在全球排名第二，规模约为 8750 亿美元；其次是日本，约 2410 亿美元。

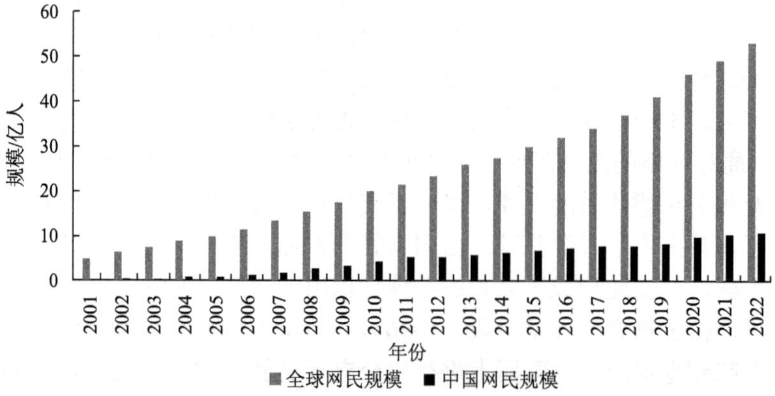

图 2-1　2001—2022 年全球及中国网民规模

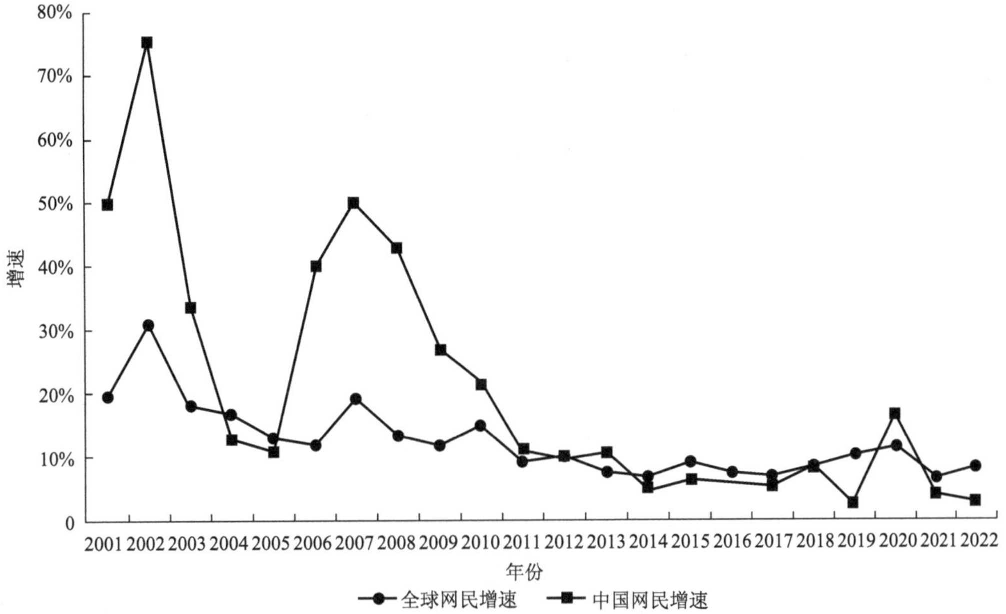

图 2-2　2001—2022 年全球及中国网民增速

近年来，由于信息技术和互联网经济发展迅猛，线上购物越来越受欢迎，此前新冠疫情的全球蔓延、线下实体店铺关闭和人们对在线消费需求的增加，促使越来越多的企业、品牌和新零售平台进入了电商市场，全球电商市场规模持续扩大。全球零售电商市场规模在 2014 年至 2022 年间几乎增长了三倍。2021 年，全球零售电商销售额约为 5.2 万亿美元。eMarketer 预计这一数字在未来几年将增长 56%，到 2026 年将达到约 8.1 万亿美元。

2. 全球零售迎来“线上+线下+物流”深度融合的新发展

在 2013—2023 年过去十年中，全球电子商务的增长远远超过了整体零售增长。这种模式在 2021 年和 2022 年戛然而止，未来走势会比较理性成熟。2022 年底开始，随着新冠疫情威胁逐渐消退，各地的消费者返回商店，全球消费需求、消费渠道、消费方式发生了转变。全球零售电商销售额迅猛增长的时代已经过去，零售额增速放缓趋势明显。数据显示，2013—2018 年全球零售电商销售总额保持小幅增长，增速放缓，2019 年和 2020 年全球零售电商销售总额出现下滑，而 2021 年开始持续增长，2022 年全球零售电商销售总额达到 27.3 万亿美元。

在经过了网络零售爆发，疫情原因的电商薄利阶段以后，全球的电子商务迎来了“线上+线下+物流”深度融合的新零售商业模式。在新消费趋势下，个性化需求成为关键，消费式体验成为竞争优势，物流优化与店门升级需同步进行。个性化的产品推荐和购物体验、创新门店的互动体验和增值服务、高效的配送效率和优质的服务质量有助于提升用户黏性。全球化和下沉市场布局重要性日益凸显，线上线下渠道整合成为趋势，智能化、科技化的应用将推动零售业的发展。

3. 消费者网购意愿增强

随着互联网与电子商务技术的快速发展，网购已成为人们日常生活的重要部分。尤其是新冠疫情的影响，促使消费者网购意愿更加强烈。不同国家和地区消费者在在线购物意愿、在线购物品类、网购行为特点等方面都与其文化、风俗习惯、消费习惯、收入等密切相关。

（1）消费者在线购物意愿。不同地区的消费者在线购物意愿强度不一，2018 年，韩国在线消费意愿最强，其次是英国、丹麦和中国。跨境购物在部分地区成为流行趋势，中国是全球最大的跨境电商交易国家，2022 年中国跨境电商进出口额达到 2.32 万亿元人民币（约合 3580 亿美元），预计未来将继续保持增长。此外，美国、英国、德国和日本等发达国家也将在跨境电商领域发挥重要作用，这也为跨境电商的发展提供了更多的机会。

（2）消费者在线购物品类。2022 年消费者线上购物类型发生了变化。奢侈品和珠宝的全球线上流量增幅最高，同比增长 9%。美妆品类线上流量同比增长 7%。由于新冠疫情原因，消费者装修房屋的意愿减弱，家居用品与园艺类产品的销量也因此下降了 7%。

（3）消费者网购行为特点。使用移动设备网购的比率越来越高，2018 年，33%的消费者使用移动设备作为完成交易的首选；网购产生忠诚度，品牌一旦进入在线购物清单，消费者多半会再次选择；消费者在电商渠道的单次花费通常比线下多。

4. 发达经济体市场仍占据主导地位

2023 年在全球电商市场前 15 名的国家中，中国位列第一位，美国、英国、韩国、日本分列第二、三、四、五位，在发展中国家和新兴市场中仅有中国、印度、印度尼西亚、巴西和墨西哥上榜。从消费行为、基础设施和增长潜力来看，发达经济体仍高于新兴市场，但是就在线市场规模来看，中国高于发达经济体。

另外，全球主流的电商企业主要分布在美国和中国。全球有超过 100 万家公司从事电子商务，包括完全依赖互联网渠道的专业电商公司，也包括利用互联网策略的传统企业。在 2023 年全球网购网站排名中，零售电子商务收入排名前三位的分别是阿里巴巴、亚马逊和京东。前十名中，除京东、阿里巴巴来自中国，其他网站来自美国、加拿大和日本。

5. 新兴市场成为全球电子商务增长主要动力

经历过新冠疫情带来的高速增长后，北美、西欧、东北亚地区的电商市场早已进入发展成熟期，发展整体趋稳，未来的增长将有所减缓。拉美、中东、东南亚等新兴市场是全球电商市场未来数年间增长的一大动力。伴随智能手机渗透率的提升、道路基建的不断完善等利好因素，这些地区电商的渗透率有望快速提升。

在 2023 年全球电商规模增长最快的前十名国家中，东南亚有 4 个国家上榜。分别是菲律宾排名第二，马来西亚排名第三，印度尼西亚排名第七，越南排名第八。

拉美和非洲的电商市场正迎来高速发展期，多重利好因素将持续为南半球的电商市场注入强心剂。拉美十国的人口平均年龄为 30.43 岁，年轻化的人口结构为网购消费注入活力；而产业发展不平衡、新兴制造业薄弱和新冠疫情的暴发，催生了跨境网购需求大涨。亚马逊于 2023 年分别推出哥伦比亚和智利站点，开拓拉美新市场。非洲头部电商平台 Jumia 将与埃及国家银行合作，向当地卖家提供数字支付服务，深拓埃及电商市场。据 eMarketer 数据统计，2022 年全球电商交易额增长最快的 10 个国家中，拉美的巴西、阿根廷和墨西哥占据了 3 个席位。在 2022 年，拉美电商交易额的增速为 20.4%，仅次于东南亚地区的 20.6%。而其中排名靠前的巴西，电商交易额增速达到 22.2%。2021 年，拉美电商市场规模为 1393 亿美元，到 2025 年预计将增至 2500 亿美元，电商整体交易额增长速度高于线下零售增长速度，并且拉美主要国家在 2026 年前的年增长率将保持在两位数。

根据 B2B 电商平台 Tradeling 的预测，2023 年中东和北非地区的电商支出将同比增长 15%。中东和北非地区将增加多达 1.25 亿名数字用户，同时该地区的数字经济将从 2022 年的 1000 亿美元跃至 5000 亿美元。值得注意的是，推动中东电商经济强劲增长的是阿联酋市场。阿联酋市场拥有超过 90%的互联网普及率，以及不断增长的智能手机用户群体和消费者日益增长的网购需求，这为数字经济做出了巨大的贡献。

2.2 中国电子商务的发展状况

近年来，中国电子商务领域有了飞速的发展，各大互联网公司纷纷进入电子商务领域，使其呈现出一片良好的发展态势。

2.2.1 中国电子商务发展回顾

自 1995 年萌芽至今，在近 30 年的时间里，中国电子商务经历了从“工具”（点）、“渠道”（线）到“基础设施”（面）这三个不断扩展和深化的发展过程（图 2-3）。2013 年，电子商务在“基础设施”上进一步催生出新的商业生态和新的商业景观，进一步影响和加速传统产业的“电子商务化”，进一步扩展其经济和社会影响，电子商务“经济体”开始兴起。

以下中国电子商务发展阶段的时间为大致范围，无严格界限。

1. 工具阶段（1995—2003 年）

这个阶段，是互联网进入中国的探索期、启蒙期。中国电子商务以企业间电子商务模式探索和发展为主。早期，应用电子商务的企业和个人主要把电子商务作为优化业务活动或商业流程的工具，如信息发布、信息搜寻和邮件沟通等，其应用仅局限于某个业务“点”。

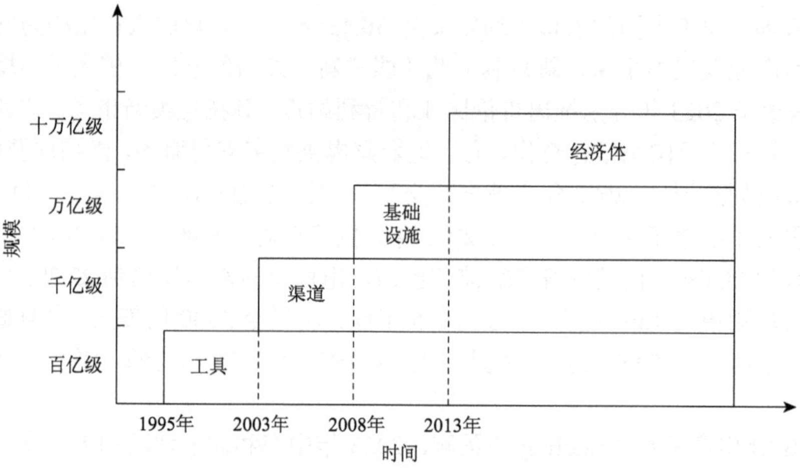

图 2-3　中国电子商务演进示意图

1995 年 5 月 9 日，中国黄页由马云创办，成为最早为企业提供网页创建服务的互联网公司；1997 年，垂直网站中国化工网成立；1999 年 8848、携程网、易趣网、阿里巴巴、当当网等一批电子商务网站创立。1999 年底，正是互联网发展高潮来临的时候，国内诞生了 370 多家从事 B2C 的网络公司，到 2000 年，变成了 700 家，但随着 2000 年互联网泡沫的破灭，纳斯达克（美股）急剧下挫，8848 等一批电子商务企业倒闭，至 2001 年，人们还有印象的只剩下三四家。随后电子商务经历了一个比较漫长的“冰河时期”。

2. 渠道阶段（2003—2008 年）

这个阶段，电子商务应用由企业向个人延伸。2003 年，“非典”的肆虐令许多行业在春天里感受到寒冬的冷意，但却让电子商务时来运转。电子商务界经历了一系列的重大事件，如 2003 年 5 月，阿里巴巴集团成立淘宝网，进军 C2C 市场；2003 年 12 月，慧聪网香港创业板上市，成为国内 B2B 电子商务首家上市公司；2004 年 1 月，京东涉足电子商务领域；2007 年 11 月，阿里巴巴网络有限公司成功在香港主板上市。

国家也出台了一系列重大文件，给电子商务发展带来深远影响。2004 年 3 月，国务院常务会议审议通过《中华人民共和国电子签名法（草案）》。2005 年 1 月，国务院办公厅下发《关于加快电子商务发展的若干意见》（国办发〔2005〕2 号）（多称“二号文件”）。2007 年 6 月，国家发展和改革委员会、国务院信息化工作办公室联合发布我国首部电子商务发展规划——《电子商务发展“十一五”规划》，首次提出发展电子商务服务业的战略任务。2007 年，《商务部关于网上交易的指导意见（暂行）》《商务部关于促进电子商务规范发展的意见》先后发布，构筑了电子商务发展的政策生态。

同时，随着网民和电子商务交易的迅速增长，电子商务成为众多企业和个人的新的交易渠道，如传统商店的网上商店、传统企业的电子商务部门以及传统银行的网络银行等，越来越多的企业在线下渠道之外开辟了线上渠道。2007 年，我国网络零售交易规模达 561 亿元。网商随之崛起，并逐步将电子商务延伸至供应链环节，促进了物流快递和网上支付等电子商务支撑服务的兴起。

3. 基础设施阶段（2008—2013 年）

电子商务引发的经济变革使信息这一核心生产要素日益广泛运用于经济活动，加快了信息在商业、工业和农业中的渗透速度，极大地改变了消费行为、企业形态和社会创造价值的方式，有效地降低了社会交易成本，促进了社会分工协作，引爆了社会创新，提高了社会资源的配置效率，深刻地影响着零售业、制造业和物流业等传统行业，使其成为信息经济重要的基础设施或新的商业基础设施。越来越多的企业与个人基于和通过以电子商务平台为核心的新商业基础设施降低交易成本、共享商业资源、创新商业服务，也极大地促进了电子商务的迅猛发展。

2008 年 7 月，中国成为全球“互联网人口”第一大国。中国互联网络信息中心统计，截至 2008 年 6 月底，我国网民数量达到了 2.53 亿人，互联网用户首次超过美国，跃居世界第一位。2010 年全国两会期间，温家宝总理在 2010 年《政府工作报告》中，明确提出要加强商贸流通体系等基础设施建设，积极发展电子商务①。这也是首次在全国两会的政府工作报告中明确提出大力扶持电子商务。

2010 年 10 月，麦考林登陆纳斯达克，成为中国首家 B2C 概念股，同年 12 月，当当网在美国纽约证券交易所挂牌上市。2011 年，团购网站迅猛发展，上演千团大战局面，中国团购用户数超 4220 万人。2012 年，淘宝商城更名“天猫”独立运营，品牌折扣网站唯品会在纽约证券交易所挂牌交易。2012 年淘宝和天猫的交易额突破 10 000 亿元，“双十一”当天交易规模达 362 亿元。2013 年，阿里巴巴和银泰集团、复星集团、富春集团、顺丰速运等物流企业组建了“菜鸟”，计划在 8—10 年建立一张能支撑日均 300 亿元网络零售额的智能物流骨干网络，让全中国任何一个地区做到 24 小时内送货必达。

4. 经济体阶段（2013 年以后）

2013 年中国超越美国，成为全球第一大网络零售市场。2013 年，我国电子商务交易规模突破 10 万亿元大关，网络零售交易规模达 1.85 万亿元，相当于社会消费品零售总额的 7.8%。2014 年 2 月，中国就业促进会发布的《网络创业就业统计和社保研究项目报告》显示，全国网店直接就业总计 962 万人，间接就业超 120 万人，成为创业就业新的增长点。2014 年 6 月，我国网络购物用户规模达到 3.32 亿人，我国网民使用网络购物的比例为 52.5%。

2014 年 5 月，聚美优品在纽约证券交易所挂牌上市，京东集团在美国纳斯达克证券交易所正式挂牌上市。同年 9 月，阿里巴巴正式在纽约证券交易所挂牌交易，发行价每股 68 美元，成为美国历史上融资额最大规模的 IPO（initial public offering，首次公开募股）。2014 年，我国快递业务量接近 140 亿件，跃居世界第一。我国快递业务量已经连续 44 个月同比、累计增长平均增幅均超过 50%。2015 年 5 月，国务院印发了《关于大力发展电子商务加快培育经济新动力的意见》（国发〔2015〕24 号），进一步促进了电子商务在中国的创新发展。

---

① 《温家宝所作政府工作报告（十一届人大三次会议）》，https://www.gov.cn/2010lh/content_1555767.htm[2010-03-05]。

2018 年是中国电子商务的“洗牌年”，零售变革、线上线下、消费分级不断发生，电子商务的格局也在不断发生变化。2018 年 4 月 2 日，阿里巴巴收购饿了么；美团完成多轮融资后，腾讯成为其最大股东。兴起于 2014 年的社交零售到 2018 年已经从三分天下发展到群雄并起。2018 年 7 月 26 日，拼团电商拼多多正式登陆美国纳斯达克证券交易所，从 2015 年 9 月上线到登陆纳斯达克，拼多多仅用时 2 年 11 个月，刷新了中国企业最快上市纪录。2018 年 8 月 31 日，《中华人民共和国电子商务法》历经五年终于颁布通过，自 2019 年 1 月 1 日起施行。

2019 年，直播电商全面爆发，之后在新冠疫情影响下，明星、网红、县长、企业家等纷纷走进直播间，为一些滞销的商品寻求“最后一根稻草”。直播电商从崭露头角到如今成为电商的主流。

网络零售的蓬勃发展促进了宽带、云计算、信息技术外包、网络第三方支付、网络营销、网店运营、物流快递、咨询服务等生产性服务业的发展，形成了庞大的电子商务生态系统。电子商务基础设施日益完善，电子商务对经济和社会影响日益强劲，电子商务在“基础设施”之上进一步催生出新的商业生态和新的商业景观，进一步影响和加速传统产业的“电子商务化”，促进和带动经济整体转型升级，电子商务经济体开始兴起。

2.2.2 中国电子商务发展现状

博思数据发布的《2017—2022 年中国电子商务行业市场趋势分析及投资规划建议研究报告》表明，整个中国电子商务发展概况趋于平稳，中国整个互联网发展已经在慢慢失去人口红利的特征，如何提高现有电商交易在用户层面上的需求挖掘和满足用户诉求，会越来越成为现有电商平台关注的事情。

一是市场规模不断扩大。2022 年中国电子商务市场交易规模达到 41.3 万亿元，同比增长 16.5%。其中，网络零售交易规模达到 13.8 万亿元，同比增长 18.9%；网络服务交易规模达到 27.5 万亿元，同比增长 15.1%。

二是地区差距逐渐缩小。欧美地区电子商务起步早、应用广。2016 年美国网络零售交易额达到 3710 亿美元，比 2015 年增长 8.5%，占美国零售总额的比例约为 8%。目前，80%的美国制造商拥有自己的网站，60%的小企业、80%的中型企业和 90%的大型企业已经开展电子商务应用。2015 年欧盟 28 国电子商务 B2C 交易额为 4074 亿欧元，增幅为 13.4%。英国、法国、德国、西班牙、意大利 5 国的市场份额最大，占欧盟电子商务市场总量的 77.5%；英国、丹麦、卢森堡、德国和荷兰 5 国的网购用户渗透率最高，均超过了 70%。

三是企业并购趋于频繁。互联网经济具有天然的规模效应，随着中国电子商务竞争加剧以及投资人的撮合，竞争对手有动力、有条件进行合并，市场集中度不断提高。《福布斯》杂志曾评选最有投资价值的 10 家公司，9 家是互联网企业，其中阿里巴巴位居榜首，脸书和优步分列第二和第三。从海外并购数量上来看，腾讯投资是最活跃的中国资方，截至 2023 年 2 月，一共并购了 17 个海外项目。华为、阿里巴巴和 ToB 软件服务商石基信息在海外并购了 9 个项目。

四是共享经济异军突起。共享经济伴随着移动互联网的发展而迅速崛起，中国电子商务共享领域不断拓展。从最初的汽车、房屋共享发展到金融、餐饮、空间、物流、教育、医疗、基础设施等多个领域，并向农业、能源、生产甚至城市建设扩张。共享经济让全球数十亿人既是消费者，也是经营者，最大限度地提升了资源利用效率，带来了就业方式的变革，但同时也带来了一些新问题，对监管提出了挑战。

跨境电商预计将为在线总消费量贡献更高的份额。中国特殊的消费环境，使得那些强调安全性的品类，如食品和母婴用品，以及国内外价差较大的品类，如服装和电子产品成为在线跨境购买的主要品类。根据中国电子商务发展概况数据分析，跨境电商的迅猛发展使得那些还没有进入或者刚刚进入中国市场的国际品牌获得了更多的关注，降低了建立品牌知名度和分销网络的成本。但跨境电商的崛起也是一把双刃剑，随着国内人们越来越懂得货比三家，如何制定全球的价格体系对于国际品牌将是一个挑战。

2.3 电子商务的未来发展趋势

2.3.1 电子商务无界化态势明显

依托于互联网技术发展起来的电子商务，从诞生之初就自带“无边界”的“基因”。随着电子商务交易规模、服务受众和覆盖范围的日趋庞大，传统的企业边界、产业边界、地域界限甚至线上和线下的界限正在被逐渐颠覆。

1. 无边界企业的兴起

企业不仅在市场份额方面想象无限，在业务范畴上，也在不断尝试“跨界”。阿里巴巴在金融、物流、健康、云计算等多领域布局；亚马逊除零售业务外，在硬件方面、企业服务方面都走在世界前列；eBay 的金融支付和电商解决方案业务已接近全部收入的一半。

2. 跨境电子商务的爆发

建立在互联网平台上的电子商务具有天然的全球性。亚马逊、速卖通、eBay 等跨境电商平台助力全球无数中小企业参与全球贸易。阿里巴巴收购东南亚电商 Lazada，投资印度电商 Paytm，亚马逊收购 Souq，电商巨头纷纷进军海外市场。

3. 产业边界的模糊化

“电子商务+”企业的模式越来越普及。一是自建；二是并购。沃尔玛通过收购 Jet、ShoeBuy 和 Moosejaw 等电商平台，互利共赢，发展线上业务。家乐福、永辉等企业则选择自建平台打通线上渠道，保持品牌统一，掌控核心竞争力。

4. 线上与线下的融合

越来越多的创新正在日益颠覆着传统的线上与线下、商品与服务、流通与生产、业态与业种的界限。沃尔玛、梅西等传统百货公司提供“线上订货，线下取货”服务，捷克公司 Zoot 可提供消费者在线浏览、线下试穿服务，实现虚拟与现实购物环境转换，渠道之间的界限越来越模糊。

2.3.2 电子商务销售增长与零售销售增长之间差距缩小

在 2013—2023 年，电子商务的增长明显领先于整体零售业的增长，然而，这一势头在 2021 年和 2022 年出现停滞，未来趋势可能更趋于稳定和成熟。随着新冠疫情威胁逐渐减弱，各地的消费者开始重新光顾实体商店。这一趋势贯穿整个 2022 年，对数据产生明显影响：电子商务销售增长与整体零售销售增长之间的差距几乎缩小到只有 0.2%。尽管电子商务未失去其吸引力，但明显可见，消费者不准备完全抛弃实体店。展望未来，电子商务销售增长与整体零售销售增长之间的差距预计将在约 5 个百分点。

如图 2-4 所示，电子商务的增长仍将保持优势，但不会像以前那样迅猛。数据表明，2022 年实体店内销售增长率达到 6.9%，2023 年降至 2.7%，2024 年预计将升至 3.1%。这将导致电子商务销售增长率每年相对减少 6 个百分点以上。总体来看，尽管新冠疫情影响了几年，但国内外消费者对在线购物的习惯仍然坚定不移，电子商务的普及率大幅提高，而消费者重新光顾实体店值得我们深思，其中最主要的原因可能是时效性和便捷的退货服务，这两个因素是线上购物难以替代的。

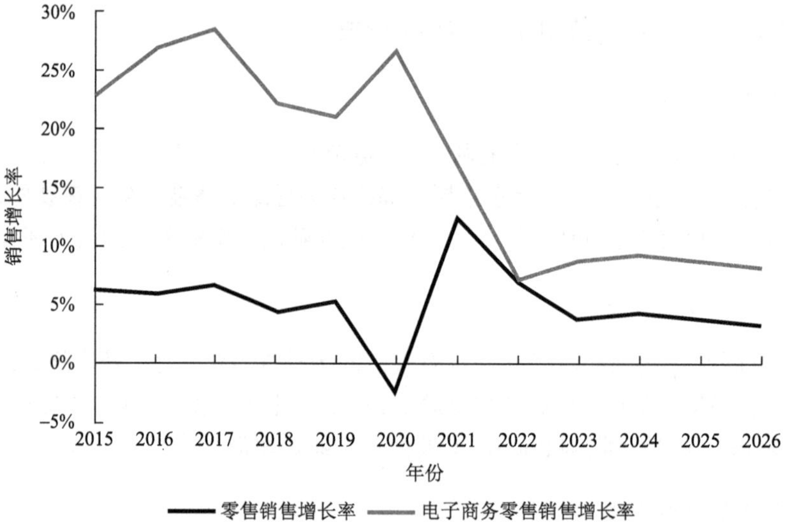

图 2-4 2015—2026 年全球销售额增长演进及预测图

然而，随着海外仓储的发展，提前储存货物并实现 2—5 天内送达客户手中，网购的优势依然展现出更高的性价比。那些拥有海外仓库的商家基本上具备了与实体店相抗衡的竞争实力。

2.3.3　技术应用、数据革命赋能电商发展新动力

当前，产业发展环境产生了巨大的变化，新一代消费者的消费偏好发生了改变，更加注重高质量的体验、内心的满足感和服务的便利性。因此需要新兴技术应用形成新的消费基础、数据驱动形成的个性化创新与服务体系，与 O2O 发展形成的无缝产业生态系统进行汇聚与融合。

2.3.4　电子商务使世界变得更平等

电子商务可以使最小的商家以低成本的方式进入全球市场并迅速站稳脚跟。过去只有大公司拥有足够的渠道、资本、规模来充分降低成本，参与全球竞争，而电子商务改变了这种模式。

1. 更多的机会

电商平台为中小企业提供了更多和大型企业公平竞争的机会，跨境电子商务模式改变了传统贸易方式。中小企业通过跨境电子商务进行国际贸易，进一步开拓国际市场，增加市场份额。

2. 更加的平等

电子商务使世界变得更为平等，以智利为例，新商家在 eBay 上的销售量占整个智利电商出口额的 30%。而线下的新商家出口额只占智利出口额的 1%。

3. 更多的资源

80%的新出口商在线上销售开始一年后依旧可以在激烈的竞争中存活下来，这个比例远高于线下出口商的存活比例；在线下交易中，通常会有少数几家出口公司在国家出口总额中占据着较大比重，线上交易则不存在这个现象。

4. 更好的前景

亚马逊全球开店计划，帮助许多国家的商家在亚马逊上以卖家身份注册交易，中国的企业可通过亚马逊中国，在北美、欧洲、日本等地开展业务。2023 年，eBay 上已有 1.31 亿名活跃用户，卖家遍及全球 29 个国家，是全球最大的电子集市。阿里巴巴则推出 e-WTP，以帮助中小企业进入全球市场，参与全球经济，同时还给从业者创造了大量就业岗位。

2.4　电子商务与社会变革

电子商务不仅是一种技术变革，它还通过技术的辅助、引导和支持，带来了前所未

有的生活方式变革和社会经济变革。

2.4.1 电子商务与生活方式的变革

电子商务作为一种新的商务形式，不仅给商务活动而且给整个人类的生活方式带来了一系列的重大变革。

（1）电子商务改变了人们获取信息的方式。通过互联网，消费者可以更快、更直观、更经济、更有效地获得大量的信息。首先，网上的内容可以经常更新，特别是新闻类信息更新速度更快；其次，网上发布和获取信息的成本极低，在当今纸张昂贵、发行流通成本较高的情况下，这一优点特别明显，许多历史悠久的期刊纷纷增发网络版本或者干脆完全发行电子版；最后，网络发布信息可以接触更多的消费者，这是传统媒体所不能比拟的。另外，网上的信息每一秒都在增长，构成了一个庞大的数据库，用信息爆炸来形容这个过程毫不为过。

（2）电子商务改变了人们的消费方式。网上购物的最大特征是消费者的主导性，购物意愿掌握在消费者手中，消费者的主权可以在网络购物中充分体现出来。这是因为不仅各企业将自己的产品放在企业的网站上，还有非常多的网站提供了商品搜索的功能，货比三家一下子变得简单而有趣。

消费者能以一种轻松自由的自我服务的方式来完成交易。在过去，消费者找厂家、跑商场、进银行、排队、交涉、办手续等行为，现如今都在被电子商务改变着。作为消费者，他们只需要坐在电脑前敲一敲键盘，就能进入网上商店，查看成千上万的商品目录，从中挑选自己想要的商品，然后查看商品的规格和性能。随着多媒体技术的应用，消费者还可以在计算机屏幕上看到商品的照片甚至三维的图形。对于选定的商品，消费者只需调出订单进行填写，然后把自己的银行卡号码加进去用于付款。订单确认后发出，商家几乎立即可以收到，随即其就会送出或寄出顾客购买的商品。

（3）电子商务改变了人们的工作方式。电子商务使得在家办公成为可能。电子商务保证了即时通信和业务处理，所以办公的方式、地点、时间可以是灵活的。特别是对于工作独立性较强的管理决策人员，他们再也不需要将时间花在交通拥挤的公路上。电子商务不仅提高了人们的办事效率，还有助于缓解交通，减少城市污染。电子商务使得人们不用出门就能满足各类基本的生活需要，完成自己的工作任务，人们的生活质量和工作效率都大大提高。

（4）电子商务改变了人们接受教育的方式。社会的进步和发展要求社会各个领域和层次的人们要不断学习，不断更新知识。这就给教育提出了新的任务。教育的对象已不仅仅是学生，还包括各个年龄层次、各种知识结构、各种需求层次和各个行业的从业者。这种终身继续教育和培训的任务，从时间和空间上都不是现在的学校形式和结构能够胜任的，特别需要利用电子商务这种商业化手段及其相应的应用技术加以支持。教育的内容也正在随着互联网的普及而发生改变。电子商务已经成为一门经典的学科，利用互联网收集资料、进行科学研究是21世纪最基本的研究方法，中国的许多大学已在学生宿舍中连上互联网，方便学生直接查阅资料，极大地扩展了学生的知识面。互联网还使得科研合作规模得以迅速扩大。

（5）电子商务改变了人们的休闲娱乐方式。人们可以足不出户在网络上购买观看各个国家制作的新、旧电影和电视节目，可以购买欣赏喜欢的音乐家、歌唱家演奏和演唱的曲目，可以在网络上玩种类繁多的游戏，而且可以通过网络与地球任何一个地方的人同时在一个游戏中“打”得昏天黑地，一决胜负。如果你愿意，你可以在网络这个广阔天地中找到志趣相投的朋友，对感兴趣的问题与网友推心置腹聊个痛快，甚至网络还可以成为红娘，使你找到终身伴侣。在网络上你还可以去做现实生活中无法做的事情，如可以喂养你喜欢的宠物，可以成为一介农夫辛勤地播种、耕耘以获得丰收的喜悦，当然这一切是虚拟的，是网络给人们提供的新的休闲方式。可以预见，网上娱乐、休闲对人们会有越来越大的吸引力，因而提供这种新的娱乐、休闲方式是电子商务新兴的行业。

2.4.2 电子商务与社会经济的变革

1. 电子商务改变经济增长的方式

目前经济全球化与网络化已经成为一种潮流，信息技术革命与信息化建设正在使工业经济转变为信息经济、知识经济，并将迅速改变传统的经贸交易方式和整个经济的面貌，加快世界经济结构的调整与重组。在这个转化过程中，信息产业特别是电子商务，发挥着关键的促进作用，并成为最重要的推动力之一。电子商务改变了经济增长方式，经济增长不再单纯依靠资本投入而更依靠信息技术和科学知识，从以物质生产为主的产业经济发展模式向以信息生产和知识生产为主的经济发展模式转变，即传统经济向信息经济、知识经济转变。互联网已成为全球重要的信息传播工具和商务交流的领域，通过电子商务把市场和资源协调起来，把生产者和消费者贯通起来，是现代企业开发新产品、拓展新市场、扩大对外交流、提高生产效率的最有力的手段。

电子商务的发展不仅影响了企业的内部结构，也影响了外部行业结构，新的以服务为主的行业不断产生。一些头脑聪明的企业家将眼光投到电子商务上来，纷纷成立以电子商务服务为主的企业与公司，如网络交易中心、电子商场、电子商务咨询服务公司、电子商务应用软件开发公司等。这已成为 21 世纪的热门行业之一，这些公司的人员构成表现为这几个特点：年轻化、高素质、跨学科、跨文化。他们大都是工商管理、金融财经、信息管理、计算机网络专业的综合人才。因此，这些公司的发展异常迅速。

2. 电子商务改变商务活动的方式

计算机网络只是一种信息交流工具，其优越性在于更快、更广、更丰富、更互动和更低成本。人类社会包括商务活动在内的一切活动，无一不是借助于信息工具才能完成的，信息工具的每一次进化都必然地促进了人类活动方式的进化，当然也促进了商务活动方式的进化。这种进化从纸张、印刷术和电报对人类活动的影响中可见一斑。由于电子商务提供一种快捷、方便的购物手段，消费者的个性化、特殊化需要可以完全通过网络展示在生产厂商面前，电子商务将改变商务活动的方式。传统的商务活动最典型的情景就是“推销员满天飞”“采购员遍地跑”，消费者在商场中筋疲力尽地寻找自己所需要的商品。现在，通过互联网只要动动手就可以了，人们可以进入网上商场浏览、采购各类产品，还能得到在线服务；商家们可以在网上与客户联系，利用网络进行货款结算服务；政府还可以方便地进行电子招标、政府采购等。

另外，跨国管理成为现实。电子商务系统的创立，使得大规模的跨地区、跨国界的商业活动成为可能。一些著名的零售业纷纷扩大营业范围和规模，组织跨地区、跨国界的商业活动，以降低成本和抢占市场份额。一些大的连锁商店如西尔斯、麦当劳等都在网络上创立了自己的虚拟连锁商店，改变了传统的商业结构和布局，以适应新的管理模式。

3. 电子商务改变传统行业的商业逻辑

任何一个行业必然存在其特有的商业逻辑，在传统市场这些商业逻辑被认定为整个行业的发展轨迹，而电子商务时代来临后，原有的商业逻辑被打破。例如，创造商业奇迹的“打劫”模式，淘汰落后思维的颠覆模式，以及促进行业发展的收购模式，这些模式在传统市场中是无法实现的。可以说沃尔玛、伊藤洋华堂的离去正是因为它们未能舍去原有的行业逻辑，未能及时具备先进的互联网商业思维。品牌效应、商品服务在电商模式下已经无法发挥较大的作用，而小企业的快速转型、及时结合电商特色，已经令其具有独特的优势，实体市场中的这些强者的大量客户被电商“打劫”，发展也受到了一定的阻碍，因此导致了这些强者的离去。

其实电商创造的商业逻辑非常明显，如单店模式增加、电子金融流通加大、行业边缘模糊以及市场跨界竞争，只要生产者了解、清楚这些商业逻辑，就可以在电商市场中占据一席之地。

4. 电子商务转变政府的行为

政府承担着大量的社会、经济、文化的管理和服务功能，尤其在调节市场经济运行和防止市场失灵等方面有着很大的作用。在电子商务时代，企业应用电子商务进行生产经营，消费者进行网上消费，将对政府管理行为提出新的要求。电子政府或称网上政府，将随着电子商务的发展而成为一个重要的社会角色。

然而，电子政务不是一个技术项目，而是一个引领变革的工程。电子政务并不是简单地将政府面向企业和居民的服务移到网上就可以实现。在理想状态下，它必须对政府的业务流进行重新设计，对政府的结构进行重组，在电子手段的帮助之下简化政府与企业和居民间的互动，降低而不是增加政府业务运行的成本。电子政务的最终目标是构造一个信息时代的政务。但是，这种对于原有的、工业时代的政府形态的改造是通过电子政务工程项目一个一个地实施来积累和进行的。

因此，每一个电子政务应用项目的推进，都需要有法律、行政、法规、社会、政治等各个方面的、综合的考虑和有机的组合来推动，只有这样才有可能达到变革和改造现有政府形态的目的。

2.5　电子商务与企业变革

2.5.1　电子商务与企业管理变革

电子商务改变了组织内部部门之间、组织与组织之间、组织与个人之间、管理者和被管理者之间的沟通方式，因而相应的企业管理方式也要随之发生变化。

1. 电子商务改变和正在改变着企业资金筹措的操作手段

企业“入口”端的一个极为重要的要素是资金。资金筹措的部分手段（如作为资本市场一部分的股票与债券市场）早已电子化了，而且人们已经领教。基于电子信息网络的资本交易，在规则不完善或控制有疏漏时的巨大破坏力，是震撼世界的力量。1997 年的金融风暴令每一个业内人士记忆犹新。企业资金筹措的另一个重要来源，是作为资金市场中介的商业银行，它正在随着信息技术信息网络的发展，而发生着巨大的变革（从金融企业或资金市场的角度来看，这本身也是“以资金为交易对象”的电子商务）。网络银行的出现，完全改变了企业资金操作的手段，降低了操作的成本。企业财务管理的部分规则，不得不随之有所改变。例如，在银行授信额度内，发出借款信息的时机选择，有关还款数量与时间的决策技术等，将会由于操作手段的更新而改变，以进一步降低成本、提高利润。“企业财务管理”必须增加新的内容，才能适应电子商务发展所带来的新环境的需要。

2. 电子商务改变和正在改变着人才的挑选与聘用

企业“入口”端的另一个极为重要的要素是人力资源。在以往的电子商务的讨论中，人才市场没有受到应有的重视。事实上，基于信息技术电子信息网络的人才交易（人才自荐，企业对人才的挑选，甚至对人才的测试和聘用）早就进行了，而且正在依托互联网、依托多媒体，迅速地发展着。在网上测评人才的技术（问卷的设计和考查方式等），也正在迅速地发展着。

3. 电子商务改变和正在改变着决策方式

集中化决策向分权化转变。决策转变与扁平型组织相适应，必须赋予一线管理人员更多参与决策的权力，从而可以减少信息传递次数，打破官僚主义和等级制度，提高管理效率，增强企业的竞争力。因此决策权从工业经济的集中化向网络经济的分权化转变，这样会产生众多的“授权小组”，每个授权小组通过企业的授权，围绕任务和目标自行决定其工作方式，每个授权小组及其成员通过自我设计、自我优化和自我创造，以实现传统的依靠“上级”做出决策的方式逐渐向依靠“团队”来进行决策的方式转变。

4. 电子商务改变和正在改变着企业的组织结构

组织要适应流程，从“串行”向“并行”改变。在传统的企业组织中，受金字塔形的组织结构的限制，加上信息传递手段落后，企业的作业程序一般是按照先后顺序进行的“串行”。“串行”流程中的每一个职能部门、环节都有其相对独立的任务，往往会因为某一个环节的故障而影响整项工作的进程，也常常会出现前后环节或部门之间相互矛盾的状况，既延长了作业时间，也增加了协调的成本。而“并行”流程是通过计算机网络的应用，把各个环节、各职能部门整合到网络上，围绕共同的任务协调运作。“并行”流程可使设计、研发、服务、财务、营销等人员通过网络实现实时沟通，共同设计产品和业务流程，共同解决、协调作业流程中出现的各种问题。因此组织必须与“并行”流程相适应，“并行”流程必须依靠“跨职能”的团队组织来实现，这种团队组织没有庞大的管理中层，依据目标和任务组建，具有相对的独立性，对提高作业效率、缩短作业时间、降低作业成本具有重要作用。

2.5.2 电子商务与企业经营活动变革

企业的经营活动主要包括市场营销、采购、库存、生产过程、交付过程及服务等环节。本质上，电子商务是一种商业贸易模式的转型。电子商务使企业的交易手段和贸易方式发生了巨大的变化，这必然导致企业经营过程的巨大变化。

（1）电子商务对营销模式的创新。与传统营销方式相比，电子商务下的企业营销具有鲜明的特色——网络互动式营销。这种营销帮助企业考虑客户需求和企业利润，寻找能实现企业利益最大化和满足客户需求最大化的营销决策。网络互动性使客户真正参与整个营销过程。在这种网络互动式营销中，卖方和买方可能随时进行互动式双向交流，企业和客户之间的关系是“一对一”的营销关系，而不是传统企业营销中的单向交流。网上企业采用的是以客户为主的营销方式，在遵守“网络礼仪”、不强求客户的同时获得良好的营销效果。实践证明，电子商务促进了企业革新管理方法，全面增强了企业管理效能，有效地降低了企业管理成本和交易成本。

（2）电子商务对采购的创新。首先，在互联网上，公司易于接触更多的供应商，电子化采购将帮助企业寻得较低价格的货品，同时为企业节约纸张的费用；其次，电子化采购加快了信息的传递，从而可以缩短订货时间；再次，电子化采购使企业更方便地集中管理分散在不同部门、不同地点的采购行为，从而可以进一步了解企业内部成本构成，降低总体成本；最后，电子化采购将使诸如向供应商下订单等流程自动化，无须花费很多人力资源在这些事务性业务上。在一些电子商务软件中，系统可以自动检测存货量，一旦检测到存货量过低，就可以自动通过互联网向供应商下订单，并获得何时可完成补货工作等的反馈信息。

（3）电子商务对库存的创新。库存管理是企业管理的重要组成部分。库存的主要职能是供给各项物料，以保证原材料—半成品—成品—用户的物流畅通。在企业的经营过程中，库存物资所占用的资金数量是巨大的。通过电子商务，企业可以形成上下游之间的 SCM，实现原材料无库存、产品无库存和准时生产（just-in-time，JIT）；在需要的时间和地点，生产必要数量和完美质量的产品和零部件；杜绝超量生产，消除无效劳动和浪费，达到以最少的投入实现最大产出的目的。企业在电子商务环境下的库存管理一般是与企业资源计划（enterprise resource planning，ERP）结合在一起的，电子商务与 ERP

的有效结合可以使企业做到零库存与准时生产。

（4）电子商务对生产过程的创新。向市场投入新产品是制造企业有力的竞争手段，但新产品的开发是一个费时、费力的过程。电子商务环境下企业的产品设计师、工程师、供货商、操作员通常都是一个工作组的成员，从头到尾都在一起工作。由于生产过程的电子化、网络化，以前需要几个月完成的工作可以在几天内完成。利用共享信息可以使工作组中的不同成员一起为某个项目工作，而不用像以往那样等一个成员完成他的那一步之后，再进行下一步工作。据测算，协同设计生产过程以及共享信息可以使开发和制造一种新型汽车的时间减少约 30 个月。

（5）电子商务对交付过程的创新。交付过程的目标是执行订货过程的结果、完成产品所有权的转移，它包括产品的包装、运输和递交。电子商务系统的交付包括产品的交付过程，但它对交付过程起全程信息支持作用。电子商务系统利用先进的条码、射频识别（radio frequency identification，RFID）等技术使订单可追踪甚至整个交付过程可视化。这实际上是企业透明的 SCM 的一部分。

电子商务系统中交付过程是可定制的，包装、运输、递交过程可以预先设计，并允许客户的个性化需求；运输过程可对用户透明，允许用户对供应过程进行动态调整，如变更交付日期、运输方式等；对 B2B 的商务活动，交付过程可以融入企业的 SCM 中；在 B2C 活动中，交付过程和个性化服务是相关的。电子商务系统中对交付过程的信息管理和实际的交付过程是一致的，即商品的保管、包装、运输、配送的实际执行情况可实时地通过电子商务系统反馈给客户。

（6）电子商务对服务的创新。企业的电子商务系统对传统服务提供更新的支持，这些支持反映在服务方式、内容及速度等方面：企业在网上介绍产品，提供 1 周 7 天、1 天 24 小时的在线、远程、动态的客户服务；对客户的要求与反映的问题及时反馈；针对不同的客户提供一对一的个性化服务；客户也可以根据自己的需要获得自助式服务；企业还可对服务过程进行记录，通过数据仓库、数据挖掘技术开发更多的商业机会。

复习思考题

1. 电子商务产生的背景和形成的原因有哪些？
2. 简述全球电子商务发展现状。
3. 简述中国电子商务的发展状况。
4. 简述中国电子商务发展的主要特点。
5. 请描述电子商务的未来发展趋势。
6. 电子商务对人类生活方式的影响表现在哪些方面？
7. 简述电子商务的社会变革。
8. 电子商务对企业的影响有哪些？
9. 电子商务在企业经营过程中的作用体现在哪些方面？

第 3 章

电子商务的运作模式

本章要点：成功的电子商务没有固定的运作模式。近年来，O2O 模式发展成熟，并逐渐演化出几种不同的模式，共享经济、跨境电子商务、农村电子商务等电子商务模式逐渐兴起，C2B 模式异军突起，带动全新的电子商务模式。本章就 O2O、C2B、共享经济、跨境电子商务和农村电子商务这几种电子商务的运作模式展开分析和探讨，并且对每种电子商务模式在我国的实际应用举例予以说明。

3.1 O2O 的运作模式

从互联网出现以来，我们这个世界似乎被分化为两个世界：现实世界和虚拟世界。在这两个不同的世界里，出现了线下传统零售业与线上互联网企业两种泾渭分明的商业模式。然而实际上，绝大部分的线上商务活动都是线上和线下相互结合的，因为它们需要在物理世界中实现。因此，从本质上看，线上线下互动发展一直都是而且必将是未来互联网时代中商务活动，而不仅仅是电商活动的普遍范式。商务企业要想实现突破性和持续性的发展，都必须经过一个线上线下的资源重组过程。现实世界创造出一个虚拟世界，虚拟世界的发展深刻影响着现实世界。互联网带动的虚实互动将出现新商业时代的社交、营销、支付、消费体验的革命。

3.1.1 O2O 的概念

2010 年 8 月 Alex Rampell 提出 O2O 的概念，2011 年 11 月引入我国。

Alex Rampell 在研究 Groupon、OpenTable、Restaurant.com 和 SpaFinder 等公司时，发现它们的共同点是：线上业务促进了线下业务的发展。因而他将这类商业模式定义为 O2O。Alex Rampell 定义的 O2O 商务的核心是把线上的消费者带到现实的商店中去，在线支付购买线下的商品和服务，再到线下去享受服务。它是支付模式和线下门店客流量的一种结合。随着 O2O 商业模式的研究与发展，O2O 的概念已经脱离了 Alex Rampell 最原始的仅仅是“线上—线下”的定义，演化为线上和线下的互动与整合。线下“营销、交易、消费体验”这三个基本的商务行为通过互联网使现实世界与虚拟世界进行互动，使得这些商务行为能够在线上更为便捷地完成。因此，O2O 可以定义为借助移动互联网，实现线下/线上商务活动（营销、交易、消费体验等）的互动与整合的一种新型商业模式。其基本特征就是 SoLoMoPe：社交化（socialization）、本地化（localization）、移动化（mobility）、个性化（personalized）。

3.1.2 O2O 的典型运作模式

1. 作为产品和服务信息流挖掘者的 O2O

在早期的 O2O 中，携程旅行网为其优秀代表，它们收购线下的旅游公司，用网上信息吸引游客，再让游客到线下的公司接受旅游服务。携程旅行网成立于 1999 年，2003 年 12 月在美国纳斯达克证券交易所上市。携程旅行网使 O2O 模式成为中国最早的上市概念，甚至可以说，纳斯达克是先认识了中国的 O2O，然后才知道中国电子商务的。

像标准的 O2O 一样，携程旅行网有线上、线下两部分业务。线上提供“目的地指南”，涵盖全球近 500 个景区、10 000 多个景点的住、行、吃、乐、购等旅行信息；线下向会员提供酒店预订、机票预订、度假预订等旅行服务。目前，携程旅行网拥有国内外5000余家会员酒店可供预订，是中国领先的酒店预订服务中心，每月酒店预订量达到50余万间。携程旅行、艺龙酒店预订都采用到付模式，线上只发生信息流，而不发生资金流。

中国电子商务早期O2O的另一个成熟应用，就是订票服务。2007年看购网正式推出看购网网络平台，观众可以通过看购网，预订全国百家影院影票预订联盟所属的百家影院的电影票，提前订座。看购网将票务预订、影卡充值、娱乐资讯、影院阵地宣传及周边营销活动等业务进行整合，并打造了属于自己的网络娱乐品牌——看购娱乐。2023年，这项O2O服务已覆盖全国30个城市。飞机订票是另一项相当普及的O2O订票服务。国内目前影响力较大的当属去哪儿网。每个人都可以在网上进行询价、比价、订购飞机票，然后到现实的机场去接受航空旅行服务。

2. 适合O2O的有形产品

电子商务主要由信息流、资金流、物流和商流组成。O2O的特点是只把信息流、资金流放在线上进行，而把物流和商流放在线下进行。最直观地看，那些无法通过快递送达的有形产品要应用电子商务，就适合O2O。像音乐下载、在线视频这样的产品，则很难发挥O2O的作用。阿里巴巴曾通过网货会首次试水汽车产品类O2O模式，组织者说："消费者在购车前，平均要花费18—19个小时在互联网上，研究购车信息及有关资料，占整个购车周期的60%，很多消费者在购车后，还需要一些增值服务，如想做汽车美容却不知哪里最便宜，想要买配件却不知哪里最近，想要买内饰却不知哪里最好，而所有这些需求都可以借助互联网完成。"他们希望让线上为线下服务的核心特点向更多的领域拓展。

Uber是一个已经在旧金山得到很好推广的O2O服务。使用Uber需在手机上下载私家车搭乘服务应用程序。通过这个程序发出打车请求后，服务提供者通过GPS追踪定位私家车，几分钟内到达你面前；支付和小费通过信用卡自动完成。与汽车类似的适合O2O的产品，还有住房。2010年9月在纽约证券交易所成功上市的搜房网，就是一家O2O模式的房地产家居网络平台。2010年搜房网拥有6000多名员工，网络业务覆盖314个城市，在中国86个城市拥有分公司和办公室。搜房网通过在线传递信息，将客户引向新房、二手房、租房、别墅、商业地产、家居、装修装饰等线下交易。

2011年全球十大网商之一的我爱我家，采用的也是线上与线下结合的O2O模式，线上是房地产交易热门网站5i5j.com，它连接着线下的5个展销服务中心、800家连锁门店以及售楼处，业务覆盖40余个大中型城市，并进一步向二、三线城市和新兴区域扩展。链家提供O2O服务，主要工作是通过在线房源信息，将用户引向线下交易。链家的业务遍及全国多个主要城市，其中包括上海、北京、广州、深圳、天津、武汉、成都、杭州、南京、大连等地。此外，链家还拥有庞大的经纪人团队，主要工作就是寻找优质房源，先判断出有需求后，由地面人员去寻找房源，再和房东进行联系，以此保证线下资源正是人们在线上所寻找的。从表面看，O2O的优势在于那些实体难以搬到网上的交易，深入来看，却不尽然。

3.2　C2B 的运作模式

不同于 O2O 模式下简单的以数据为核心的信息单向传播方式，C2B 真正实现了信息的双向传播、交流与共享，网民不仅仅是信息的接收者，也成为信息的传播者甚至制造者。网民要求获得企业或组织在网络上的主导权，要求拥有信息发布与创造的主动权。这种主导权和主动权促使 C2B 模式产生。

3.2.1　C2B 的概念及特点

C2B 具有预见性。这也是 C2B 模式的潜力所在，即商家是在准确知道消费者个人偏好与购买需求后，做出最能满足需求的决策。传统的 B2C 模式是先生产商品，再通过各种营销手段将其投入市场，吸引消费者购买，为典型的推动式（push）。新兴的 C2B 模式则反其道而行之，它以消费者的具体需求为落脚点，拟定规模采购、生产计划，柔性化定制，大大降低了商品的成本，减小甚至消除库存积压，为拉动式（pull）。

C2B 具有一次性。C2B 电子商务模式下，消费者往往是因为某一预售的产品而临时聚合的，与商家的集体议价到最终联合购买，都是一次性的。

C2B 可个性化订制。在 C2B 电子商务中，消费群体的个性化需求非常明确，在商品满足个性化参数要求的条件下，消费者通过集体议价获取最大的价格优惠。而企业群体的目标性同样强烈明了，通过大规模销售商品，减少生产成本与库存，获取更多利润。这种双赢的目标，使得更多企业群体和消费群体愿意加入 C2B 模式中。

C2B 具有时效性。C2B 模式下的商品和服务，往往在一定时间内完成，以时间分段的形式完成各阶段的交易。C2B 模式下商品和服务的时效性，增加了双方完成交易的迫切需求，推动交易更快速达成，从而使双方都从中获益。

C2B 可看作 B2C 的反向过程，它也是 B2C 和 C2C 的一个有效补充，它是一个不频发的电子商务模式。C2B 模式极大地凸显出消费者在电子商务中的平等地位。C2B 以一种新兴形式填充了电子商务下的各类模式，使得电子商务能体现出传统交易的一切形式。

3.2.2　C2B 的商业模式

根据 C2B 的参与主体建立 C2B 商业模式（图 3-1），C2B 的主要参与者包括消费者、生产企业、C2B 平台、中介服务提供商和基础服务提供商。C2B 以消费者需求产生作为起点，以需求满足作为终点；C2B 平台收集、聚合消费者需求，整合生产企业生产供应能力，为交易双方提供交易平台；基础服务提供商提供物流、信息流、金融服务等 C2B 的基础服务；中介服务提供商提供法律、设计、定价、咨询、交易等中介服务。

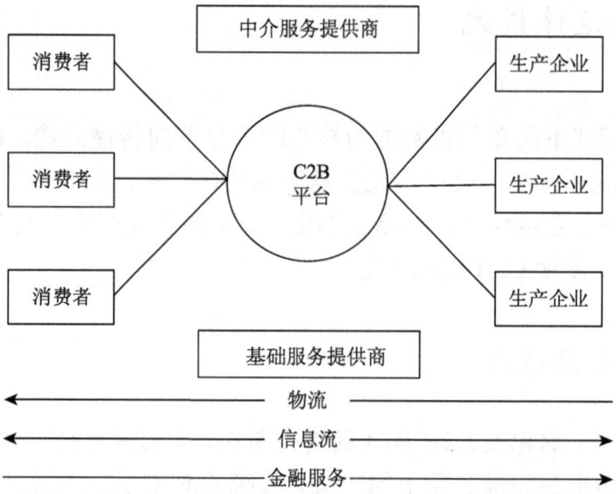

图 3-1 C2B 商业模式

3.2.3 C2B 的交易模式

C2B 在宏观层面主要受社会个性解放程度影响，在微观层面主要受交易成本、柔性生产成本、消费者个性需求支付能力和消费者成熟度等因素制约。在交易成本和柔性生产成本不断下降、消费者个性需求支付能力日益增强的情况下，消费者成熟度就成为决定 C2B 业务模式的关键因素。消费者成熟度指消费者定制产品和价格的能力。

在消费者的启蒙阶段，由于消费者完全不具备定制产品和价格的能力，因此交易主要由生产企业或 C2B 电商、中介发起，通过 C2B 平台聚合消费者，其典型交易模式为①②或③④②（图 3-2），本阶段消费者被动参与，当前流行的团购是这种模式的代表。

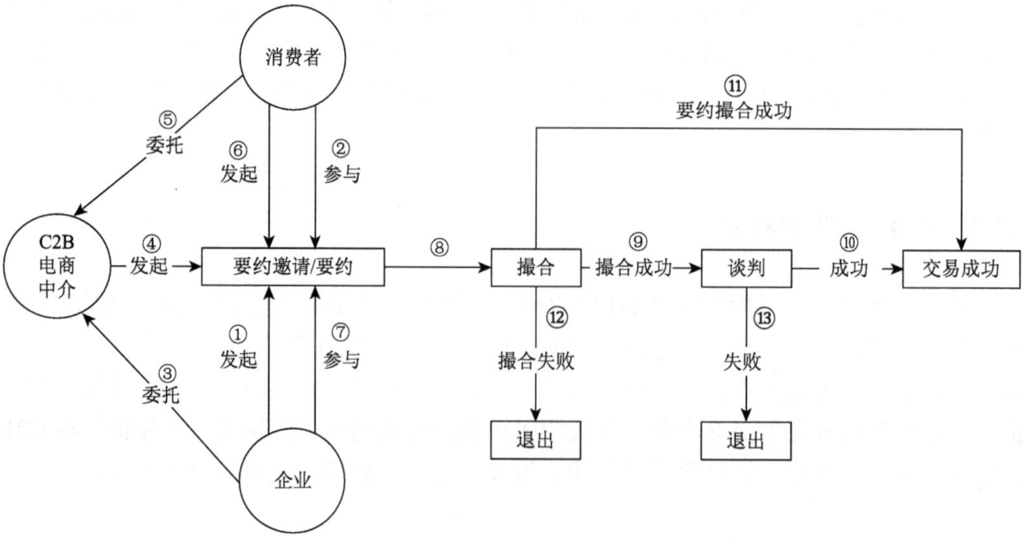

图 3-2 C2B 的交易模型

团购不是真正意义上的 C2B 业务，更多地表现为生产企业的一种促销手段，但团购对消费者起到了启蒙和教育作用，让消费者能更加积极、主动地参与到交易过程中来。

在消费者逐渐了解 C2B 的过渡阶段，消费者定制产品与价格的能力逐渐增强但还未完全掌握，此时的业务模式主要为中介模式，即消费者委托产品定制和定价中介进行产品和价格的定制，通过 C2B 平台聚集一定数量的相同需求消费者，吸引生产企业的参与。典型交易过程为⑤④⑦，本阶段消费者有限参与。

在消费者的成熟阶段，消费者已经熟练掌握（或在中介的帮助下熟练掌握）如何定制产品和价格，此时 C2B 的主要业务模式有“招拍挂”，即招标、拍卖和挂牌撮合。招标由消费者在 C2B 平台上发布产品、价格等需求信息，企业进行投标，由消费者决定中标企业。拍卖由消费者制定产品规格，并确定一个起拍价，生产企业进行竞拍，价低者得。挂牌撮合由消费者发布产品规格、价格等需求信息，生产企业发布产品规格、价格等供应信息，双方在电子商务平台上进行类似证券交易的撮合交易。典型交易过程为⑥⑦或⑤④⑦以及①②，本阶段真正实现了消费者主导。

随着商业信用机制的完善，交易形式从开始的要约邀请交易发展到要约撮合交易，理想的 C2B 要约撮合交易将有大量的消费者与大量的供应者在 C2B 平台上进行类似于证券交易的撮合交易，对每个需求（或需求的聚合）以一个供应者为主导，通过网络化商业协同为消费者提供一体化解决方案。

3.2.4　C2B 模式在我国的应用

国内推动 C2B 模式的电商平台主力是阿里巴巴，其为推动 C2B 模式推出了众多的举措，首先在天猫上推出了“聚定制”栏目，这样就给 C2B 提供了一个单独的平台通道；其次就是建立了“淘工厂”这样一个网络化供应链平台，将厂商的生产能力在线化、商品化，同时档期也在线公开化。而作为平台则提供了交易规则、深度验厂、信用评价、金融授信等服务。另一大平台京东也发力互联网股权众筹，加快建立 C2B 电商生态体系。

小米则是 C2B 模式下群体调研定制的典范，通过粉丝的参与、讨论、投票，以及大数据分析等，寻找有效的产品配置实现；华为通过与天猫合作进行深度数据挖掘，生产了 Mate 这样一个以口袋影院为定位的手机；家居家具领域内的尚品宅配通过线上线下融合构建“店网一体化经营”，建立了完善的产品库与房型库，同时采用柔性化生产技术使得成本几乎等同于大规模生产；服装领域 Artka 阿卡女装通过网络交互提取消费偏好，在生产上以“单件成衣”生产和“单件流水”的方式保证了品质和成本的兼顾，使得其销售额连年翻番；报喜鸟公司则发挥自身专长，通过线上线下融合，建立了自身特色的 C2B 模式。

同时，C2B 模式的推进是需要相应的组织结构变革支撑的，这方面海尔的“小微组织”和韩都衣舍的“小组制”变革具有代表性，两者都摒弃以往的金字塔形组织，而转向阿米巴组织。

3.3 共享经济运作模式

值得一提的是近年来迅速发展起来的共享经济模式，“共享经济”这个术语最早是由美国得克萨斯州立大学社会学教授马科斯·费尔逊（Marcus Felson）和伊利诺伊大学社会学教授琼·斯佩思（Joel Spaeth）于 1978 年发表的论文《社区结构与合作消费：常规活动方法》（Community structure and collaborative consumption: A routine activity approach）中提出的，但是共享经济却是近几年开始流行起来。

3.3.1 共享经济的内涵

共享经济借助网络等第三方平台，将供给方闲置资源使用权暂时性转移，实现生产要素的社会化，通过提高存量资产的使用效率为需求方创造价值，促进社会经济的可持续发展。共享经济涉及供给方、需求方、共享经济平台等参与主体。从供给端来看，每个个体或企业都可以成为产品和服务供给方，只要每个个体或企业拥有闲置资源且愿意暂时转移产品使用权；所以供给方外延扩张潜力显著，其市场容量巨大，能够形成巨大的“产能供给池”。供给方来源的动机基于提高存量资源利用率，并获取一定收益，“闲置资源—暂时转移使用权—获取收益”形成动态的产业闭环，具有内在张力和可持续性。从需求端来看，每个个体或企业都可以成为产品和服务需求方，需求方不直接拥有物品的所有权，通过租、借等共享方式满足产品和服务需求，供给方的产品或服务性价比优势带来需求方获取同样服务的相对收益，形成了共享经济庞大的“服务需求池”。共享经济赋予需求方参与权、选择权和主动权，基于共享经济平台进行透明交易降低需求方的费用支出。从共享经济平台来看，共享经济平台结合闲置资源的位置共享、应用大数据算法等精准匹配与联结实现了供给端与需求端互助互利。平台本身没有基于产品和服务的固定成本支出，其成本来源于共享经济平台维护等相关支出，属于轻资产运营。基于交易抽成模式的共享经济平台实现了固定成本支出的降低和交易成功率的提高，提高供给方闲置资源利用效率，满足需求方个性化和定制化服务。

共享经济的内涵是去中介化和再中介化过程。去中介化是供需双方不再依附传统商业组织，如 P2P 借贷，资金供给者和资金需求者不再需要依附于银行等金融组织进行资金调配，而是资金供给者和需求者进行直接匹配；打车软件使得服务者与乘客不再需要出租公司等商业组织，服务者与乘客可以进行直接匹配，不难看出共享经济是去中介化，使得金融、出租车等行业脱媒。同样共享经济又是再中介化过程，供需双方依附共享经济平台，如 P2P 借贷，资金供给者和资金需求者需要借助 P2P 网络借贷平台实现资金供需匹配；服务者和乘客需要借助打车软件实现供需匹配，共享经济平台成为供需双方“新中介”。

3.3.2 共享经济下的商业模式

共享经济商业模式的核心基础是“闲置+价值+回报”。产品和服务供给方拥有闲置资源或碎片化时间，通过在特定时间内让渡资源使用权或提供服务，需求方不直接拥有资源的所有权，而是通过租、借等共享方式使用物品，为需求方创造价值，从而为供给方带来一定的金钱或精神回报。

共享经济平台通过双向补贴和体验等方式吸引供给方和需求方，共享经济平台足够多的供给方为需求方的多样需求提供了选择，共享经济平台足够多的需求方为供给方提供了稳定持续的客源。根据产品和服务供给方个性化程度进行分类，总体上分为标准化产品和非标产品。标准化产品按标准化程度从高到低进行分类定价，非标产品在产品差异性基础上根据需求方要求进行适当的调整，满足其定制化服务需求。产品和服务供给方组织形式包括适应规模化供给的 B2C 模式，以及对产品和服务需求个性化和场景化的 C2C 模式。共享经济平台根据产品和服务需求方群体，将具有相似特征的个体或企业进行细分，并深入当地消费者的核心需求和人文特点，进行适应性功能开发和品牌定位，对需求方交易后评价进行完善的收集和处理反馈。共享经济平台不直接拥有提供服务的物品所有权，这决定了共享经济平台运营固定资产投入少、成本低，共享经济平台实行的是按需分配，将大量供给按照大数据算法推送给最方便的客户。共享经济平台建立供给方和需求方连接，由于供需双方具有延展性和叠加性，共享经济平台潜力巨大，而平台资源、平台规模等的扩大反过来增强供需双方用户黏性。共享经济平台注重社交网络、征信机构帮助供给方和需求方建立信任关系。政府相关职能部门加强对第三方共享经济平台的监管，如 P2P 网络借贷平台“跑路”现象，政府明确监管主体、对中间资金账户实行第三方托管、加大 P2P 平台监测力度，建立市场准入和退出机制、P2P 平台信息披露制度、P2P 平台再保险制度来加大对第三方共享经济平台的监管。

共享经济平台盈利模式主要有三个：一是对供需双方进行抽成，根据供给方和需求方对平台依存度、获利大小等特点，分别对供给方或者需求方进行抽成，Uber 公司对供给方每笔业务进行提成，获取收入，Airbnb 公司对需求方收取佣金；二是供需双方客户资源价值，第三方共享经济平台掌握大量客户资源，客户为共享经济平台带来了流量和人口，截止到 2023 年第二季度，Uber 平台月活跃用户数量达到 1.37 亿人，同比增长 12%。2023 年底，Airbnb 全球房东超过 500 万人，活跃房源超过 770 万套；三是对平台资源延伸服务价值，基于大量客户资源大数据分析进行相关服务延伸，拓展其服务边界，Uber 公司通过乘客出行计划大数据分析与交通管理部门进行合作。以上分析具体如图 3-3 所示。

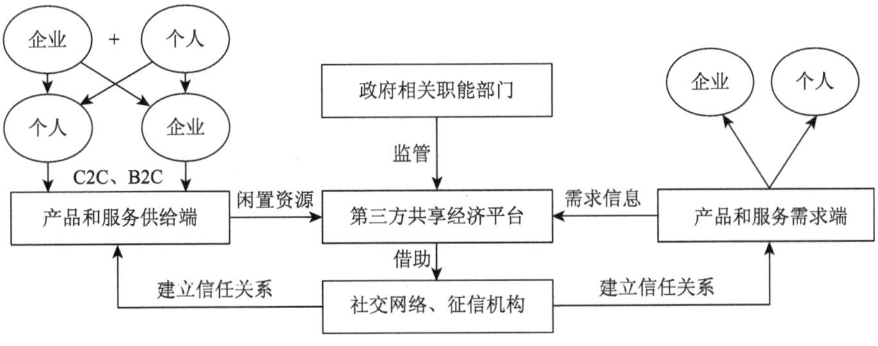

图 3-3　共享经济下的商业模式

3.3.3 共享经济的应用

共享发展理念，充分体现了共同富裕的社会主义本质要求，也是习近平新时代中国特色社会主义经济思想的“以人民为中心发展观”的体现。共享经济是共享发展的一个重要的组成部分，国家信息中心发布的《中国共享经济发展报告（2023）》显示，2022年中国共享经济市场规模约为 38 320 亿元，同比增长约 3.9%。到目前为止，共享经济主要应用于以下几大领域。

1. 共享交通

共享交通模式主要有共享租车、共享驾乘、共享自行车、共享停车位等多种类型，也是共享经济目前在全球范围影响最广、争议最多的一个领域，共享交通模式致力盘活社会上闲置的车资源、司机资源、停车位资源等，提升交通闲置资源的利用率。截至 2023 年 12 月，我国网约车用户规模达 5.28 亿人，较 2022 年 12 月增长 9057 万人，占网民整体的 48.3%。共享经济涉及的主要平台有滴滴出行、首汽约车、神州优车、瓜子二手车、微租汽车、嘀嗒出行等。

2. 共享房屋

目前国内在在线短租共享领域主要存在以下三种主要模式：①C2C 开放平台模式，该模式以小猪民宿为代表，类似于国外的 Airbnb 模式；②B2C 开放平台模式，房源主要由平台控制，统一装修，统一管理，房租收入由平台和房东按一定比例分成，典型代表如途家网等；③“产权共享+换住共享”的二维共享模式，该模式以“我享度假”为代表，这个模式的核心在于分权共享。

3. 共享餐饮

目前私厨共享产品可以分为以下两个模式：①“私厨+配送”，类似于 O2O 外卖模式，典型产品有“觅食”“回家吃饭”“丫米厨房”“妈妈味道”等；②“家厨+堂食”，这种模式类似于家宴，典型产品有“我有饭”“隐食家”等。

4. 共享物流

共享物流模式就是指通过共享物流资源实现整个物流体系的资源优化配置，从而提高物流系统效率，降低物流成本，推动物流系统变革的模式。共享物流模式目前主要指全民快递服务，即利用个人空闲时间，实现快递配送，这也是一种新的生活体验方式。众包物流有京东众包、人人快递、蜂鸟即配等，货运 O2O 有 1 号货的、云鸟配送、罗计物流等。

5. 共享金融

共享经济与互联网金融的诞生，皆是为了满足资源的最优配置。前者包括了所有资源，而后者是满足资金的最优配置。区别在于，共享经济中除了营利性的商业之外，也有公益的成分，而互联网金融的发展必须解决商业可持续原则。众筹领域的代表平台有淘宝众筹、京东众筹以及苏宁众筹；P2P 网贷领域的代表平台有拍拍贷、陆金所、微贷网等。

6. 共享充电宝

2017 年 3 月底以来，小电科技、来电科技、Hi 电等相关企业相继宣布获得亿元级别的融资，行业火热的势头不亚于共享单车。2023 年，随着我国居民生产生活回归正常节奏，出行市场恢复火热，线下市场回温成为首要利好因素，共享充电宝行业规模稳步上升至 126 亿，同比增速达到 25.7%。目前行业内的主要模式有：①移动模式下的移动共享，代表是“来电科技”；②固定场景下的移动共享，代表是“街电科技”；③固定场景下的固定共享，代表是“小电科技”。

7. 共享雨伞

共享雨伞主流产品运营模式为“有桩”和“无桩”两种，此外 oto 共享雨伞目前以免费模式运营，用户无须支付押金、租金，扫码即用伞，后续将会以广告伞的形式盈利。“有桩”模式的代表为街借伞（JJ 雨伞）、魔力伞和芝麻信用，用户需要在终端设备上扫码，支付押金和租金后方可使用，这样大大降低了雨伞的丢失率，但是给用户带来了不便，他们需要寻找终端归还。“无桩”模式的代表为共享 e 伞，没有固定终端设备，随处投放，用户可以随时归还，但可能会带来扰乱公共秩序等问题。

8. 上门服务

O2O 的普及带来便利购物体验的同时，也为消费者衍生出更加便捷的上门服务。上门服务涉及各行各业，外卖、生鲜、家政、家装、美容、美甲、健康、医疗、洗衣、洗车、用车等上门服务几乎覆盖了人们生活的方方面面。于消费者而言，上门 O2O 方便了人们的生活，它改变了传统实体店消费的服务模式，用户通过手机 APP 或者微信公众平台就可以享受各种需要的服务。于创业者而言，上门 O2O 还是一个需要继续被尝试和探索的领域。

9. 二手共享

2016 年，互联网巨头纷纷布局，诸如淘宝闲鱼、58 转转，腾讯也于 2016 年年中低调上线“闲贝”。在欧美发达国家，二手交易产业已经发展得相当成熟，根据美国二手电商巨头 ThredUp 发布的 2023 年二手服装市场报告，2023 年美国二手服装市场表现突出，增长速度为美国服装市场总量的 7 倍，预计在 2028 年达到 730 亿美元。国内的二手共享市场还在发展阶段，但是二手车领域已经是准独角兽诞生地，国内典型的平台有瓜子二手车、人人车、优信二手车等。

10. 知识分享经济

2016年几乎每个月都有大量的知识分享付费的产品出现，知识分享从个体随机性的行为逐步演变为双边市场上的商业行为，知识分享经济的时代已经加速到来。知识付费的商业模式主要包括专栏付费订阅模式，如得到、喜马拉雅；线上沙龙内容付费模式，如知乎 Live；课程付费模式，如沪江 CCtalk；还有付费问答模式，包括分答、微博问答等。

11. 共享医疗

“Medical Mall”简单来说就是“医疗商场”，是一家由多个医疗机构“拼”起来的医院。尽管国际上早有存在，但在国内还属于新业态。目前国内比较典型的平台有春雨医生、丁香医生、好大夫在线、企鹅医生、平安好医生、微医等。共享医疗至少还存在三方面难点亟待解决：一是医生多点执业政策落地困难；二是商业医保未成气候；三是政策法规亟待完善。

3.4 跨境电子商务运作模式

3.4.1 跨境电子商务的概念

跨境电子商务源于电子商务、经济全球化、国际贸易的发展和融合，推动人类命运共同体的构建，促进各国的和平、发展、合作和共赢。在经济全球化、互联网普及、电子商务迅猛发展与普遍应用的背景下，国际贸易不再拘泥于传统交易模式。伴随不同国家对商品的需求与供应，借助互联网及其他电子商务交易平台，分属不同国家的交易双方，可以实现在线商品交易、支付结算、金融服务等，以及通过线下跨境物流配送实现商品空间位移的电子商务应用模式，即跨境电子商务。跨境电子商务具有鲜明的特点：电子商务突破国家的界限，由同国扩散到不同国家；传统贸易注入现代电子商务元素，由传统线下的接触、交易、支付等方式，转向互联网络线上通道；物流突破了国界，除了国内物流外，还涉及国际物流和目的国物流，以及海关与商检。

3.4.2 跨境电子商务的典型运作模式

总体来看，跨境电子商务的典型运作模式如图3-4所示。

根据国际贸易双向的特点，跨境电子商务分为外贸出口和外贸进口两大类。进口的跨境电子商务运营模式主要是建立开展外贸进口的海外网购平台。平台吸引海外卖家入驻，向本国境内进口海外大品牌、较国内市场价格低或国内市场买不到的商品。外贸出口的跨境电子商务分为以下几种运营模式。①借助本土外贸电子商务平台。其价值链形态为：出口商品的供应商—跨境电子商务平台—境外消费者。在这种模式中，平台搭建信息技术架构，将自己打造成运营中心，聚集供应商和消费者，形成规模效应，负责营销推广，产品由供应商上传和供货。②借助国外知名电子商务平台。出口企业注册成为全球著名电子商务平台的会员，直接向境外消费者推广产品。③寻求国外网店代购分销商品。④外贸企业自建跨境电子商务系统，直接面向海外市场。

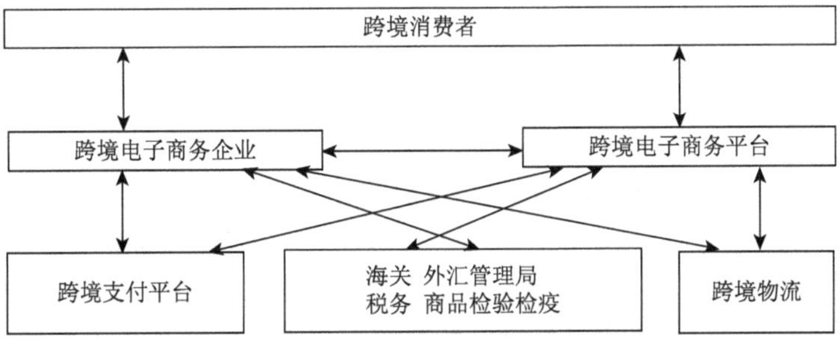

图 3-4 跨境电子商务的典型运作模式

3.4.3 跨境电子商务模式

1. C2C 海外代购模式

海外代购模式，就是找人帮忙购买商品，通过快递发货或者直接携带回来，随着网络的发展，各种代购网店在网络上兴起。海外代购模式能够为消费者提供较为丰富的海外产品，可选择的品类多，用户流量也比较大。海外代购提供具有价格优势和品牌优势的国际商品，满足消费者个性化需求。

2. 直发/直运平台模式

直发/直运平台模式又称为 dropshipping 模式，电商平台将接收到的消费者订单信息发给批发商或厂商，后者按照订单信息以零售形式给消费者发送货物。供货商是品牌商、批发商或厂商，可见直发/直运是一种典型的第三方 B2C 模式。其主要特点在于：首先，平台在寻找供货商的过程中，选择与可靠的海外供应商直接谈判，签订跨境零售供货协议，因此对跨境供应链的涉入较深；其次，为了解决跨境物流环节问题，这类电商会选择自建国际物流系统或者和特定国家的邮政、物流系统达成战略合作关系。

3. 自营 B2C 模式

综合型自营跨境 B2C 模式，是指多品类、多元化经营的电子商务模式，其经营的商品一般是百货类。垂直型自营跨境 B2C 模式的优势在于专注和专业，提供更加符合特定人群的消费产品，满足某一领域用户的特定习惯，因此能更容易取得用户信任，从而加深产品的印象和口碑传播，形成独特的品牌价值。

4. 导购/返利模式

返利网的本质是购物导航，其核心价值是为购物网站带来订单。返利网的发展主要依靠网站的流量资源，采用购物返现金的形式聚集大量网购会员，会员从这里去各大网上商城购物。作为一种营销手段，它在一定程度上能增加店铺流量和成交量，从而让商家获得更多利益，为商家赢得更多新客户。

5. 海外商品闪购模式

海外商品闪购模式就是电商平台定期定时推出海外产品。闪购模式因电子商务的便捷性，弥补了很多现场特卖的不足和缺失，又因其国际品牌商品的稀缺性，营造了良好的线上抢购氛围，满足了众多消费者的购物快感，同时造就了一大批准时蹲点以在线抢购限量国际名品为消费习惯的海外闪购一族，缩短了用户决策时间，有效提高了购买效率。

6. 海外商品批发模式

海外商品批发模式即进口跨境 B2B 平台模式。海外经销商通过跨境电商平台与国内零售商进行跨境贸易，将最优质的货源低价供给与终端用户直接接触的卖家。进口跨境 B2B 到目前为止基本上都属于小额批发，发挥中介撮合的作用，在境外商品和境内企业之间搭建沟通的桥梁。

3.4.4 跨境电子商务物流模式

跨境物流模式逐步向正规化、合法化、多样化等方向转变，已不再拘泥于国际邮政小包、国际快递或专人托带等模式。目前关于跨境物流的研究，主要针对国际邮政小包、国际快递，略有提及海外仓、国际物流专线、边境仓等方式。

1. 国际邮政小包

国际邮政小包是指通过万国邮政体系实现商品的进出口，运用个人邮包形式进行发货。国际邮政小包在目前的跨境电子商务中使用较多，且占较大的比例。据不完全统计，我国目前跨境电子商务有超过 60%的商品是通过邮政体系运输的。在国际邮政小包中，使用较多的有中国邮政、比利时邮政、俄罗斯邮政和德国邮政等。国际邮政小包具有价格便宜和清关方便等优点，但递送时效慢，丢包率较高，非挂号件无法跟踪，且在商品体积、重量、形状等方面局限性较大。伴随着各国清关政策的收紧，国际邮政小包的优势受到挑战。

2. 国际快递

跨境电子商务使用较多的另一种物流模式为国际快递。商品通过国际快递公司进行物流与配送，知名的国际快递公司主要有 UPS、FedEx、中外运敦豪（DHL）等。此外，我国本土快递公司也逐步涉及跨境物流业务，如顺丰、申通等。国际快递可以针对不同的顾客群体，如国家地域、商品种类、体积大小、商品重量等选取不同的渠道实现商品速递。国际快递具有时效性高、丢包率低等优点，但价格高，尤其在偏远地区的附加费更高，且含电、特殊类商品无法速递。

3. 海外仓

海外仓又称海外仓储，是指在跨境电子商务目的国预先租赁或建设仓库，通过国际物流预先把商品送达仓库，然后通过互联网销售商品，当接到顾客订单后从海外仓库进行发货与配送。近两年，诸多电商企业纷纷租赁或自建海外仓，如eBay、亚马逊等跨境电子商务推出官方合作的海外仓，大龙网、FocalPrice等投入巨资自建海外仓，顺丰与韵达等快递也纷纷涉足海外仓业务。海外仓是跨境电子商务与跨境物流的一大突破，能够解决国际邮政小包和国际快递的短板，如在物流时效、物流成本、海关与商检、本土化、退换货等方面的问题。但是海外仓的租赁、建设与运营也需要专业的人员与资金，且在商品预运前要有准确的销售预期，否则会产生商品运送后滞销而造成库存与积压。

4. 国际物流专线

国际物流专线是指针对某一特定国家或地区的跨境专线递送方式。物流起点、物流终点、运输工具、运输线路、运输时间基本固定。物流时效较国际邮政小包快，物流成本较国际快递低，且保证清关。针对固定路线的跨境电子商务而言是一种较好的物流解决方案。国际物流专线具有区域局限性，这是其突出的弊端。国际物流专线主要包括航空专线、港口专线、铁路专线、大陆桥专线以及固定多式联运专线。例如，郑欧班列、中俄专线、渝新欧专线、中欧班列（武汉）、国际传统亚欧航线等。

5. 边境仓

边境仓是指在跨境电子商务目的国的邻国边境内租赁或建设仓库，通过物流将商品预先运达仓库，接受顾客订单后，再从该仓库进行发货。根据所处地域的不同，边境仓可分为绝对边境仓和相对边境仓。绝对边境仓是指当跨境电子商务的交易双方所在国家相邻，将仓库设在卖方所在国家与买方所在国家相邻近的城市，如我国对俄罗斯的跨境电子商务交易，在哈尔滨或中俄边境的中方城市设立仓库。相对边境仓是指当跨境电子商务的交易双方不相邻，将仓库设在买方所在国家的相邻国家的边境城市，如我国对巴西的跨境电子商务交易，在与之相邻的阿根廷、巴拉圭、秘鲁等接壤国家的邻近边境城市设立仓库。相对边境仓对买方所在国而言属于边境仓，对卖方所在国而言属于海外仓。海外仓的运营需要成本，商品存在积压风险，送达后的商品很难再退回国内，这些因素推动着边境仓的出现，如对俄罗斯的跨境电子商务中，我国在哈尔滨设立的边境仓和临沂（中俄）云仓。一些国家的税收政策和政局不稳定、货币贬值、严重的通货膨胀等因素，也会刺激边境仓的出现，如巴西税收政策十分严格，海外仓成本很高，那么可以在其接壤国家的边境设立边境仓，利用南美自由贸易协定，推动对巴西的跨境电子商务。

6. 保税区、自贸区物流

保税区或自由贸易区（以下简称自贸区）物流，是指先将商品运送到保税区或自贸区仓库，获得顾客订单后，通过保税区或自贸区仓库进行分拣、打包等，集中运输，并进行物流配送。这种方式具有集货物流和规模化物流的特点，有利于缩短物流时间和降低物流成本。例如，亚马逊以中国（上海）自由贸易试验区为入口，引入全球商品线，跨境电子商务企业可以先把商品放在自贸区，当顾客下单后，将商品从自贸区发出，有效缩短配送时间。通过保税区或自贸区仓储，企业可以有效利用保税区与自贸区的各类政策、综合优势与优惠措施，尤其是各保税区和自贸区在物流、通关、商检、收付汇、退税方面的便利，简化了跨境电子商务的业务操作，实现了促进跨境电子商务交易的目的。

7. 集货物流

集货物流是指先将商品运输到本地或当地的仓储中心，当达到一定数量或形成一定规模后，通过与国际物流公司合作，将商品运到境外买家手中；或者将各地发来的商品先进行聚集，然后再批量配送；或者一些类似商品的跨境电子商务企业建立战略联盟，成立共同的跨境物流运营中心，利用规模优势或优势互补的理念，达到降低跨境物流费用的目的。例如，米兰网在广州与成都自建了仓储中心，商品在仓储中心聚集后，通过与国际快递合作将商品发送给国外买家。

8. 第三方物流

在国内电商中，自建物流已成为一种趋势。但在跨境电子商务中，由于其复杂性，且对物流投入要求很高，虽然个别跨境电商在自建物流体系，如洋码头，但是基于资金、跨境物流的复杂性和各种物流障碍，大多数跨境电商选择第三方物流模式，如与邮政、国际快递公司合作等。即便是邮政或者国际快递公司，在一些国家和地区，也会选择与当地的第三方物流公司合作。在跨境物流链条中，会存在与多种或多个第三方物流企业通力合作的现象。包括我国在内的大批海运企业、国际货代企业，它们拥有丰富的进出口贸易、海外运作经验和海外业务网点布局及国际化操作能力，这些都是跨境电子商务或跨境物流企业可以合作的对象。在巴西，FedEx 和 UPS 等国际快递公司的业务量只能局限于城市，在偏远地区则依托于巴西邮政及其下属的 Sedex。

9. 第四方物流

第四方物流通过整个供应链的影响力，在解决企业物流的基础上，整合各类社会资源，实现物流信息共享与社会物流资源充分利用。基于跨境电子商务与跨境物流的复杂性，一批第四方物流模式涌现出来，为跨境物流注入鲜活因素。2015 年 1 月 26 日，兰亭集势宣布正式启动“兰亭智通”全球跨境物流开放平台，该平台可以整合全球各地物流配送服务资源，能够提供开放比价竞价、全球智能路径优化、多物流商协同配送、自动打单跟单、大数据智能分析等服务。

3.5 农村电子商务运作模式

中国是一个农业大国，根据 2023 年 2 月 29 日国家统计局发布的《中华人民共和国 2023 年国民经济和社会发展统计公报》，2023 年末全国人口为 140 967 万人，其中城镇常住人口为 93 267 万人，农村常住人口为 47 700 万人，农村人口占据 33.84%的比重。但由于我国农村自然村落大多呈分散式布局，规模偏小，在互联网快速普及的几年里，因为网络基础设施建设有限等，传统互联网对于农村的触达效率低，农村网民的数量增长较为缓慢。中国互联网络信息中心发布的第 53 次《中国互联网络发展状况统计报告》显示，截至 2023 年 12 月，我国农村地区互联网普及率为 66.5%，虽较 2022 年 12 月提升 4.6 个百分点，但仍低于城镇地区互联网普及率 16.8 个百分点。在互联网飞速发展的时代，农村网民的低普及率使得农村在互联网领域特别是电子商务领域具有极大的潜能。挖掘这一潜能的关键在于农村地区移动互联网的普及。

随着以智能移动终端为载体的移动互联网的爆发，很多尚未接触互联网的村镇人群直接成了移动网民。我国农村网购人群特别是移动端用户已经进入高速增长期，智能移动终端的迅速普及以及移动互联网的逐渐下行使得农村地区能够直接跨入移动电商的时代，加之我国村镇人群的移动网络使用能力的提升非常迅速，农村电子商务正逐渐成为电商掘金的下一个“蓝海”市场。阿里巴巴与京东不约而同大力布局农村电子商务，加速渠道下沉，争抢农村市场。2014 年以来，京东掀起“刷墙潮”，阿里巴巴召开“县长大会”，进一步说明农村电子商务是电子商务的下一个“风口”。近年来，随着直播经济的发展，农产品进入直播间，通过网络直播的方式来推销宣传农产品，利用直播的实时性缓解农产品在生产、流通、销售、运输、配送等各个环节中出现的信息不通畅问题，能够有效地宣传农产品，助力农村发展。

3.5.1 农村电子商务的概念

“互联网+农村”是电商企业拓展农村消费市场的前提条件，也是农村致富的新途径、新方式。农村电子商务不单单是工业品下乡，或者农产品进城，农村电子商务至少包括以下四个部分。

（1）将农产品运用网上途径销售出去的农产品电商，有网上批发和网上零售等形式。

（2）在乡村聚集的以销售本地特色产品（包括工业品）为主要业务的乡村电商，如淘宝村、淘宝镇现象的出现。

（3）将电商的物流、人才流、信息流、资金流聚集在县城周边，形成电商；服务业、包装仓储物流相关产业和商品配套供应产业协同集群发展的县域电商。

（4）将农民需要的生活服务、农业生产资料和生活日用品通过电商终端的延伸，实现服务到村的农村电子商务，典型的就是阿里巴巴、京东现在正在做的农村战略。

3.5.2 农村电子商务的典型运作模式

1. 浙江遂昌——电商生态的重构+农村电子商务的先锋

浙江省遂昌县首先形成了以农特产品为特色、多品类协同发展、城乡互动的县域电子商务“遂昌现象”，以本地化电子商务综合服务商作为驱动，带动县域电子商务生态发展，促进地方传统产业特别是农产品加工业的发展，“电子商务综合服务商+网商+传统产业”相互作用，形成信息时代的县域经济发展道路；遂昌“赶街”项目的推出，打通了信息化在农村的“最后一公里”，让农村人享受和城市一样的网购便利与品质生活，让城市人吃上农村放心的农产品，实现城乡一体。“遂昌模式”采用多产品协同上线，以协会打通产业环节，政府政策扶持到位，借助与阿里巴巴的战略合作，依靠服务商与平台、网商、传统产业、政府的有效互动，构建了新型的电子商务生态，可以助力县域电商腾飞。

2. 浙江临安——线上线下齐飞

浙江省杭州市临安区立足自己的优势产品坚果炒货，依托杭州区位优势，线上线下相互配合齐头并进，建立“一带一馆+微临安”，即阿里巴巴临安坚果炒货产业带、“淘宝·特色中国——临安馆”，以及集旅游、传媒、娱乐、生活、服务于一体的具有临安本土情怀的微信平台——微临安。

3. 浙江丽水——梧桐工程有奇效

县域电商在某种程度上就是一个栽梧桐的过程，有梧桐才能有凤凰。浙江省丽水市的梧桐工程就是全力打造区域电商服务中心，帮助电商企业做好配套服务。让电商企业顺利孵化并成长壮大，是丽水农村电子商务的最大特点。电子商务服务中心具备四大功能——主体（政府部门、企业、个人）培育、孵化支撑、平台建设、营销推广，承担了“政府、网商、供应商、平台”等参与方的资源集成及需求转化功能，促进区域电商生态健康发展。“丽水模式”可总结为“政府投入、企业运营、公益为主、市场为辅”，要把政府服务与市场效率有效结合，就必须吸引大量人才和电商主体回流。

4. 河北清河——电商带来第二春

河北省清河县的传统优势羊绒产业曾经在市场竞争中处于劣势地位，然而 2007 年在淘宝卖羊绒的意外成功，引发了电子商务的大发展，电商成为清河最具特色的商业群体，清河也成为全国最大的羊绒制品网络销售基地。该县不断加大力度建设电子商务产业园、物流产业聚集区以及仓储中心等一大批电子商务产业聚集服务平台，实现由“淘宝村”向“淘宝县”的转型提升。“清河模式”在爆发中顺势而为，一是协会、监管部门、检测部门联合维护正常市场秩序；二是建设孵化中心与电商园区，加强培训，推进转型升级；三是建立 B2C 模式的“清河羊绒网”、O2O 模式的“百绒汇”网；四是实施品牌战略，2017年，12个品牌获中国服装成长型品牌，8个品牌获河北省著名商标，24家羊绒企业跻身“中国羊绒行业百强”。

5. 山东博兴——新农村包围城市

当2013年全国只有20个淘宝村的时候，山东省博兴县一个县就有两个淘宝村，这是耐人寻味的，2013年两个村电商交易额达4.17亿元，一个做草编，一个做土布，博兴将传统艺术与实体经营和电子商务销售平台对接，让草柳编、老粗布等特色富民产业插上了互联网翅膀，实现了农民淘宝网上二次创业。作为全国草柳编工艺品出口基地，博兴淘宝村可谓自然长成，不仅货源充足，而且质量和口碑一直不错，电商门槛和成本都不高，更是易学和模仿。淘宝村的成功，进一步推动了本县传统企业的网上转型。“博兴模式”的成功表明传统外贸要及时转型，要发挥人才的关键作用，实现产业园区与线上的结合，政府应及时引导与提升。

6. 吉林通榆——系统性委托

吉林省通榆县是典型的农业大县，农产品丰富，但人才缺乏、物流落后，为此，通榆县政府与杭州常春藤实业有限公司开展系统性合作，为通榆农产品量身打造“三千禾”品牌。同时配套建立电商公司、绿色食品园区、线下展销店等，开展全网营销，借助电子商务全面实施“原产地直销”计划，把本地农产品卖往全国。“通榆模式”的特点是政府整合当地农产品资源，系统性委托给具有实力的大企业进行包装、营销和线上运营，地方政府、农户、电商企业、消费者及平台共同创造并分享价值，既满足了各方的价值需求，同时也带动了县域经济的发展。

7. 陕西武功——从县域电商到电商经济的跨越

陕西省武功县是传统农业县，农产品“买难卖难”问题一直困扰着农村经济的发展。为解决这一难题，武功县政府积极发展电子商务，探索“买西北、卖全国”的模式，立足武功，联动陕西，辐射西北，面向丝绸之路经济带，将武功打造成为陕西农村电子商务人才培训地、农村电子商务企业聚集地、农产品物流集散地。武功建立了相对完善的运营中心、物流体系、扶持机制，搭建了电商孵化中心、产品检测中心、数据保障中心、农产品健康指导实验室四大平台，为电子商务发展提供一系列免费资源：免费注册、免费办公场所、免费货源信息及个体网店免费上传产品、免费培训人员、县城免费 Wi-Fi 等“五免”政策。

8. 江苏沙集——草根们的“无中生有”

江苏省睢宁县沙集镇的村民过去大多从事传统的种植、养殖和粉丝的生产加工，曾有一段时间，回收废旧塑料甚至成为村民们赚钱的主要营生。2006年底，沙集镇当时24岁的孙寒在好友夏凯、陈雷的帮助下，尝试在淘宝网上开店创业，后试销简易拼装家具获得成功，引得乡亲们纷纷仿效。随着电子商务在本地的快速发展，不产木材的沙集镇，居然形成了规模可观的家具加工制造业，品类齐全、各式各样的家具在这里几乎都能制作。从过去的破烂王到今日的家具大王，从关注一个村庄发展到促进一个镇的繁荣，沙集的转型与提升包括：一是从单打独斗到集团作战，从个体为主向企业为主转型；二是逐渐开始建立自主品牌；三是产业链空间大，家具带动配套产业发展；四是由村到镇再到园区，产业模式不断升级，从小作坊向现代企业转型。

9. *湖南娄底——直播助力农产品推广*

在湖南省娄底市，电商助农直播的应用已经渗透到了各个领域。当地的农民通过直播平台，将自己种植的水果、蔬菜等农产品展示给更多的消费者，帮助产品更快地销售出去。同时，娄底的手工艺人也通过直播平台展示自己的技艺，推销自己的手工艺品。这些都为当地低收入人口提供了新的致富渠道。

复习思考题

1. 目前 O2O 企业有哪些？
2. C2B 模式具有哪些特点？
3. C2B 与 B2C 的运作模式具有哪些不同？
4. 说一说“拼多多”是如何在短短几年时间迅速获得成功的。
5. 共享经济对我们的生活有哪些影响？可就身边的例子举例说明。
6. 谈一谈你对共享经济未来发展的看法。
7. 简述跨境电子商务的运作模式。
8. 跨境电子商务有哪些物流模式？
9. 农村电子商务的运作模式有哪些？除了这些典型的运作模式，是否还存在其他运作模式？

第 4 章

电子商务下的物流

本章要点：电子商务运作必须有物流的支持。本章首先介绍了物流和物流管理的含义，分析了物流功能要素，阐述了电子商务与物流的关系，指出了电子商务环境下物流业的特点和发展方向。电子商务运作与配送关系密切，随着物联网的迅速发展以及电子商务的转型，电子商务与物流的关系也会变得更加密切。因此本章介绍了配送与配送中心的含义，分析了电子商务配送的主要影响因素，总结了电子商务配送中心的类型，并在此基础上进一步介绍了电子商务下的几种物流模式。

4.1 物流与物流管理

4.1.1 物流的概念

“物流”的概念源于国外，最早出现于美国。1915 年，阿奇·萧在《市场流通中的若干问题》一书中就提到“物流”一词，并指出：“物流是与创造需求不同的一个问题。”1935 年，美国市场营销协会阐述了实物分配（physical distribution，PD）的概念：“实物分配是包含于销售之中的物质资料和服务在从生产场所到消费场所的流动过程中所伴随的种种经济活动。”《中华人民共和国国家标准：物流术语》（以下简称《物流术语》）已经颁布实施，其对“物流”做出了定义：“根据实际需要，将运输、储存、装卸、搬运、包装、流通加工、配送、信息处理等基本功能实施有机结合，使物品从供应地向接收地进行实体流动的过程。”

可以肯定，物流的概念包含以下要点：物流的研究对象是贯穿流通领域和生产领域的一切物料流以及有关的信息流；物流的研究目的是对其进行科学规划、管理与控制；物流的作用是将物资由供给主体向需求主体转移（包含物资的废弃与还原），创造时间价值和空间价值，并且创造形质效果；物流的活动（物流要素）包括运输、储存、装卸、搬运、包装、流通加工以及有关的信息活动等。

4.1.2 物流管理的含义

物流管理是指在社会再生产过程中，根据物质资料实体流动的规律，应用管理的基本原理和科学方法，对物流活动进行计划、组织、指挥、协调、控制和监督，使各项物流活动实现最佳的协调与配合，以降低物流成本，提高物流效率和经济效益。物流管理的内容包括：对物流活动诸要素的管理，包括对运输、储存、装卸、搬运、包装、流通加工以及有关的信息活动等环节的管理；对物流系统诸要素的管理，即对其中人、财、物、设备、方法和信息六大要素的管理；对物流活动中具体职能的管理，包括物流计划、质量、技术、成本效益等职能的管理等。

物流管理包括企业物流管理和社会物流管理两方面。企业物流是从企业角度上研究与之有关的物流活动，是具体的、微观的物流活动的典型领域。而社会物流以社会为范畴，是面向全社会的物流，也就是说，社会物流的范畴是社会经济大领域，其带有宏观性和广泛性。

1. 企业物流

企业物流包括生产物流、供应物流、销售物流、回收物流和废弃物流。生产物流一般是指原材料、燃料、外部购件投入生产后，经过下料、发料，运送到各加工点和储存点，以在制品的形态，从一个生产单位（仓库）流入另一个生产单位，按照规定的工艺过程进行加工、储存，借助一定的运输装置，在某个节点内流转，又从该节点流出，始终体现着物料实物形态的流转过程，这样就构成了企业内部物流活动的全过程。所以生产物流的边界起源于原材料、外部购件的投入，止于成品仓库，贯穿生产全过程。物料随着时间进程不断改变自己的实物形态和场所位置，物料不是处于加工、装配状态就是处于储存、搬运或等待状态。

企业物流中生产物流处于中心地位，它是和生产同步进行的，是企业内部所能控制的，其实现合理化的条件最成熟。而供应物流和销售物流是生产物流的外延部分（上伸和下延），它们受企业外部环境影响较大，如政策与市场环境、仓储与运输环境和一些间接环境等都会对其产生影响。供应物流包括原材料等一切生产资料的采购、进货运输、仓储、库存管理、用料管理和供料运输。它是企业物流系统中独立性相对较强的一个子系统，并且和生产系统、搬运系统、财务系统等企业各部门以及企业外部的资源市场、运输条件等密切相关。供应物流系统的功能主要包括采购、供应、库存管理、仓库管理等。销售物流是企业物流系统的最后一个环节，是企业物流与社会物流的又一个衔接点。它与企业销售系统相配合，共同完成产成品的销售任务。销售物流涉及工业包装、成品储存、销售渠道、产成品的发送、信息处理等几个方面。

从生产到消费过程中产生的一些废弃物品，一部分可以回收并再生利用，称为再生资源，它们形成了回收物流；另一部分在循环利用过程中基本或完全失去使用价值，形成无法再利用的最终排放物，即废弃物。废弃物经过处理后返回自然界，形成了废弃物流。

2. 社会物流

社会物流是指超越一家一户的以一个社会为范畴、面向社会的物流。这种社会性很强的物流往往是由专门的物流承担者来承担的，社会物流的范畴是社会经济大领域。社会物流研究再生产过程中随之发生的物流活动，研究国民经济中的物流活动，研究如何形成服务于社会、面向社会又在社会环境中运行的物流，研究社会中物流体系的结构和运行，因此带有宏观性和广泛性。

4.2　电子商务下的物流

电子商务的发展给物流提出了更高的要求，这在客观上促进了物流的发展，电子商务所代表的新的信息技术，直接作用于物流活动，提高了物流运作的水平。反过来，物流的快速发展，也促进了电子商务的发展，两者相辅相成、共同发展。

4.2.1　电子商务中物流的地位与作用

1. 物流是电子商务的重要组成部分

电子商务概念是在美国最早提出的，而美国的物流管理技术自 1915 年发展至今已有近百年的历史，通过利用各种机械化、自动化工具及计算机和网络通信设备日臻完善。可见，美国在定义电子商务概念之初，就有强大的现代化物流作为支持，只需将电子商务与其进行对接即可。因此，许多美国的信息技术厂商往往把电子商务定位于“无纸贸易”，主要涉及信息流和资金流的电子化，而没有提到物流。中国作为一个发展中国家，物流业起步晚、水平低，在引进电子商务时，并不具备能够支持电子商务活动的现代化物流水平，所以，在引入时，一定要注意配备相应的支持技术——现代化的物流模式，否则电子商务活动难以推广。

因此，中国一些专家在定义电子商务时，已经注意到将国外的定义与中国的现状相结合，扩大了美国信息技术企业对电子商务定义的范围，提出了包括物流电子化过程的电子商务定义。在这一类电子商务定义中，电子化的对象是整个交易过程，不仅包括信息流、资金流，而且还包括物流；电子化的工具不仅包括计算机和网络通信技术，还包括叉车、自动导向车、机械手臂等自动化工具。可见，从根本上来说，物流电子化应是电子商务的组成部分，缺少了现代化的物流过程，电子商务过程就不完整。

2. 物流是电子商务概念模型的基本要素

本书第 1 章曾对电子商务概念模型做了较系统的介绍，电子商务中的任何一笔交易都包含着几种基本的“流”，即信息流、商流、资金流、物流。在电子商务中，信息流、商流和资金流三种流的处理都可以通过计算机和网络通信设备实现。对于少数商品和服务来说，可以直接通过网络传输的方式进行配送，如各种电子出版物、信息咨询服务、有价信息软件等。而对于大多数商品和服务来说，仍要经由物理方式传输。一系列机械化、自动化工具的应用，使我们能够利用准确、及时的物流信息对物流过程进行监控，这将使物流的速度加快、准确率提高，能有效地减少库存，缩短生产周期。因此，物流是电子商务概念模型不可或缺的要素之一。

3. 物流是实现“以顾客为中心”理念的根本保证

没有物流，生产就无法进行，社会交换就不能顺畅地开展。没有良好的物流服务，“以顾客为中心”只能是一句空话。物流虽然是电子商务活动的最后一个环节，但却是最重要的环节之一。

从以上的论述中可见，物流是电子商务重要的组成部分。发展电子商务必须摒弃原有的“重信息流、商流和资金流的电子化，而忽视物流电子化”的观念，大力发展现代化物流。

4.2.2 电子商务对物流的影响

1. 电子商务改变传统的物流观念

电子商务作为一种新兴的商务活动，为物流创造了一个虚拟的运动空间。在电子商务状态下，人们在进行物流活动时，物流的各种职能及功能可以通过虚拟化的方式表现出来，在这种虚拟化的过程中，人们可以通过各种组合方式寻求物流的合理化，使商品实体在实际的运动过程中效率最高、费用最省、距离最短、时间最少。

2. 电子商务改变物流的运作方式

电子商务可使物流实现网络的实时控制。在电子商务中，物流的运作是以信息为中心的，这区别于传统物流运作都是以商流为中心。在实际运作中，通过网上的信息传递，可以实现对物流的实时控制，实现物流合理化，并且网络对物流的实时控制是以整体物流来进行的。

3. 电子商务改变物流企业的经营状态

电子商务改变了物流企业对物流的组织和管理，企业在组织物流的过程中，不仅要考虑本企业的物流组织和管理，还要考虑全社会的整体系统。这样，电子商务也改变了企业的竞争状态，在电商时代，要求物流企业联合起来，在竞争中形成一种协同竞争的状态，以实现物流高效化、合理化、系统化。

除此之外，电子商务也促进了物流基础设施的改善、物流技术的进步以及物流管理水平的提高。综上所述，电子商务的出现对传统商务的物流产生的一系列影响，给物流企业的发展带来了新的空间，也为建设现代化物流系统增添了新的条件和特点：信息化、网络化、智能化、柔性化和自动化。

4.2.3　电子商务中物流需求与供给的矛盾

在电子商务发展过程中，实质性的商品配送是不可省略的过程。从目前国内外开展网上销售的企业已经面临的问题和取得的经验来看，电子商务中物流活动的基本特点可表现为“批量小、变化大、时间紧、区域广”，而给物流活动所带来的主要难点则表现为“规模小、成本高、预期差、周转难”。从经济学的角度讲，物流活动的经济性主要体现在物流规模的扩大、渠道和流量的稳定以及周转周期的缩短，而从上面的分析中可以看到，电子商务对物流的要求同其经济性的要求恰恰是互相矛盾的。

（1）电子商务物流供给与需求的观念矛盾。电子商务物流供给与需求之间存在观念和认识上的矛盾。一方面，电子商务提出的物流需求尚没有被物流服务提供商正确理解，电子商务运营商也没有完全理解物流服务提供商如何提供物流服务；另一方面，电子商务运营商和物流服务提供商都对电子商务环境下的物流运作不甚了解。

（2）电子商务物流供给与需求的业务规模矛盾。在业务规模上，电子商务物流供给与需求之间也存在矛盾。目前，大型的电子商务企业的订货量巨大，每天的订单也日益增长，扩大企业的物流配送能力成为供需之间的矛盾。“双十一”时段给电子商务企业带来了较大的压力，所以应事先安排以应对强大的物流冲击。

除此之外，物流服务商与电子商务运营商之间和谐的合作关系、良好的信息沟通和资源整合等的建立都是需要研究和解决的。

4.2.4 电子商务下物流业的特点

党的二十大报告指出要实现高质量发展[1]，为中国物流行业的新发展提供了明确的指导。提升物流的效率和服务质量是实现物流高质量发展的核心，其中，信息化、智能化的技术提升物流效率，多样化、定制化的服务提高服务质量。在党的正确领导下，电子商务时代的来临，给物流行业带来了新的发展，使物流具备了一系列新的特点。

（1）信息化。电子商务时代，物流信息化是电子商务的必然要求。在 SCM 方面，物流企业需要沟通上、下游，与上、下游之间进行频繁的信息交换，实现整条供应链各个部分之间的平滑对接。在与供销商的交易中，将以往以贸易单据（文件）流转为主体的交易方式，转变成为采用数字化电子方式进行数据交换和商务活动。在库存管理方面，零库存的实现、运转周期的缩短都必须依赖于信息的灵敏传送。物联网是物流信息化最具标志性的技术和应用之一。

（2）网络化。物流的网络化是物流信息化的必然趋势。当今世界，由互联网提供的全球网络资源及网络技术的普及为物流的网络化提供了良好的外部环境。如果离开了网络，物流信息就只能在企业内部流转，信息传输与共享变得不可实现，整条供应链各个环节之间的沟通也将难以进行。

（3）智能化。智能化是建立在物流信息化、网络化之上的一种高层次应用。物流作业过程中大量的运筹和决策，需要借助于计算机的精确运算和智能安排才能得以解决。只有实现物流的智能化，才能使物流的效率得到提高，使整条供应链能够根据客户需求灵活地安排供销，减少“牛鞭效应”，真正实现低库存、高效率。

（4）柔性化。柔性化本来是为实现“以顾客为中心”的理念而在生产领域提出的，但需要真正做到柔性化，即真正地能根据消费者需求的变化来灵活调节生产工艺，没有配套的柔性化的物流系统是不可能实现的。20 世纪 90 年代，国际生产领域纷纷推出弹性制造系统（flexible manufacturing system，FMS）、计算机集成制造系统（computer integrated manufacturing system，CIMS）、制造需求计划（manufacturing requirement planning，MRPⅡ）、ERP 以及 SCM 的概念和技术，这些概念和技术的实质是要将生产、流通进行集成，根据需求端的需求组织生产、安排物流活动。因此，柔性化的物流正是适应生产、流通与消费的需求而发展起来的一种新型物流模式。这就要求配送中心要根据消费需求“多品种、小批量、多批次、短周期”的特色，灵活组织和实施物流作业。

（5）自动化。物流的自动化是基于物流信息化而实现的物流作业过程的设备和设施的自动化，如自动识别系统、自动检测系统、自动存取系统和自动跟踪系统等。物流自动化在物流管理的各个层次中都发挥着重要的作用，并且在电子商务的带动下有了快速的发展，国内外很多大型企业都装备了物流自动化生产线，以适应电子商务时代物流的需求，提高企业的物流运作能力，如海尔集团、新华书店等。

---

① 《习近平：高举中国特色社会主义伟大旗帜 为全面建设社会主义现代化国家而团结奋斗——在中国共产党第二十次全国代表大会上的报告》，https://www.gov.cn/xinwen/2022-10/25/content_5721685.htm[2022-10-25]。

另外，物流设施、商品包装的标准化及物流的社会化、共同化也都是电子商务下物流的新特点。

4.2.5　电子商务下物流业的发展

在电子商务时代，企业销售范围的扩大、商业销售方式及最终消费者购买方式的转变，使得送货上门等业务成为一项极为重要的服务业务，因此促使了物流业的兴起。物流业是指能完整提供物流机能服务，完成运输配送、仓储保管、分装包装、流通加工等活动以获得报酬的行业，主要包括仓储企业、运输企业、装卸搬运、配送企业、流通加工企业等。信息化、全球化、多功能化和一流的服务水平，已成为电子商务下物流企业追求的目标。

（1）提供增值服务是物流业发展的方向。在电子商务时代，物流发展到集约化阶段，这种一体化配送中心不仅仅提供仓储和运输服务，还必须开展配货、配送和各种高附加值的流通加工服务项目，也可按客户的需要提供其他服务。企业追求全面的、系统的综合效果，而不是单一的、孤立的片面效果。作为一种战略概念，SCM 也是一种产品，而且是可增值的产品，其目的不仅是降低成本，更重要的是提供用户期望以外的增值服务，以产生和保持竞争优势。从某种意义上讲，供应链是物流系统的充分延伸，是产品与信息从原材料到最终消费者之间的增值服务。在经营形式上，电子商务企业采取合同型物流。这种配送中心与公用配送中心不同，它是通过签订合同，为一家或数家企业（客户）提供长期服务，而不是为所有客户服务。

（2）提供一流的服务是物流企业的追求目标。在电子商务下，物流业是介于供货方和购货方之间的第三方，以服务作为第一宗旨。从物流的现状来看，物流企业不仅要为本地区服务，而且还要做长距离的服务。因为客户不但希望得到很好的服务，而且希望服务点不是一处，而是多处。因此，“如何服务好”便成为物流企业管理的中心课题。应该看到，配送中心离客户最近、联系最密切，商品都是通过它送到客户手中。美国、日本等国物流企业成功的秘诀，就在于它们都十分重视对客户服务的研究。配送中心不仅与生产厂家保持紧密的伙伴关系，而且直接与客户联系，能及时了解客户的需求信息，并沟通厂商和客户双方，起着桥梁的作用。

（3）信息化是现代物流业的必由之路。在电子商务时代，要提供最佳的服务，物流系统必须要有良好的信息处理和传输系统。美国 Longo 报关服务公司（Longo Customs Service）与码头、机场、海关信息联网，当货物从世界各地起运，客户便可以从该公司获得到达的时间、到泊（岸）的准确位置，以便收货人与各仓储、运输公司等做好准备，使商品在几乎不停留的情况下快速移动，直达目的地。在大型的配送公司里，往往建立了 ECR（efficient customer response，有效客户反馈）和 JIT 系统。欧洲某配送公司通过远距离的数据传输，将若干家客户的订单汇总起来，在配送中心里采用计算机系统编制出“一笔画”式的路径最佳化“组配拣选单”。配货人员只需到仓库转一次，即可配好订单上的全部货物。

受全球经济一体化趋势的影响，当前的物流业正向全球化、信息化、一体化发展。

商品与生产要素在全球范围内以空前的速度自由流动。EDI 技术与互联网的应用，使物流效率的提高更多地取决于信息管理技术，电子计算机的普遍应用提供了更多的需求和库存信息，提高了信息管理科学化水平，使产品流动更加容易和迅速。物流信息化包括商品代码和数据库的建立、运输网络合理化、销售网络系统化和物流中心管理电子化建设等，目前还有很多工作有待实施。可以说，没有现代化的信息管理，就没有现代化的物流。

（4）全球化是物流企业竞争的发展趋势。20 世纪 90 年代初期，电子商务的出现加速了全球经济的一体化，使物流企业的发展达到了多国化。全球化的物流模式，使企业面临着新的问题。全球化战略趋势，使物流企业和生产企业更紧密地联系在一起，形成了社会大分工。生产厂商集中精力制造产品、降低成本、创造价值，物流企业则花费大量时间和精力从事物流服务。物流企业的需求满足系统比原来更进一步。例如，在配送中心，对进口商品的代理报关业务、暂时储存、搬运和配送、必要的流通加工，从商品进口到送交消费者手中的服务实现了一条龙。

4.3 电子商务下的配送与配送中心

与电子商务密切相关的是配送，配送是物流活动的缩影，同时又较之一般的物流活动有其自身的特点。与配送活动紧密相关的是配送中心，电子商务配送中心有不同的类型。

（1）配送。根据《物流术语》国家标准，配送是指根据客户要求，对物品进行分类、拣选、集货、包装、组配等作业，并按时送达指定地点的物流活动。一般来讲，配送的货物是多品种的，这些货物大批量进入物流据点（仓库或配送中心），经过必要的储存、保管，按照顾客订货的要求进行分拣、配货后，将配好的多品种、较小批量货物在规定的时间内送交顾客。配送与运输是有明显区别的。配送不是单纯地进行货物运输或输送，配送过程中涉及储存、保管、包装、加工、分拣、配货等环节，当然也包含运输或输送环节，但绝不是仅仅包含运输或输送环节。在很多情况下，如网上书店的市内图书配送中，运输或输送不是主要的环节，配送中所花时间和成本比重最大的可能是拣货和配货。配送中的送货仅指从物流据点至需求顾客之间的货物输送，它在货物的整个输送过程中处于“终端运输”的地位。在整个货物运输中，货物从工厂至配送中心的运输费用一般占运输费用的较大部分，而配送中的货物输送所占的比重很小。配送的运输距离较短，货物品种较多，货物批量较小，时间性强，而且配送的目的地较为分散，所以一般用汽车来运输。而运输中的运输工具则具有多样性，更多情况下会采用火车、轮船等。配送是“配”和“送”的结合。根据顾客订单中载明的订货要求，按照商品品种、规格、等级、型号、数量等在物流据点中进行拣选、组配，这个过程可以称为“配”；配好的货物在进行包装的基础上，按照顾客指定的送货时间和地点，将货物送达，这个过程可以称为“送”。在实际运作中，“配”和“送”是紧密结合的。例如，配货时要根据送货目的地和送货时间的要求，将多个客户的货物组配在一起，方便送货。

（2）配送中心。配送中心是指从事配送业务的物流场所或组织，其应基本符合下列要求：主要为特定的用户服务；配送功能健全；完善的信息网络；辐射范围小；多品种、小批量；以配送为主，储存为辅。配送中心是配送活动完成的场所，也是配送活动的承担者。配送中心可以有效减少流通环节，在降低客户库存的同时提高供货的保证程度。通过配送中心将众多小批量的物流需求进行集中，形成规模，有利于节约物流费用。电子商务特别是 B2C 的物流需求一般规模较小，而且十分分散，这就需要配送中心将这些分散的、小批量的物流需求进行汇总，从而以可接受的物流成本提供电子商务物流服务。配送中心的功能通常包括进货、储存、拣选、流通加工、分拣、配装、送货和信息处理等。

4.3.1　新型配送中心的特征

根据国内外配送业的发展情况，在电子商务时代，信息化、现代化、社会化的新型配送中心具有以下特征。

（1）配送反应速度快。新型配送服务提供者对上游、下游的配送需求的反应速度越来越快，前置时间越来越短，配送时间越来越短，配送速度越来越快，商品周转次数越来越少。作业的规范化和程序化是配送反应速度加快的保障。

（2）配送功能集成化和服务系列化。新型配送着重于将物流与供应链的其他环节进行集成，包括物流渠道与商流渠道的集成、物流渠道之间的集成、物流功能的集成、物流环节与制造环节的集成等。新型配送强调配送服务功能的恰当定位与完善化、系统化，除了传统的储存、运输、包装、流通加工等服务外，还在外延上扩展至市场调查与预测、采购及订单处理，向下延伸至配送咨询、配送方案的选择与规划、库存控制策略建议、货款回收与结算、教育培训等增值服务，在内涵上提高了以上服务对决策的支持作用。

（3）配送目标系统化。新型配送从系统角度统筹规划一个公司整体的各种配送活动，处理好配送活动与商流活动及公司目标之间、配送活动与配送活动之间的关系，不求单个活动的最优化，只求整体活动的最优化。

4.3.2　电子商务配送中心的类型

从电子商务企业所使用的配送中心的不同运作方式来看，配送中心有三种，分别是电子商务企业自建的配送中心、社会化的配送中心和综合性的配送中心。

（1）电子商务企业自建的配送中心。一些大型零售连锁经营公司都拥有自己的配送中心。例如，沃尔玛公司是全美商业排位第一的大型零售连锁经营公司，经过六十余年的发展，沃尔玛公司在 19 个国家经营超过 10 500 家门店和多个电子商务网站。沃尔玛全球 2023 财年营收达到 6110 亿美元，全球员工总数约 210 万名，并多次荣登《财富》杂志世界 500 强榜首。在日本，规模较大的零售商如大荣、西友、伊藤洋华堂等，都有自己的配送中心。与零售连锁经营公司类似，电子商务经营者也可以自建配送中心。

企业自建配送中心适用于已达到一定规模的企业。从传统零售业来看，配送中心与店铺面积有一个相适应的比例关系。根据经验，一个便利连锁公司，在拥有20个店、总面积达到4000平方米时，就可考虑建配送中心；一个超市连锁公司，在拥有10个店、总面积达到5000平方米时，就有建立配送中心的必要。考虑到配送收入与配送成本因素，配送中心应具有相应的配送经济规模。一般来讲，判断标准应是分店规模扩大使配送中心正常运转所取得的数量折扣和加速资金周转所取得的效益，足以抵偿配送中心建设与配送设施所花费的成本。

当前电子商务取得了较大的发展，电子商务经营者为了更好地提供物流服务，战略性地在各地建立配送中心，能够迅速反馈消费需求。京东商城总裁刘强东说，如果一个城市内一天的订单数达到3000单，那么京东就会考虑在这个城市建立自己的物流配送团队。现阶段，成熟的配送中心和配送团队已经成为电子商务企业核心竞争力的一部分。

（2）社会化的配送中心。一些大型超市公司投资建造配送中心，能比较顺利地完成商品配送任务。而一些中小型的超市公司则更多依靠社会化的配送中心来完成其配送业务。随着科技的进步，生产的分工越来越细，已经出现了许多专门承担配送任务的公司，一些连锁企业不再自建配送中心，转而依托社会化的配送中心。这一点很值得电子商务企业借鉴。电子商务企业可以利用为传统商务活动服务的社会化配送中心来开展配送业务。电子商务企业的物流需求是多品种、小批量的，如果各自进行配送，势必增大物流的成本。社会化的配送中心可以把传统零售的配送业务和多家电子商务企业的配送业务集中起来，形成一定的规模，大幅度提高配送效率，实现集约化，从而节省物流成本。

（3）综合性的配送中心。许多大型连锁企业的配送中心都开始或多或少承担其他公司的配送任务。例如，日本的西友公司在自建配送系统的基础上，还同时为社会上其他企业配送商品。传统商业中的配送中心尚且如此，电子商务企业当然也可以借用这一模式。不同于社会化的配送中心，大型企业的配送中心一般以为本企业服务为主要目的，同时也为其他企业提供服务，这也是电子商务企业开展其配送的一种方式。这种综合性配送中心的业务一般不如社会化配送中心那样广泛，但如果电子商务企业的业务与该大型企业的主营业务比较类似，如都从事食品的销售，那么其服务设施和服务能力足够提供对电子商务的支持服务，而且其费用通常比社会化配送中心低。

4.4 电子商务下的物流模式

作为为电子商务服务的物流体系，其建立模式可以有多种。对于既开展传统商务同时又经营电子商务的企业，可以利用其已有的物流资源，满足电子商务的物流需求，也就是说，可以将传统商务的物流体系经过改造后同时提供为电子商务服务的物流服务功能。例如，北京的西单商场既从事传统的零售又从事B2C业务，因而两种商务方式可以共用其已有的物流体系。对于没有传统商务背景的电子商务运营商——网络公司，其物流问题的解决有两种方式：一种是自行组建物流公司，这种模式风险较大，因为电子商务的信息业务和物流业务是截然不同的两种业务，而投入一个不熟悉的行业，其风险可想而知；另一种就是将物流业务外包给专业的物流公司，一般来说，企业将自己的非核心业务外包，这符合 SCM 理论，也符合企业的利益需要，从而就出现了第三方物流和第四方物流。

本节在介绍第三方物流和第四方物流的同时也详细介绍了电子物流这一重要模式。

4.4.1　第三方物流

根据《物流术语》，第三方物流是指由独立于物流服务供需双方之外且以物流服务为主营业务的组织提供物流服务的模式。它是指由与货物有关的发货人和收货人之外的专业企业，即第三方物流企业来承担企业物流活动的一种物流形态。1988 年，美国物流管理委员会（现更名为供应链管理专业协会）的一项顾客服务调查中，首次提到第三方服务提供者，并将其纳入顾客服务职能中。在美国的有关专业著作中，第三方物流提供者被定义为：通过合同的方式确定回报，承担货主企业全部或一部分物流活动的企业。其所提供的服务形态可以分为与运营相关的服务、与管理相关的服务以及二者兼而有之的服务三种类型。

第三方物流也称合同物流，是第三方物流提供者在特定的时间段内按照特定的价格向使用者提供的个性化的系列物流服务。这种物流服务是建立在现代电子信息技术基础上的，因而可以认为第三方物流是以合同为导向的物流服务，是个性化的物流服务。

第三方物流的出现使得物流活动改变了其从属性地位，物流活动走上专业化、社会化道路，物流活动的经济性问题实现了透明化。第三方物流的产生和发展是现代物流业产生和发展的阶段性标志。

第三方物流的实现方式有三种：第一种是货主企业自己从事物流系统设计、库存管理和物流信息管理等管理性工作，而将货物运输、保管等具体的物流作业活动委托给外部的物流企业；第二种是由物流企业将其开发设计的物流系统提供给货主企业并承担物流作业活动；第三种是由物流企业站在货主企业的角度，代替其从事物流系统的设计，并对系统运营承担责任。

采用第三方物流，电子商务企业可以专心从事其网络业务的经营，将资源集中配置，发展新的客户，扩大其业务的范围，增加经营效果。借助于第三方物流，电子商务企业可以提高其顾客服务水平，因为第三方物流企业作为专门从事物流工作的行家，具有丰富的专业知识和经验，这有利于提高电子商务企业的物流服务水平。第三方物流企业可以站在比单一电子商务企业更高的位置，在更大的范围内考虑物流的合理化问题，这有利于物流资源的合理利用和配置，有利于促进物流合理化。

第三方物流在中国兴起的主要原因有两个。其一，生产经营活动社会化程度的加剧。当今社会，企业的生产经营活动变得越来越复杂，要实现物流活动的合理化，必须建立企业间、跨行业的物流网络，将原材料生产企业、制成品生产企业、批发零售企业等上下游相关企业的物流活动有机结合起来。第三方物流企业具备强大的物流规划设计能力，能够实现供应链运作最优化。其二，市场竞争的加剧。面对日趋激烈的竞争，企业为降低总成本，将主要精力放在核心业务上，同时将运输、仓储等环节交由更专业的物流企业进行操作。

第三方物流是电子商务长期发展的必要条件，电子商务的发展同时也推动了第三方物流的发展。从发展方向来看，第三方物流必须与电子商务紧密结合，发展综合物流代理业务，实现其内部资源与社会资源配置的最优化，为客户提供定制化服务，实现第三方物流形式的多样化。

4.4.2 第四方物流

关于第四方物流的概念，从定义上讲，“第四方物流供应商是一个供应链的集成商，它对公司内部和具有互补性的服务供应商所拥有的不同资源、能力和技术进行整合和管理，并提供一整套供应链解决方案”。

第四方物流成功的关键在于为顾客提供最佳的增值服务，即迅速、高效、低成本和人性化服务等。第四方物流提供了一个综合性供应链解决方法，以有效地适应需求方多样化的、复杂的需求，集中所有资源为客户完美地解决问题。第四方物流开展的主要服务有供应链再造、业务流程再造等。实施第四方物流，开展多功能、多流程的供应链业务，其范围远远超出传统外包运输管理和仓储运作的物流服务。企业可以把整条供应链全权交给第四方物流运作，第四方物流可为供应链功能或流程的全部提供完整的服务。

在实际的运作中，由于大多数第三方物流公司缺乏对整个供应链进行运作的战略性专长和真正整合供应链流程的相关技术。于是第四方物流日益成为一种帮助企业实现持续运作、成本降低和区别于传统的外包业务的真正的资产转移工具。第四方物流依靠业内最优秀的第三方物流供应商、技术供应商、管理咨询顾问和其他增值服务商，为客户提供独特的和广泛的供应链解决方案。

第四方物流成功地影响了大批的服务者（第三方物流商、网络工程供应商、电子商务公司、运输企业等）和供应链中的伙伴。它作为客户间的联结点，通过合作或联盟提供多样化服务。第四方物流的特点是可以提供迅速、高质量、低成本的运作服务。不少人认为第四方物流由于难以获得委托者的信任而只是一个设想，但随着社会经济的不断发展，第四方物流将会得到广泛的运用。当然，第四方物流思想的发展前景如何，尚待理论完善与实践检验。

4.4.3 电子物流

电子物流就是利用电子化的手段，尤其是利用互联网技术来完成物流全过程的协调、控制和管理，实现从网络前端到最终客户端的所有中间过程服务，最显著的特点是各种软件技术与物流服务的融合应用。

电子物流能够实现系统之间、企业之间以及资金流、物流、信息流之间的无缝链接，而且这种链接同时还具备预见功能，可以在上下游企业间提供一种透明的可见性功能，帮助企业最大限度地控制和管理库存。同时，由于全面应用了 CRM、商业智能、计算机电话集成、GIS、GPS、互联网、无线互联技术等先进的信息技术手段，以及配送优化调度、动态监控、智能交通、仓储优化配置等物流管理技术和物流模式，电子物流提供了一套先进的、集成化的物流管理系统，从而为企业建立敏捷的供应链系统提供了强大的技术支持。

电子物流业务使得客户可以运用外部服务力量来实现内部经营目标的增长，即客户能够得到量身定做的个性化服务，而整个过程则由第三方电子物流服务提供商来进行管理。

电子物流的主要特点是前端服务与后端服务的集成。目前许多经销商都面临着如何将前端的顾客订单管理、客户管理与后端的库存管理、仓储管理、运输管理相结合的问题。为了实现后台服务以及与其平行的服务功能，电子物流的前端服务是至关重要的。前端服务包括咨询服务（确认客户需求）、网站设计/管理、客户集成方案实施等。而电子物流的后端服务则包括六类主要的业务，即订单管理、仓储与分拨、运输与交付、提货管理、客户服务以及数据管理与分析等，如图 4-1 所示。

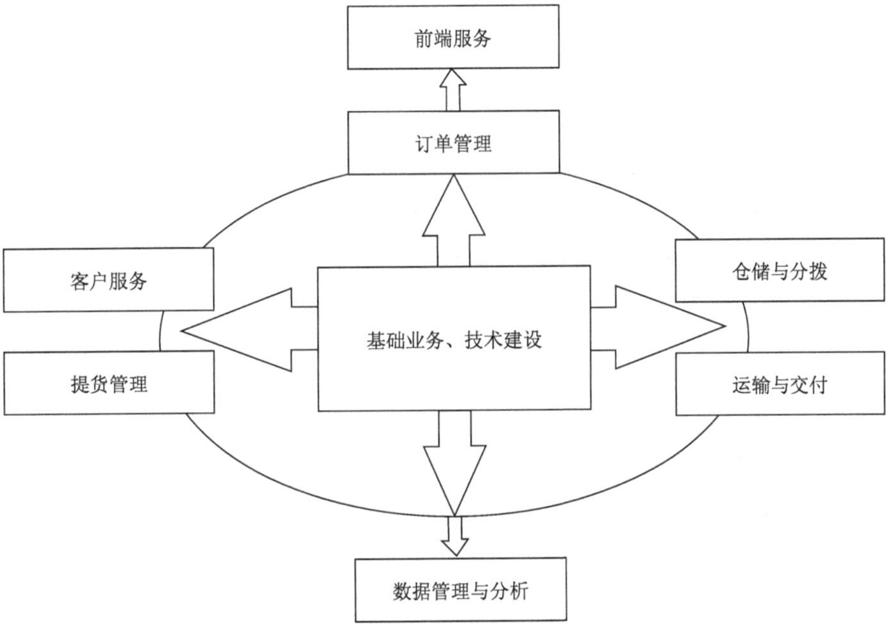

图 4-1　电子物流服务结构

顾客在网上的购买行为与传统的购买行为有所不同，因此也就决定了电子物流服务形式、手段的特殊性。新兴的电子物流服务就是由具备实力的服务商来提供最大限度的满足顾客需求的外包服务，如实时告知顾客是否有存货、何时能够收到货物等信息。传统物流服务与电子物流服务的区别如表 4-1 所示。

表 4-1　传统物流服务与电子物流服务比较

项目	传统物流服务	电子物流服务
业务推动力	物质财富	信息技术
服务范围	单向物流服务（运输、仓储、包装、装卸、配送等）	综合性物流服务，同时提供更广泛的业务范围，如网上的前端服务
通信手段	传真、电话等	大量应用互联网、EDI 技术

续表

项目	传统物流服务	电子物流服务
仓储	集中分布	分散分布，分拨中心更接近顾客
包装	批量包装	个别包装，小包装
运输频率	低	高
交付速度	慢	快
信息技术应用	少	多
订单	少	多

4.5 电子商务下的供应链管理模式

4.5.1 B2B 模式的供应链管理

B2B 模式通常从供需链两端来看，上游是供应商，下游是客户，但因为所处的位置不同，B2B 的内容、方式不完全相同（图 4-2）。作为中间环节的企业来讲，如何思考 B2B 策略，完全取决于双方在供应链上的规模和实力。

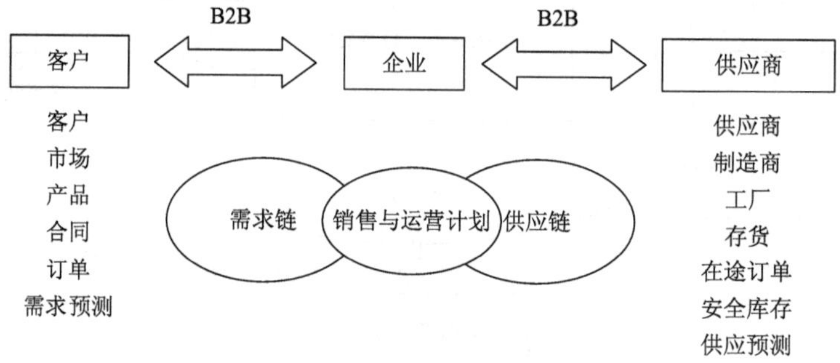

图 4-2 B2B 模式的供应链模式

企业可以采取的方式包括主动接入和被动接入。主动接入指通常规模较大的企业会掌握更多的主动权，有实力提供完善的互联网统一接入平台，要求对方接入。被动接入指企业接入对方，使用对方的平台交互供应链信息。

从企业和上游供应商的 B2B 模式来看，要实现电子商务环境下的供应链变革，主要有三种管理思想的改变，从为库存而采购到为订单而采购的转变、从内部的采购管理向外部资源管理的转变以及从一般买卖关系向战略协作伙伴关系的转变。企业可以通过协同商务的方式来进行供应链变革。

协同商务是一种 SCM 思想，将企业的合作伙伴、供应商、分销商和零售商甚至终端客户联系起来，实现统一的计划和数据共享，形成动态联盟和协同。协同化 SCM 可以将品牌商/厂商、分销商、零售商、终端客户联系起来，通过统一的规划和数据共享机制，实现信息流、物流和资金流的联动，形成“流水线”式作业体系。

苏宁与上游供应商的供应链是典型的 B2B 模式。构建了包含商品销售需求管理、采购管理、订单过程跟踪、物流管理、商品库存状态、资金结算管理和服务管理一体化的 B2B 供应链管理平台。为供应商提供了统一入口，上游可以实时获取商品销售状态、预测信息、库存状态，也可以自动响应来自苏宁的订单、配送需求，原有传统的供需链交互模式全部通过 B2B 自动化流程实现，显著提高了 SCM 水平，每单成本降低 40 元，人员效率提升 50%，每年节约数千万元交易成本。

4.5.2　B2C 模式的供应链管理

B2C 模式即从企业到消费者的价值链条，因网络的发展，这类供应链也可以存在经过中间分销商环节再到 C 端（消费者）的模式，且称之为 B2B2C，如淘宝和天猫是典型的通过平台店主或者品牌旗舰店等电子分销渠道向消费者提供商品服务的 B2B2C 模式，这种模式面向消费者，由平台商和店主共同参与。当然，许多传统消费品公司自身提供的开放式电子购物商城，如必胜客、小米等都是由企业直接面向 C 端的。

当前大部分平台电商网站，包括一些专业的网购平台，在电商平台注册网上店铺，负责产品的买卖，而物流、信息流和资金流全部交由平台处理。这类商家扮演着线上电子渠道的代理商或者经销商的身份，打通供应链原始生产厂商和消费者之间的价值传递链条。

无论是 B2B2C 模式还是 B2C 模式，这类 SCM 就是典型的精益化 SCM：以最终客户为中心，以“3CS”（customer service，customer satisfaction，customer success，客户服务、客户满意、客户成功）作为管理的出发点，建立端到端供应链精益化管理体系，提高客户服务质量，实现客户满意，促进客户成功。

1. 客户服务

从最终消费者角度来看，用户满意，或者用户体验是关键。用户体验不仅仅体现在价格、配送时效、服务态度上，最高境界是能否满足个人用户的真实需求。

于是，许多 B2C 的企业在为用户提供商品时总是提供一些意想不到的服务，如赠送超值礼品，而这些礼品又是用户最渴望得到的东西。而小米则是让用户自我实现，在 ID 和 UI 设计方面、手机使用习惯方面充分让粉丝参与，表现出完全按照粉丝要求实现产品，按照用户的标准提供商品的供应链服务，培养了一大批忠实的粉丝用户。

因此，在互联网电商时代，企业想要得到客户满意，已经不是简单地提供便宜、方便、快速、可靠的产品就够了，而需要在价值链传递上用心为客户提供极致体验，持续提升和改善客户黏性，才能最终保持客户满意度领先。

2. 客户满意

B2C 模式的服务本质是提供个性化服务、差异化服务，甚至是免费服务。从购物服务体验角度来看，通常用户关注的服务有以下几种。

7×24 服务：提供全天候的保姆式服务。消费者希望在需要的时候都能得到及时的回复，哪怕是问候，或者是一个关怀，都会让用户自我被尊重的需求得到满足。

限时达：物流配送时间能够按照用户要求限时送达，如周末送货、生日蛋糕或者鲜花即时送达等。

实时在线分享：用户还需要随时能够获取服务的信息、物流状态，甚至在线分享享受服务的心情、体验，评价使用感受，或者彰显个性，这甚至已经超出了商品本身流通的需要。

多样化：能够提供多样化支付模式、提货模式甚至售后模式，或者还有更多商品咨询服务等。

3. 客户成功

这里有两层含义，首先是客户、消费者成功，他们获得了满意的购物体验，完成了一项任务，或者实现了帮助别人的愿望等；其次是企业自身的成功，消费者一定希望为自己服务的企业很出色，持续稳定地为自己带来价值的实现。企业自身当然也会追求规模持续扩大，用户数、客户数不断增长，市场份额、利润大幅提高，从而能够持续地为客户提供满意的、高质量的服务。

在市场竞争日益激烈、风云多变的环境里，必须做到快速反应，资源灵活配置，才能使得供应链成为企业发展的核心竞争力。快速反应就是这种商业模式下供应链的一大标签。

2009 年，亚马逊依赖于其后台仓储物流体系的高效运转，对订单的响应由被动变为主动，实现了快速反应。过去，传统的 SCM 多是被动地反应消费者的需求，消费者下了订单，由订单带动整个供应链满足消费者的需求。然而，良性 SCM 的精髓则是通过预测消费者的需求，主动反应订单。互联网在这方面极具优势，而亚马逊就是通过后台系统将这个优势最大化。

4.5.3 O2O 模式的供应链管理

目前 O2O 模式发展较快、较为成熟的是“服务消费”模式，而“产品消费”模式真正成功且具有规模的并不多见。由于“服务消费”更多侧重于服务体验的营销，较少涉及现实物流的交易环节，供应链参与度较低，因此业内重点围绕“产品消费”的 O2O 模式的供应链创新进行研究。

从“产品消费”领域来看，不只有零售企业进行双线结合，与 B2C 相比，传统企业有许多产品更适合 O2O 模式，如房产、汽车、家具、橱柜、家电等非标准、高单价商品，这类商品消费需要的是极致用户体验，B2C 可能无法提供实物的使用体验环节，因此 O2O 更能够引入用户思想，让用户深度参与产品设计、使用功能体验环节，也许未来全民参与设计的供应链将是 O2O 模式创新的趋势。

O2O 模式供应链与 B2C 的商业交易环节类似，但本质区别是用户体验能够通过资源有效整合、设计模式改变参与价值创造过程中，真正打造互联网思维与制造供应链集合的创新模式。

对于传统企业来说，开展 O2O 模式的电子商务，主要有以下三种方式。

（1）自建官方商城+连锁分店：消费者直接向门店的网络店铺下单购买，然后线下体验服务，而在这一过程中，品牌商提供在线客服服务，随时调货支持（在缺货情况下），加盟商收款发货，适合全国连锁型企业。优点是可以线上和线下店铺一一对应。缺点是投入大，需要很大推广力度。

（2）第三方平台：借助已经布局的第三方平台，实现加盟企业和分站系统完美结合，并且借助第三方平台的巨大流量，迅速推广带来客户。

（3）网上商城服务：这类模式适合服务消费，通过网上商城，开展各种形式的促销和预付款的活动，线上销售线下服务，这种形式适合本地化服务企业。

2014 年 3 月 17 日，京东宣布，将与上海、哈尔滨、温州、西安等 15 座城市的一万多家便利店达成战略合作，在交易、结算、物流和售后方面构建 O2O 业态。利用线下门店和其中央厨房、冷链、常温物流体系，提供更低成本和更高效率的配送服务，改变以往消费者光临线下商店的消费模式，转为直接送货上门，消费者在家收货。

京东 O2O 业务主要创新模式有：①开放京东的会员体系，以及基于门店 LBS（location based service，基于位置的服务）的大数据分析；②开放物流体系，提供全方位的物流服务；③开放供应链服务，包括网银钱包和消费信贷，在便利店也可以开展消费信贷业务；④开放采购体系，利用京东在大部分商品上的采购优势，帮助线下零售业实现品类的拓展，突破便利店在采购能力上的局限性；⑤开放技术体系，合作伙伴可以获得京东云端以及围绕电商生态链的技术解决方案。

京东的优势就是供应链和物流，其将流量和物流开放给便利店与卖场，有着非常强的优势。从京东的 O2O 发展路径来看，京东对自身的优势以及 O2O 市场分析有着非常清晰的思路。从需求开始到交易，再到采购到空运，打通整个供应链。供应链和物流是核心。京东在供应链和物流体系方面已经相当成熟，以完全自建的核心来推动，可以适应行业的快速发展。京东联合万家店将推动渠道和末端整合，具有非常大的潜力。

复习思考题

1. 根据《物流术语》，简述什么是物流？
2. 企业物流包括哪些组成部分，各自的含义是什么？
3. 为什么我国开展电子商务时更加需要重视物流问题？
4. 中国电子商务运作过程中，物流的供给与需求之间的矛盾主要表现在哪些方面？
5. 电子商务中物流业的特点有哪些？
6. 电子商务配送中心有哪些类型？
7. 第三方物流的实现方式有哪几种？
8. 电子物流的主要特点是什么？
9. 物联网对电子商务的意义是什么？
10. 简述 B2B 的供应链管理模式，电子商务对供应链管理的影响有哪些？

第 5 章

电子商务系统基本技术体系

本章要点：本章以电子商务应用框架和应用系统体系结构为基础，深入讨论了电子商务系统的技术体系特征及电子商务系统的框架结构和应用系统的体系结构，并对电子商务所涉及的网络、应用系统开发和相关的数据库技术做了简单介绍。

5.1　电子商务系统技术框架

电子商务的框架结构是指电子商务活动环境中所涉及的各个领域以及实现电子商务应具备的技术保证。从总体上来看，电子商务框架结构由三个层次和两大支柱构成。其中，电子商务框架结构的三个层次分别是网络层、信息发布与传输层、电子商务服务和应用层，两大支柱是指社会人文性的公共政策和法律规范以及自然科技性的技术标准和网络协议。

5.1.1　电子商务与电子商务系统

以电子技术为手段的商务活动被称为电子商务，而这些商务活动所赖以存在的环境则被称为电子商务系统。正确理解和区分二者的关系是至关重要的，如表 5-1 所示。电子商务与电子商务系统最核心的区分在于目标不同，电子商务的目标是进行商务，而电子商务系统是保证以电子商务为基础的网上交易实现的体系，它的目标是提供商务活动所需要的信息沟通与交流的环境，以及相关的信息流程。电子商务通常是指在全球各地广泛的商业贸易活动中及互联网开放的网络环境下，基于浏览器/服务器应用方式，买卖双方不谋面地进行各种商贸活动，实现消费者的网上购物、商户之间的网上交易和在线电子支付以及各种商务活动、交易活动、金融活动和相关的综合服务活动的一种新型的商业运营模式。因此，要实现电子商务，必须首先建立电子商务系统。

表 5-1　电子商务与电子商务系统的区别

项目	电子商务	电子商务系统
定义	以电子技术为手段的商务活动	商务活动所赖以生存的环境
目标	进行商务	信息沟通与交流
功能	及时、准确地提供商品（有形、无形）或商务服务	适时、适地地提供恰当的信息（支撑电子商务的运行）
内容	实体货物的生产、配销，运输信息的搜集、处理、控制和传递活动	信息搜集、处理、控制和传递活动

广义上的电子商务系统是指支持电子商务活动的电子技术手段的集合。狭义上的电子商务系统是指在互联网和其他网络的基础上，以实现企业电子商务活动为目标，满足企业生产、销售、服务等生产和管理的需要，支持企业的对外业务协作，从运作、管理和决策等层次全面提高企业信息化水平，为企业提供商业智能的计算机系统。在许多人的认识中，电子商务系统等同于电子商务网站，实际上这是两个层次完全不同的概念。电子商务系统是基于互联网并支持企业价值链增值的信息系统，而网站仅仅是这一系统的一个部分。

与传统信息系统所支持的管理系统相比，电子商务对于电子商务系统的依赖已远远超越信息技术应用的范畴，二者已经难以清楚划分了。在很多场合，人们并不对这两个名称做确切的区分，需要读者自己根据上下文去理解。例如，“电子商务的实质是管理信息系统的扩充”，这里应当指的是电子商务系统。

5.1.2 电子商务应用系统体系结构

网络环境中对于资源均衡、有效应用的需求，推动了客户/服务器（client/server，C/S）体系结构及相关技术的发展；随着互联网技术的发展和普及，电子商务应用中对于更大范围商务活动的跟踪和控制需求，又促使三层和多层应用体系结构出现，并极大地推动了这一领域的技术发展。

1. 客户/服务器体系结构

信息系统的建设由来已久，其规模和复杂度都在成倍地增长，这就要求能够将已有的计算机资源以及信息系统进行重新规划，使其充分发挥效益，各种规模的任务都能够获得相应规模的计算能力，信息资源得到均衡、有效的应用，并满足实际的需求。客户/服务器体系结构正是基于这一思想提出的一种灵活的、规模可变的体系结构和计算平台。客户/服务器的概念是 20 世纪 80 年代中期提出来的，从分布系统角度对其定义如下：在客户/服务器计算模式下，一个或多个客户、一个或多个服务器与操作系统协同工作，形成允许分布计算、分析、表示的合成系统。

从硬件角度讲，客户/服务器体系结构是指将某项任务在两台或多台计算机之间进行分配，其中客户端用来提供用户接口和前端处理的应用程序，服务器提供可供客户端使用的各种资源和服务。客户端在完成某一项任务时，通常要利用服务器上的共享资源和服务器提供的服务。在一个客户/服务器体系结构中通常有多个客户端和服务器。

从应用系统特别是应用软件的角度讲，客户/服务器体系结构将信息系统进行层次划分，提高各层的逻辑独立性以及对上层处理的透明性，其目的在于提高系统的灵活性和可扩展性，方便应用系统在网络环境中的配置和使用。Gartner Group 在 20 世纪 90 年代初提出的应用分配模型图既说明了客户/服务器演进的历史，又说明了其思想内涵，如图 5-1 所示。

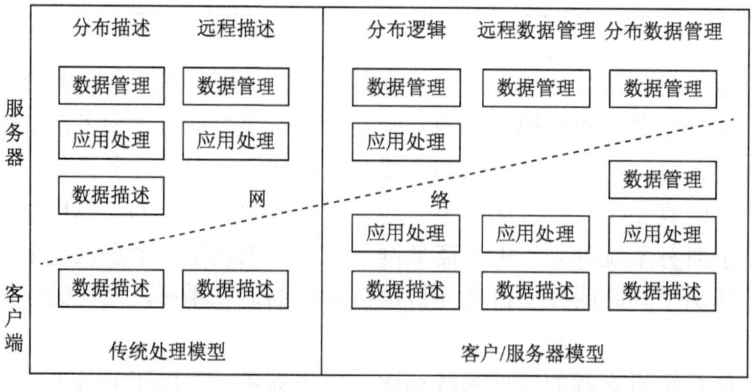

图 5-1 客户/服务器应用分配模型

其中，数据描述主要完成与用户的交互，接受用户输入，并提供系统输出；应用处理是应用系统的核心部分，负责应用系统的业务逻辑处理；数据管理完成业务数据的存储、管理及提取等功能。该模型在物理上将系统划分为客户端和服务器两大部分，客户端为最终用户提供服务，服务器向客户端提供资源和服务，两部分通过网络连接；在逻辑上，该模型将应用系统功能划分为数据描述、应用处理和数据管理三大部分，并描述了随着网络和软、硬件技术的发展，各逻辑功能在物理上的分布位置。

随着软件技术的提高，特别是数据库管理系统自身客户/服务器计算能力的提高，客户端只需要将数据请求发送给服务器，由服务器完成数据查找及客户端的请求处理工作，将处理结果发送回客户端，再由客户端完成与用户的交互工作。在该模式中，数据处理任务分开在客户端和数据库服务器上进行，客户端负责用友好的界面与用户交互，从客户端发往数据库服务器的只是查询请求；服务器专门负责数据库的操作、维护，从数据库服务器传回给客户端的只有查询结果，减少了网络上的传输量，提高了整个系统的吞吐量和响应时间，并充分利用了网络中的计算资源。

2. 应用系统体系结构

在传统的客户/服务器的应用分配模型中，由客户端完成表示部分和应用逻辑部分的功能，在软件开发中，这两部分通常是紧密地耦合在一起的，即设计和代码编写中并不对两部分的内容进行明确的划分，应用中这两部分也作为一个整体安装在客户端上。

与传统的应用系统相比，电子商务应用系统的主要特征体现在互联网技术的使用上，其结果是系统应用范围扩大，用户数目和类型具有很大的不确定性，这就给传统应用逻辑分配方案带来了挑战：由于表示部分和应用逻辑部分耦合在一起，因此应用逻辑的任何变化都将导致客户端软件的变化，需要不断地更新客户端的系统；在电子商务等新的应用中，用户的数量和范围都在不断扩张，如果客户端需要复杂的处理能力，需要较多的客户端资源，必然会导致应用系统总体费用的增加，这与客户/服务器体系结构的借助任务共担提高网络资源利用率以减少总体费用的初衷相违背；在传统模式中，客户端通常由一些大的、复杂的软件包构成，提供的功能很多，需要对用户进行大量的教育培训，因此该类软件的使用通常局限在以局域网为中心的应用环境中，很难扩展到互联网环境中。

细分起来，上述三方面挑战应划分为两大类问题，即应用任务分担问题和客户端系统的分发与界面问题，由此也产生了两类新的结构，即三层客户/服务器结构和浏览器/服务器（browser/server，B/S）结构。

三层客户/服务器结构是指将商业和应用逻辑独立出来，组成一个新的应用层次，并将这一层次放置于服务器端；B/S 结构特指客户端使用了 Web 技术，即在客户端使用浏览器，并在应用服务器端配置 Web 服务器以响应浏览器请求。

三层结构在网络的流量和系统的反应速度方面优于两层结构，这是因为：首先，加入的应用服务器使两层的客户/服务器中的客户端和服务器都减轻了负担，三层结构中数据在发送到网络之前首先由功能性服务器加以过滤，网络通信量会因此下降；其次，由于三层结构中客户端并不直接同数据库打交道，而是通过中间层的统一调用来实现，因此具有较好的灵活性和独立性，而且适用于不同数据库之间的互联。与两层结构相比，三层结构在以下几个方面具有优势。

（1）可伸缩性。由于系统的业务逻辑处理完全在应用服务层完成，因此所有客户端不直接与数据库连接，应用服务层通过一个数据库连接池与数据库连接，系统可以根据客户端请求的多少来动态调整池中的连接，使系统消耗较少的资源来完成客户端的请求。此外，应用服务层的独立为硬件系统的构成提供了灵活性，使各部分可选择与其处理负荷和处理特性相适应的硬件。

（2）可管理性。系统的客户层基本实现了“零管理”，局域网内的主要管理工作集中在顶端 Web 服务层，整个系统的主要管理工作集中在应用服务层，业务逻辑的修改对客户层没有影响。此外，由于各层相对独立，可以进行并行开发，提高开发维护效率。

（3）可维护性。三层结构模型将应用的实现和用户界面分离，使得应用开发人员能专注于应用核心业务的分析和设计，快速建立应用系统的核心，也使得系统管理员能更有效地管理应用系统。三层模型将用户界面放到客户端，而把内部业务的实现放到应用服务器上，体现了各层的分工，对数据库模式的改动通常不会造成客户端的改动，因此具有很好的可维护性。

（4）安全性。应用服务层上的安全服务作为一个公用服务被所有应用调用，因此不必为每一个应用提供安全服务。整个系统的安全数据工作只能由安全服务来访问，各个客户端无法直接访问到数据库，这样大大提高了系统的安全性。

三层结构的概念提出后，不断被引申、扩展，电子商务领域一些大的电子商务解决方案供应商先后提出了自己的电子商务应用系统体系结构，推出了多层次标准的电子商务体系结构。实践中就经常采用一种四层结构，在该结构中应用服务器和数据库服务器都是远程服务器，而在客户端的同一局域网中安装了一个代理服务器，这种结构一般应用在广域网中。在世界著名的电子商务应用系统开发中，大都采用多层结构设计。

5.1.3 电子商务系统的实现要素

电子商务系统的框架结构和应用系统的体系结构结合，勾画出电子商务系统的技术组成和配置图，也为了解电子商务技术、搭建电子商务系统提供了一个框架。

1. 电子商务系统框架的实现要素

电子商务系统是一个大系统，包括两个层次的含义：一是信息交易的范围大，包括组织内部的信息流程以及组织与外部的信息交互；二是系统所涉及的环节和角色多，包括相关的法律、安全、电子支付等。更重要的是，所有这些必须有机地整合在一起，形成一个标准统一、各方协作、信息畅通的一体化系统。

电子商务系统中的各方没有像传统商务活动中大量存在的直接联系，而是完全通过网络进行信息沟通，因此需要一些传统商务活动中没有（如认证中心）或者重要程度不同（如物流中心）的电子商务系统角色。至于网络平台，则更是传统商务系统中所没有的。

电子商务系统的顺利运行，需要众多环境技术的保障：网络支付技术是实现真正网上交易的基本保障，也是制约电子商务发展的关键环节；电子商务交易过程中，如何保证商业机密和交易过程的安全可靠，是电子商务推广普及的先决条件；物流技术在电子商务中的应用与发展，为电子商务的有效开展提供了重要保障。相关内容在后续章节中会有详细讲解。

本章重点在于介绍电子商务系统的基本技术体系，在构建体系框架的基础上，阐述核心的技术思想和方法。此外，电子商务的开展，带来了许多新的观念和技术，第 6 章将对其中的一些热点技术，如网络通信的最新技术进展、大数据技术、虚拟现实技术等进行简单的介绍。

2. 电子商务应用逻辑的实现要素

电子商务系统的复杂性使得电子商务应用系统及其开发运行环境要比传统信息系统复杂得多，它涉及了系统框架的上面三层，实现了对用户应用逻辑的支持。图 5-2 进一步从逻辑和物理两个不同的角度细化了电子商务系统的组成要素，其中上半部为应用逻辑层次的划分，下半部是物理实现层次的划分，该图从应用系统组成结构上阐述了系统的组成，更加明确地说明了应用逻辑的实现要素。

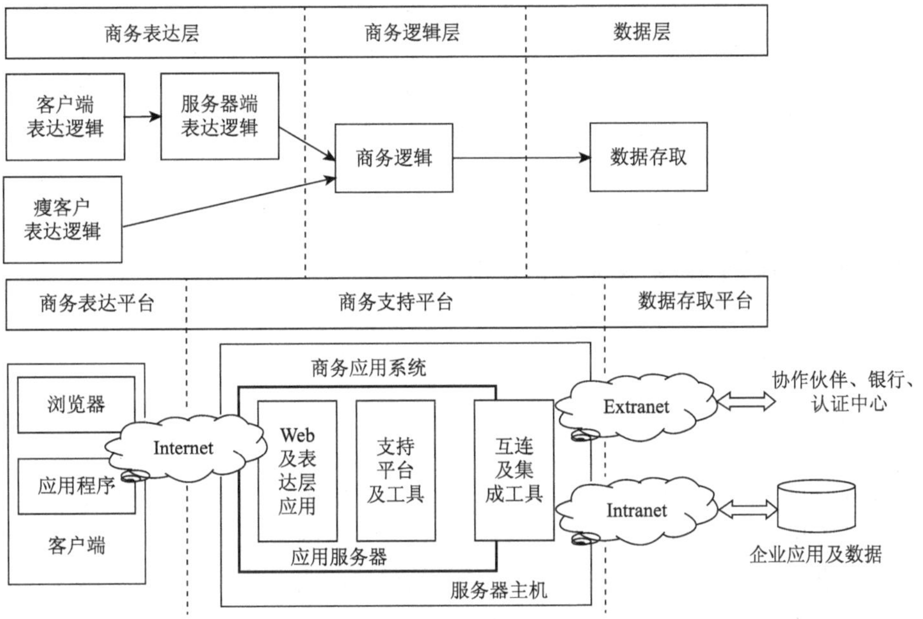

图 5-2　应用逻辑实现要素示意图

商务表达层主要为电子商务系统的用户提供使用接口，最终表现在客户端应用程序的硬件设备——商务表达平台上，如计算机、移动通信设备等，应用程序或是浏览器，或是专用的应用程序。从物理平台上看，商务表达平台是一种瘦客户表达逻辑，但在具体的实现过程中，表达逻辑还要依赖于 Web 服务器等后台设备和软件，更多的是服务器端的逻辑处理以及前后台的通信处理技术。

商务逻辑层描述商务处理过程和商务规则，是整个商务模型的核心，该层所定义的应用功能是系统开发过程中需要实现的重点。企业的商务逻辑可以划分成两个层次：一个层次是企业的核心商务逻辑，需要通过开发相应的电子商务应用程序实现；另一层次是支持核心商务逻辑的辅助部分，如安全管理、内容管理等，这些功能可以借助一些工具或通用软件，如内容管理、SCM 等实现。从物理实现上看，商务逻辑运行在商务支持平台上，企业核心商务逻辑由电子商务应用系统完成，需要根据系统需求进行应用软件的开发，相对比较独立；提供辅助功能的通用软件集成在一起，通过与其他软、硬件的集成构成支持商务逻辑的商务支持平台。

数据层为商务逻辑层提供数据支持。一般来说，这一部分为商务逻辑层中的各个应用软件提供各种后端数据，这些后端数据具有多种格式、多种来源，如企业内部数据库、ERP 系统的数据、EDI 系统的数据以及企业外部的合作伙伴、商务中介（如协作伙伴、银行、认证中心等）的数据。数据层规划时的重点是标识清楚各种数据的来源、格式等特征，确定数据层与商务逻辑层数据交换的方式；构造数据层的重点是开发电子商务系统与外部系统、内部信息资源的接口，完成系统集成。

在应用逻辑上，电子商务系统由商务表达层、商务逻辑层和数据层组成，而在具体的实现中，涉及硬件环境和应用软件的具体配置，Web 应用的技术架构使得现实的物理实现层次划分与逻辑划分并非完全一致，这种在物理配置上的变化，由于网络的连接，又使得它并不显现在用户的面前，用户所了解的仍是逻辑结构。本章后面小节将根据应用逻辑实现的三个层次，结合应用逻辑的功能需求和物理平台的实现方法，分别讲述相关的基础技术。

5.2 计算机网络与互联网技术

5.2.1 计算机网络概述

1. 计算机网络及其功能

计算机网络是指将地理位置不同的具有独立功能的多台计算机及其外部设备，通过通信线路连接起来，在网络操作系统、网络管理软件及网络通信协议的管理和协调下，实现资源共享和信息传递的计算机系统。从最简单的形式来看，一个网络包含三种基本的组成要素——源（source）、介质（medium）和目的地（destination），与此对应，计算机网络一般由计算机、通信处理设备、物理连接介质等组成。为了更好地划分网络的逻辑结构，一般将计算机网络划分为资源子网和通信子网，如图 5-3 所示，虚线以内为通信子网，虚线以外为资源子网。

资源子网由提供资源的主机和请求资源的终端组成，包含网络中的面向网络用户的各台计算机、外部设备以及存放在其中的各种软件和数据资源，负责全网的数据处理和向用户提供网络资源及服务。通信子网主要由网络节点和通信链路组成，由专门负责网络通信的计算机、通信设备、通信线路组成，承担全网数据传输、交换、加工和变换等

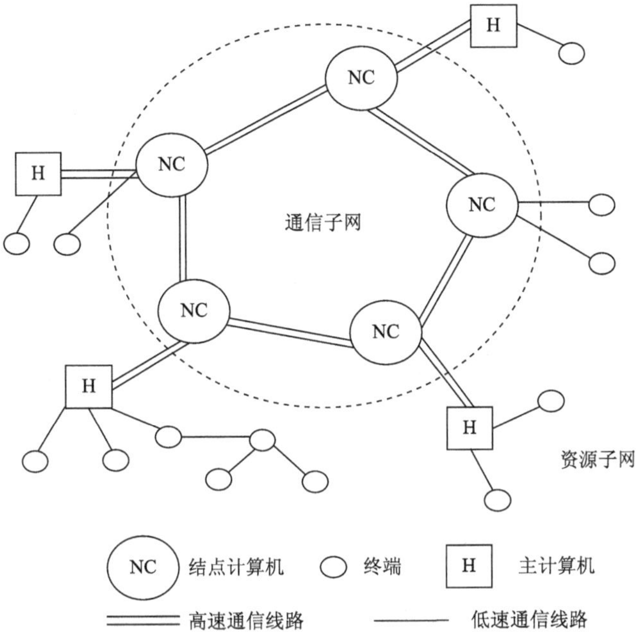

图 5-3　计算机网络的一般结构形式

通信处理工作，负责实现网络中数据无差错的传输，是计算机网络的内层。网络用户在资源子网中的计算机上工作，当他们需要与网络中的其他计算机进行数据通信时，资源子网中的软件就会调用通信子网提供透明的信息服务。

计算机网络的诞生来自共享数据资源的需求，随着计算机技术和通信技术的不断发展，其功能也在不断发掘和扩充之中，综合起来主要有以下几种。

（1）资源共享。充分利用计算机资源是组建计算机网络的重要目的之一。资源共享除共享硬件资源外，还包括共享数据和软件资源。

（2）数据通信能力。利用计算机网络可实现各计算机之间快速可靠地互相传送数据，进行信息处理，如传真、电子邮件、EDI、BBS、远程登录（telnet）与信息浏览等通信服务。数据通信能力是计算机网络最基本的功能。

（3）均衡负载。均衡负载是指工作被均匀地分配给网络上的各台计算机系统。网络控制中心负责分配和检测，当某台计算机负荷过重时，系统会自动转移负荷到较轻的计算机系统去处理，以此扩展计算机系统的功能，提高系统可靠性，提高性能价格比，通过网络缓解用户资源缺乏的矛盾，使各种资源得到合理的调整。

（4）分布处理。一方面，对于一些大型任务，可以通过网络分散到多个计算机上进行分布式处理，也可以使各地的计算机通过网络资源共同协作，进行联合开发、研究等；另一方面，计算机网络促进了分布式数据处理和分布式数据库的发展。

（5）提高计算机的可靠性。计算机网络系统能实现对差错信息的重发，网络中各计算机还可以通过网络成为彼此的后备机，从而增强系统的可靠性。

2. 计算机网络的组成与分类

计算机网络系统由通信子网和资源子网组成，网络软件系统和网络硬件系统是网络系统赖以存在的基础，网络硬件对网络的选择起着决定性作用，网络软件则是挖掘网络潜力的工具。

常见的网络软件主要包括：①网络协议和协议软件，通过协议程序实现网络协议功能；②网络通信软件，通过网络通信软件实现网络工作站之间的通信；③网络操作系统，是实现系统资源共享、管理用户对不同资源访问的应用程序，是最主要的网络软件；④网络管理及网络应用软件，对网络资源进行管理和维护，为网络用户提供服务并为网络用户解决实际问题。

网络硬件是计算机网络系统的物质基础。要构成一个计算机网络系统，首先要将计算机及其附属硬件设备与网络中的其他计算机系统连接起来。不同的计算机网络系统，在硬件方面是有差别的，随着计算机技术和网络技术的发展，网络硬件日趋多样化，功能更加强大、复杂。

节点间通信的信道有多种不同的实现方式。在大多数情况下，信道是一根电缆，用于连接两个或两个以上的端节点。电缆可以是同轴、光纤或者是双绞线，这些电缆具有不同的性能，传输距离和传输速度各不相同。随着计算机网络技术的发展和网络应用的普及，网络节点设备会越来越多，功能也更加强大，设计也更加复杂，无线通信线路也成为计算机通信的重要成员。

计算机网络可按网络拓扑结构、网络交换方式、网络通信技术、网络操作系统类型、系统拥有者以及服务对象等不同标准进行划分，因此一个网络可以从不同的角度被划分到不同的类别，常用的分类方法包括以下几种。

（1）按网络的作用范围和计算机之间的相互距离，可将计算机网络分为广域网、局域网、城域网。

广域网（wide area network，WAN）通常被称为远程网，是一种用来实现不同地区的局域网或城域网的互联，可提供不同地区、城市和国家之间的计算机通信的远程计算机网。其分布范围可达几千千米乃至上万千米，横跨洲际，互联网就是典型的广域网。

局域网（local area network，LAN）是指在某一区域内由多台计算机互联而成的计算机组，一般是方圆几千米以内。局域网可以实现文件管理、应用软件共享、打印机共享、工作组内的日程安排、电子邮件和传真通信服务等功能。局域网是封闭型的，可以由办公室内的两台计算机组成，也可以由一个公司内的上千台计算机组成。局域网的分布范围一般在几米到几千米，最大距离不超过十千米，局域网一般位于一个建筑物或一个单位内，如校园网。

城域网（metropolitan area network，MAN）是在一个城市范围内建立的计算机通信网，属宽带局域网。由于采用具有有源交换元件的局域网技术，网络中传输时延较小，它的传输媒介主要采用光缆，传输速率在 100 兆比特/秒以上。城域网的一个重要用途是用作骨干网，通过它将位于同一城市内不同地点的主机、数据库以及局域网等互相连接起来，这与广域网的作用有相似之处，但两者在实现方法与性能上有很大差别。它适合一个地区、一个城市或一个行业系统使用，分布范围一般在十几千米到上百千米。

（2）按照交换方式，计算机网络可分为电路交换网、报文交换网和分组交换网。

（3）按网络的数据传输与交换系统的所有权，可将计算机网络分为专用网（如用于军事的军用网络）和公共网（如基于电信系统的公用网络）。

（4）按网络的拓扑结构，可将计算机网络分为总线型网络、星型网络、环形网络、树型网络和网状型网络。

（5）按传输的信道不同，可将计算机网络分为基带网和宽带网、模拟网和数字网。

3. 计算机网络协议

网络中的计算机与终端间要想正确地传送信息和数据，必须在数据传输的顺序、数据的格式及内容等方面有一个约定或规则，这种约定或规则被称作协议。网络协议主要有三个组成部分。

（1）语义。语义是对协议元素的含义进行解释，不同类型的协议元素所规定的语义是不同的，如需要发出何种控制信息、完成何种动作及得到何种响应等。

（2）语法。语法是将若干个协议元素和数据组合在一起用来表达一个完整的内容所应遵循的格式，也就是对信息的数据结构做一种规定，如用户数据与控制信息的结构与格式等。

（3）时序。时序是对事件实现顺序的详细说明。例如，在双方进行通信时，发送点发出一个数据报文，如果目标点正确收到，则向源点回答接收正确；若接收到错误的信息，则要求源点重发一次。

由此可以看出，协议实质上是网络通信时所使用的一种语言。网络协议对于计算机网络来说是必不可少的。不同结构的网络，不同厂家的网络产品，所使用的协议也不一样，但都遵循一些协议标准，这样便于不同厂家的网络产品进行互联。在同一网络中，可以有多种协议同时运行。

一个功能完善的计算机网络需要制定一套复杂的协议集合，对于这种协议集合，最好的组织方式是层次结构模型，即将一个计算机网络分为若干层次，处在高层次的系统仅是利用较低层次的系统提供的接口和功能，不需了解低层次实现该功能所采用的算法和协议；较低层次也仅是使用从高层次系统传送来的参数。这就是层次间的无关性，因为有了这种无关性，层次间的每个模块都可以用一个新的模块取代，即使它们使用的算法和协议都不一样，只要新的模块与旧的模块具有相同的功能和接口即可。计算机网络层次结构模型与各层协议的集合被定义为计算机网络体系结构。

20 世纪 70 年代以来，国外一些主要计算机生产厂家先后推出了各自的网络体系结构，但它们都属于专用的。为使不同计算机厂家的计算机能够互相通信，以便在更大的范围内建立计算机网络，有必要建立一个国际范围的网络体系结构标准。ISO 于 1981 年正式推出了一个网络系统结构——七层参考模型，即开放系统互联（open systems interconnection，OSI）参考模型，如图 5-4 所示。这个标准模型的建立使得各种计算机网络向它靠拢，大大推动了网络通信的发展。

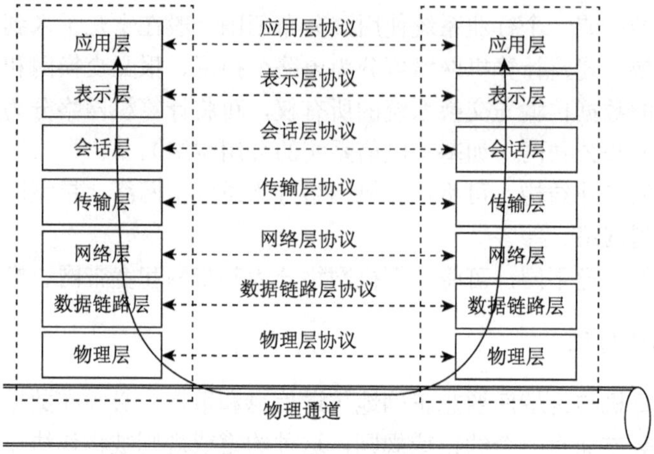

图 5-4　OSI 参考模型

OSI 参考模型将整个网络通信的功能划分为七个层次。它们由低到高分别是物理层（physical layer）、数据链路层（data link layer）、网络层（network layer）、传输层（transport layer）、会话层（session layer）、表示层（presentation layer）和应用层（application layer）。每层完成一定的功能，每层都直接为其上层提供服务，并且所有层次都互相支持。第一层到第三层用于创造两个网络设备间的物理连接，而第四层到第七层则主要负责互操作性。

5.2.2　互联网协议组

互联网协议组是一组计算机通信协议的集合，由于 TCP 协议和 IP 协议是保证数据完整传输的两个基本的重要协议，所以习惯上又称整个互联网协议组为 TCP/IP 协议组，主要包括 TCP、IP、UDP（user datagram protocol，用户数据报协议）、ICMP（internet control message protocol，互联网控制报文协议）、SMTP（simple mail transfer protocol，简单邮件传送协议）、SNMP（simple network management protocol，简单网络管理协议）、FTP（file transfer protocol，文件传输协议）、ARP（address resolution protocol，地址解析协议）等许多协议。

TCP/IP 协议是 20 世纪 70 年代中期美国国防部为 ARPANET 广域网开发的网络体系结构和协议标准，以它为基础组建的互联网是目前国际上规模最大的计算机网络。正因为互联网的广泛使用，TCP/IP 协议成了事实上的标准。

TCP/IP 协议的目的是允许互相合作的计算机系统通过网络共享彼此的资源，这里的计算机系统既包括同构的系统，也包括异构的系统。网络可由同构的网络系统组成，也可由异构的网络系统组成，TCP/IP 协议主要针对的是异构的网络系统。TCP/IP 协议并不完全符合 OSI 的七层参考模型，它采用了四层的层级结构，如图 5-5 所示。

（1）物理层相当于 OSI 的第一层、第二层，表示 TCP/IP 协议的实现基础，如 Ethernet、Token Ring、Token Bus 等。

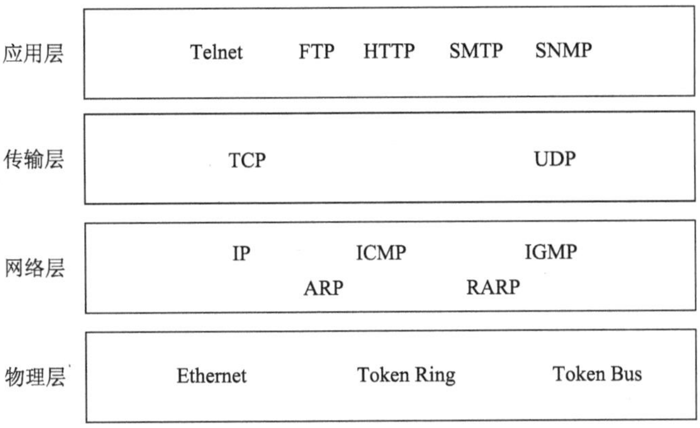

图 5-5　TCP/IP 协议的四层结构示意图

（2）网络层又进一步细分为网络接口层和网络层。网络接口层包括了硬件接口和 ARP、RARP（reverse address resolution protocol，反向地址解析协议），这两个协议主要是用来生成送到物理层上的信息和接收从物理层上传来的信息。ARP 负责将网络地址映射到硬件地址，RARP 负责将硬件地址映射到网络地址。网络层中的协议主要有 IP、ICMP、IGMP（internet group management protocol，互联网组管理协议）等，由于它包含了 IP 协议模块，所以它是所有基于 TCP/IP 网络的核心。在网络层中，IP 模块完成大部分功能，ICMP 和 IGMP 以及其他支持 IP 的协议帮助 IP 完成特定的任务，如传输差错控制信息以及主机/路由器之间的控制电文等。

（3）传输层上的主要协议是 TCP 和 UDP。正如网络层控制着主机之间的数据传递，传输层控制着那些将要进入网络层的数据。这两个协议就是它管理这些数据的两种方式。

TCP 是一种面向连接的协议，它为用户进程提供了一种可靠的、全双工的字节流服务。它要为用户进程提供虚电路服务，并为数据可靠传输提供监管。大多数网络用户程序使用 TCP。UDP 则是面向无连接服务管理方式的协议，提供给用户进程的无连接协议用于传送数据而不执行正确性检查。

（4）应用层向用户提供一组常用的应用程序，如电子邮件、文件传输访问、远程登录等。应用层位于协议栈的顶端。

5.3　电子商务表达层基础技术

Web 是互联网的一部分，它是一些计算机按照一种特定方式互相连接所构成的互联网的子集，这些计算机可以很容易地进行内容互访。Web 的另一个重要的特点是具有容易使用的标准图形界面，这种界面使得那些对计算机并不精通的人也可用 Web 访问大量的互联网资源。

5.3.1 电子商务的信息分享架构

作为全球性的信息分享架构，万维网以快速、经济和容易使用的方式整合了许多层面的在线内容及信息服务器，并成为电子商务应用的软件基础。

1. Web 的技术架构

与其说 Web 是一种技术，倒不如说它是对信息的存储和获取进行组织的一种思维方式。在互联网从研究专家使用的领域走向平常百姓使用的过程中，两项重要的创造发挥了关键的作用，这两项技术是超文本和图形化用户界面。

Web 已经变成了浏览、信息出版以及在互联网和 Intranet 上执行交易的标准，它原来是一组简单的协议和格式，现在成为复杂的多媒体出版及信息取用的场所。简单来说，Web 的作用在于收集世界上分布式的文件，并将其转换成网页放置在电脑（或服务器）上。

服务器储存了超文本文档，并对一些询问的请求加以回复；PC 的使用者可以借助浏览器寻找及查看位于服务器上面的文件及显示出的多媒体资料。

Web 所有活动的基础是基本的客户/服务器体系结构，信息储存在 Web 服务器上，服务器储存档案并对客户端的请求做出响应。Web 浏览器借助信息的名称从服务器索取信息，并在客户端电脑上将信息格式化后显示在使用者的屏幕上，其示意图见图 5-6。人们通常将格式化显示的信息称为网页，而将 Web 服务器的软、硬件及其之上的信息统称为网站。

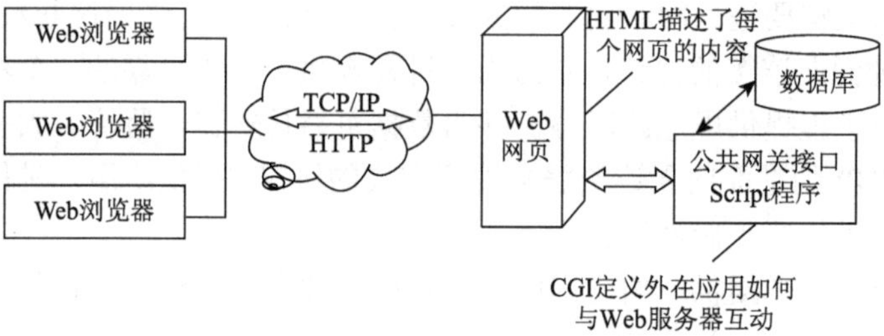

图 5-6 Web 的架构及工作原理示意图

与传统的信息形式相比，Web 所采用的超文本的含义有两层：一是信息的形式不再限于简单的字符或数值型数据，而是可以包含多媒体信息；二是超文本可以实现网络上信息之间的相互链接。在 Web 架构中，信息被分成了分布式的网页，以 HTML（hypertext markup language，超文本标记语言）编写而成，使用者可以用 HTML 制作混合文字与多媒体内容的信息。除了静态的 HTML 网页，Web 服务器还可以利用 CGI（common gateway interface，通用网关接口）取得动态信息。

万维网所依赖的各种概念和技术包括以下几个方面。

（1）HTTP（hypertext transfer protocol，超文本传送协议）。Web 是通过互联网连接，由浏览器和服务器软件组成的，HTTP 提供了服务器与浏览器沟通的语言，用于在互联网上传输文档。HTTP是建立在TCP/IP协议之上的应用协议。

（2）URL（uniform resource locator，统一资源定位器）。每个网页都有一个独一无二的位置，被称为统一资源定位器，Web浏览器借此来寻找Web服务器。Web的功能在于它可以使用超链接连接分散的网页，让读者借助点选网页上的超文本在网页间移动。

（3）HTML。HTML是可以包含文字、窗体及图形信息的超文本文件的表现语言，其目的在于使Web页面能显示在任何支持HTML的浏览器中，而与联网的机器平台无关。特别需要指出的是，HTML提供的链接机制是Web的本质特性之一。

（4）Web服务器。Web服务器也称HTTP服务器，是储存文件和其他内容的软、硬件组合，用于提供HTTP及FTP等服务，有的还可作为代理服务器（一个可以从别的服务器上为它的客户获取文件的服务器）。本来Web服务器只提供“静态”内容，返回在URL里指定的文件的内容。现在也可以采用CGI等技术从一个运行的程序里得出“动态”内容。

（5）Web浏览器。Web客户通常指的是Web浏览器，如Netscape Navigator和Microsoft Internet Explorer等。这种浏览器能理解多种协议，如HTTP、HTTPS（hypertext transfer protocol secure，超文本传输安全协议，它是HTTP的安全版）、FTP；也能理解多种文档格式，如TEXT、HTML、JPEG（一种图像格式）、XML（有的还不支持）；也具备根据对象类型调用外部应用的功能。总之，URL、HTTP、HTML、Web服务器和Web浏览器是构成Web的五大要素，而Web的本质内涵是建立在互联网基础上的网络化超文本信息传递系统，而其外延是不断扩展的信息空间，它成功的主要原因就在于：简易的导览和使用、新的分送模式以及实现了一个网络集中的模式。

2. Web2.0

上一部分介绍的基本原理被称为Web1.0，其主要特点在于用户通过浏览器获取信息。所谓的Web2.0，是Web1.0在应用理念上和架构上的升级，而不是简单的某种技术的创新或者某种应用，Web2.0思想的出现将电子商务应用和服务能力提升到了一个新的高度。Web2.0更注重用户的交互作用，用户既是网站内容的浏览者，也是网站内容的制造者。所谓网站内容的制造者，是说互联网上的每一位用户不再仅仅是互联网的读者，同时也是互联网的作者；不再仅仅是在互联网上冲浪，同时也成为波浪制造者；在模式上由单纯的“读”向“写”以及“共同建设”发展；由被动地接收互联网信息向主动创造互联网信息发展，从而使得互联网更加人性化。

与Web1.0网站单项信息发布的模式不同，Web2.0网站的内容通常是用户发布的，这使得用户既是网站内容的浏览者也是网站内容的制造者，意味着Web2.0网站为用户提供了更多参与的机会。例如，博客网站和Wiki（维基）就是典型的用户创造内容的网站，而tag技术（用户设置标签）将传统网站中的信息分类工作直接交给用户来完成。

Web2.0更加注重交互性，不仅用户在发布内容的过程中实现与网络服务器之间的交互，而且也实现了同一网站不同用户之间的交互，以及不同网站之间信息的交互。

Web2.0符合Web标准的网站设计。Web标准是国际上正在推广的网站标准，通常所说的Web标准一般是指网站建设采用基于可扩展超文本标记语言（extensible hypertext markup language，XHTML）的网站设计语言，实际上 Web 标准并不是某一种标准，而是一系列标准的集合。Web 标准中典型的应用模式是“CSS（cascading style sheets，串联样式表）+XHTML”，它摒弃了 HTML4.0 中的表格定位方式，优点之一是网站设计代码规范，并且减少了大量代码，减少了网络带宽资源浪费，加快了网站访问速度。更重要的一点是，符合 Web 标准的网站对于用户和搜索引擎更加友好。

Web2.0 与 Web1.0 没有绝对的界限。Web2.0 技术可以成为 Web1.0 网站的工具，一些在 Web2.0 概念之前诞生的网站本身也具有 Web2.0 的特性。例如，B2B 网站的免费信息发布和网络社区类网站的内容也来源于用户。

5.3.2 静态页面与标记语言

以 HTML 为代表的标记语言（markup language）是静态页面表达的技术基础，XML 在处理机器之间的相互交流和信息传递等方面所表现出来的技术优势，使其日益受到关注。

1. 静态页面的体系结构

静态网页的内容存储于 Web 服务器上，包括 HTML 文件、图像和电影等多媒体文件。这些文件通常由各种页面设计、图形制作等相应工具制作而成，事先存放在 Web 服务器的文件系统中，当客户在浏览器页面中点选了某个超链接，浏览器就会发出相应页面的请求，并通过互联网发送到 Web 服务器上，Web 服务器识别所请求的文件后，将复制文件通过 HTTP 发送回浏览器，由浏览器解释并显示在界面之上，其原理如图 5-7 所示。

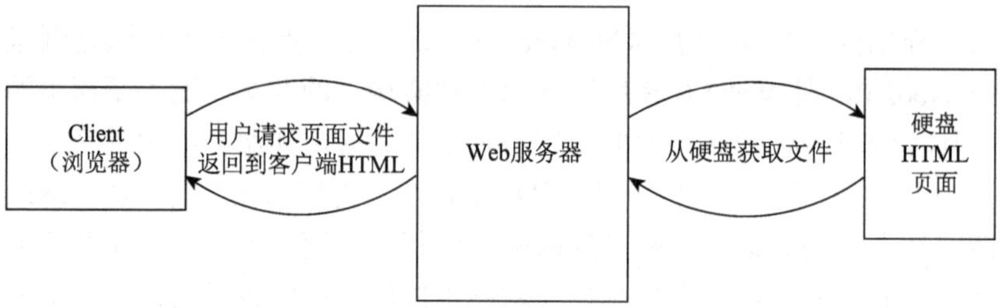

图 5-7 静态页面的体系结构

客户端向 Web 服务器发送的请求以及服务器返回给客户端的应答都遵循互联网的标准协议——HTTP。HTTP 传送客户端的请求，把它打包成 Web 服务器能理解的格式，服务器应答时，返回给客户端的页面信息采用同样的 HTTP。Web 服务器的核心就是向请求浏览器传送文件，Web 服务器并不对文件进行任何处理，这是“静态”名称的核心思想。

从图 5-7 中可以看到，电子商务系统的商务信息是通过统一的浏览器界面进行表达的，由客户端设备完成与用户的交互工作，由客户端与 Web 服务器共同承担交互过程的实现。物理上，Web 服务器属于后台设施，逻辑上则主要用于商务表达信息的完成，是商务表达平台的重要组成部分。从商务信息，即静态网页的内容编制上讲，标记语言是静态网页的核心技术。

2. 标记语言的特征与演变

标记语言，是指由一系列标准化了的标记组成的集合，这种语言不需要经过编译，只需要通过可以识别这些标记的电子阅读器（如浏览器）就可以看到结果。

SGML（standard generalized markup language，标准通用置标语言）是最早的标记语言，是 ISO 在 1986 年推出的一个用来创建标记语言的语言标准，是一种丰富的元语言，几乎可以用来定义无数种标记语言，HTML 和 XML 都是在此基础上派生出来的。

在 HTML 语言的设计开发中，除了突出其超文本链接功能，还突出其信息显示的主要功能。与许多文字处理技术相比，Word 等编辑器在创建文档时，以二进制格式保存文档，这种格式在其他平台的程序中不一定被兼容，因此 HTML 的发明者希望能创建一种文档格式，既可以保存文本信息，又可以做到平台兼容，这就要求 HTML 必须是全文本的。为此，HTML 需要标记保存文档的格式，Web 服务器不处理这些标记，而由客户端的浏览器解释。浏览器一般是与平台相关的，不过在遵循 W3C（World Wide Web Consortium，万维网联盟）标准的基础上，浏览器都以完全一样的方式解释 HTML。

HTML 文档提供了丰富的多媒体显示、各种布局处理等功能，但是 HTML 更多地关注 Web 浏览器如何在页面上安排文本、图像和按钮等，过多地考虑外观使其缺乏对结构化数据的表示能力。另外，HTML 还有一些诸如链路丢失后不能自动纠正、下载的内容太多、搜索不方便、计算时间长等缺点。

此外，HTML 中有限的标记不能满足众多 Web 应用的需要，如基于 Web 的大型出版系统和新一代的电子商务，需要在 HTML 中不断地为各种应用增加标记，这显然不是最终的解决方法。究其原因，是 HTML 缺乏可扩展性，为此，自 1996 年，世界 W3C 的一个工作组开始着手设计一个超越 HTML 能力范围的新语言，后来被命名为 XML。

XML 在 SGML 的基础上，去除 SGML 过于复杂的缺点，保留了其作为元标记语言的优点，用户甚至可以通过 XML 制定自己的标记语言，而不必得到 W3C、Microsoft 或 Netscape 的同意，因此 XML 的应用潜力是很明显的。

XML 的优势之一是它允许各个组织、个人建立适合自己需要的标记集合，并且这些标记可以迅速地投入使用。这一特征使得 XML 可以在电子商务、政府文档、司法、出版、CAD（computer aided design，计算机辅助设计）/CAM（computer aided manufacturing，计算机辅助制造）、保险机构、厂商和中介组织信息交换等领域中一展身手，针对不同的系统、厂商提供各具特色的独立解决方案。

XML 的最大优点在于它的数据存储格式不受显示格式的制约。一般来说，一篇文档包括三个要素，即数据、结构和显示方式。对于 HTML 来说，显示方式内嵌在数据中，这样在创建文本时，要时时考虑输出格式，如果因为需求不同而需要对同样的内容进行不同风格的显示时，就要从头创建一个全新的文档，重复工作量很大。XML 的简单使其易于在任何应用程序中读写数据，这使 XML 很快成为数据交换的唯一公共语言，虽然不同的应用软件也支持其他的数据交换格式，但不久之后它们都将支持 XML，那就意味着程序可以更容易地与 Windows、Mac OS、Linux 以及其他平台产生的信息结合，然后可以很容易加载 XML 数据到程序中并分析它，再以 XML 格式输出结果。而 HTML 缺乏对数据结构的描述，对于应用程序理解文档内容、抽取语义信息都有诸多不便。

从本质上讲，Web 上的标记语言的根本目的不是作为文字处理工具、桌面出版系统或编程语言，而是要定义文档或者文档集的结构和外观，以使这些文档能够迅速并容易地通过网络发送给用户，用户可以在各种各样的终端设备上显示这些文档。因此，HTML 虽然提供了比较友好的人机界面，但却不擅长处理机器之间的相互交流和信息传递。XML 与 HTML 的设计区别：XML 的核心是数据，其重点是数据的内容；而 HTML 被设计用来显示数据，其重点是数据的显示。XML 和 HTML 的语法区别：HTML 的标记不是所有的都需要成对出现，XML 则要求所有的标记必须成对出现；HTML 标记不区分大小写，XML 则对大小写敏感，即区分大小写。

表 5-2 将 HTML 与 XML 进行了详细的比较，有助于深入理解两者的特点。

表 5-2　HTML 与 XML 的综合比较

项目	HTML	XML
可扩展性	不具有扩展性	是元标记语言，可用于定义新的标记语言
侧重点	如何表现信息	如何结构化地描述信息
语法要求	不要求标记嵌套、配对等，不要求标记之间具有一定的顺序	严格要求嵌套、配对，遵循 DTD（document type definition，文档类型定义）的树型结构
可读性及可维护性	难以阅读、维护	结构清晰，便于阅读和维护
数据与显示的关系	内容与显示方式整合为一体	内容描述与显示方式分离
保值性	不具有保值性	具有保值性
编辑与浏览工具	已有大量的编辑浏览工具	编辑浏览工具尚不成熟

3. HTML5 的发展

HTML5 是用于取代 1999 年所制定的 HTML4.01 和 XHTML1.0 标准的 HTML 标准版本，现在仍处于发展阶段，但大部分浏览器已经支持某些 HTML5 技术。HTML5 有两大特点：首先，强化了 Web 网页的表现性能；其次，追加了本地数据库等 Web 应用的功能。广义论及 HTML5 时，实际指的是包括 HTML、CSS 和 JavaScript 在内的一套技术组合。它希望能够减少浏览器对于需要插件的富互联网应用（rich internet application，RIA）服务（如 Adobe Flash、Microsoft Silverlight 与 Oracle JavaFX）的需求，并且提供更多能有效增强网络应用的标准集。

HTML5 在以后的移动互联网中将会发挥很大的作用，所以在以后的移动电子商务中也将是一个巨大突破和创新。它的主要优势在于：提高可用性和改进用户的友好体验；有几个新的标签，这将有助于开发人员定义重要的内容；可以给站点带来更多的多媒体元素（视频和音频）；可以很好地替代 Flash 和 Silverlight；当涉及网站的抓取和索引的时候，对于 SEO（search engine optimization，搜索引擎优化）很友好；将被大量应用于移动应用程序和游戏。

5.4　电子商务应用逻辑层基础技术

商务表达层的技术重点在于如何呈现商务信息，提供用户与电子商务系统的交互接口。商务逻辑层的功能在于根据用户输入进行商业逻辑处理，将逻辑处理结果提供给商务表达层，完成动态内容的构建，其技术重点是如何构建和实现复杂的业务逻辑。

5.4.1　商务逻辑层概述

企业的商务逻辑可以划分成两个层次：一个层次是企业的核心商务逻辑，这一部分通常具有明显的企业特征，如企业宣传、网上销售、网络银行等；另一个层次是支持核心商务逻辑的辅助部分。商务逻辑层通过不同的方式实现这两个层次，一般地，企业的核心逻辑依靠电子商务应用程序实现，而辅助部分可以通过不同的技术产品来集成，进而搭建支持商务应用程序运转的平台。因此，商务逻辑层包括电子商务应用系统（程序）和支持平台两个层次。

电子商务应用系统（程序）是指结合各企业具体应用，针对各企业的行业特点和业务流程所开发的应用系统，用以实现企业的主业务。虽然电子商务提供许多通用模式，但不同企业的电子商务软件也不会完全相同，通常是由各企业根据自己的特点专门开发的，即使有一些成型的产品，往往也需要针对不同企业的特点进行二次开发。

支持平台向上层（商务应用）提供的服务主要包括表达、商务支持、运行支持、开发和集成服务。构成支持平台的技术产品至少应当包括 Web 服务器、商务支持软件、集成与开发工具、计算机主机、网络、其他系统软件（如操作系统、管理工具软件等）。通常 Web 服务器、商务支持软件、部分集成与开发工具被集中在一个被称为“应用服务器”的软件包中，所以商务逻辑层在物理上可以简化为以下三个部分：应用软件（实现商务逻辑）；应用服务器（为应用软件提供软件支持平台）和其他支持软件；计算机主机及网络（为应用软件提供硬件支持平台）。

由此可以看出，商务逻辑层在电子商务系统的组成中占有重要地位，商务逻辑层的实现过程就是电子商务系统的开发过程，电子商务特征以及电子商务系统技术特征决定了电子商务系统开发与已有信息系统开发具有很大的不同，信息系统开发理论和方法得到了进一步的改善，了解这一变化原因和变化趋势，是掌握和应用电子商务系统开发技术的基础。电子商务支持平台的发展，促进了以应用服务器为代表的一批相关技术的诞生和发展，了解这类技术产生、发展的历史以及相关的技术，是构建电子商务平台的技术保证。

5.4.2 核心商务逻辑的实现及其技术

核心商务逻辑的实现主要是借助程序语言完成的，从最初的 CGI 技术，到目前广泛应用的 ASP（active server pages，活动服务器页面）和 Java 技术，该类技术从简单的语言选择已经发展到平台之间的选择。

1. 传统程序语言与 CGI

Web 技术发展的早期，HTML 语言提供了静态页面的编制技术，动态页面的内容需要依靠传统语言与 CGI 技术的结合来完成。CGI 并不是一种程序语言，而是一种从浏览器向服务器申请执行程序的机制，是一种基于浏览器的输入，在 Web 服务器上运行相应程序的技术标准。这种标准规定了服务器如何获得客户端的输入、如何输出处理结果以及相关的一些技术标准等。按照这种标准，利用 Perl、C、C++、C Shell、Visual Basic 等各种语言均可编制相应的程序，这些程序被统称为 CGI 程序。

CGI 是 Web 服务器调用外部程序的一个接口。通过 CGI，Web 服务器能将用户从浏览器中录入的数据作为参数，运行本机上的程序，并把运行结果通过浏览器返回给用户。CGI 程序的工作原理如图 5-8 所示。

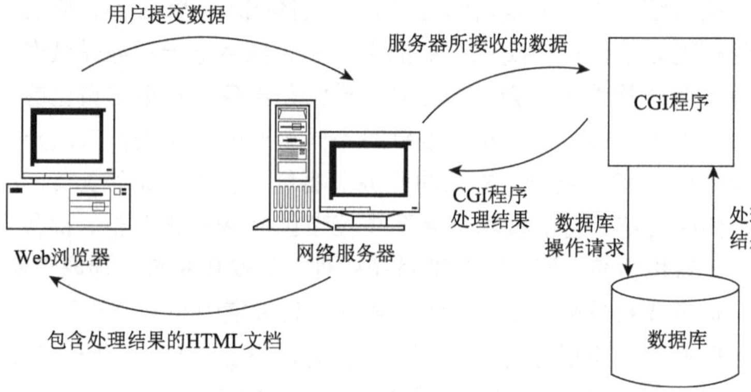

图 5-8 CGI 程序的工作原理

通过 CGI 程序可以实现客户端与服务器端的信息交互能力，可以提供很多 HTML 不能实现的功能，如计算器（客户信息表格的提交以及统计）搜索程序、Web 数据库等，其中比较典型的 CGI 程序，如计数器，可以统计用户点击的次数，用户每点击一次，服务器端的计数器就加 1，并将数字显示给客户端。另一类非常典型的例子是用于表格提交处理的 CGI，这也是 CGI 最常用的方面之一，经常在网上遇到的在 Web 上填表或进行搜索用的就是 CGI 程序。程序员在编写 CGI 时可以选用任何一种其所熟悉的高级语言，Perl、C、C++、C Shell 和 Visual Basic 等都可作为编程的工具。

2. 基于 ASP 的系统开发

ASP 是微软推出的动态 Web 设计技术，代表了 Web 技术从静态内容连接到动态生成文档的重要发展历程，是 Web 技术一个新的发展方向。ASP 能够将代码直接嵌入 HTML，是一种在 Web 服务器上解释执行的脚本程序，可以很容易地把 HTML 标记、文本、脚本命令及 ActiveX 组件混合在一起构成 ASP 页，以此生成动态网页，创建交互式的 Web 站点，实现对 Web 数据库的访问。

一个 ASP 文件包含两部分，即 HTML 部分和 ASP 脚本命令部分。其中，HTML 部分与普通的 HTML 文件的语法规则是相同的；而 ASP 脚本命令部分则利用＜%和%＞两种标记嵌入 HTML 部分之中，在已有的 HTML 基础上对其输出实现控制。

ASP 在服务器端运行，运行结果以 HTML 主页形式返回用户浏览器，也就是说，用户在客户端浏览器看到的仅仅是 ASP 页的执行结果所生成的页，而对于 ASP 页本身的内容用户在客户端浏览器是看不到的，因而 ASP 源程序不会泄密，增加了系统的安全保密性。

此外，ASP 也是一套微软开发的用于 Web 服务的服务器端脚本环境，可以产生并执行动态、交互式、高效率的站点服务器应用程序，内含于 IIS（Internet Information Services，互联网信息服务）3.0 及其后续版本之中。ASP 的编程可采用各种脚本语言，只要服务器端安装了相应的脚本引擎即可。需要注意的是，ASP 本身有一定的语法规则，也可算作一种编程语言，而同时其所使用的脚本语言自身还有一套语法，因此在编制 ASP 程序的过程中，必须同时遵守这两方面的语法规定才行，缺一不可。

3. Java 语言技术特点分析

Java 是 SUN 公司于 1990 年开始，为消费者电子市场，如电视机、电话、烤面包机等家用电器的控制和通信而设计的软件。设计小组最开始使用 C++，但是它在消费者使用的各种硬件架构及对稳定的要求上产生了问题，于是这个小组开发了一种新的语言，并将它命名为 Java。这个名称并不是某个简称，而是指设计人员所喜欢的又热又香醇的咖啡，更重要的是，它包含了激发这个技术的要素，即活泼、动画、速度、互动以及其他会选择 Java 的可能因素。如今，它已经成为互联网上最重要的配送工具。

Java 作为高级程序设计语言在网络编程方面有传统程序设计语言难以比拟的特点。首先，作为一种程序设计语言，它简单可靠，是面向对象、与平台无关的，具有可移植性，安全性好，并且支持多线程，具有很高的性能；其次，它最大限度地利用了网络，Java 小应用程序可在网络上传输而不受计算机和操作系统的限制。

Java 既可以被编译，也可以被解释。通过编译器，可以把 Java 程序翻译成一种中间代码（字节码）——可以被 Java 解释器解释的独立于平台的代码。通过解释器，每条 Java 字节指令被分析，然后在计算机上运行。

Java 不仅是一种编程语言，也成为一种平台。平台是程序运行的硬件或软件环境，Java 平台与大多数其他平台的不同之处在于：它是运行于其他硬件平台之上的纯软件平台，而大多数其他平台是硬件和操作系统的结合。Java 平台由 Java 虚拟机（Java virtual machine，JVM）和 Java API 两部分组成。

JVM 是 Java 平台的基础。JVM 发挥抽象计算机的作用，在 Java 应用程序和本机系统之间建立了一个绝缘层，屏蔽掉了硬件和操作系统的不同，使得 Java 字节码成为运行在 JVM 上的计算机代码指令，Java 程序由此实现了“编写一次，任意运行”的理想。每种 Java 解释器，不管是 Java 开发工具还是可以运行 Java 小应用程序的 Web 浏览器，都是 JVM 的实例。Java 技术为构建多层应用软件体系结构提供了一系列的相关技术，SUN 公司为此制定了相关的技术规范，形成了基于 Java 的技术平台 JavaEE（Java 2 platform enterprise edition，企业级的 Java 应用程序）。

4. 基于 LAMP 体系的开发

Linux+Apache+MySQL+Perl/PHP/Python（LAMP）是一组常用来搭建动态网站或者服务器的开源软件，它们本身都是各自独立的程序，但是因为常被放在一起使用而拥有了越来越高的兼容度，共同组成了一个强大的 Web 应用程序平台。随着开源潮流的蓬勃发展，开放源代码的 LAMP 已经与 JavaEE 和.NET 商业软件形成三足鼎立之势，并且该软件开发的项目在软件方面的投资成本较低，因此受到整个信息技术界的关注。从网站的流量来说，70%以上的访问流量是由 LAMP 来提供的，LAMP 是最强大的网站解决方案。LAMP 包的脚本组件中包括了 CGI，它在 20 世纪 90 年代初期变得流行。这个技术允许网页浏览器的用户在服务器上执行一个程序，并且和接受静态的内容一样接受动态的内容。程序员使用脚本语言来创建这些程序，因为它们能很容易有效地操作文本流，甚至当这些文本流并非源自程序自身时也可以。正是由于这个原因，系统设计者经常称这些脚本语言为胶水语言。

5.4.3 商务支持平台及相关技术

根据所提供的商务服务的功能特征，商务支持平台可以划分为商务基础平台和商务服务平台，分别完成对系统性能和商务服务的支持。

1. 商务支持平台概述

简单地讲，商务支持平台就是对企业的商务应用系统提供支持，使企业的商务应用能更好开展的一些服务。根据所提供服务的特征，一般可以将支持平台进一步划分为商务基础平台和商务服务平台。前者旨在提高系统性能，侧重于保障系统的效率、可靠性和优化，如负载平衡、系统管理等；后者提供更多的商务服务，为企业的核心商务逻辑提供服务，如 SCM、CRM、安全认证等。

商务支持平台的出现使得企业能够将更多的精力集中于其核心业务的构建上。通常可以把企业的所有业务分为核心业务和辅助性业务，核心业务通常是企业特有的，而辅助性业务则是大部分企业都需要的，也是商务支持平台所实现的功能。同时，商务支持平台是信息技术厂商在分析了大量企业的实际需要之后开发的，专业性比较强，通常它所实现的功能比企业自己开发的更全面，企业可由此获得功能更强、更好的服务。

商务支持平台的功能主要通过通用软件包完成，Web 服务器和应用服务器是其典型代表，二者在 Web 应用中承担了不同的责任，它们自身技术的发展也反映了商务支持平台的技术发展规律。

2. Web 服务器与应用服务器

在 Web 平台中，传统 Web 服务器的作用相当于使用 HTTP 的文件服务器，主要功能在于 Web 页面的组织和存取。随着电子商务系统规模的扩大，其功能也在不断丰富，在传统 CGI 编程接口的基础上，提供了其他应用开发接口，并增强了网站管理等系统管理功能，有些产品的功能足以承担商务服务处理的需要。

随着电子商务系统三层体系结构的提出和明确，更细致的层次划分又导致了应用服务器的出现。应用服务器是一个软件包，它将一些通用的、与具体商务应用无关的软件集成为一个整体，为电子商务应用系统的运行提供基础平台。此外，应用服务器预装了部分功能，并提供了一些开发工具，在其基础上开发应用软件能够简化用户接口、减少开发难度。从电子商务系统的体系结构上看，应用服务器是商务服务平台和基础服务平台的某些功能的一个集合。

从实际的软件产品来看，目前应用服务器的内容主要包括两部分：一部分是增强型的 Web 服务器，以 HTTPD（Apache 超文本传送协议服务器的主程序）为核心，增强了动态页面脚本、服务器管理、Web 开发接口等功能；另一部分是专门为应用提供服务的。这两个部分在某些产品中是合并在一起提供的，如 IBM 的 WebSphere 和 BEA 的 WebLogic，也有些公司将它们作为两个独立的产品分开提供，如 iPlant。因此，在很多场合所说的应用服务器指的是包含 Web 服务器的服务器软件包。

从逻辑角度看，应用服务器与 Web 服务器是相对独立的两个部分，相互配合共同完成商务逻辑。Web 服务器向应用服务器提供用户请求，并表达处理的结果；应用服务器及其上层的应用负责完成商务逻辑的处理，并反馈处理结果。从产品角度讲，应用服务器和 Web 服务器既存在很多的相似之处，又有很大的差别。相似原因主要是应用服务器源于 Web 服务器这一历史背景，以及厂商产品策略的影响，特别是在原有的 Web 服务器产品向应用服务器产品过渡的过程中，增强型 Web 服务器和应用服务器之间的界定并不明显，由此带来一些概念上的混淆。

5.5　电子商务数据层基础技术

电子商务应用对数据模型、数据性能等核心技术以及数据库访问接口技术提出了一系列新的需求，推动了 Web 数据库技术的诞生与发展。

5.5.1　电子商务系统中的数据管理技术

1. 电子商务系统中的数据库技术

数据管理是指对数据的分类、组织、编码、存储、检索和维护，而数据库技术正是数据处理技术发展比较成熟后的产物，并成为计算机系统框架中一个相对独立的层次，成为信息技术应用的支撑技术。随着应用的不断深入和软、硬件技术的不断进步，数据库技术在自身数据管理和对外信息处理方面得到了飞速发展，到目前为止，主要经历了手工管理、文件系统、数据库系统和数据仓库这几个阶段，并形成了众多研究领域。

电子商务系统中的信息需求更加广泛。数据库技术对电子商务的支持是全方位的，电子商务应用的推广和发展对数据库技术提出了新的要求，推动了数据库技术与 Web 技术的全面结合，在数据库核心技术和数据库访问接口技术等多方面得到了发展。在电子商务中，从底层的数据基础到上层的应用都涉及数据库技术，如图 5-9 所示。

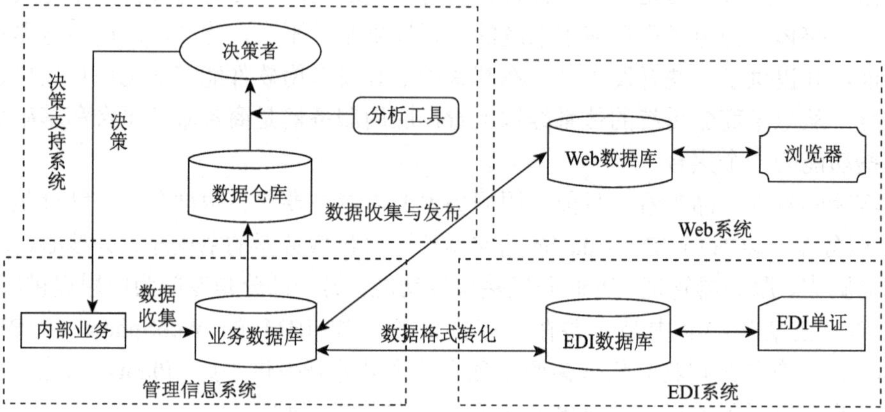

图 5-9　电子商务中的数据库技术

从图 5-9 中可以看出，数据库技术对电子商务的支持可以概括为数据的收集、存储和组织、决策支持、对 EDI 的支持以及与 Web 技术相结合。

2. 电子商务系统数据层实现概述

数据层是信息系统的核心平台之一，提供系统信息资源的管理。在传统信息系统中其主要由数据库系统承担，而在电子商务系统中则由数据库平台和 Web 信息平台共同完成。

Web 信息平台既是一个信息取用和发布的场所，又是一个信息组织和存储的场所，因此涉及多个层面的技术。从信息的组织和管理角度讲，主要是借助全球 Web 网站建立全球的网页信息共享系统，网页信息主要以 HTML、XML 等文件形式由网站的 Web 服务器统一管理和提取。从信息存储角度讲，Web 信息平台的信息以文件方式组织和存储，借助超链接实现信息的共享，因此需要更好地考虑超链接的组织。

在 Web 信息获取方面，主要是通过信息检索技术（如检索目录）使信息实现更好的结构化，通过搜索引擎等技术提高信息的捕获能力。从信息发布的角度讲，对于静态页面直接由 Web 服务器提取，对于动态页面，还需要从数据库获取信息，完成页面组合。因此，也有人认为，Web 信息平台的技术就是简单的文件管理系统技术再加上现代的情报检索技术。

5.5.2　Web.DB 访问接口技术

早期的 Web 通过编写 C 代码、命令解释程序或 Perl 脚本借助 CGI 调用运行在 Unix 机器上的 SQL（structured query language，结构化查询语言）引擎，进行交互式服务及数据库访问。1995 年以前，大多数数据库支持的 Web 站点都是采用这种方法，现在仍然可以用 C 甚至 Visual Basic 编写定制的 CGI 程序，但在实际工作中，这种方法需要具有互联网协议及 Web 服务器操作等方面的知识，所以除非是非常特别的情况，否则原始的 CGI 方法很少使用。

复习思考题

1. 如何理解电子商务系统技术框架的演进？请简单分析该框架对于电子商务系统建设的主要影响。
2. Gartner Group 小组在 20 世纪 90 年代初所做的应用分配模型图中，将应用分为哪几部分？分别是什么含义？
3. 三层客户/服务器体系结构的核心思想是什么？与两层结构相比，三层客户/服务器体系结构具有哪些优势？
4. 从系统框架结构和应用系统体系结构的角度，分析电子商务系统所涉及的技术及其主要的技术特色。
5. 计算机通信协议的组成及作用是什么？采用层次结构模型的意义何在？
6. Web 技术架构的主要组成包括哪些？为什么 Web 能够成为电子商务信息表达的技术平台？
7. 如何理解标记语言与程序设计语言的区别？举例说明 HTML 与 XML 的区别。
8. 实现动态页面主要有哪些技术？其特点如何？
9. 客户端脚本和服务器端脚本的本质区别是什么？后者的优势是什么？
10. 商务逻辑层的主要任务是什么？主要通过哪些技术手段实现？
11. ASP 技术对 Web 应用程序开发的主要贡献表现在哪里？请简要说明其关键技术环节。
12. 为什么说 Java 不仅是编程语言，而且是一个平台？
13. 商务支持平台的主要功能和技术要求是什么？调查分析目前现有的 Web 服务器软件包，根据核心功能与其他功能的分类方法，比较各软件包的特点及其发展趋势。
14. 根据电子商务的应用框架、应用系统体系结构，以及互联网和 Web 技术的特征，分析“网络就是计算机”的含义。
15. 简述电子商务系统中的数据管理技术及其主要技术特征。
16. 调查分析市场上关系数据库、面向对象数据库和对象-关系数据库管理系统的主流产品特性，以及关系数据库厂商在发展数据仓库技术、对象-关系数据库方面的策略和现状。

第 6 章

电子商务系统相关技术及其发展

本章要点：本章在第 5 章电子商务系统技术框架和基础技术的基础上，有选择地介绍了相关层面的重要技术进展，要求了解和初步掌握各类技术的技术起源、技术原理、技术特点、技术应用特点、技术发展及应用趋势，重点包括 IP 协议及其发展、移动通信的热点技术以及分布计算与开发平台技术，对一些新兴技术如大数据技术、虚拟现实技术等进行了详细的介绍。

6.1　IP 协议及其发展

6.1.1　IP 协议

IP 协议是互联网中的基础协议，由 IP 协议控制传输的协议单元被称为 IP 数据报。IP 数据报包括 IP 数据报报头和数据域两部分，报头主要包含数据报传输时所用的控制信息，数据域携带用户希望传输的数据信息，IP 数据报中含有收发方的 IP 地址。互联网中传输的每个分组必须符合 IP 协议定义的格式，互联网上的每台计算机都安装了 IP 软件，能够生成 IP 数据报并将其发送给其他计算机。IP 协议提供不可靠的、无连接的、尽力的数据报投递服务。

（1）不可靠的数据报投递服务。IP 协议无法保证数据报投递的结果，在传输的过程中，数据报可能会发生丢失、重复、延迟和乱序等情况，但是 IP 服务的本身却不关心这些结果，也不负责将这些结果通知收发双方。

（2）无连接的数据报投递服务。对每个数据报独立处理和传输，由一台主机发出的数据报序列可能取不同的路径，其中的一部分有可能会在传输过程中被丢失。

（3）尽力的数据报投递服务。IP 协议尽力不丢弃数据包，只要有可能，就向前投递数据。IP 数据报的传输可能需要跨越多个子网，不同的子网由 IP 地址中的网络标识符和子网掩码标识，这些子网可以属于相同或者不同的物理网络。跨越子网的 IP 数据报传送由 IP 路由算法进行控制。

IP 路由算法描述如下：IP 模块根据 IP 数据报中的接收方 IP 地址确定是否为本子网投递，如果为本子网投递（收发方的 IP 地址具有相同的 IP 网络标识），利用 ARP 取得对应 IP 地址的物理地址形成物理帧（或分组），IP 数据报填入其数据域，直接将帧（或分组）发往目的地，结束 IP 路由算法；如果为跨网投递（收发方的 IP 地址具有不同的网络编码），利用 ARP 取得互联网网关的 IP 地址对应的物理地址，形成物理帧（或分组），IP 数据报填入其数据域，直接将帧（或分组）发往该网关，网关软件取出 IP 数据报，并重复 IP 路由算法。

为了提高处理效率，执行 ARP 的主机动态维护 IP 地址/物理地址的映射表，传输 IP 数据报之前先查找该映射表，如果表中无对应项，发送 ARP 报文，取得物理地址，并将 IP 地址/物理地址的映射关系记入该映射表；如果表中有对应项，直接取得物理地址。由于通信双方传输的信息往往包括多个 IP 数据报，使用这种方法可以大大减少 ARP 广播的次数，提高传输的效率。

6.1.2　IP 多点广播协议

IP 多点广播被定义为一个去往“主机群”的 IP 数据报的传输，由零个或多个主机组成的“主机群”通过单个 IP 目的地址标识。一个多点播送数据报被投递给它的目的主机群的所有成员，具有和常规单路传送 IP 数据报同样的安全性，也就是说该数据报不保证到达目的地组的所有成员或不和其他数据报具有相同的顺序。

IP 多点广播是利用 IP 网一方（或多方）可以同时向网络中多方发送信息的技术。传统的点对点单播，在发送方和每一接收方之间需要一个单独的数据通道，从一台服务器送出的每个数据包只能传送给一个客户端，这种传送方式被称为单路广播。如果有另外多个用户希望同时获得这个数据包的拷贝是不可行的。互联网的工作方式要求多个用户中的每个用户必须分别对信息源服务器发送单独的查询，而信息源服务器必须向每个用户发送他们自己申请的数据包拷贝。这种冗余发送的代价首先在于服务器负担过于沉重，响应需要很长时间；其次是管理人员被迫购买本来不必要的硬件和带宽来保证一定的服务质量。解决的办法是构建一种具有多播能力的网络，允许路由器一次将数据包复制到多个通道上。

采用多播方式，单台服务器能够对几十万台桌面机同时发送连续数据流而无延时。多播发送方只要发送一个信息包而不是很多个，所有目的地便可同时收到同一信息包，可以更及时、同步地把信息发送到任意目的地，能减少网络上传输的信息包的总量。网络成本变得相当低廉，可达到从未有过的传送能力。

IP 多点广播的应用大致可以分为三类，即点对多点应用、多点对点应用和多点对多点应用。点对多点应用是指一个发送者和多个接收者的应用形式，这是最常见的多播应用形式，其典型应用包括媒体广播、媒体推送、信息缓存、事件通知和状态监视等；多点对点应用是指多个发送者和一个接收者的应用形式，通常是双向请求响应应用，任何一端（多点或点）都有可能发起请求，典型应用包括资源查找、数据收集、网络竞拍和信息询问等；多点对多点应用是指多个发送者和多个接收者的应用形式，通常每个接收者可以接收多个发送者发送的数据，同时每个发送者可以把数据发送给多个接收者，典型应用包括多点会议、资源同步、并行处理、协同处理、远程学习、讨论组、分布式交互模拟和多人游戏等。

IP 多点广播带来了许多新的应用并减少了网络的拥塞和服务器的负担。目前 IP 多点广播的应用范围还不够大，但它能够降低占用带宽，减轻服务器负荷，并能提高传送数据的质量，尤其适用于需要大量带宽的多媒体应用，如音频、视频等。

6.1.3 新一代 IP 协议——IPv6

1. 从 IPv4 到 IPv6

随着互联网应用的迅速增长和要求唯一 IP 地址的无线设备的激增，现在正在使用的 IP 协议（IPv4）开始有点力不从心了，随着 IP 地址需求量的指数增长，IPv4 需要增加新的内容和功能，向 IPv6（下一代 IP 协议）转化。总体而言，现在运行的互联网协议 IPv4 具有以下两方面固有的主要的局限。①地址问题。IPv4 的地址长度只有 32 位，这意味着总的地址数大约是 40 亿个，并且还有许多地址是不可用的，必须用另一种地址方案来替代 IPv4。②IPv4 提供的服务。IPv4 尽它最大的努力来传送信息包，但是它不会保证提供给上层的服务是可靠的，没有服务质量的概念。

这些问题都是 IPv4 的薄弱环节，另外互联网不断提出有关移动性、安全性以及多媒体业务的支持等的问题，IPv4 都无法解决，这样就迫使人们必须引入下一代互联网协议。1994 年 7 月，IETF（Internet Engineering Task Force，互联网工程任务组）决定以 SIPP（simple Internet protocol plus，增强的简单因特网协议）作为 IPng（下一代互联网协议的总称）的基础，同时把地址数由 32 位增加到 128 位。新的 IP 协议被称为 IPv6，在 RFC 1884（Request for Comments: 1884，征求意见 1884）文档中介绍了 IPv6 的地址结构，现在 RFC 1884 已被 RFC 8200 替代。

由 IPv4 到 IPv6 的主要改变包括以下几个方面。①地址容量的扩展。IPv6 把 IP 地址的大小从 32 位增至 128 位，可以支持更多的地址层次、更大数量的节点以及更简单的地址自动配置。②头部格式简化，支持扩展和选项的改进。一些 IPv4 头部字段被删除或者成为可选字段，减少了一般情况下数据包的处理开销以及 IPv6 头部占用的带宽。IP 头部选项编码方式的修改可实现更加高效的传输，在选项长度方面更少的限制，以及将来引入新的选项时更强的适应性。③数据流标签的能力。加入一个新的能力，使得那些发送者要求特殊处理的传输数据流包能够贴上要求标签，如要求实时服务的数据。④认证和保密的能力。IPSec（互联网协议安全）为 IP 网络通信提供对应用程序透明的加密服务，IPSec 提供三种不同的形式来保护通过公有或私有 IP 网络来传送的私有数据：认证可以确定所接受的数据与所发送的数据是一致的，同时可以确定申请发送者在现实世界中是真实发送者，而不是伪装的；数据完整是保证数据从原发地到目的地的传送过程中没有任何不可检测的数据丢失与改变；机密性是指只有相应的接收者能获取发送的真正内容，而无意获取数据的接收者无法获知数据的真正内容。

2. IPv4 向 IPv6 的过渡策略

从 IPv4 向 IPv6 的过渡需要一个相当长的过程，在此期间，必须保证 IPv4 和 IPv6 具有互操作性。在 IPv6 的网络流行之前，总是有一些网络首先具有 IPv6 的协议栈，这时这些网络就像 IPv4“海洋”中的“小岛”。过渡的问题就可以分成两大类：第一类就是解决这些“岛”之间互相通信的问题；第二类就是解决 IPv6 的“岛”与 IPv4 的“海洋”之间通信的问题。解决过渡问题可以采用三种策略，即双协议栈（dual stack）策略、隧道（tunnel）策略和翻译器策略。

（1）双协议栈策略是指采用双协议栈同时访问 IPv6 和 IPv4 服务，双协议栈是保证能对 IPv6 和 IPv4 服务访问的关键。双协议栈策略的工作方法：如果应用程序使用的目的地址是 IPv4 地址，则使用 IPv4 协议；如果应用程序使用的目的地址是 IPv6 中的 IPv4 兼容地址，则此时使用的是将 IPv6 封装在 IPv4 当中的新的 IPv4 协议；如果应用程序使用的目的地址是一个不能被 IPv4 兼容的 IPv6 地址，那么此时将使用 IPv6 协议。

（2）隧道策略是指在一方先将 IPv6 封装在 IPv4 包里，然后在目的地再将 IPv6 包释放出来。形象地说，隧道就是“海洋”连接“岛”的通道。当 IPv6 网络之间需要通信或 IPv6 节点需要与 IPv4 的节点通信时，IPv4 协议就被当作 IPv6 数据传输的一个隧道。通过 IPv4，IPv6 被封装在 IPv4 数据报中进行网络传输，在隧道出口对接收到的协议数据解封后，再做出相应的处理。

（3）翻译器策略是指对不同的协议进行翻译转换。对于不同协议之间的翻译不仅包括对 IPv4 和 IPv6 协议层的翻译，还包括双方应用之间的翻译。这种方法还需要在 IPv4 网络中增加大量的服务器。

总之，IPv6 相对于 IPv4 来说有很大的优越性，从 IPv4 向 IPv6 的过渡是人们未来实现全球互联网必经的步骤，从 IPv4 向 IPv6 的转换是一个相当长的过渡时期，在此过渡期间需要 IPv4 与 IPv6 共存，并解决好互相兼容的问题，最终在全球的互联网实现 IPv6。

6.1.4 移动 IP 技术

最初的 IP 技术是一种固定网络技术，所有主机都是固定地连接到互联网的某一点上，随着技术的进步，计算机设备也有移动的需求，因此需要一种技术来解决主机的漫游问题。移动 IP 是 IP 技术体系中的一个新概念，需要特别指明的是，移动 IP 并不是指移动通信系统中的 IP 技术，而是指主机是可以移动的，可以在不同的地点接入互联网，其中包括通过移动通信网接入，也包括通过固定网或局域网接入。

1. 移动 IP 的基本原理

传统 IP 技术的主机使用固定的 IP 地址和 TCP 端口进行相互通信。在通信期间，它们的 IP 地址和 TCP 端口号必须保持不变，否则 IP 主机之间的通信将无法继续。而移动 IP 主机在通信期间可能需要在网络上移动，它的 IP 地址也许会经常发生变化。若采用传统方式，IP 地址的变化会导致通信中断。为解决这一问题，移动 IP 技术引用了处理蜂窝移动电话呼叫的原理，使移动节点采用固定不变的 IP 地址，一次登录即可实现在任意位置上保持与 IP 主机的单一链路层连接，使通信持续进行。

移动终端在自己的网络中时，仍按传统的 TCP/IP 方式进行通信，不需要使用移动 IP 协议。当移动终端漫游到一个外地网络时，仍然使用固定的 IP 地址进行通信。为了能够收到通信对端发给它的 IP 数据包，移动终端需要向代理注册当前的位置地址，这个位置地址就是转交地址。代理接受来自转交地址的注册后，会构建一条通向转交地址的隧道，将截获的发给移动终端的 IP 数据包通过隧道送到转交地址处，在转交地址处解除隧道封装，恢复成原始的 IP 数据包，最后送到移动终端，这样移动终端在外网就能够收到这些发送给它的 IP 数据包。移动终端在外网通过外网的路由器或者外区代理向通信对端发送 IP 数据包。当移动终端来到另一个外网时，只需要向代理更新注册的转交地址，就可以继续通信。当移动终端回到原来的网络时，移动终端向代理注销转交地址，这时移动终端又将使用传统的 TCP/IP 方式进行通信。

2. 移动 IP 地址

移动 IP 节点拥有两个 IP 地址。一个是归属地址，是移动节点与归属网连接时使用的地址，不管移动节点移至网络何处，其归属地址保持不变。另一个是转交地址，就是隧道终点地址，转交地址可能是外区代理转交地址，也可能是驻留本地的转交地址，通常用的是外区代理转交地址。在这种地址模式中，外区代理就是隧道的终点，它接收隧道数据包，解除数据包的隧道封装，然后将原始数据包转发到移动节点。

在移动 IP 系统中，移动终端始终使用固定的 IP 地址进行通信，这样在移动过程中可保证已经建立的 TCP 连接不会中断。由于使用固定 IP 地址，移动 IP 实现网络位置的移动对用户使用来讲是透明的；同时由于移动 IP 和网络介质无关，因此可以实现异质网络间的无缝漫游；使用移动 IP 技术还可以突破无线局域网（wireless local area network，WLAN）的地域范围限制，并且克服跨网段时使用动态主机配置协议方式所造成的通信中断等问题。当然，移动 IP 技术与 WLAN 系统相结合是最完美的方式。基于移动 IP 技术的第五代移动通信系统和互联网相结合，提供高速、高质量的多媒体通信业务必将是大势所趋。移动 IP 技术为移动节点提供了一个高质量的实现技术，可应用于用户需要经常移动的所有领域，如通过无线上网，使用手提电脑，用户可以随时随地上网，通过 IP 技术还可以与公司的专用网相连。扩展移动 IP 技术，还可以使一个网络移动，即把移动节点改成移动网络。它的实现可以简单地认为是把原先的移动节点所做的工作改成移动网络中的路由器所做的工作，这种技术广泛地应用于轮船、列车等活动网络中。

6.2 移动通信技术

移动通信就是移动对象之间的通信，或移动体与固定体之间的通信。移动体可以是人，也可以是汽车、飞机等在移动状态中的物体。

与固定物体之间的通信相比，移动通信具有一系列的特点。①移动性。移动通信就是要保持物体在移动状态中的通信，因而它必须是无线通信，或无线通信与有线通信的结合。②电波传播条件复杂。因移动体可能在各种环境中运动，电磁波在传播时会产生反射、折射、绕射、干扰、信号传播延迟等效应。③系统和网络结构复杂。它是一个多用户通信系统和网络，必须使用户之间互不干扰，能协调一致地工作。此外，移动通信系统还应与市内电话网、卫星通信网、数据网等互连，整个网络结构是很复杂的。

至今移动通信经历了四代技术革新，近年来，随着无线通信宽带化技术的突破，移动通信正在向以宽带化通信为特征的第五代技术发展。

第一代系统对应的接入技术是频分多路访问（frequency division multiple access，FDMA）技术，它仅能提供 96 千比特/秒的通信带宽。其典型系统有美国的高级移动电话系统（advanced mobile phone system，AMPS）、北欧移动电话（Nordic mobile telephone，NMT）系统、英国的全接入通信系统（total access communication system，TACS）等。第一代系统采用的是模拟技术，但为了解决容量增加的问题，提高通话质量和增加服务功能，开始应用数字识别信号，即数字移动通信。

第二代窄带数字系统的接入技术主要有时分多路访问（time division multiple access，TDMA）技术和码分多路访问（code division multiple access，CDMA）技术两种，它可以提供 96—288 千比特/秒的传输速率。其典型系统有欧洲的全球移动通信系统（global system for mobile communications，GSM）、北美的数字增强型系统 IS-136、日本的个人数字蜂窝（personal digital cellular，PDC）系统等。与第一代模拟蜂窝移动通信相比，第二代移动通信系统具有保密性强、频谱利用率高、提供业务丰富、标准化程度高等特点。

第三代移动通信技术又被称为 3G（third generation of mobile communications technology），3G 极大地促进了全球移动通信技术的发展。第三代移动通信系统是一种能够处理数据业务的移动通信系统，这种系统应用了软件无线电、语音压缩高质量编码、智能天线等先进技术，可传送比第二代移动通信更高码率的信息。话音数据和中低速数据是第三代移动通信系统的主要业务，智能信号处理技术是第三代移动通信系统的基本特征。3G 的基本特点有很多，它可以让用户在全球范围内漫游，能达到 144 千比特/秒的全覆盖性和全移动性，能够为用户提供速率高达 2 兆比特/秒的各种多媒体服务。与此同时，第三代移动通信系统能够适应多种用户环境，具有很强的保密性。

3G 开启了互联网与通信时代，但是网络速度相对较慢，而 4G 则实现了通信和互联网的融合，所以真正的移动互联网时代到来了。2013 年 12 月 4 日，工业和信息化部正式向三大运营商发布 4G 牌照，中国移动、中国电信和中国联通均获得 TD-LTE 牌照，这标志着我国电信产业正式进入 4G 时代。到 2016 年，全球 4G 网络发展迅猛，韩国和日本的 4G 覆盖率遥遥领先，分别达到了 95.7%和 92%，我国以 73.8%排名第 19 位。

第五代移动电话行动通信标准，也称为第五代移动通信技术，英文缩写为 5G。也是 4G 之后的延伸，网速可达 5—6 兆/秒。由于物联网尤其是互联网汽车等产业的快速发展，其对网络速度有着更高的要求，这无疑成为推动 5G 网络发展的重要因素。

2016 年 3 月，工业和信息化部副部长陈肇雄表示：5G 是新一代移动通信技术发展的主要方向，是未来新一代信息基础设施的重要组成部分。与 4G 相比，不仅将进一步提升用户的网络体验，同时，还将满足未来万物互联的应用需求。从用户体验看，5G 具有更高的速率、更宽的带宽，5G 网速比 4G 提高 10 倍左右，只需要几秒即可下载一部高清电影，能够满足消费者对虚拟现实、超高清视频等更高的网络体验需求；从行业应用看，5G 具有更高的可靠性，更低的时延，能够满足智能制造、自动驾驶等行业应用的特定需求，拓宽融合产业的发展空间，支撑经济社会创新发展；从发展态势看，5G 目前还处于技术标准的研究阶段，今后几年 4G 还将保持主导地位、实现持续高速发展①。

2017 年 2 月 28 日，以"联合创新，迈向 5G"为主题的 GTI 2017 国际产业峰会在世界移动通信大会（Mobile World Congress，MWC）期间于巴塞罗那隆重召开，中国移动总裁李跃在发言中表示，面向未来，中国移动将从新技术、新网络、新生态三个方面开展相关工作，着力构建数字化服务新能力。

2023 年中国 5G 发展大会在上海举行，会上发布的信息显示，我国已建成全球规模最大、技术领先的 5G 网络，迎来 5G 规模化应用关键期。中国电信副总经理栾晓维介绍，中国电信 5G 项目数已超过 2 万个，覆盖超过 100 个场景，2023 年新增项目数量同比大幅提升。例如，中国电信协同中国宝武钢铁集团有限公司打造的 5G-Advance 智慧钢铁标杆，实现 5G 与 OT（operational technology，运营技术）网络（用于连接生产现场设备与系统）深度融合，助力宝钢国产 PLC（可编程逻辑控制器）柔性化改造。中国移动副

① 《工业和信息化部副部长陈肇雄：5G 将刷新用户体验和行业应用》，http://lianghui.people.com.cn/2016npc/n1/2016/0314/c402194-28197867.html[2016-03-14]。

总经理高同庆说，中国移动已累计签约 3 万个 5G 商用案例，在多个行业实现规模复制。其中，国内集装箱吞吐量前十的港口全面实现 5G 业务落地；5G 智慧工厂项目超过 4000 个；19 家“A+”钢铁企业合作了 16 家；智慧矿山拓展项目 540 个。中国联通副总经理梁宝俊介绍，中国联通打造了超过 2.4 万个 5G 应用商业化项目，其中 1.2 万个在工业领域，包含 3500 个智慧工厂。中国联通 2023 年新成立 5G 轻量化（RedCap）产业联盟，联合施耐德电气有限公司、中国船舶集团有限公司、鼎桥通信技术有限公司等 100 余家企业，全力推动 5G 轻量化产业链成熟及规模应用。全球移动通信系统协会（Global System for Mobile Communications Association，GSMA）首席执行官约翰·霍夫曼预计，到 2025 年，中国将成为世界上第一个拥有超过 10 亿个 5G 连接数的国家，并将继续保持全球引领地位。

6.2.1　WLAN 技术

通常计算机组网的传输媒介主要依赖铜缆或光缆，但有线网络在某些场合要受到布线的限制：布线、改线工程量大；线路容易损坏；网中的各节点不可移动等。WLAN 就是为解决以上问题而出现的。WLAN 是指利用无线通信技术在局域范围内进行互联的一组计算机和相关设备构成的网络，以减少或消除有线线缆连接，实现方便的移动计算。

图 6-1 为 WLAN 应用模式示意图，无线接入点（access point，AP）是指将无线设备或客户端连接到网络的通信基站，一些接入点还拥有内建服务，如路由器、防火墙、打印服务器等。无线热点是指通过无线接入点为移动用户提供局域联网或互联网服务的区域。

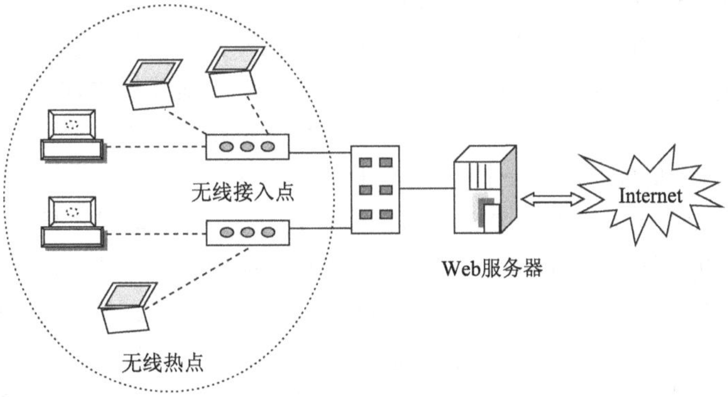

图 6-1　WLAN 应用模式示意图

为了让 WLAN 技术能够被广为接受和使用，必须建立一种业界标准，以确保各厂商生产的设备都能具有兼容性与稳定性。目前 WLAN 所采用的热门技术标准有四种，即红外线（Infrared）、HomeRF、bluetooth、IEEE 802.11 家族。

由于 WLAN 具有多方面的优点，故其发展十分迅速。WLAN 将首先应用于企业的会议厅和部门办公室以及饭店、机场、车站、教室等公共场合，帮助实现随时随地的移动应用。最近几年，WLAN 已经在医院、商店、工厂和学校等不适合网络布线的场合得到了广泛的应用。随着移动终端和移动互联网的发展，用户对 WLAN 提出了更高的要求，不仅要求能够在生活的周边提供全面覆盖的网络，对网速也提出了更高的需求。

6.2.2 RFID

RFID 是一种能够在近距离内通过无线电信号识别特定目标并读写数据的无线通信技术，这一过程无须建立任何机械或光学接触。常用的有低频（125—134.2 赫兹）、高频（13.56 兆赫）、超高频、无源等技术。无线电的信号通过无线电频率的电磁场，把数据从附着在物品的标签上传送出去，以自动辨识与追踪该物品。

一套完整的 RFID 系统，是由阅读器（reader）与电子标签［tag，也就是所谓的应答器（transponder）］及应用软件系统三个部分组成。其工作原理是 reader 发射一段特定频率的无线电波能量给 transponder，用以驱动 transponder 电路将内部的数据送出，此时 reader 便依序接收解读数据，送给应用程序做相应的处理。

6.2.3 无线传感器网络

无线传感器网络（wireless sensor network，WSN）是由大量部署在作用区域内的、具有无线通信与计算能力的微小传感器节点通过自组织方式构成的、能根据环境自主完成指定任务的分布式智能化网络系统。传感网络（sensor network）的节点间距离很短，一般采用多跳（multi-hop）的无线通信方式进行通信。传感器网络可以在独立的环境下运行，也可以通过网关连接到互联网，使用户可以远程访问。

WSN 协议栈多采用五层协议，即应用层、传输层、网络层、数据链路层、物理层，与以太网协议栈的五层协议相对应。另外，协议栈还应包括能量管理器、拓扑管理器和任务管理器。这些管理器使得传感器节点能够按照能源高效的方式协同工作，在节点移动的传感器网络中转发数据，并支持多任务和资源共享。

WSN 的技术标准主要依托于 IEEE 802.15.4。IEEE 802.15.4 规范是一种经济、高效、低数据速率（<250 千比特/秒）、工作在 2.4 吉赫和 868/915 兆赫的无线技术，用于个人区域网和对等网络。它是 ZigBee（紫蜂）应用层和网络层协议的基础。ZigBee 是一种新兴的近距离、低复杂度、低功耗、低数据速率、低成本的无线网络技术，是一种介于无线标记技术和蓝牙技术之间的技术提案，主要用于近距离无线连接。它依据 IEEE 802.15.4 标准，在数千个微小的传感器之间相互协调实现通信。这些传感器只需要很少的能量，以接力的方式通过无线电波将数据从一个网络节点传到另一个节点，所以它们的通信效率非常高。

无线传感器网络是物联网最重要的技术之一，通过感知识别技术，让物品“开口说话、发布信息”，是融合物理世界和信息世界的重要一环，是物联网区别于其他网络的最独特的部分。物联网的“触手”是位于感知识别层的大量信息生成设备，包括 RFID、传感器网络、定位系统等。传感器网络所感知的数据是物联网海量信息的重要来源之一。

6.3 物联网技术

6.3.1 物联网的概念

物联网（internet of things，IOT）的概念是在 1999 年提出的，它的定义很简单：把所有物品通过 RFID 等信息传感设备与互联网连接起来，实现智能化识别和管理。国际电信联盟 2005 年的一份报告曾描绘了物联网时代的图景：当司机出现操作失误时，汽车会自动报警；公文包会提醒主人忘带了什么东西；衣服会“告诉”洗衣机对颜色和水温的要求等。

物联网把新一代信息技术充分运用到各行各业之中，具体地说，就是把感应器嵌入电网、铁路、桥梁、隧道、公路、建筑、供水系统、大坝、油气管道等各种对象中，然后将物联网与现有的互联网整合起来，实现人类社会与物理系统的整合。在这个整合的网络当中，存在能力超级强大的中心计算机群，能够对整合网络内的人员、机器、设备与基础设施实施实时的管理和控制。在此基础上，人类可以以更加精细和动态的方式管理生产和生活，达到“智慧”状态，提高资源利用率和生产力水平，改善人与自然的关系。

6.3.2 物联网的原理

物联网是在互联网的基础上，利用 RFID、无线数据通信等技术，构造一个覆盖世界上万事万物的网络。在这个网络中，物品（商品）能够彼此进行“交流”，而无须人的干预。其实质是利用 RFID 技术，通过互联网实现物品（商品）的自动识别和信息的互联与共享。

RFID 正是能够让物品“开口说话”的一种技术。在物联网的构想中，RFID 标签中存储着规范且具有互用性的信息，通过无线数据通信网络把它们自动采集到中央信息系统中，实现物品（商品）的识别，进而通过开放性的计算机网络实现信息交换和共享，实施对物品的“透明”管理。

6.3.3 物联网技术介绍

1. 射频识别技术

射频识别技术，即 RFID。

2. 传感器与传感网络技术

传感器（sensor）是一种物理装置或生物器官，能够探测、感受外界的信号、物理条件（如光、热、湿度）或化学组成（如烟雾），并将探知的信息传递给其他装置或器官，以满足信息的传输、处理、存储、显示和控制等要求。传感网络是指随机分布的集成有传感器、数据处理单元和通信单元的微小节点，通过自组织的方式构成的无线网络。其功能是借助于节点中内置的传感器测量周边环境中的热、红外、声呐、雷达和地震波信号，从而探测包括温度、湿度、声、光、压力、土壤成分，移动物体的大小、速度和方向等在内的物质现象。

3. 红外辐射技术

红外辐射（infrared radiation，IR）技术是利用红外线频段进行无线数据的传输，如红外线鼠标和键盘、红外线打印机、红外线遥控器等。红外传输是一种点对点的传输方式，不能离得太远，要对准方向，且中间不能有障碍物也就是不能穿墙而过，几乎无法控制信息传输的进度。

4. 蓝牙技术

蓝牙（bluetooth）技术是一种短距离无线通信（一般为 10 米内）的标准，其目标是要提供一种通用的无线接口标准，用微波［2.4 千兆赫兹 ISM（industria，scientific and medical band，工业、科学和医疗频带）］取代传统网络中错综复杂的电缆，在蓝牙设备（如移动电话、无线耳机、笔记本电脑、相关外设等）间实现方便快捷、灵活安全、低成本、低功耗的数据和话音通信。

5. Wi-Fi 技术

Wi-Fi 是指通过无线接入点/热点（hotspot）实现计算机、智能手机等电子设备无线接入互联网的一种技术。

6. 无线局域网络技术

无线局域网络是不使用任何导线或传输电缆连接的局域网，它使用无线电波作为数据传送的媒介，传送距离一般只有几十米。无线局域网的主干网路通常使用有线电缆（cable），无线局域网用户通过一个或多个无线接取器接入无线局域网。

7. ZigBee 技术

ZigBee 是一种短距离、低功耗无线通信技术，其特点是近距离、低复杂度、自组织、低功耗、低数据速率、低成本，可以嵌入各种设备。ZigBee 数传模块类似于移动网络基站，通信距离从标准的 75 米到几百米、几千米，并且支持无限扩展。蜜蜂（bee）是靠飞翔和抖动翅膀来与同伴传递花粉所在方位信息的，从而构成了蜜蜂群体中的通信网络。ZigBee 是应用蜜蜂间相互通信的仿生学思想实现无线网络通信。

6.4 分布计算及其影响

6.4.1 分布计算与组件技术

近年来，随着互联网技术的日益成熟，公众及商业企业正享受着高速、低价网络信息传输所带来的高品质的数字生活。但是，网络规模的不断扩大以及计算机软、硬件技术水平的飞速提高，给传统的应用软件系统的实现方式带来了巨大挑战。

首先，在企业级应用中，硬件系统集成商基于性能、价格、服务等方面的考虑，通常在同一系统中集成来自不同厂商的硬件设备、操作系统、数据库平台和网络协议等，由此带来的异构性给应用软件的互操作性、兼容性以及平滑升级能力带来了严重影响。其次，随着基于网络的业务的不断增多，传统的客户/服务器模式的分布式应用方式越来越显示出其在运行效率、系统网络安全性和系统升级能力等方面的局限性。

为解决以上问题，分布计算技术得到了迅速的发展。所谓分布计算，是指网络中两个或两个以上的软件相互共享信息资源。基于分布式模型的软件系统具有均衡运行系统负载、共享网络资源的技术优势，这些软件可以位于同一台计算机中，也可以部署在网络节点的任意位置。

分布计算技术的发展，使软件的开发从单一系统的完整性和一致性，向着群体生产率的提高、不同系统之间的灵活互连和适应性方面发展，软件的非功能性需求比以往得到更多的重视，以主机为中心的计算方式转变为以网络为中心的计算方式。

随着分布式计算的发展，各种应用软件的互操作性显得越来越重要。应用软件的使用者和开发者希望能像电子类产品部件的消费者和制造商那样即插即用各种应用软件，由此产生了组件（component，也称部件）技术。

组件技术的基本思想在于，创建和利用可复用的软件组件来解决应用软件的开发问题。组件是一种可复用的一小段软件（可为二进制形式）。组件的概念范围很广，小到图形界面的一个按钮，大到一些复杂的组件，如文字编辑器和电子表格。组件对于用户来说是不可见的，它们是由开发商预先编制好的一系列易于理解和应用的模型，这些组件具有种种优势，如模块化、可复用性、可靠性等，而且只需花很少的工作量就可以接插不同厂商的组件。而开放式分布系统希望能提供一种方式，使客户在要求其他系统提供服务时，能够不必知道所用的服务是由谁以及用什么方式来提供，提供服务的软件或组件可以用不同的语言实现，运行在不同的机器、平台上。此外，对于组件来说，还需要兼容异种成分的分布式处理，要达到这些要求，就不能任意地构造软件组件，必须研究软件组件的特点，或软件组件的体系结构和组件间的接口方式，由此推动了组件系统体系结构和组件接口标准等有关概念的产生。

软件组件规范是关于开发可复用软件组件和组件之间相互通信的一组标准的描述，这些组件规范主要在组件模型中得以体现。遵循软件组件规范，通过复用已有的软件组件，软件开发者可以像搭积木一样快速构造应用程序，这样不仅可以节省时间和经费、提高工作效率，而且可以产生更加规范、更加可靠的应用软件。

6.4.2 Web 服务技术

Web 服务技术是继组件技术之后，在软件重用和分布计算领域的又一项重要技术。Web 服务是一种通过标准的 XML 格式接口来访问网络（包括 Internet、Intranet 和 Extranet）的模块化应用。微软将 Web 服务称为：“一个能够通过 TCP/IP 网络，被其他应用程序调用的，执行某种特定功能，并向调用程序返回结果的组件。其能完成的功能既包括简单的计算和信用卡验证，也包括复杂的订单处理。”简单地说，Web 服务可以看作一个在互联网上方便调用的函数。

Web 服务具有以下主要特性。

（1）互访性。Web 服务通过 SOAP（simple object access protocol，简单对象访问协议）实现相互间的访问，任何 Web 服务都可以与其他 Web 服务进行交互，避免了不同协议之间的相互转换。Web 服务可以用任何语言编写，同时还可以在新的 Web 服务中使用已有的 Web 服务，而不必考虑 Web 服务的实现语言、运行环境等具体实现细节。

（2）普遍性。Web 服务使用 HTTP 和 XML 进行通信，任何支持这些技术的设备都可以拥有和访问 Web 服务。

（3）低进入屏障。Web 服务供应商提供的免费工具箱能够让开发者快速创建和部署自己的 Web 服务，其中某些工具箱还可以让已有的组件方便地成为 Web 服务，这样就降低了 Web 服务的开发费用，同时也加快了开发速度。

Web 服务的独特之处在于能够跨越 Web 进行调用。Web 服务可以通过使用 HTTP 或 SOAP 进行调用，并通过 XML 与其他组件进行数据交换，由此为任何可以访问 Web 的应用提供服务，为 B2B 事务提供了理想的技术方法。Web 服务的特性使之成为电子商务领域的重要技术，得到了多个技术厂商的支持，对 Web 服务的支持能力也成为应用开发平台的评判标准之一。JavaEE 和.NET 从服务描述、服务实现和服务的发布、发现与绑定，以及服务的调用和执行等各方面均提供了支持，唯一的区别可能是.NET 的开发工具更为方便，集成度更高一些。

6.4.3 云计算

云计算是一种通过互联网以服务的方式提供动态可伸缩的虚拟化资源的计算模式。云计算是分布式计算、并行计算、效用计算、网络存储、虚拟化、负载均衡等传统计算机和网络技术发展融合的产物。其核心技术的基本思想是用多个处理器来协同求解同一问题，即将被求解的问题分解成若干个部分，各部分均由一个独立的处理机来并行计算。并行计算系统既可以是专门设计的、含有多个处理器的超级计算机，也可以是以某种方式互连的若干台独立计算机构成的集群。计算机通过并行计算集群完成数据的处理，再将处理的结果返回给用户。

从用户的角度来看，云计算是一种按使用量付费的模式，这种模式提供可用的、便捷的、按需的网络访问，进入可配置的计算资源共享池（资源包括网络、服务器、存储、应用软件、服务），这些资源能够被快速提供，只需投入很少的管理工作或与服务供应商进行很少的交互。

云计算具有以下几个主要特征。

（1）资源配置动态化。根据消费者的需求动态划分或释放不同的物理和虚拟资源，当增加一个需求时，可通过增加可用的资源进行匹配，实现资源的快速弹性提供；如果用户不再使用这部分资源，可释放这些资源。云计算为客户提供的这种能力是无限的，实现了信息技术资源利用的可扩展性。

（2）需求服务自助化。云计算为客户提供自助化的资源服务，用户无须同提供商交互就可自动得到自助的计算资源能力。同时云系统为客户提供一定的应用服务目录，客户可采用自助方式选择满足自身需求的服务项目和内容。

（3）以网络为中心——云计算的组件和整体构架由网络连接在一起并存在于网络中，同时通过网络向用户提供服务。客户可借助不同的终端设备，通过标准的应用实现对网络的访问，从而使得云计算的服务无处不在。

（4）服务可计量化。在提供云服务的过程中，针对服务客户的不同类型，通过计量的方法来自动控制和优化资源配置，即资源的使用可被监测和控制，是一种即付即用的服务模式。

（5）资源的池化和透明化——对云服务的提供者而言，各种底层资源（计算、储存、网络、资源逻辑等）的异构性（如果存在某种异构性）被屏蔽、边界被打破，所有的资源可以被统一管理和调度，成为所谓的“资源池”，从而为用户提供按需服务；对用户而言，这些资源是透明的、无限大的，用户无须了解内部结构，只关心自己的需求是否得到满足即可。

6.4.4 分布计算对企业开发平台的影响

企业应用系统的开发一直面临着重大挑战：一方面，企业应用系统面对的是一个异构的分布式环境，它必须支持与已有系统的集成性和与其他系统的互操作性；另一方面，作为为客户、合作伙伴和企业内部提供信息服务的平台，企业系统还必须具有高可用性、安全性、可靠性和可伸缩性。这些要求再加上复杂多变的用户需求和不断伸缩的交付时间，使得企业系统的开发越来越困难。

随着三层/多层企业信息系统结构的深度发展和下一代分布式计算模型 Web 服务的出现，企业应用开发中关于平台、框架、语言的选择成为系统建设方案的重要问题，开发商和广大程序员一直在努力推动和殷切期待一个成熟、标准的企业平台来简化和规范企业系统的开发和部署。Java 技术的出现，尤其是 JavaEE 平台的推出正是这种努力的结果，也使得企业系统的开发由此变得快速和方便。

JavaEE 的英文定义为：open and standard based platform for developing，deploying and managing N-tier，Web.enabled，server-centric enterprise applications。也就是说，它是开放的、基于标准的平台，用于开发、部署和管理 *N* 层结构，面向 Web 应用，以服务器为中心的企业级应用。JavaEE 实际上是建立在 Java“一次开发，多次运行”的理念上的。JavaEE 平台的思想是通过一个基于组件的应用程序模型为分布式应用程序提供一个统一的标准。通过使用 JavaEE，可以使用分布式、可移植构件的框架，简化服务器端中间层构件的设计，为构件与应用服务器提供标准 API。

从技术层面上讲，JavaEE 是一套体系结构。首先，JavaEE 是一个开发平台，提供一组集成的企业 API 库软件和开发工具；其次，JavaEE 是一套功能健全的开发企业级中间件的技术规范，特别是定义了三个 JavaEE 组件容器模型［即 EJB（enterprise Java beans，

Java 的企业级组件）模型、Servlet/JSP 组件容器模型、Applet 组件容器模型]，以及企业应用所需的公共底层服务，第三方开发的 JavaEE 应用服务器都必须遵循这些标准，为基于 JavaEE 的企业应用提供基础服务；最后，JavaEE 也是一种编程模型，容器及服务器提供商为企业应用提供了许多复杂的、基础的服务（如事务与安全），使得企业应用开发人员只需专注于商务逻辑的开发，无须进行底层复杂的编程，极大地简化了企业应用的开发。

JavaEE 开发平台提供了多层的应用模型、重用策略、一致化的安全模型以及灵活的事务控制特性。由于它是一个开放的标准，所以保证开发出来的平台是独立的，基于组件的解决方案不会被束缚在任何一个厂商的产品和 API 上。需要注意的是，JavaEE 本身是一个标准，而不是一个现成的产品（虽然现在有很多符合 JavaEE 标准的产品）。它由以下几个部分组成。

（1）JavaEE 规范。该规范定义了 JavaEE 平台的体系结构、平台角色及 JavaEE 中每种服务和核心 API 的实现要求。它是 JavaEE 应用服务器开发商的大纲。

（2）JavaEE 兼容性测试站点。SUN 公司提供一个测试 JavaEE 应用服务器是否符合 JavaEE 规范的站点，对通过该站点测试的产品，SUN 公司将发放兼容性证书。

（3）JavaEE 参考实现，即 JavaEE SDK。它既是 SUN 公司自己对 JavaEE 规范的一个非商业性实现，又是为开发基于 JavaEE 的企业级应用系统原型提供的一个免费的底层开发环境。

（4）JavaEE 实施指南，即 Blueprints 文档。该文档通过实例来指导开发人员如何去开发一个基于 JavaEE 的多层企业应用系统。

从应用的角度来看，JavaEE 为企业应用系统的开发提供了一种多层分布式企业应用模型。在 JavaEE 中，应用逻辑按功能不同可以划分为不同类型的组件，各组件根据它们所在的层分布在不同的机器上，共同组成一个基于组件的分布式系统。现在 JavaEE 的多层企业级应用模型将两层化模型中的不同层面切分成许多层。一个多层化应用能够为每种不同的服务提供一个独立的层，最典型的是 JavaEE 的四层结构：运行在客户端机器上的客户层组件；运行在 JavaEE 服务器上的 Web 层组件；运行在 JavaEE 服务器上的业务逻辑层组件；运行在 EIS（executive information system，经理信息系统）服务器上的企业信息系统（enterprise information system）层软件。在应用开发时，JavaEE 定义的四层模型可根据实际情况灵活运用。

由于除了 Applet 外其他的组件都可以访问数据库、EJB 组件和企业信息系统，所以通过不同层的取舍及组合，可以衍生出许多应用软件开发模型，如基于 Web 的四层模型、基于桌面应用的三层模型（不包括 Web 层）、B2B 模型（不包括客户层）等。如果应用系统比较简单，一般不用 EJB 作为逻辑层，而直接用 Web 组件来实现商业逻辑和数据访问，毕竟 EJB 的开发和部署费用还是相当高的。

.NET 战略将互联网本身作为构建新一代操作系统的基础，并对互联网和操作系统的设计思想进行合理延伸，使开发人员能够创建出与设备无关的应用程序，以便轻松实现互联网连接。.NET 包括一个相当广泛的产品家族，它们构建于 XML 和互联网产业标准之上，为用户提供 Web 服务的开发、管理、应用和体验。.NET 战略由五个方面组成。

（1）.NET 开发平台：一组用于建立 Web 服务应用程序和 Windows 桌面应用程序的软件组件，包括.NET 框架、.NET 开发者工具和 ASP .NET。Visual Studio .NET 是 RAD（rapid application development，快速应用开发）工具中的一个重要产品。

（2）.NET 服务器：能够提供广泛聚合和集成 Web 服务的服务器，是搭建.NET 平台的后端基础。

（3）.NET 基础服务：密码认证、日历、文件存储、用户信息等基础服务是必不可少的。微软正在着力建设的.NET My Services 等基础性服务平台是这方面可以借鉴的例子。

（4）.NET 终端设备：广泛地连接互联网并体验 Web 服务的终端设备是实现.NET 的前端基础。PC、PDA 以及各种嵌入式设备将在这个广阔的天地里发挥作用。

（5）.NET 用户体验：能够满足人们各种各样需求的用户体验是.NET 的最终目标，也是.NET 的价值实现。

在这五个组成部分当中，.NET 开发平台中的.NET 框架是.NET 软件构造中最具挑战性的部分，其他四个部分则紧紧围绕.NET 框架进行组织整合。.NET 框架实现了语言开发、代码编译、组件配置、程序运行、对象交互等各个层面的功能，为 Web 服务及普通应用程序提供了一个托管、安全、高效的执行环境。

通常所说的.NET 包含了一个相当广泛的产品家族，包括开发平台、操作系统、服务器、终端设备等，此外还包括服务平台，开发平台只是整个.NET 战略中的一部分。JavaEE 是一个平台规范而非产品，同样地，在这里述及的.NET 也专注于该平台的架构规范，而较少涉及具体产品，尽管对.NET 而言有时候这一方面并不能被区分得很清楚。

6.5　大数据技术

随着计算机技术全面融入社会生活，信息爆炸已经积累到了一个开始引发变革的程度。它不仅使世界充斥着比以往更多的信息，而且增长速度也在加快。互联网（社交、搜索、电商）、移动互联网（微博）、物联网（传感器、智慧地球）、车联网、GPS、医学影像、安全监控、金融（银行、股市、保险）、电信（通话、短信）都在疯狂产生着数据。根据 IDC（Internet Data Center，互联网数据中心）监测，人类产生的数据量正在呈指数级增长，大约每两年翻一番，这个速度在 2020 年之前会继续保持下去。到 2020 年，人类产生的数据量已达到 40 泽字节，这意味着人类在最近两年产生的数据量相当于之前产生的全部数据量。大量新数据源的出现导致了非结构化、半结构化数据爆发式的增长。这些由我们创造的信息背后产生的数据早已远远超越了目前人力所能处理的范畴，大数据时代也随之到来。

6.5.1　大数据的概念及特点

大数据（big data）或称巨量数据、海量数据、大资料，指的是所涉及的数据量规模巨大到无法通过人工，在合理时间内被截取、管理、处理并整理为人类所能解读的信息。

20世纪90年代，数据仓库之父比尔·恩门（Bill Inmon）就经常提及大数据。2012年5月，在以“云计算相遇大数据”为主题的EMC World 2011会议中，EMC公司提出了大数据的概念。2012年，联合国发布了《大数据促发展：挑战与机遇》，此后国内外业界主要的信息技术巨头不断推出自己的大数据产品和服务。

2013年，维克托·迈尔-舍恩伯格在其著作*Big Data:A Revolution That Will Transform How We Live, Work, and Think*（《大数据：一场改变我们生活、工作和思维方式的革命》）中，从大数据的特征这一角度来对大数据进行定义，提出大数据的四大特征：巨量性（volume）、多样性（variety）、高速性（velocity）和价值比（value），认为具有这四个特征的数据即大数据。

6.5.2 大数据相关技术

大数据技术的共性基础可分为感知、采集、存储、分析和可视化几个方面，涉及的技术领域包括传感器、计算网络、数据存储、集群式计算系统、云计算设施、人工智能（artificial intelligence，AI）、数据可视化。从大数据感知到决策的过程和提炼大数据关键技术的角度，大数据技术可以分为以下几个方面的技术。

1. 数据感知和采集

目前大数据的来源范围日益广泛，各类传感器、互联网、移动互联网、物联网等都是重要的大数据采集和感知来源。中国工程院院士李德毅认为大数据的主要来源有三方面：自然界的大数据、生命和生物的大数据以及社交大数据。移动互联网时代大数据的来源主要是网络化环境下的非结构化数据，这些非结构化数据往往是低价值、碎片化、强噪声、异构和冗余的。具体到某个领域，数据感知和采集的手段是不一样的。未来在数据感知和采集领域值得关注的技术包括可穿戴式应用、无人驾驶、医疗和健康监测、工业控制、智能家居、智能交通控制等。

2. 数据存储和处理

大数据的数据存储和处理是当前最基础和应用最为广泛的大数据技术，如比较流行的Apache Hadoop系列开源平台，主要包括Hadoop Common、HDFS、MapReduce、ZooKeeper、Avro、Chukwa、HBase、Pig、Hive、Sqoop等子项目。

Hadoop Common属于基础核心组件，原名为Hadoop Core，0.20版本之后改为Common。自0.21版本之后，HDFS和MapReduce被分离出来作为单独的子项目，其余部分构成Hadoop Common。Common是为Hadoop及其他子项目提供支持的常用工具，主要包括文件系统、RPC和串行化库。

HDFS（Hadoop distributed file system）是分布式文件系统，是Hadoop的基础核心组件，适合在计算机集群上部署，具有低成本、高可靠、高吞吐量的特点。

MapReduce提供编程模型和框架，用于大规模数据集的并行计算，它将复杂、运行于大规模集群上的并行计算过程高度地抽象到了两个函数——Map和Reduce上，并允许用户在不了解分布式系统底层细节的情况下开发并行应用程序，并将其运行于廉价计算机集群上，完成海量数据的处理。

ZooKeeper 是 Hadoop 管理组件，可用于分布式应用程序协调服务和管理、维护 Hadoop 集群的配置信息、命名信息等，并且 ZooKeeper 具有分布式锁、同步和群组管理功能。

Avro 是基于二进制数据传输的高性能中间件，可将数据序列化，适用于远程或者本地的大批量数据交互。

Chukwa 用于分布式数据收集和分析，监控大型分布式系统，基于 HDFS 和 MapReduce 构建，提供系列工具监控、分析系统运行数据等功能。

HBase 是分布式的列式开源数据库，适合非结构化大数据的存储，通常采用 HDFS 作为其底层数据存储。HBase 是 NoSQL 的代表产品，是一个 NoSQL 数据库。HBase 与传统关系数据库的一个重要区别就是，前者是基于列的存储，而后者采用基于行的存储。HBase 具有良好的横向扩展能力，可以通过不断增加廉价的商用服务器来增加存储能力。

Pig 是大数据分析工具，提供相应的分析语言和运行环境，支持并行化处理，适合在数据准备阶段对大量快速到达的数据进行流水式处理，并能对大规模数据集进行迭代处理。

Hive 是基于 Hadoop 的数据仓库，可以将结构化的数据文件映射入一张数据表，提供强大的查询功能；可以将 SQL 语句转换为 MapReduce 任务运行，适用于在数据呈现阶段对整理完成的数据进行检索、组合和统计后的有序呈现。

Sqoop 可实现 Hadoop 系统与传统数据库系统间的数据交换，可以在传统数据库和 HDFS 或 MapReduce 之间进行数据导入/导出，适合将遗留系统的关系型数据库数据集成到基于 Hadoop 的大数据架构下。Sqoop 和 Hive 结合，可以实现强大的与关系型数据库整合的数据分析工具集。

3. *数据分析*

数据分析是大数据技术领域最核心、产生直接价值的部分。通过数据分析的结果，可以揭示不为人知的有价值的规律和结果，并可以辅助人们进行更为科学和智能化的决策。在大数据分析方面，除了传统的商务智能（business intelligence，BI）技术，人工智能领域的很多技术为大数据分析提供了丰富多样的分析方法，包括数据挖掘、统计分析、自然语言处理、机器学习等。

6.5.3　大数据在电子商务中的应用

简单来说，大数据营销就是通过数据分析来提升消费者与企业之间的关系。大数据营销与传统营销最大的区别是个性化和精准定位。

大数据在电子商务领域的应用尤为活跃，电子商务可以实时得到顾客的来访源头，如在网站内的搜索、收藏、购买行为，以及购买的商品间的关联性。这些数据可帮助企业更精准地为顾客服务。通过全网大数据分析，电商能够“知道你是谁”，并按照购买力和购买意向的强弱、商品匹配精度等要素，分配不同的客服资源。例如，亚马逊近几年推出了FDFC（forward deployed fulfillment center，前沿部署履行中心）的概念，以加快订单配送的速度。亚马逊的订单履行中心分两个层级：FC（fulfillment center，履行中心）和FDFC，其中FC品种更齐全，而FDFC在物理位置上更靠近目标市场，但重点容纳针对目标市场的热销商品，顾客的大部分需求都可以通过FDFC来满足，不能满足的长尾商品则通过FC来满足。这样顾客急需的商品多数可以通过FDFC以更快捷和低成本的物流完成。由于热销商品是随着时间和季节而改变的，故将什么商品存储在FDFC的决策是动态调整的，而此决策的依据就是对顾客需求的分析和预测。

6.6 虚拟现实技术及其应用

6.6.1 虚拟现实技术的概念

虚拟现实（virtual reality，VR）是计算机与用户之间的一种更为理想化的人机界面形式。简单地讲，虚拟现实技术就是借助于计算机技术及硬件设备，实现一种人们可以通过视、听、触、嗅等手段所感受到的虚拟幻境，故虚拟现实技术又称为幻境或灵境技术。

虚拟现实技术具有超越现实的虚拟性。它是伴随多媒体技术发展起来的计算机新技术，利用三维图形生成技术、多传感交互技术以及高分辨率显示技术，生成逼真的三维虚拟环境，用户需要通过特殊的交互设备才能进入虚拟环境中。虚拟现实技术是一门崭新的综合性信息技术，融合了数字图像处理、计算机图形学、多媒体技术、传感器技术等多个信息技术分支，大大推进了计算机技术的发展。它的一个主要功能是生成虚拟的图形，故又被称为图形工作站，目前在此领域应用较广泛的是HP、DELL、联想、XASUN等生产厂商生产的工作站。图像显示设备是用于产生立体视觉效果的关键外设，目前常见的设备包括光阀眼镜、三维投影仪和头盔显示器等。其他外部设备主要用于实现与虚拟现实的交互功能，包括数据手套、三维鼠标、运动跟踪器、力反馈装置、语言识别和合成系统等。

虚拟和现实两词具有相互矛盾的含义，把这两个词放在一起，似乎没有意义，但是科学技术的发展赋予了它新的含义。虚拟现实的概念没有明确定义，按最早提出虚拟现实概念的J. 拉尼亚尔（J. Laniar）的说法，虚拟现实又称假想现实，意味着“用电子计算机合成的人工世界”。由此可以清楚地看到，这个领域与计算机有着不可分离的密切关系，信息科学是合成虚拟现实的基本前提。

6.6.2 虚拟现实的关键技术

1. 动态环境建模技术

虚拟环境的建立是虚拟现实技术的核心内容。动态环境建模技术的目的是获取实际环境的三维数据，并根据应用的需要，利用获取的三维数据建立相应的虚拟环境模型。

三维数据的获取可采用 CAD 技术，而更多的环境则需要采用非接触式的视觉建模技术，两者的有机结合可以有效地提高数据获取的效率。

2. 实时三维图形生成技术

三维图形的生成技术已经较为成熟，其关键是如何实现“实时”生成。为了达到实时的目的，至少要保证图形的刷新率不低于 15 帧/秒，最好是高于 30 帧/秒。在不降低图形的质量和复杂度的前提下，如何提高刷新频率将是该技术的研究内容。同时计算机图形技术、仿真技术的提高对其发展都会产生重要影响。

3. 立体显示和传感器技术

虚拟现实技术依赖于立体显示和传感器技术的发展。现有的虚拟现实设备还不能满足系统的需要，如头盔式三维立体显示器有过重、分辨率低、跟踪精度低、视野不够宽等问题；同样，数据手套和数据衣等有延迟时间长、分辨率低、使用不方便等缺点；虚拟现实设备的跟踪精度和跟踪范围也有待提高，因此有必要开发新的三维显示技术。而各种传感器是有效进行视、听、动等高级人机交互的关键。

4. 应用系统开发工具

虚拟现实应用关键是寻找合适的场合和对象，即如何发挥想象力和创造力。选择适当的应用对象可以大幅度提高生产效率、减轻劳动强度、提高产品开发质量。为了达到这一目的，必须研究虚拟现实的开发工具，如虚拟现实系统开发平台、分布式虚拟现实技术等。

5. 各种系统集成技术

由于虚拟现实系统中包含大量的感知信息和模型，因此系统的集成技术起着至关重要的作用。集成技术包括信息的同步、模型的标定、数据转换、数据管理模型、模式识别与合成等技术。

6.6.3　虚拟现实在电子商务中的应用

以方便快捷著称的电子商务，对消费者有着巨大的吸引力。以三维虚拟空间和实时交互为特性的虚拟现实能够多方面地展现商品，消费者可以更加详细地查看商品的各种特征，看、听甚至触和嗅，同时给消费者极大的观察空间和自由。通过虚拟现实技术，电子商务商家可以为消费者提供更为真实的服务。

1. 网上购物和实物虚化

虚拟购物中心没有拥挤的人群，没有销售员，消费者可以自由地浏览，当他向前行走或者转头时，场景也会随之发生改变。当消费者看见一件精美的商品时，甚至可以上上下下、里里外外仔细地观摩，这就是一个虚拟购物场景。

通过三维的实时交互，商家和用户可以很容易在线交换电子商务所需的认证和订单，而免去目前来回传送各种交互信息的活动。

2. 虚物实化

虚拟商品都是虚拟的，不必存在现实的商品，但其具有一个最重要的特性是，能够通过商家与用户进行交互，不断修改虚拟物品以满足消费者的需求。

网上试衣是一种虚物实化技术。用户只要输入自己的身高、肩宽、胸围、腰围等数据，就可以找到一个身材完全和自己一样的虚拟模特在网上代替自己试穿新时装。模特身材可以在网上交互式修改，在挑选到满意的时装之后，用户不仅可以让虚拟模特一件接一件地试穿，还可以让虚拟模特前、后、左、右转动身体，从多个侧面审视衣服。

3. 创建购物虚拟场景

在建筑业中虚拟现实技术具有更为现实的意义。房屋的外形和内容的装潢在设计期就可以发布在虚拟环境中接受用户的挑选。在电子商务中，商家通过虚拟现实技术构建购物虚拟场景，使用户有身临其境的感觉。

4. 互动广告

虚拟现实可以用于创造引人入胜的广告和促销活动。消费者可以与虚拟广告互动，如通过虚拟现实眼镜观看360°视频广告或参与虚拟品牌推广活动。这种互动性可以增加品牌忠诚度和参与度。

5. 虚拟社交购物

用户可以在虚拟世界中与朋友互动、分享购物建议，并一起浏览和购买产品。这为购物增添了社交元素，增强了用户参与感。

复习思考题

1. 简述IP协议的特点，分析IPv4协议的不足以及IPv6协议的主要技术特征。
2. 请调查移动通信技术发展的最新现状以及应用状况。
3. 简单比较移动通信技术与无线局域网技术的技术特征，并调查分析二者在业务上的融合特性。
4. 请分析电子信息资源，特别是大数据对电子商务以及人类生活的影响。
5. 请分别从软件重用和分布计算两个角度分析Web服务技术的诞生与发展。
6. 物联网技术有哪些？调研各项技术的应用场景，列出虚拟现实技术有哪些？并分析虚拟现实技术对电子商务的影响。

第7章

电子与网络支付

本章要点：本章系统、全面地介绍了电子与网络支付的基本理论，给出了网络支付的定义、功能、特征与分类，描述了支持电子商务发展的网络支付运作体系结构；结合对支撑网络支付的大众化网络平台的叙述，描述了网络支付的基本流程，以及相应的“类支票电子货币支付系统模式”和“类现金电子货币支付系统模式”；介绍了现在比较典型的一些网络支付方式，如信用卡、电子现金、电子钱包、电子汇兑系统与网络银行等。

7.1 网络支付的基本理论

以互联网为主要平台的网络支付方式发展迅猛，已成为一种主流的商务支付模式，应用面也越来越广，已经形成一个完整的理论与应用体系，并仍然在不断发展和完善中。本节主要从理论角度比较完整地叙述网络支付的产生与定义、基本构成、功能、分类以及各种典型的支付方式。

7.1.1 网络支付

在 20 世纪 70 年代，计算机和网络通信技术在一些发达国家得到普及和应用，银行的业务开始以电子数据的形式通过电子信息网络进行办理，诸如信用卡、电子汇兑等一些电子支付方式开始投入使用，这是应用电子信息技术手段于商务支付的开始，发展到现在，出现了很多种电子支付方式。

电子支付，英文描述为 electronic payment，或简称 e-payment，指的就是通过电子信息化的手段实现交易中的价值与使用价值的交换过程，即完成支付的过程。电子支付是指电子交易的当事人，包括消费者、厂商和金融机构，使用安全电子支付手段，通过网络进行的货币支付或资金流转。电子支付是电子商务系统的重要组成部分。远程网络通信、数据库等电子信息技术应用于金融业，如信用卡专线支付方式在 20 世纪 70 年代就产生了，因此电子支付方式的出现要早于现在的互联网。随着 20 世纪 90 年代全球范围内互联网的普及和应用，电子商务深入发展，这标志着信息网络经济时代的到来，一些电子支付方式逐渐采用费用更低、应用更方便的公用计算机网络特别是互联网作为运行平台，网络支付方式就应运而生了。

网络支付，英文叫作 net payment 或 internet payment，从媒介角度来说就是指以金融电子化网络为基础，以商用电子化工具和各类交易卡为媒介，通过计算机网络系统特别是互联网来实现资金的流通和支付。网络支付是指电子交易的当事人，包括消费者、厂商和金融机构，使用安全电子支付手段通过网络进行的货币支付或资金流转。其主要类型有电子货币类、电子信用卡类和电子支票类。

可以看出，网络支付是在电子支付的基础上发展起来的，它是电子支付的一个最新发展阶段；或者说，网络支付是基于互联网并适合电子商务发展的电子支付，带有很强的互联网烙印，且这种特征随着网络经济的发展越发明显，所以很多学者干脆称之为 internet payment。它是基于互联网的电子商务的核心支撑流程。网络支付比现在流行的信用卡 POS 支付、ATM 存取款等这些基于专线网络的电子支付方式更新、更先进、更方便，将是 21 世纪网络时代里支撑电子商务发展的主要支付手段。

7.1.2 基于互联网的网络支付体系基本构成

网络支付的过程涉及客户、商家、银行或其他金融机构、商务认证管理部门之间的安全商务互动，因此支撑网络支付的体系可以说是融购物流程、支付工具、安全技术、认证体系、信用体系以及现在的金融体系为一体的综合大系统。

具体到电子商务系统中，电子商务的网络支付指的是客户、商家、金融机构及认证管理机构之间使用安全电子手段进行的网上商品交换或服务交换，主要以互联网为应用网络平台。这种在电子商务中主要基于互联网公共网络平台的网络支付体系的基本构成如图 7-1 所示。

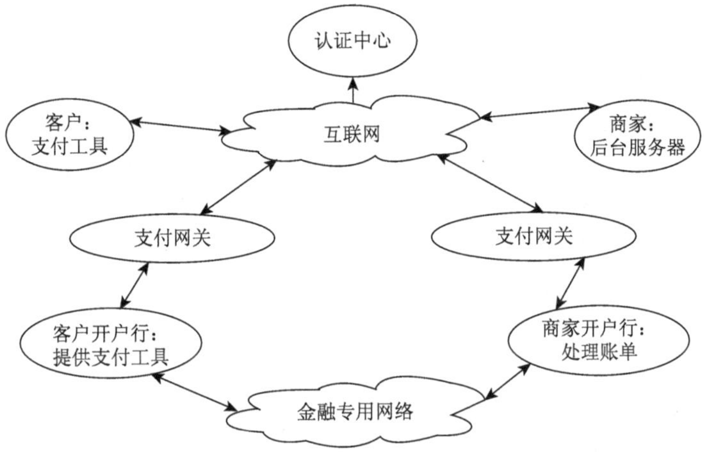

图 7-1　电子商务网络支付体系的基本构成

图 7-1 中主要涉及七大构成要素，分别叙述如下。

（1）客户，是指在互联网上与某商家或企业有商务交易关系并存在未清偿的债权债务关系（一般是债务）的一方。客户用自己拥有的网络支付工具（如信用卡、电子钱包、电子支票等）来发起支付，是网络支付体系运作的原因和起点。

（2）商家，是拥有债权的商品交易的另一方。商家可以根据客户发起的支付指令向中介的金融体系请求获取货币给付，即请求结算。商家一般设置了专门的后台服务器来处理这一过程，包括协助身份认证以及不同网络支付工具的处理。

（3）客户开户行，是指客户在其中拥有资金账户的银行。客户所拥有的网络支付工具主要就是由开户银行提供的，客户开户行在提供网络支付工具的时候也同时提供了一种银行信用，即保证支付工具是真实并可兑付的。例如，在利用银行卡进行网络支付的体系中，客户开户行又被称为发卡行。

（4）商家开户行，是商家在其中开设资金账户的银行，其账户是整个支付过程中资金流向的地方或目的地。商家将收到的客户支付指令提交给其开户行后，就由开户行进行支付授权的请求以及进行商家开户行与客户开户行之间的清算等工作。商家的开户行是依据商家提供的合法账单（客户的支付指令）来工作的，因此又被称为收单行或接收行。

（5）支付网关，是互联网公用网络平台和银行内部的金融专用网络平台之间的安全接口，网络支付的电子信息必须通过支付网关进行处理后才能进入安全的银行内部支付系统，进而完成安全支付的授权和获取。支付网关的建设关系着整个网络支付的安全以及银行自身的安全，关系着电子商务支付的安排以及金融系统的风险，必须十分谨慎。不过，支付网关这个网络节点不能分析通过的交易信息，支付网关对送来的双向支付信息只是起保护与传输的作用，即这些保密数据对网关而言是“透明”的，即网关不需要对数据内容进行加密处理。

（6）金融专用网络，是银行内部及银行间进行通信的专用网络，不对外开放，具有很高的安全性，如正在完善的中国国家金融数据通信网，其上运行着中国现代化支付系统、中国人民银行电子联行系统、中国工商银行电子汇兑系统、银行卡授权系统等。目前中国传统商务中主要的电子支付方式，如信用卡 POS 支付、ATM 资金存取、电话银行、专业 EFT（eletronic funds transfer，电子资金转账）系统等均运行在金融专用网络上。中国银行的金融专用网络发展很迅速，虽然不能直接为基于互联网平台的电子商务进行直接的支付，但是它为逐步开展电子商务提供了必要的条件，因为归根结底，金融专用网络必然是涉及银行业务这一端的电子商务网络支付互联网平台的一部分。

（7）认证中心。作为认证机构的认证中心必须确认各网上商务参与者的相关信息（如在银行的账户状况、与银行交往的信用历史记录等），因此认证过程其实也离不开银行的参与。

除以上七大构成要素外，在电子商务网络支付系统的构成中还应该包括在网络支付时使用的网络支付工具以及遵循的支付通信协议，即电子货币的应用过程。其中，目前经常被提及的网络支付工具有银行卡、电子现金、电子支票、网络银行等。银行卡的发展已有一段时间，早期社会上大多数银行卡只用于金融专用网络的 POS 支付等，发展到现在，基于互联网公用网络的银行卡支付已基本成熟，应该说在电子商务的一些小额支付中已得到很好的应用，并迅速普及。

综上所述，基于互联网的网络支付体系基本构成是电子商务活动参与各方与网络支付工具、支付协议的结合体。

7.1.3 网络支付的特征

相比传统支付时普遍使用的“一现三票一卡”（即现金、发票、本票、汇票和信用卡）方式，以互联网为主要平台的网络支付方式表现出更多的优点和特征。

（1）网络支付通过数字方式完成。网络支付主要在开放的公共网络系统中通过看不见但先进、准确的数字流来完成相关支付信息传输，即采用数字化的方式完成款项支付。而传统支付方式则是通过纸质现金的流转、纸质票据的转让和银行的汇兑等物理实体的流转来完成款项支付的，需要在较为封闭的系统中运行，大多需要面对面处理。

（2）网络支付具有方便、快捷、高效、经济的优势。用户只要拥有一台联网的计算机，便可足不出户，在很短的时间内完成整个支付过程。其手续费用仅相当于传统支付的几十分之一，甚至几百分之一。而传统的支付方式，由于票据传递迟缓和手工处理手段落后，造成大量的在途资金，无法做到银行间当天结算，交易双方的资金周转速度很慢。网络支付系统可以直接将钱打到收费者的银行账号上，与通过邮寄或第三方转款相比，大大缩短了付款时间，提高了资金的周转率和周转速度，既方便了客户，又提高了商家的资金运作效率，同时也提高了银行处理业务的效率。

（3）网络支付具有轻便性和低成本性。与电子货币相比，一些传统的货币（如纸币、货币和硬币）则越发显示出其奢侈性。而采用网络支付方式，则因电子信息系统的建立和维护费用很小，而使小公司和大企业都可从中受益。

（4）网络支付具有较高的安全性和一致性。支付的安全性是保护买卖双方不会被非法支付和抵赖，一致性是保护买卖双方不会被冒名顶替。网络支付系统和现实的交易情况基本一致，而付费协议提供了与纸质票据相对应的电子票据的交易方法。网络支付协议充分借用尖端加密与认证技术，设计细致、安全、可靠。

（5）网络支付可以提高管理的效率。采用网络支付方式以后，不仅可以做原有的网络广告宣传，而且能够十分方便地利用收集到的客户信息建立相关决策支持系统，如做账单分析、估测市场趋势、预算新举措费用等，为企业进行科学的决策、降低经营风险等提供了有力支持。同时，网络支付系统的高效率，可以使企业很快地进行资金处理和结算，有效防止拖欠的发生，这对于提高资金管理和利用水平有很大的帮助。

（6）银行提供网络支付使客户的满意度与忠诚度均上升。这为银行与开展电子商务的商家实现良好的 CRM 提供了支持。当然，就目前的技术水平而言，网络支付作为新兴方式，还存在安全性、支付环境、管理规范等方面的问题，但这些问题在传统支付中也存在。伴随着电子商务的蓬勃发展，电子货币和网络支付的发展已经呈现出加速趋势。

7.1.4　网络支付方式的分类

发展中的以互联网为主要运作平台的网络支付方式也有很多种分类标准，而且随着电子商务的发展与技术的进步，更多更新的网络支付工具被不断地研发并投入应用，这又会产生新的分类。

通过对目前国内外正在使用与实验中的网络支付方式的调研和分析，本书主要讨论电子商务下网络支付方式的以下两种分类。

1. 按开展电子商务的实体性质分类

众所周知，电子商务的主流分类方式是按照开展电子商务的实体性质分类的，即分为 B2B、B2C、C2C、O2O 等各种类型的电子商务。目前，客户在进行电子商务交易时通常会按照开展的电子商务类型的不同来选择使用不同的网络支付方式。这正如企业在进行传统商务时，一般小金额的消费就直接用信用卡与现金进行支付以图方便，而购买像计算机、数字摄像机、汽车等贵重设备时，由于涉及较大金额付款，就常用支票结算，而大批量订货时就用银行电子汇票。

所以，考虑到这些不同类型的电子商务实体的实力、商务的资金流通量大小、一般支付习惯等因素，可以按开展电子商务的实体性质把当前的网络支付方式分为以下两类，即 B2C 型网络支付方式和 B2B 型网络支付方式，这也是目前较为主流的网络支付分类方式。与传统的商务支付方式分类相近，个体消费者有自己习惯的支付方式，而企业与政府单位用户也有适合自己的网络支付方式。

（1）B2C 型网络支付方式。这主要是企业与个人、政府部门与个人、个人与个人进行网络交易时采用的网络支付方式，如信用卡网络支付、IC 卡网络支付、电子现金支付、电子钱包支付以及最新的个人网络银行支付等。这些方式的特点就是适用于不是很大金额的网络交易支付，应用起来较为方便灵活，实施起来也较为简单，风险也不大。

（2）B2B 型网络支付方式。这主要是企业与企业、企业与政府部门进行网络交易时采用的网络支付方式，如电子支票网络支付、电子汇兑系统、国际电子支付系统 SWIFT（Society for Worldwide Interbank Financial Telecommunication，环球同业银行金融电信协会/环球银行间金融通信协会）与纽约 CHIPS（Clearing House Interbank Payment System，清算所银行同业支付系统）、中国现代化支付系统、金融电子数据交换（financial electronic data interchange，FEDI）以及最新的企业网络银行服务等。这些方式的特点就是适用于较大金额的网络交易支付。

本书在这里把一些基于专用金融通信网络平台的电子支付方式，如电子汇兑系统、国际电子支付系统 SWIFT 与 CHIPS、中国现代化支付系统、金融电子数据交换等都归结为 B2B 型网络支付方式，主要是因为银行金融专用网本来也是大众化的互联网支付平台的一部分，随着新一代互联网（如 IPv6）的使用，银行金融专用网、EDI 网与互联网有融合的趋势。

2. 按支付数据流的内容性质分类

根据电子商务流程中用于网络支付的数据流传递的是指令还是具有一般等价物性质的电子货币本身，可以将网络支付方式分为如下两类。

（1）指令传递型网络支付方式。支付指令是指启动支付的口头或书面命令，网络支付的支付指令是指启动支付的电子化命令，即一串指令数据流。支付指令的用户从不真正地拥有货币，而是由他指示银行等金融中介机构替他转拨货币，完成转账业务。指令传递型网络支付系统是现有电子支付基础设施和手段［如同城清算 ACH（automated clearing house，自动化交易所）系统和信用卡支付等］的改进与加强。

指令传递型网络支付方式主要有银行网络转拨指令方式［如电子资金转账、国际电子支付系统 SWIFT 与 CHIPS、电子支票、网络银行、金融电子数据交换等］、信用卡支付方式等。其中，金融电子数据交换是一种以标准化的格式在银行与银行计算机之间、银行与银行的企业客户计算机应用之间交换金融信息的方式。因此，金融电子数据交换可较好地应用在 B2B 的电子商务交易的支付中。

（2）电子现金传递型网络支付方式。电子现金传递型网络支付是指客户进行网络支付时在网络平台上传递的具有等价物性质的电子货币本身即电子现金的支付机制。其主要原理是：用户可以从银行账户中提取一定量的电子现金，并把电子现金保存在一张卡（如智能卡）或是用户计算机中的某部分（如一台电脑或 PDA 的电子钱包）中，这时用户拥有了真正的电子“货币”，他就能够在互联网上直接把这些电子现金按相应支付数额转拨给另外一方，如其他用户、银行或供应商。

7.2　网络支付的基本流程和基本模式

本节先主要介绍了目前出现的众多网络支付方式的基本流程，然后结合电子货币的支付流程分类描述了当前网络支付的基本模式。

7.2.1　网络支付的基本流程

网络支付借鉴了很多传统支付方式的应用机制与过程，只不过流动的媒介不同，一个是传统纸质货币与票据，大多为手工作业，另一个是电子货币并且为网上作业。可以说，基于互联网平台的网络支付流程与传统的支付过程是类似的，如果熟悉传统的支付方式如纸质现金、支票、POS 信用卡等方式的支付过程，将大大有助于对网络支付流程的理解。以互联网为基本平台的网络支付的一般流程如图 7-2 所示。

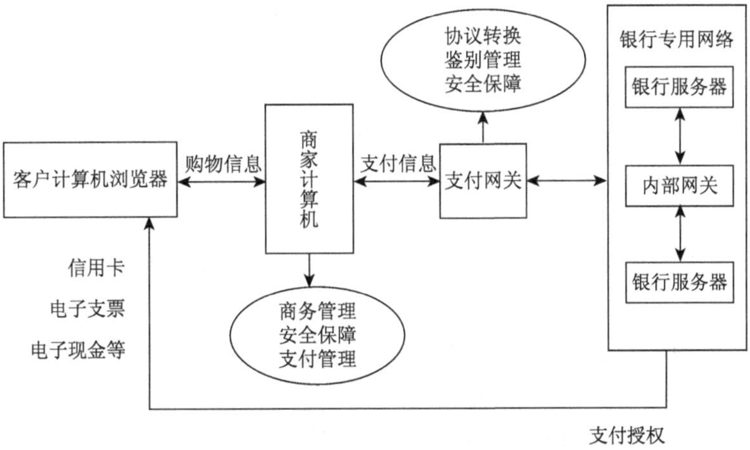

图 7-2　基于互联网平台的网络支付一般流程

网络支付的基本流程可以描述为以下几个步骤。

（1）客户连接互联网，用 Web 浏览器进行商品的浏览、选择与订购，填写网络订单，选择应用的网络支付工具，并得到银行的使用授权，如信用卡、电子支票、电子现金、电子钱包或网络银行账号等。

（2）客户端对相关订单信息如支付信息进行加密，在网上提交订单。

（3）商家计算机对客户的订购信息进行检查、确认，并把相关的经过加密的客户支付信息等转发给支付网关，直至银行专用网络的后台业务服务器进行确认。

（4）银行验证确认后通过刚才建立起来的经由支付网关的加密通信通道，给商家服务器回送确认及支付信息，并为进一步的安全而给客户回送支付授权请求（也可以没有）。

（5）银行得到客户传来的进一步授权结算信息后，把资金从客户账号转拨至开展电子商务的商家银行账号上（可以是不同的银行），后台银行与银行之间借助金融专用网络进行结算，并分别给商家、客户发送支付成功信息。

（6）商家服务器接收到银行发来的支付成功信息后，给客户发送网络付款成功信息和发货通知。至此，一次典型的网络支付流程就结束了，商家和客户可分别借助网络查询自己的资金余额信息，以进一步核对。

需要说明的是，图 7-2 所示的网络支付流程只是对目前各种网络支付方式应用流程的普遍归纳，并不表示各种网络支付方式的应用流程与图 7-2 中所示的一模一样。在实际应用中，这些网络支付方式的应用流程由于技术上、资金数量上、管理机制上的不同还是有所区别的，但大致遵守图 7-2 所示的流程。

7.2.2 网络支付的基本模式

网络支付的应用流程其实就是电子货币流动过程的普遍形式，但不同的电子货币的应用流程还是有区别的。

在这里，根据电子货币的支付流程的区别，可以把网络支付的基本系统模式大体分为类支票电子货币支付系统模式和类现金电子货币支付系统模式两种。

1. 类支票电子货币支付系统模式

类支票电子货币支付系统模式是典型的基于电子支票、电子票证汇兑、信用卡、网络银行账号等的网络支付系统模型，支持大、中、小额度的资金支付。

类支票电子货币支付系统模式，顾名思义就是类似传统的纸质支票应用系统模式，二者原理上差不多，主要涉及三个交易方，即买方、卖方和各自的开户银行。银行可为同一个，也可能是不同的，当然在网络平台上还涉及认证中心。

类支票电子货币支付系统模式的基本应用过程可简要描述如下。

（1）电子商务买卖双方都在银行拥有账户，而买方应在开户行有一定的存款。

（2）在买卖双方开始交易以前，买方先从银行得到电子支付票证，即授权的电子货币。

（3）买方把授权的电子货币交给卖方，卖方验证此电子票证的有效性后，继续交易过程。

（4）卖方将收到的电子票证转给自己的开户银行，要求资金兑付。

（5）银行收到卖方的电子票证，验证确认后进行后台的资金清算工作，并给买卖双方回送支付成功消息。至此，这次网络支付完毕。

2. 类现金电子货币支付系统模式

类现金电子货币支付系统模式，是一种新的网络支付模式，其主要的网络支付工具是类现金电子货币，如现在开始应用的电子现金以及装电子现金的电子钱包，较有代表性的是电子现金。类现金，顾名思义就是类似传统的纸质现金，所以类现金电子货币支付系统模式与传统纸币的支付模式也基本类似，二者原理差不多，只是在货币表现形式上有所不同。类现金电子货币表现为特殊的、加密的电子信息串，用户可以像用纸币一样用类现金在网络平台上进行日常买卖。类现金同样主要涉及三个交易方，即买方、卖方和各自的开户银行，银行可为同一个，也可能是不同的，当然在网络平台上还要涉及认证中心。

类现金电子货币支付系统模式的基本应用过程可简要描述如下。

（1）电子商务中的买方先在开户银行中有一定的存款，并对应其类现金账号。

（2）在买卖双方开始交易以前，买方先从银行通过银行存款请求兑换类现金，就像我们平时去银行从资金账号中提取纸质现金一样。

（3）银行根据买方的请求把相应的类现金发送至买方的计算机中，供买方随便使用。

（4）买方根据付款数额把相应书面的类现金发送给卖方的计算机，卖方验证此类现金的有效性后，继续交易过程。

（5）卖方可以把收到的类现金暂时存储起来，也可以发送给相应银行，银行清算后增加卖方账号的对应资金数额，卖方还可以把收到的类现金发送给自己的另一个商务伙伴如供应商进行网络支付。至此，这次类现金的网络支付过程完毕。

7.3　B2B 典型的网络支付方式

7.3.1　电子支票网络支付

在电子商务中，大额的 B2B 网上交易对电子支票这种新颖的支付模式产生了需求，从而推动了电子支票的发展。当然，对于普通消费者的日常网络支付而言，电子支票也相当方便实用。

1. 电子支票的概念

电子支票以纸质支票为模型，其中包含与纸质支票完全相同的支付信息，如收款方账户信息、付款方账户信息、金额和日期等。将这些信息电子化，根据支付指令将资金从一个账户转移到另一个账户，即可实现银行客户间的资金结算。电子支票的运作流程和由第三方提供安全性支持的银行卡支付方式十分相似，银行卡支付方式要求消费者拥有银行卡，而电子支票只要求消费者拥有支票账户即可。电子支票保持了传统支票的风格，便于使用和推广，降低了支票的处理成本，提高了传输速率，同时减少了在途资金，提高了银行客户的资金利用率。

电子支票支付遵循金融服务技术联盟（Financial Services Technology Consortium，FSTC）提交的 BIP（bank internet payment，银行互联网支付）标准（草案）。典型的电子支票系统是 NetCheque、NetBill、E-check 等。

2. 电子支票网络支付的流程

电子支票网络支付流程涉及四个实体，即消费者、商家、银行以及验证中心。使用电子支票进行支付前，要求消费者在提供电子支票服务的银行注册，开具电子支票，电子支票应具有银行的数字签名。电子支票网络支付流程如下。

（1）消费者与商家达成购销协议并选择电子支票网络支付方式。

（2）消费者通过网络向商家发出电子支票，同时向银行发出付款通知单。

（3）商家通过验证中心对消费者提供的电子支票进行验证，验证无误后将电子支票送交银行索付。

（4）银行在商家索付时，通过验证中心对消费者提供的电子支票进行验证，验证无误后即向商家兑付或转账，不同银行之间的支票清算由金融网络完成，整个交易处理过程在数秒内即可实现。

7.3.2 国际电子支付系统 SWIFT 与 CHIPS

为了解国际电子支付机制，首先必须了解提供国际金融通信服务的 SWIFT 系统和提供国际电子资金转账服务的 CHIPS，它们是 B2B 型网络支付模式支持平台的一个重要组成部分。由于包括电子商务在内的国际贸易活动日渐增多，因此在这里专门介绍一下国际电子支付系统。

SWIFT 与 CHIPS 两系统中，SWIFT 完成国际支付指令信息的传递，而真正进行资金调拨的是 CHIPS，二者相互协作完成跨区域的国际资金支付。

1. SWIFT 简介

SWIFT 是国际银行同业间的国际合作组织，也被称为 SWIFT 组织。这是一个国际银行间非营利的国际合作组织，依据全世界各成员银行金融机构相互之间的共同利益，按照工作关系将其所有成员组织起来，按比利时的法律制度登记注册，总部设在比利时的布鲁塞尔。

我们平常所说的 SWIFT 通常是指 SWIFT 网络，即 SWIFT 组织建设和管理的全球金融通信网络系统，可在全球范围内传送金融指令与信息服务。

SWIFT 系统利用高度尖端的通信系统组成了国际性的银行专用通信网，并在会员间传递信息、账单和进行同业间头寸划拨，即为全世界各个成员银行提供及时良好的通信服务和银行资金清算等金融服务。SWIFT 系统的使用，给银行的结算提供了安全、可靠、快捷、标准化、自动化的通信业务，从而大大提高了银行的结算速度。SWIFT 的电文格式十分标准，因而在金融领域内被广泛应用，如银行信用证主要采用的就是 SWIFT 电文格式。

SWIFT 自正式投入运行以来，以其高效、可靠、完善的通信服务和金融服务，在加强全球范围内的银行资金清算与商品流通、促进世界贸易的发展、促进国际金融业务的现代化和规范化等方面发挥了重要作用。SWIFT 和 CHIPS、FedWire（联邦储备通信系统）等银行金融网络系统一样，已经成为当前世界上著名的银行金融通信和银行资金清算的重要系统。

2. CHIPS 简介

CHIPS 主要以世界金融中心——美国纽约市为资金结算地，具体完成资金调拨即支付过程。现在，世界上 90%以上的外汇交易是通过 CHIPS 完成的。可以说，CHIPS 是国际贸易资金清算的桥梁，也是美元供应者进行交易的通道。CHIPS 的参加银行主要包括以下几种。

（1）纽约商业交易所的会员银行。这类银行在纽约联邦储备银行有存款准备金，具有清算能力，并且都有系统标识码作为收益银行的清算账号。

（2）纽约商业交易所非会员银行。这类银行被称为参加银行，参加银行需经过会员银行的协助才能清算。

（3）美国其他地区的银行及外国银行。其主要包括美国其他地区设于纽约地区的分支机构，它们具有经营外汇业务的能力；外国银行设于纽约地区的分支机构或代理行。

CHIPS 采用这种层层代理的支付清算体制，构成了庞大复杂的国际资金调拨清算网，因此，它的交易量巨大，而且在逐年增加。

3. CHIPS 与 SWIFT 合作的国际电子支付运作架构

应用 CHIPS 的资金清算处理过程并不复杂，可把整个流程分为两部分：第一部分是 CHIPS 电文的发送；第二部分是在实体银行间完成最终的资金清算。例如，美国境外的某国银行甲（汇款银行）汇一笔美元到美国境外的另一家银行乙（收款银行），则利用 CHIPS 的国际资金调拨流程如图 7-3 所示。

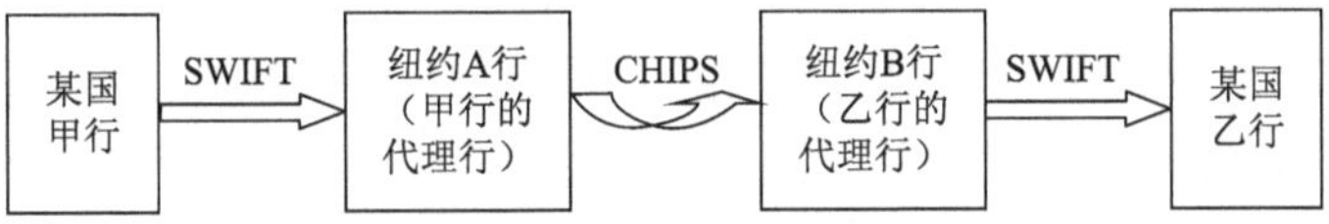

图 7-3 利用 CHIPS 的国际资金调拨流程图

图 7-3 显示的是国际资金调拨过程，描述了 CHIPS 与 SWIFT 的合作，即基于网络共同完成一项国际的电子支付业务。

7.4 B2C 典型的网络支付方式

7.4.1 银行卡支付方式

1. 银行卡的概念

银行卡（bank card）是由银行发行、供客户办理存取款业务的新型服务工具的总称。因为各种银行卡都是由塑料制成的，用于存取款和转账支付，所以又被称为“塑料货币”。20 世纪 70 年代以来，由于科学技术的飞速发展，特别是计算机的运用，银行卡的使用范围不断扩大，不仅减少了现金和支票的流通，而且使银行业务由于突破时间和空间的限制而发生了根本性变化。银行卡自动结算系统的运用，使无支票、无现金社会的到来不久将成为现实。银行卡的大小一般为 85.60 毫米×53.98 毫米（3.370 英寸×2.125 英寸），但是也有比普通卡小 43%的迷你卡和形状不规则的异形卡。

2. 银行卡的种类

可用于支付系统的银行卡种类如下。

（1）银行信用卡。银行信用卡是银行等金融机构发给持卡人为其提供自我借贷款权的一种银行信用凭证。

（2）借记卡。借记卡又称记账卡，与信用卡的最大区别是持卡人必须在发卡行本人的账户上保留足够的存款余额，一般不允许透支。

（3）现金卡。现金卡属于支付卡的一种，可用于付款转账，并可以在银行的分支机构或设有自动取款机的地方随时提取现金。

（4）支票卡。支票卡又称支票保证卡，支票卡是凭信用卡签发支票付款的。

3. 银行卡网络支付系统的工作流程

世界上许多软件供应商和商业银行都在积极地研究和开发安全、便捷的银行卡网络支付系统，到目前为止，已经出现了无安全措施的银行卡网络支付、通过第三方代理的银行卡网络支付、基于 SSL（secure socket layer，安全套接字层）协议的银行卡网络支付和基于 SET 协议的银行卡网络支付这几种主要的银行卡网络支付方式。基于 SSL 协议的银行卡网络支付模式应用方便、成本低、安全性高、市场产品成熟。中国几大商业银行的银行卡网络支付系统大多采用这一模式，如中国工商银行的牡丹灵通卡、中国建设银行的龙卡、招商银行的“一卡通”等。绝大多数网上商家也支持基于 SSL 协议的银行卡网络支付方式。而基于 SET 协议的银行卡网络支付虽然目前存在着成本较高的问题，但它体现着未来网络支付的发展方向，受到越来越多的重视。

以下简单介绍无安全措施的银行卡网络支付和通过第三方代理的银行卡网络支付两种模式。

（1）无安全措施的银行卡网络支付。

无安全措施的银行卡网络支付流程如图 7-4 所示。在这种支付模式中，由于不对银行卡的信息做任何的加密处理，因此对于消费者来说，其使用的银行卡信息得不到安全保护，而对于商家来说，消费者的身份得不到验证，因而此种支付模式现已很少使用。

图 7-4　无安全措施的银行卡网络支付流程

（2）通过第三方代理的银行卡网络支付。

通过第三方代理的银行卡网络支付流程如图 7-5 所示。在这种支付模式中，支付过程是：买方在第三方代理处开设账号，第三方代理持有买方的银行卡号和账号；买方用账号从卖方那里在线订货，并将账号传送给卖方；卖方将买方账号提供给第三方代理，第三方代理验证账号信息，将验证信息返回给卖方；卖方那里确定接受订货；由第三方通知卖方货款到达，卖方发货，买方检验物品后付款给卖方；第三方代理将银行卡信息传递给银行，利用银行自动清算所提供的服务，将款项打给商家在银行的账号。

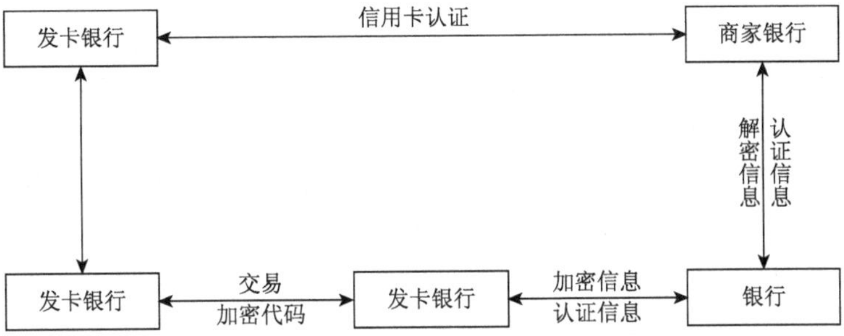

图 7-5　通过第三方代理的银行卡网络支付流程

这种支付模式的特点是：用户账号的开设不通过互联网；银行卡信息不在开放的互联网上传递，使用 E-mail 来确认用户的身份以防止伪造；商家自由度大，无风险；支付都是通过第三方代理完成的。

7.4.2　虚拟信用卡支付方式

1. 虚拟信用卡的概念

虚拟信用卡是一种新的电子支付方式。由于不需要携带实体卡，免去了实体卡丢失的风险，而且具有申请简单、使用方便等特点，虚拟信用卡近年来得到了广泛应用。目前常用的虚拟信用卡包括中国银行虚拟信用卡、VISA 虚拟信用卡等。

2. 虚拟信用卡的特点

与实体卡相比，虚拟信用卡具有如下特点。

（1）虚拟信用卡是一种依附于实体卡的虚拟卡，也就是说，如果用户没有办理相关银行的实体卡，通常也就没办法办理虚拟信用卡。

（2）虚拟信用卡所发生的交易均需记入实体卡用户的账户中，持卡人无须单独针对虚拟信用卡进行还款操作。一旦实体卡注销，虚拟信用卡也同时注销。

（3）虚拟信用卡主要凭卡号、有效期和某种验证码等信息完成网上及其他非面对面的小额交易操作，每次消费的额度不能超过一定限额（如不能超过 1000 元）。

（4）虚拟信用卡与实体卡的不同主要体现在每次交易的最高金额约束和不能进行现场 POS 交易，而其他交易方式和支付安全措施与实体卡基本一致。

3. 虚拟信用卡的类型

腾讯公司和阿里巴巴集团在 2014 年 3 月相继推出的微信信用卡和淘宝异度卡，其本质就是虚拟信用卡。只是与传统银行相比，腾讯和淘宝平台上拥有大量的用户行为数据和交易记录，基于这些记录并借助大数据分析技术，腾讯和阿里巴巴可以更加快速地完成用户身份的核实和授信工作。在此基础上，由双方的合作银行来完成微信信用卡和淘宝异度卡申请用户的资信审核、额度审批、年费政策和标准制定等相关的金融服务。

京东白条和淘宝花呗等互联网金融产品是在虚拟信用卡的基础上改进的。2014 年京东推出“京东白条”互联网金融产品，用户在京东网站上的京东白条专区，填写姓名、身份证号码、银行卡信息等申请材料后，京东根据用户在京东上的消费记录、配送信息、退货信息、购物评价等数据进行风险评级，从而决定每个用户的信用额度，京东白条的最高信用额度为1.5万元。京东白条用户可以在京东商城上赊购商品，并获得最长30天的免息延后付款。超过免息还款期限后，用户还款需同时缴纳一定金额的利息，而逾期未还的用户需要向京东支付违约金，费率为每日0.015%。淘宝花呗采取基本相同的赊购模式，其实质也是淘宝对其用户的一种消费授信。

值得注意的是，微信信用卡、淘宝异度卡、京东白条和淘宝花呗等互联网金融产品是网络环境下电子支付系统的新探索和新尝试，由于在支付安全和风险管理等方面依然存在一定程度的问题，上述产品受到了国家有关部门的严格管控。2015年3月13日，中国人民银行支付结算司下发了关于叫停虚拟信用卡业务的通知。其主要原因是，作为资金的支付方式之一，虚报信用卡的风控还不是特别的完善，不能完全确保支付的安全性。目前已恢复使用。2015年11月，招商银行和交通银行也相继暂停了京东白条的信用卡还款通道。定位于“赊购”的京东白条业务，被商业银行视为贷款产品，有违规嫌疑。

当然，随着相关产品功能的不断改善和监管机制的平稳过渡，以虚拟信用卡为代表的电子支付方式必将得到极大的发展和广泛的应用。

7.4.3 电子现金网络支付方式

1. 电子现金的定义

电子现金（e-cash）全称electronic cash，又称电子货币（e-money）或数字货币（digital currency），是一种非常重要的电子支付系统，它可以被看作现实货币的电子或数字模拟，电子现金以数字信息形式存在，通过互联网流通，但比现实货币更加方便、经济。

电子现金是一种比较成熟的电子支付手段，适用于那些通过网络进行支付的小额交易。电子现金的特点包括：银行和商家之间应有协议和授权关系；用户、商家和电子现金银行都需要使用电子现金软件；电子现金银行负责用户和商家之间资金的转移；电子现金对使用者来说都是匿名的，使用电子现金消费可以保护使用者的信息。

2. 电子现金的网络支付

（1）电子现金的网络支付方式。所谓电子现金的网络支付方式，就是在电子商务过程中客户利用银行发行的电子现金在网上直接传输交换，发挥类似纸币的等价物职能，以实现即时、安全的在线支付形式。这种支付方式，在电子现金的产生以及传输过程中同样运用了一系列先进的安全技术与手段，如公开密钥加密法、数字摘要、数字签名以及隐蔽签名技术等手段，所以其应用还是比较安全的。

电子现金网络支付方式的主要好处就是在客户与商家运用电子现金支付的过程中，基本无须银行的直接中介参与，这不但方便了交易双方应用，提高了交易与支付效率，降低了一些成本，而且电子现金具有类似纸币匿名而不可追溯使用者的特征，可以直接转让给别人使用（就像借纸币给别人一样）并保护使用者的个人隐私。电子现金的这些特征与信用卡、电子支票等网络支付方式不同，后者的支付过程一直有银行的中介参与，而且是记名认证的。当然，电子现金支付过程因为无须银行直接中介参与，所以可能存在伪造与重复使用的可能，在这一点上各电子现金发行银行也正采取一些管理与技术措施来对其进行完善。例如，发行银行建立大型数据库来存储发行的电子现金的序列号、币值等信息，商家每次接受电子现金后均直接来银行兑换入账，银行记录已使用电子现金；在接受电子现金的商家与发行银行间进行约定，每次交易中由发行银行进行在线鉴定，验证送来的电子现金是不是伪造或重复使用的；等等。这样肯定会在一定程度上牺牲电子现金像纸币一样充当一般等价物的自由流通性，但它更加安全。随着电子现金相关新技术的不断开发与应用、技术与应用规范的统一完善，电子现金也会更加自由地流通，真正发挥出“网络货币”的职能。

（2）电子现金的网络支付流程。应用电子现金进行网络支付需要在客户端安装专门的电子现金客户端软件，在商家服务端安装电子现金服务器端软件，在发行银行运行对应的电子现金管理软件等。为保证电子现金的安全以及可兑换性，发行银行还应该从第三方认证中心申请数字证书以证实自己的身份并借此获取自己的公开/私人密钥对，并把公开密钥公开出去，利用私人密钥对电子现金进行签名。

电子现金的网络支付业务处理流程一般包括如图 7-6 所示的几个步骤，涉及三个主体（即消费者、商家与银行）、四个安全协议过程（即初始化协议、提款协议、支付协议以及存款协议）。

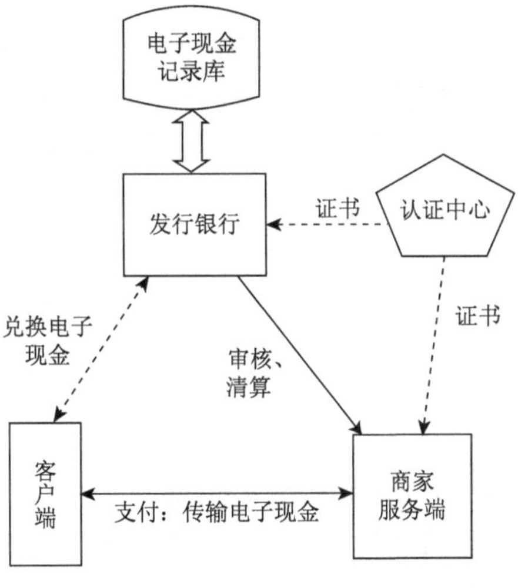

图 7-6　电子现金网络支付流程示意图

预备工作 1：电子现金使用客户、电子现金接受商家与电子现金发行银行分别安装电子现金应用软件，为了交易与支付的安全，商家与发行银行从认证中心申请得到数字证书。

预备工作 2：客户端在线认证发行银行的真实身份后，在电子现金发行银行开设电子现金账号，存入一定量的资金，利用客户端与银行端的电子现金应用软件，遵照严格的购买兑换步骤（如前面所述的电子现金制作步骤），兑换到一定数量的电子现金（初始化协议）。

预备工作 3：客户使用客户端电子现金应用软件在线接收从发行银行兑换来的电子现金，并存在客户端硬盘上（或电子钱包、IC 卡上），以备随时使用（提款协议）。

预备工作 4：接收电子现金的商家与发行银行间应在电子现金的使用、审核、兑换等方面有协议与授权关系，商家也可在发行银行开设接收与兑换电子现金的账号，也可另有收单银行。

客户验证网上商家的真实身份（安全交易需要）并确认其能够接收本方电子现金后，挑好商品，选择已方持有的电子现金来支付。

客户把订货单与电子现金借助互联网平台一并发送给网上商家（可利用商家的公开密钥对电子现金进行加密传送，商家收到后利用私人密钥解开）。对客户来说，到这一步支付就算完成得差不多了，且无须银行的中转（支付协议）。

商家收到电子现金后，可以随时一次或批量地到发行银行兑换电子现金，即把接收到的电子现金发送给电子现金发行银行，与发行银行协商进行相关的电子现金审核与资金清算，电子现金发行银行认证后把同额资金转账给商家开户行账户（存款协议）。

商家确认客户的电子现金真实性与有效性后，或兑换到货款后，确认客户的订单，支付并发货。

（3）电子现金的应用与解决方案。在电子现金应用上，目前很多国际知名公司提供了电子现金的应用解决方案，如 DigiCash、CyberCash 和 IBM 等，也有很多银行支持电子现金的网络支付服务，如包括 Mark Twain Bank（马克吐温银行）、Deutsche Bank（德意志银行）、Advance Bank（先进银行）、Citibank（花旗银行）等在内的世界著名银行。但总体来说，有关电子现金的支付体系还在发展完善中，在英国、美国等国仅有一些小型的电子现金系统投入实际应用，如 Mondex 电子零钱（预付卡式），而纯电子形式的电子现金则不普及。这主要是因为各个电子现金发行机构之间还没有就电子现金的应用形成统一的技术与应用标准，在使用上某些方面还没有完全成熟，如防止重复消费等问题。

7.4.4 电子钱包网络支付方式

电子钱包，英文大多描述为 e-wallet 或 e-purse，是一个客户可以用来进行安全网络交易，特别是安全网络支付并储存交易记录的特殊计算机软件或硬件设备，就像生活中随身携带的钱包一样，是能够存放客户的电子现金、电子信用卡、电子零钱、个人信息等，经过授权后又可以方便地、可选择地取出使用的新式网络支付工具，可以说是“虚拟钱包”。

可以看出，电子钱包本质上是个装载电子货币的“电子容器”，把有关方便网上购物的信息如信用卡信息、电子现金、钱包所有者身份证、所有者地址及其他信息等集成在一个数据结构里，以候整体调用，需要时又能方便地辅助客户取出其中的电子货币进行网络支付，是在小额购物或购买小商品时常用的新式虚拟钱包。因此，在电子商务中应用电子钱包时，真正支付的不是电子钱包本身，而是它所装的电子货币，就像生活中钱包本身并不能购物付款，但可以方便地打开钱包，取出钱包里的纸质现金、信用卡等来付款，看起来就像用钱包付款一样。

从上述电子钱包的定义中可以看出，电子钱包本身可能是个特殊的计算机软件，也可能是个特殊的硬件装置。当其形式上是软件时，常常被称为电子钱包软件，如 Microsoft Wallet。当其形式上是硬件时，电子钱包常常表现为一张能储值的卡，即 IC 卡，用集成电路芯片来储存电子现金、信用卡号码等电子货币，这就是智能卡。所以有些书，常常把智能卡就叫作电子钱包，只不过智能卡是硬件式的，但其在应用方式上与软件式的电子钱包基本一样。

电子钱包最早于 1997 年由英国 NatWest Group（国民西敏寺银行集团）开发成功，经过十余年的发展，电子钱包已经在世界各国得到广泛使用，特别是预付式电子钱包，即 IC 卡式或智能卡式电子钱包。对于纯软件电子钱包方案，由于只能在互联网平台上应用，投入较大，配置较麻烦，所以成本较高，在应用范围上还有些局限。目前世界上最主要的三大电子钱包解决方案是 VISA Cash、Mondex 和 Proton，其他电子钱包服务系统还有 HP 公司的电子支付应用软件（VWALLET）、微软公司的电子钱包 Microsoft Wallet、IBM 公司的 Commerce Point Wallet 软件、Mastercard Cash、Euro Pay 的 Euro-Clip 等。不过多是基于卡式的，既可以用于传统 POS 支付，也可用于互联网平台上的网络支付。对于纯软件形式的电子钱包解决方案，如支持电子现金与电子支票等进行网络支付，各个银行也在发展与试运行。

7.5　其他网络支付方式

7.5.1　网络银行服务

网络银行是如今网络经济时代的一个新兴术语，是一种崭新的金融商务形式，可以说是银行电子化与信息化建设的高级阶段，能方便借助网络特别是互联网提供多种金融服务。发展到现在，随着互联网在金融业应用的深入，网络银行正越来越广泛地影响人们的生活与工作，金融业方面的一个网络银行时代已经来临。

1. 网络银行的概念

网络银行，英文为 internet bank 或 network bank，有的还称为 web bank，中文也叫作网上银行或在线银行，是指一种依托信息技术和互联网的发展，主要基于互联网平台开展和提供各种金融服务的新型银行机构与服务形式。也可以说，网络银行是指银行利用公用信息网（主要是指互联网）将客户的电脑终端连接到银行网站，实现将银行的金融服务直接送达客户办公室、家中和手中的金融服务系统。

网络银行可以向客户提供开户、销户、对账、行内转账、跨行转账、信贷、网上证券、投资理财、账务查询、网络支付、代发工资、集团公司资金头寸管理、银行信息通知、金融信息查询等银行金融服务项目。可以说，网络银行既是一种新型银行机构，也是一个崭新的网上金融服务系统。它借助互联网遍布全球及其不间断运行、信息传递快捷并多媒体化的优势，突破实物媒介等传统银行的空间与时间局限性，拉近客户与银行的距离，为用户提供全方位、全天候、便捷、实时的金融服务。

有些地方把网络银行又叫作电子银行，但实际上这种说法不完全准确，因为这把基于互联网平台的银行业务与传统的基于通信专线的电子银行服务如 ATM、CD（cash dispenser，自动提款机）、Home Bank 等完全混为一谈。应该说，网络银行是电子银行发展的高级阶段，是互联网时代的电子银行。

2. 网络银行的特点

网络银行与传统的物理银行一样能够面向客户提供各类金融服务，而在金融信息服务的便利性方面其优势更为明显。作为信息时代的产物，网络银行具有下述的明显特点。

（1）以客户为中心，以技术为基础，体现品牌独特性。网络银行服务并不需要直接面对面地与客户接触，交易和沟通主要通过互联网进行。这就要求网络银行的营销理念从过去的注重金融产品的开发和管理，即产品注重型，转移到以客户为核心上来，即根据每个客户不同的金融和财务需求“量身定做”相应的金融产品并提供银行业务服务。此外，由于网络银行是以信息技术为基础的银行，因此技术力量要雄厚，业务信息系统软件的开发、应用和管理的能力要强。

（2）业务信息系统的管理控制能力要求高，集成性强，追求信息管理与知识管理。网络银行的全部业务，如贷款申请、网络支付、发行信用卡、开设存款账户等，均通过互联网进行并由信息系统软件处理。业务信息系统是网络银行顺利运作的核心，对它的维护和管理十分重要。

（3）网络银行服务无须物理的银行分支机构，人员少，运作费用低，无纸化操作，实现有效成本控制，产品价格竞争力强，体现绿色银行的理念。网络银行与其他商业银行相比，容易进行成本控制，因为其只需建立基于互联网的客户中心和数据收集、处理及储存库。因此，网络银行成本比一般的传统商业银行要低。

（4）强调信息共享与团队精神。网络银行的业务操作和处理可以形象地比喻为一条流水生产线，银行内部各岗位、各部门之间需要通力密切配合和协作，以一个界面、同一 Web 页面窗口来为客户提供一致的服务。任何个人和部门因为个人或小集体的利益而出现“扯皮”现象将大大影响网络银行服务的质量与效率。因此，员工之间、员工与上司及各部门之间要建立沟通和协调的良好渠道与机制。

（5）跨区域的 24 小时服务。网络银行所拥有的信息技术优势，使其能承诺并保证为客户提供一天 24 小时、一周 7 天、全年 365 天的全天候跨区域服务，是实现个性化服务的重要保障。

3. 网络银行的分类

网络银行的主流分类方法是按照服务对象分类，可以分成企业网络银行和个人网络银行。

企业网络银行主要适用于企业与政府部门等企、事业组织。企、事业组织可以通过企业网络银行服务实时了解企业财务运作情况，及时在组织内部调配资金，轻松处理大批量的网络支付和工资发放业务，并可处理信用证相关业务。对电子商务的支付来讲，一般涉及的是金额较大的支付业务，对安全性的要求很高。例如，中国工商银行企业网络银行是中国工商银行为企业客户提供的网上自助金融服务，颇受企业界的注目。

个人网络银行主要适用于个人与家庭的日常消费支付与转账。个人可以通过个人网络银行服务完成实时查询、转账、网络支付和汇款功能。个人网络银行服务的出现，标志着银行的业务触角直接伸到了个人客户的家庭 PC 桌面上，方便实用，真正体现出家庭银行的风采。例如，中国工商银行个人网络银行是中国工商银行为个人客户提供的网上自助金融服务，近年来在广大的个人客户群体中的影响日益加大，越来越多的个人已成为中国工商银行个人网络银行的注册客户。

4. 网络银行的金融业务

由于商务的性质不同，企业网络银行和个人网络银行虽然在应用模式上基本类似，但在应用条件、业务功能上也存在很多不同的地方。下面分别介绍这两类网络银行的金融业务。

企业网络银行将传统银行服务和现代新型银行服务结合起来，利用成熟、先进的诸多信息网络技术，保证企、事业单位客户使用的安全性和便利性。企业网络银行的金融业务主要包括账务查询、内部转账、网络支付、工资代发、银行信息查询、金融信息查询、信用管理、集团支付、定活期存款互转、B2B 电子商务、银行信息通知等功能，几乎涵盖并延伸了现有的对公银行业务。无论是中小型企业还是大型集团公司，企业网络银行都可以使企业随时掌握自己的财务状况，轻松处理大量的支付、工资发放、大额转账等业务。

企业网络银行的金融业务内容如图 7-7 所示。当然，随着业务发展的需要，新的业务领域将不断被拓展。不同的企业网络银行根据各自的业务倾向在金融业务开展内容上或名称上均有所不同。

个人网络银行主要面向个人及家庭，体现了网络时代的特点，可以满足顾客越来越强烈的个性化需求。

个人网络银行的金融业务主要包括账户账务查询、自助转账、网络支付、对外汇兑与缴费、自助贷款、证券与外汇服务、银行信息查询、金融信息查询、网上理财业务、个人信息维护等功能。借助个人网络银行可以使客户随时掌握自己的财务状况，轻松处理大量的生活费用支付、消费、转账等业务。

个人网络银行的金融业务内容如图 7-8 所示。随着业务的发展需要，新的业务领域也将不断被拓展，以更好地满足客户的个性化需要。

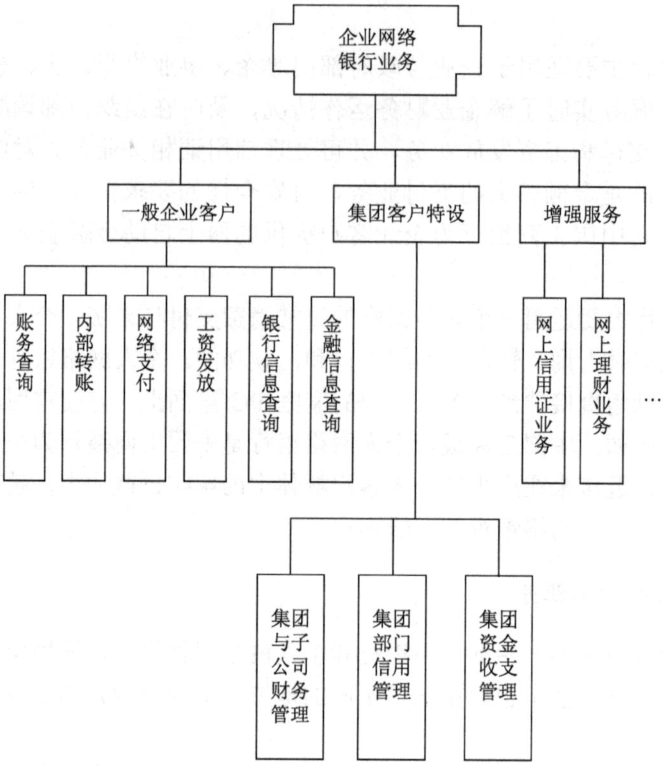

图 7-7　企业网络银行的金融业务内容

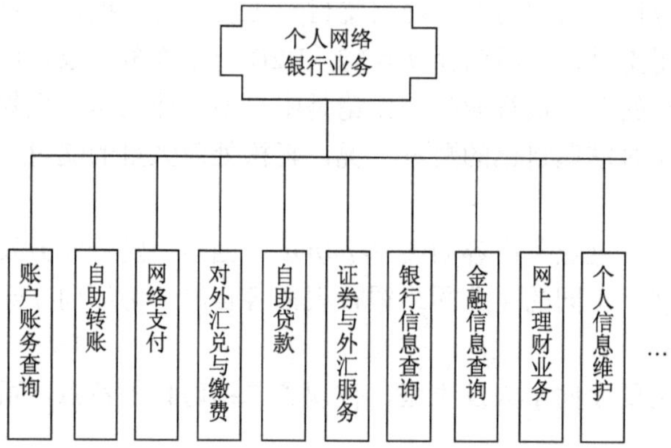

图 7-8　个人网络银行的金融业务内容

7.5.2　第三方支付方式

1. 第三方支付的定义

第三方支付是一种全新的支付模式，介于客户和商家之间的第三方服务性机构独立于金融机构、客户、商家，主要通过计算机技术、网络通信技术，面向电子商务的商家提供电子商务基础支撑和应用支撑服务。其目的在于一方面约束买卖双方的交易行为，为买卖双方的信用提供担保，从而减少网上交易的不确定性，增加网上交易成交的可能性，确保交易中资金流和物流的双向流动；另一方面为商家开展 B2B、B2C 交易提供技术支持和其他增值服务，但一般不直接从事具体的电子商务交易活动。这些第三方机构包括银行、政府、PayPal、VISA、Uber、苹果、谷歌等。

2. 第三方支付的特点

第三方支付平台在与各家银行密切合作的前提下，为商户提供整合型网上支付服务。第三方支付平台有如下特点。

（1）简便性。第三方与银行之间设置了接口，企业通过第三方进行支付，可以避免与银行以及多方机构进行谈判，支付过程较为简便。

（2）成本低。用户通过第三方进行支付不但避免了与多家银行进行协商，节约了谈判成本，而且第三方支付平台的收费也较低，有些甚至是免费的，这样可以帮助用户降低运营成本，帮助银行节省网关开发费用。

（3）安全性。第三方支付有一定的技术支持，并且资金可以在第三方的账户上保留 3—7 天，为发现交易是否正常提供了时间上的保证。

（4）多功能性。第三方支付平台为商家提供更多的增值服务，帮助商家网站实现实时交易查询和交易系统分析，提供方便及时的退款和支付服务，起到仲裁作用，可以维护消费者和商家的利益。

（5）通用性。第三方支付服务系统有助于打破银行卡壁垒。由于目前我国提供在线支付的银行卡各自为政，这些自成体系的银行卡纷纷与网站联盟推出在线支付业务，客观上造成消费者要完成网络购物，手里必须持有几十张卡，同时商家网站也必须装有各个银行的认证软件，这样就会制约网上支付业务的发展，而第三方支付服务系统可以很好地解决这个问题。只要商家和消费者在第三方支付平台上都有账户，就可以进行跨行支付。

3. 第三方支付的流程

在实现支付服务的整个过程中，第三方支付主要提供中介服务，实施担保资金转移安排，防范资金和货物安全出现风险，并提供方便、快捷的通道服务。

一次成功的第三方支付需要经过以下流程。

（1）消费者在电子商务网站浏览并下单，选择通过第三方平台支付。

（2）商家接受订单，并要求第三方支付平台确认消费者账户。

（3）第三方支付平台确认消费者账户，同时，消费者用银行卡将货款打到第三方支付平台的账户上。

（4）第三方支付平台将消费者已经付款的消息通知商家，并要求商家在规定的时间内发货。

（5）商家收到已划款通知，然后按照订单发货。

（6）消费者收到货物并验证后，通知第三方支付平台。

（7）第三方支付平台将消费者账户上的货款划入商家的银行账户中。

4. 第三方支付平台——支付宝

支付宝由全球领先的 B2B 公司——阿里巴巴集团创办的浙江支付宝网络科技有限公司开发，是国内领先的网络支付服务工具，是一个安全、方便、个性化的网络支付解决方案。其运作实质是与国内网络支付业务领先的银行深入合作，以支付宝为信用中介，在买家确认收到商品前，由支付宝替买卖双方暂时保管货款的一种增值服务。

支付宝交易服务于 2003 年 10 月在淘宝网首次推出。支付宝起初为阿里巴巴集团旗下的一个部门，2004 年 12 月浙江支付宝网络科技有限公司正式独立运营，支付宝成为阿里巴巴集团旗下蚂蚁金服的子公司，支付宝率先推出了“担保交易”的模式，后来又推出“全额赔付”支付，提出“你敢用，我敢赔”的承诺，使网上支付的安全性得到了最大的保障。因此，短短几年内支付宝就迅速成为使用极其广泛的网上安全支付工具，用户覆盖了整个 C2C、B2C 以及 B2B 领域。截至 2017 年三季度末，支付宝占第三方移动支付市场交易份额为 53.73%。截至 2018 年 3 月 31 日，支付宝全球活跃用户数量已达到 8.7 亿人。

支付宝之所以有如此的成绩，除了它“出道早”之外，与支付宝“可以办到的事情多”分不开。支付宝主要提供支付及理财服务，包括网购担保交易、网络支付与转账、信用卡还款、手机充值、水电气缴费和个人理财等多个领域。支付宝与超过 200 家金融机构合作，覆盖了绝大部分的线上消费场景，同时大力拓展各种线下业务，包括出租车、公共交通、超市、便利店和餐饮等。在境外超过 30 个国家和地区，近 2000 个签约商户已经支持支付宝收款。覆盖 14 种主流货币支付。在跨境购物退税方面，2013 年支付宝开始支持韩国购物退税，2014 年支付宝更将退税服务扩展到了欧洲。在金融理财领域，支付宝还推出了余额宝、招财宝和股票等理财产品。

7.5.3 移动电子支付

1. 移动电子支付的概念

互联网、无线网络、移动通信技术的完美结合带来了移动电子商务与移动电子支付。移动电子支付（mobile electronic payment，MEP，以下简称移动支付）是指利用手机、PDA、笔记本电脑等移动通信终端和设备，借助移动电话网络，通过手机短信、交互式语音问答、WAP 协议等多种方法所进行的缴费、购物和银行转账等商业交易和服务活动。

2. 移动电子支付的优势

现代社会效率优先、速度至上，移动支付的过程简单、操作便捷，方便消费者，引领着商业领域的深层变革。与传统支付手段相比，移动支付操作简单，只要会发短信即可；快速便捷，只需用短信把数据传送到发卡银行，很快就能得到处理结果。有了移动支付，用户再也不用满大街去找 ATM 机了，使用键盘即可轻松完成一笔交易。凭借银行卡和手机 SIM 卡的技术关联，用户还可以用无线或有线 POS 机打印消费单据，支付、结余情况一目了然。

移动支付是移动电子商务发展的一种趋势，它作为一种崭新的支付方式，具有如下特点。①支付灵活便捷。用户只需申请移动支付功能，便可足不出户完成整个支付过程。②交易时间成本低，可以减少往来银行的交通时间和支付处理时间。③利于调整价值链，优化产业资源布局。移动支付不仅可以为移动运营商带来增值收益，也可以为金融系统带来中间业务收入。

3. 移动电子支付的交易过程

移动支付与普通支付最大的不同在于，交易资格审查的处理过程需要涉及移动网络运营商以及其所使用的浏览协议。移动支付的交易流程如图 7-9 所示。

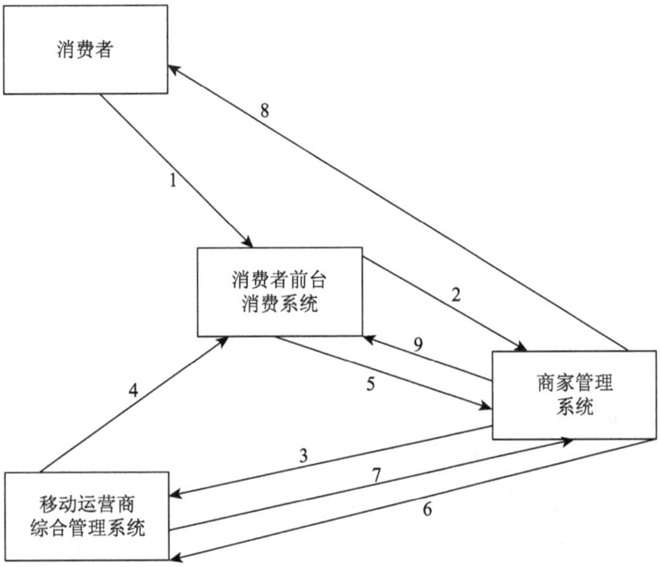

图 7-9　移动支付的交易流程

移动支付的具体交易过程如下。

（1）消费者通过互联网进入消费者前台消费系统选择商品。

（2）将购买指令发送到商家管理系统。

（3）商家管理系统将购买指令发送到移动运营商综合管理系统。

（4）移动运营商综合管理系统将确认购买信息指令发送到消费者前台消费系统或消费者手机上请求确认，如果没有得到确认信息，则拒绝交易，购买过程到此终止。

（5）消费者通过消费者前台消费系统或手机将确认购买指令发送到商家管理系统。

（6）商家管理系统将消费者确认购买指令转交给移动运营商综合管理系统，请求缴费操作。

（7）移动运营商综合管理系统缴费后，告知商家管理系统可以交付产品或服务并保留交易记录。

（8）商家管理系统交付产品或服务，并保留交易记录。

（9）将交易明细写入消费者前台消费系统，以便消费者查询。

至此完成交易过程。

4. 微信支付

微信支付是集成在微信客户端上的支付功能。通过该功能，用户可以将手机作为一个全能钱包，快速完成各项消费活动和货款支付。微信支付需要先绑定银行卡并完成身份认证，不同的对象开通微信支付的条件不同，主要包括个人用户和商家账户。

（1）个人用户微信支付。

在微信支付中，个人用户可以进行的活动主要包括三种，即收付款、腾讯服务和第三方服务。

收付款：微信收付款包括“付款码”和“二维码收款”两种方式。“付款码”功能将向个人用户生成一个条形码和对应的数字，将条形码提供给商家扫描后即可成功付款。“二维码收款”通过生成二维码来进行货款的转移，收款时需要单击二维码下方的“设置金额”选项来手动设置收款的金额，完成后“设置金额”选项将变为“清除金额”选项。

腾讯服务：微信客户端是由腾讯开发的一款手机应用，其中集成了部分腾讯服务，如面对面红包、理财通、Q 币充值和腾讯公益等。除此之外，个人用户还能进行其他的日常生活服务，如手机充值、生活缴费、信用卡还款、交通出行服务和购物消费服务等。

第三方服务：第三方服务中集成了一些第三方应用平台，这些应用平台一般都与微信合作，可以通过微信将其打开并在这些应用平台中使用微信进行在线支付。

（2）商家账户微信支付。

商家账户要实现微信支付功能，需要在公众平台的微信支付页面中申请，填写商户基本资料、业务审核资料和财务审核资料等信息并进行审核。审核通过后，用户按照提示下载承诺函模板并签署盖章，然后确认商户信息、签署微信支付服务协议即可开通微信支付功能。

开通微信支付功能后，商家可以通过自定义菜单、关键字回复等方式向订阅用户推送商品消息，用户选购商品后即可实现在线支付。同时，商家也可将页面转换成二维码，用户扫描二维码在微信浏览器中打开页面进行在线购买和支付。

复习思考题

1. 请叙述电子支付与网络支付的关联。

2. 结合网络支付的运作体系，分析中国目前网络支付运作体系中的不足。

3. 在支撑网络支付服务中，未来互联网会完全取代金融专用网络平台吗？请说说理由。

4. 结合实例，请叙述类支票电子货币支付系统模式的运作流程。

5. 请分析本章中网络支付方式分类方法的科学性。网络支付发展到现在，还有没有新的分类方法？

6. B2C 典型网络支付方式有哪些？
7. 请分析中国目前网络银行的发展状况以及存在的问题。
8. 请探讨目前网络支付方式的安全性。
9. 请分析第三方支付和移动支付的应用实例与网络银行有什么联系？
10. 请分析电子现金在中国的应用前景。

第 8 章

电子商务的安全

本章要点：本章首先介绍电子商务面临的安全问题，分析了电子商务实体各方安全的基本需求，提出了有针对性的电子商务安全策略；其次在此基础上阐述了发展到现在并行之有效的保证电子商务安全的具体方法，如防火墙技术、数据机密性技术、数据完整性技术以及数字证书与认证中心等；最后介绍了应用这些技术保证电子商务安全的目前主流的电子商务安全协议机制。

8.1　电子商务的安全问题与需求

互联网崇尚开放与互联，世界上没有统一的专业管理组织来管理控制它，互联网从技术设计上（通信协议）就存在根本的安全保障上的缺陷，因此主要基于互联网平台的电子商务从出现伊始就有这样那样的安全问题。本节列出电子商务的主要安全问题，并结合目前电子商务的开展状况，阐述电子商务的安全需求。

8.1.1　电子商务面临的安全问题

互联网是一个完全开放的网络，任何一台计算机、任何一个网络都可以与之连接，并借助互联网发布信息，获取共享网站的信息资源，发送电子邮件与开展网络办公，进行各种网上商务活动，即电子商务极大地方便了政府、企业与个人的现代事务处理，直接带动了一个网络经济时代的到来。但同时，很多有意无意的互联网上的活动会给电子商务带来安全威胁。例如，有很多别有用心的组织或个人经常在互联网上四处活动，寻求机会，窃取别人的各种机密如信用卡密码，甚至妨碍或毁坏别人的网络系统运行等。电子商务面临的主要安全隐患包括如下几个方面。

（1）信息泄露。信息泄露在电子商务中主要表现为商业机密的泄露，主要包括两个方面：交易双方进行交易的内容被第三方窃取；交易一方提供给另一方使用的文件被第三方非法使用。

（2）信息被篡改。电子的交易信息在网络上传输的过程中，可能被他人非法修改、删除或多次使用，这样就使信息失去了真实性和完整性。

（3）身份识别。在电子商务中如果不进行身份识别，第三方就有可能假冒交易一方的身份，破坏交易、败坏被假冒一方的信誉或盗取被假冒一方的交易成果。

（4）信息破坏。信息破坏主要表现为网络的硬件或软件可能会出现问题而导致交易信息传递丢失、谬误和被恶意破坏。例如，计算机网络本身遭到一些恶意程序的破坏，而使电子商务信息遭到破坏等。

8.1.2　电子商务的安全需求

针对上述在电子商务开展过程中可能发生的安全问题，为保证电子商务流程的安全、可靠，考虑到电子商务过程中涉及的客户、商家、银行、认证中心等商务各方的安全需要，电子商务的安全需求可总结描述如下。

（1）数据的机密性。数据的机密性是指防止非授权用户获得并使用该数据。商务信息在通过互联网这一公众网络时应不被第三方窃取、偷看。解决数据机密性的一般方法是采用加密手段。

（2）数据的完整性。数据完整性是指确保网络上的数据在传输过程中没有被篡改。

解决数字完整性的方法通常是采用数字指纹技术和数字签名技术。

（3）交易的不可抵赖性。交易的不可抵赖性是指用户不能抵赖自己做出的行为，也不能否认接到对方的信息。在交易进行时，交易各方必须附带含有自身特征、无法由别人复制的信息，以保证交易后发生纠纷时有所对证。通常采用数字签名技术解决交易的不可抵赖性。

（4）交易双方身份的真实性。交易双方身份的真实性是指由于网络交易互不见面，特别是涉及支付问题时，要确认对方的账户是否存在、信用卡等是否真实有效，通常的做法是建立认证系统，由第三方认证机构作为交易双方的认证人，或各自出示双方都信赖的认证机构颁发的证书。

8.1.3 保证电子商务安全的解决方法

结合前面所述电子商务各方的安全需求，可以有针对性地采用如下七个方面的解决方法。

（1）电子商务业务流程中涉及各方身份的认证。例如，建立第三方公正的认证机构、使用 X509 数字签名和数字证书实现对交易各方的认证，证实其身份的合法性、真实性。

（2）电子商务相关数据流内容的保密性。使用相关的加密算法对电子商务流数据进行加密，以防止未被授权的非法第三者获取消息的真正含义。例如，采用 DEA（data encryption algorithm，数据加密算法）私有密钥加密、RSA 公开密钥加密、数字信封等保密手段。

（3）电子商务数据流内容的完整性。例如，使用数字指纹（即数字摘要）算法以确认电子商务流信息（如电子合同）的完整性。

（4）保证对电子商务行为和内容的不可否认性。当交易双方因电子商务出现异议、纠纷时，采用某种技术手段提供足够充分的证据来迅速辨别纠纷中的是非。例如，采用数字签名、数字指纹、数字时间戳等技术并配合认证机构来实现其不可否认性。

（5）处理多方贸易业务中的多边安全认证问题。这种多边安全认证的关系可以通过双重数字签名等技术来实现，如 SET 安全支付机制。

（6）电子商务系统中应用软件、网络平台的正常运行。保证电子商务专有应用软件的可靠运行，支撑网络平台的畅通无阻和正常运行，防止网络病毒和黑客的攻击，防止商务处理的故意延缓，防止网络通道的故意堵塞等是实现安全电子商务的基础。例如，采用网络防火墙技术、用户与资源分级控制管理机制、网络通道流量监控软件、网络防病毒软件等方法。

（7）政府支持相关管理机构的建立和电子商务法律的制定。应建立第三方的公正管理和认证机构，并尽快完成相关电子商务的法律制定，利用法律来保证电子商务的安全进行。

本章后面的内容将分别叙述上述方法和解决手段的原理与应用。

8.2　电子商务网络平台的安全及防火墙技术

保证电子商务的安全首先就要保证电子商务进行的网络平台的安全，这个平台包括了客户端网络环境、商家 Intranet 网络环境、银行内部网络以及把三者联系在一起的互联网。本节将通过对支撑电子商务的大众互联网网络平台系统的安全需求进行分析，从而总结出保护互联网网络平台系统的各种安全举措，并重点介绍网络平台最重要的安全措施之一——防火墙技术的应用。

8.2.1　网络平台系统的构成及其主要安全威胁

支持电子商务安全可靠进行的组成互联网网络平台系统的相关网络主要有电子商务各方应用的网络，其组成示意图如图 8-1 所示。

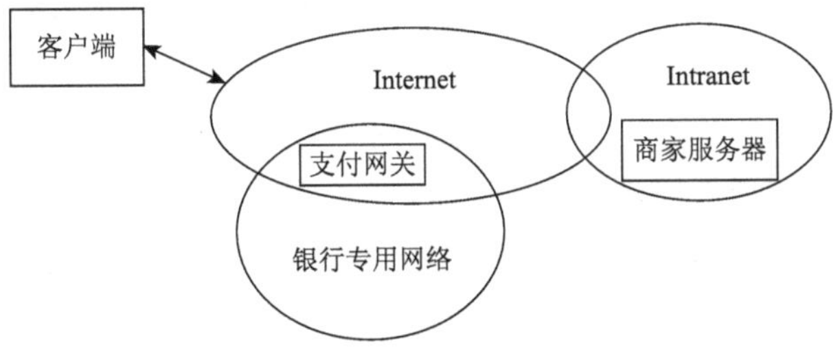

图 8-1　电子商务系统网络组成示意图

上述各个组成环节，均有可能给电子商务带来安全问题。支付网关与银行后台的专用网络的安全已经由银行系统或专门的第三方来提供安全保证，这里不用考虑。在这里主要考虑的是作为公共通信通道的互联网、客户端以及商家 Intranet 存在的安全威胁。

在互联网网络平台系统中作为节点的 Intranet 所面临的安全威胁与互联网略有不同，这主要是因为 Intranet 有一个边界确定、结构严谨、控制严格的环境，并可在企业（商家等）中实现强制性的、集中的安全控制。只有充分考虑到互联网网络平台系统中各个组成部分所面临的安全隐患，企业才能够制定出相应的安全措施，以保证网络平台的安全，进而保证电子商务的安全。

8.2.2　互联网网络平台系统的安全措施

互联网网络平台上的安全措施主要从保护网络安全、保护应用安全和保护系统安全三个方面来叙述。每一方面都要综合考虑安全防护的各方面，即物理安全、防火墙、信息包安全、Web 安全、媒体安全等方面，以满足电子商务安全的各种要求。当然，由于目前互联网本身使用的 TCP/IP 协议（IPv4）上的缺陷，因此其先天就没有很高的安全性，这种设计上的缺陷是造成互联网安全问题的根本原因。

最根本的解决办法只有重新设计 TCP/IP 协议，新一代互联网网络通信协议（IPv6）就是解决此网络平台安全问题的根本办法。

1. 保护网络安全

网络安全是保护商务各方网络端系统（包括代理服务器和服务器系统）之间通信过程的安全。保证机密性、完整性、认证性和访问控制性是网络安全的重要因素，目前网络安全采用的主要措施如下。

（1）全面规划网络平台的安全策略。电子商务涉及各方都必须制定一个安全策略以满足自身的安全需求。其主要包括：如何使用口令和访问控制；针对网络操作系统和应用程序实施相应的安全控制；制定数据文件、系统的备份方案，按方案实施和检查；制定各种灾难和故障恢复计划，做好网络备份和数据备份等。

（2）制定网络安全的管理措施。积极建立网络安全的管理机制，提高网络系统的自我防范能力，并对网络中的各级用户及有关人员进行职业道德教育以及技术培训。

（3）使用防火墙。这是最主要的措施之一，后面小节将重点介绍防火墙技术及其应用的相关内容。

（4）尽可能记录网络上的一切活动，根据这些记录信息来定位和分析非法入侵行为。

（5）注意对网络设备的物理保护。电缆、路由器、用户联网机、网络服务器等硬件可能会受到物理攻击，如通过“搭线”到网络电缆上进行信息窃取。

（6）检验网络平台系统的脆弱性。可从系统外部和系统内部两方面来检查其脆弱性。

（7）建立可靠的识别和鉴别机制。

2. 保护应用安全

应用安全，主要是针对特定应用（如 Web 服务器、网络支付专用软件系统）所建立的安全防护措施，独立于网络的任何其他安全防护措施。虽然有些防护措施可能是网络安全业务的一种替代或重叠。例如，Web 浏览器和 Web 服务器在应用层上对信息包的加密，都通过 IP 层加密，但是许多应用还有自己的特定安全要求。由于现在电子商务中的应用层对安全的要求最严格、最复杂，因此更倾向于在应用层而不是在网络层采取各种安全措施。

3. 保护系统安全

系统安全，就是指系统从整体电子商务系统的角度来进行安全防护，它与网络系统硬件平台、操作系统、各种应用软件等互相关联。保护电子商务系统安全的主要措施有以下三项。

（1）在安装的软件中，如浏览器软件、电子钱包软件、支付网关软件等，检查和确认没有已知的安全漏洞，如各种病毒等。

（2）技术与管理相结合使系统具有最小穿透风险性，通过诸多认证才允许连通，对所有接入数据必须进行审计，对系统用户进行严格安全管理。

（3）对入侵进行检测、审计、追踪，第 8.2.3 节提及的防火墙系统提供这个功能。

8.2.3　防火墙技术

1. 防火墙的定义

防火墙（firewall）是一种由计算机软件和硬件组成的隔离系统设备，它在安全的企业 Intranet 和大众的、不安全的 Internet 之间构筑一道防护屏障，能够按预先设置的条件对进出实体进行区分，实现内外有别。确切地说，防火墙就是在可信安全的 Intranet 和不可信、不安全的 Internet 之间设置的安全系统，可以提供访问控制策略，可以干预这两个网彼此之间的信息传送，可以决定一个数据组或一种连接或一个用户能否通过它。根据防火墙的定义与目标，可做应用示意图如图 8-2 所示。

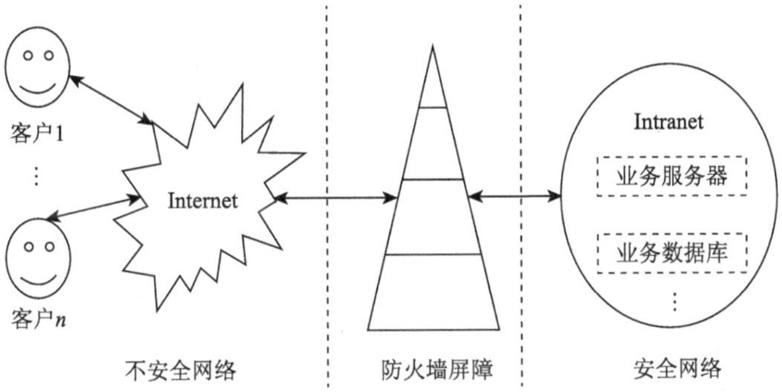

图 8-2　防火墙的应用示意图

防火墙总的安全保护思想不是对企业内部网内的每台计算机分别进行保护，而是让所有外部对内部网计算机的信息访问都通过某一个点，防火墙就保护这一个点，实现内部网络的整体防护。这样防火墙主机本身的安全将是这一系列安全的关键点，防火墙系统本身必须建立在“安全的”操作系统所提供的安全环境中，安全操作系统可以保护防火墙的代码和文件免遭攻击。这些防火墙的代码只允许在给定主机系统上执行，这种限制可以减少非法穿越防火墙的可能性。

2. 防火墙的功能

防火墙通常有“门”和“闸”两部分。前者的功能是在网络之间移动数据，体现信息传输的功能；后者则将未授权的数据移动进行过滤，保证网络的安全，体现管理控制的功能，正如配置了警卫的物理围墙一样。

防火墙能保护站点不被任意连接，甚至能建立反向跟踪工具，帮助总结并记录有关正在进行的连接资源、服务器提供的通信量以及试图闯入的闯入者的任何企图。

3. 防火墙的组成

一般来说，一个功能较为完整的防火墙基本组成包括外部过滤器、网关和内部过滤器。图 8-3 为防火墙的基本组成框架图。

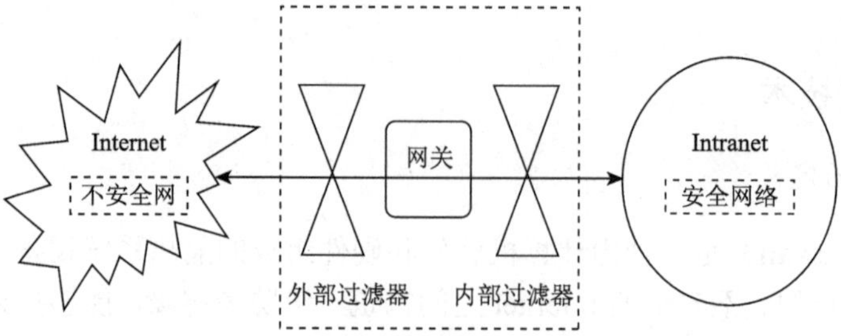

图 8-3 防火墙的基本组成框架图

（1）过滤器，即 filter，有内部过滤器和外部过滤器，用于阻断某些类型信息的通过。通常外部过滤器用于保护网关免受来自 Internet 的攻击，而当网关一旦遭到来自 Internet 的攻击而受到破坏时，内部过滤器则用于应对网关受破坏后的结果。外部和内部过滤器都可用于保护 Intranet，防火墙要对 Intranet 和 Internet 之间传递的每一数据组进行干涉。

（2）网关，即 gateway，提供中继服务，以补偿过滤器的影响，辅助过滤器控制业务信息流。网关往往是一台或一组机器。一个暴露在外面的网关计算机通常叫作“堡垒机”。

当然上述组成也不是固定的，实际上不同的安全需求会导致不同的防火墙配置方案，如银行内部网的防火墙配置方案肯定比一个普通的大学内部网防火墙配置方案要好一些。有的防火墙还包括域名服务和电子邮件过滤处理模块等，以辅助过滤器控制多种不同的业务信息流，如电子商务中客户访问银行网络，可能是电子邮件流也可能是 HTTP 或 HTTPS 服务。

4. 防火墙的优缺点

在电子商务中，防火墙技术主要用来对支撑电子商务各种业务开展的网络平台进行安全防护，也可以说是商家、银行等组织的内部网络的第一道防护措施，如用于支撑网络支付的银行内部网络、商家的电子商务网站、客户的采购网络等。

利用防火墙技术来保护内部网，主要有以下五个方面的优点：①应对来自不安全网络如互联网各种路线的攻击，提高集中安全性；②借助网络服务选择，保护网络中脆弱的易受攻击的服务；③可以很方便地监视整个网络的安全性，并具有报警提醒功能，可及时反应；④可以作为部署 NAT（network address translation，网络地址转换）的逻辑地址；⑤增强内部网中资源的保密性，强化私有权。

设置防火墙的目的只是加强网络安全性，其应用也只是许多安全防护手段的一种，虽然具有上述许多优点，但并不能完全、绝对保证企业内部网络如银行网络系统的安全。因为防火墙仍然存在许多缺陷和不足，而且有些缺陷是目前根本无法解决的。总体上讲，防火墙是一种被动式的安全防护手段，它只能对现在已知的网络威胁起作用。随着网络攻击手段的不断更新和一些新的网络应用服务的出现，不可能靠一次性的防火墙设置来永远解决网络安全问题，因而必须不断研发与升级防火墙技术。

8.3 数据机密性技术

电子商务流程中数据的机密性问题其实主要是数据的保密性问题。为了保证电子商务中数据，特别是与支付相关的一些隐私数据的保密性、真实性，实现应用服务与信息资源的管理控制以及对数据进行有效加密是常用的方法。对数据进行有效加密与解密的技术被称为密码技术，这是解决网络安全问题更为有效的方法。

8.3.1 私有密钥加密法

1. 私有密钥加密法的定义与应用原理

私有密钥加密（secret key cryptography），就是指在计算机网络甲、乙两用户之间进行通信时，发送方甲为了保护要传输的明文信息不被第三方窃取，采用密钥 A 对信息进行加密而形成密文 M 并发送给接收方乙，接收方乙用同样的一把密钥 A 对收到的密文 M 进行解密，得到明文信息，从而完成密文通信目的的方法。这种信息加密传输方式就被称为私有密钥加密法。由于密文 M 在网络传输过程中谁也看不懂，就算在传输中途被窃或被拷贝也因没有密钥 A 而难以被破译，这样就保证了在甲、乙之间信息传输的安全。

上述加密法的一个最大特点是信息发送方与信息接收方均需采用同样的密钥，具有对称性，所以私有密钥加密也称对称密钥加密。这种加密方式在应用上很方便，但一旦这把密钥 A 被盗或被人知道，那么发送方甲与接收方乙之间原来交换的所有信息都有可能被破译，给双方带来巨大的风险，所以必须保证密钥 A 的绝对安全、保密，甲、乙双方谁也不能让密钥 A 被其他人知道或共享，必须小心地藏在安全的地方，所以这把密钥 A 也称私有密钥，上述加密法也就叫作私有密钥加密法。

2. 私有密钥加密法的使用过程

具体到电子商务，很多环节都要用到私有密钥加密法。例如，在两个商务实体或两个银行之间进行资金的支付时，涉及大量资金流信息的传输与交换。

这里以发送方甲银行与接收方乙银行的一次资金信息传输为例，来描述应用私有密钥加密法的使用过程。图 8-4 为应用私有密钥加密法的甲、乙银行资金转账通知单的传输过程示意图，其过程简述如下。

（1）甲银行借助专业私有密钥加密法生成私有密钥 A，并复制一份密钥 A，借助一个安全可靠的通道（如采用数字信封）秘密传递给乙银行。

（2）甲银行在本地利用密钥 A 把信息明文加密成信息密文。

（3）甲银行把信息密文借助网络通道传输给乙银行。

（4）乙银行接收信息密文。

（5）乙银行在本地利用一样的密钥 A 把信息密文解密成信息明文。这样乙银行就知晓甲银行的资金转账通知单的内容了，结束通信。

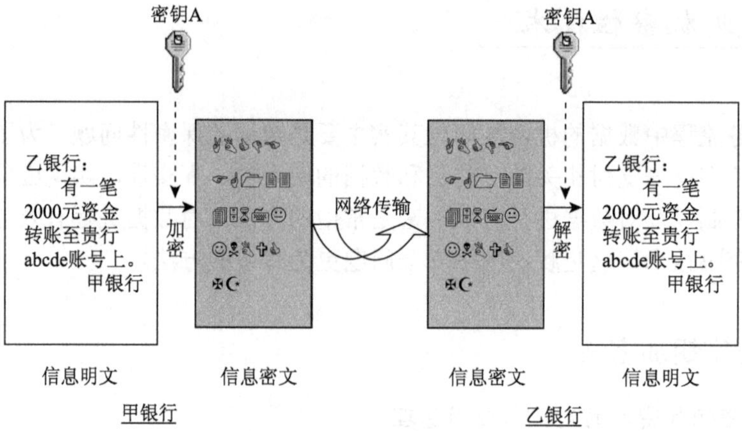

图 8-4　私有密钥加密法的应用过程示意图

3. 私有密钥加密法的常用算法

世界上一些专业组织机构研发了许多种私有密钥加密算法，比较著名的有数据加密标准（data encryption standard，DES）及其各种变形、国际数据加密算法（international data encryption algorithm，IDEA）等。DES 算法由美国国家标准局提出，1977 年公布实施，是目前广泛采用的私有密钥加密算法之一，主要应用于银行业中的电子资金转账、军事定点通信等领域，如电子支票的加密传送。经过 20 多年的使用，已经发现 DES 存在很多不足之处，随着计算机技术的进步，对 DES 的破解方法也日趋有效，所以更安全的高级加密标准（advanced encryption standard，AES）将会替代 DES 成为新一代加密标准。

4. 私有密钥加密法的优缺点

私有密钥加密法的主要优点是运算量小，加、解密速度快，由于加、解密应用同一把密钥，因此其应用简单。在专用网络中由于通信各方相对固定，所以应用效果较好。但是，私有密钥加密技术也存在以下一些问题。一是分发不易。由于算法公开，其安全性完全依赖于对私有密钥的保护。二是管理复杂、代价高昂。私有密钥密码体制用于公众通信网时，每对通信对象的密钥不同，必须用不被第三者知道的方式事先通知对方。三是难以进行用户身份的认定。采用私有密钥加密法实现信息传输，只是解决了数据的机密性问题，并不能认证信息发送者的身份。因此，必须经常更换密钥，以确保系统安全。四是采用私有密钥加密法的系统比较脆弱，较易遭到不同密码分析的攻击。五是它仅能用于对数据进行加、解密处理，提高数据的机密性，不能用于数字签名。这些不足和电子商务的发展需求促使了以下公开密钥加密法在网络支付服务中的广泛应用。

8.3.2 公开密钥加密法

1. 公开密钥加密法的定义与应用原理

公开密钥加密（public key cryptography），就是指在计算机网络甲、乙两用户之间进行通信时，发送方甲为了保护要传输的明文信息不被第三方窃取，采用密钥 A 对信息进行加密形成密文 M 并发送给接收方乙，接收方乙用另一把密钥 B 对收到的密文 M 进行解密，得到明文信息，完成密文通信目的的方法。由于密钥 A、密钥 B 这两把密钥中，其中一把为用户私有，另一把对网络上的大众用户是公开的，所以这种信息加密传输方式就被称为公开密钥加密法。

与私有（对称）密钥加密法的加密和解密用同一把密钥的原理不同，公开密钥加密法的加密和解密所用的密钥是不同的，即不对称，所以公开密钥加密法又被称为非对称密钥加密法。

公开密钥加密法的应用原理是：借助密钥生成程序生成密钥 A 与密钥 B，这两把密钥在数学上相关，被称作密钥对。当用密钥对中任何一个密钥加密时，可以用另一个密钥解密，而且只能用此密钥对中的另一个密钥解密，而自己本身并不能解密，这就是所谓的数学相关关系。在实际应用中，某商家可以把生成的数学密钥 A 与密钥 B 做一个约定，将其中一把密钥如密钥 A 保存好，只能商家用户自己知道并使用，不与别人共享，叫作私人密钥（private key）；将另一个密钥即密钥 B 通过网络公开散发出去（借助数字证书渠道），谁都可以获取一把并能应用，属于公开的共享密钥，叫作公开密钥（public key）。

这时就存在下面两种应用情况。

（1）任何一个收到商家公开密钥 B 的客户，都可以用此公开密钥 B 加密信息，发送给这个商家，那么这些加密信息就只能被这个商家的私人密钥 A 解密，而拥有公开密钥 B 的众多用户是不能解密的。这样，由于能解密的私人密钥 A 只有商家拥有，只要商家没有将私人密钥泄露给别人，就能保证发送的信息只能被这位商家收到，实现“定向通信”。

（2）商家利用自己的私人密钥 A 对要发送的信息进行加密形成密文信息，发送给商业合作伙伴，那么这个加密信息就只能被公开密钥 B 解密，而拥有公开密钥 B 的用户可以是很多人。这样，由于只能应用公开密钥 B 进行解密，根据数学相关关系，可以断定密文的形成一定是应用了私人密钥 A 进行加密的结果，而私人密钥 A 只有商家拥有，由此可以断定，网上收到的密文一定是拥有私人密钥 A 的商家发送的，实现“不可抵赖”。

上述两种情况均可以应用到电子商务活动中。公开密钥加密法的加、解密算法是公开的，但是算法是不可逆的，因此加密的关键是密钥，用户只要保存好自己的私人密钥，就不怕泄密。

2. 公开密钥加密法的使用过程

电子商务的很多环节要用到公开密钥加密法。例如，在网络银行客户与银行进行资金的支付操作时，就涉及大量的资金流信息的安全传输与交换。

这里以客户甲与网络银行乙的资金信息传输为例，来描述应用公开密钥加密法在两种情况下的使用过程。

预备工作是：乙银行通过公开密钥加密法的密钥生成程序生成了自己的私人密钥 A 与公开密钥 B，如上述数学相关关系，私人密钥 A 由网络银行自己独自保存，而公开密钥 B 已经通过网络的某种应用形式（如数字证书）分发给网络银行的众多客户，当然客户甲也拥有一把乙银行的公开密钥 B。

（1）客户甲传送“支付通知”给乙银行，要求支付通知在传送中是密文，并且只能由乙银行解密知晓，从而实现了定点保密通信。

为实现上述应用目的，这次加密通信的过程为（图 8-5）：①客户甲利用获得的公开密钥 B 在本地对支付通知明文进行加密，形成支付通知密文，通过网络将密文传输给乙银行；②乙银行收到支付通知密文后，发现只能用自己的私人密钥 A 进行解密形成支付通知明文，断定只有自己知晓支付通知的内容，明确是发给自己的。

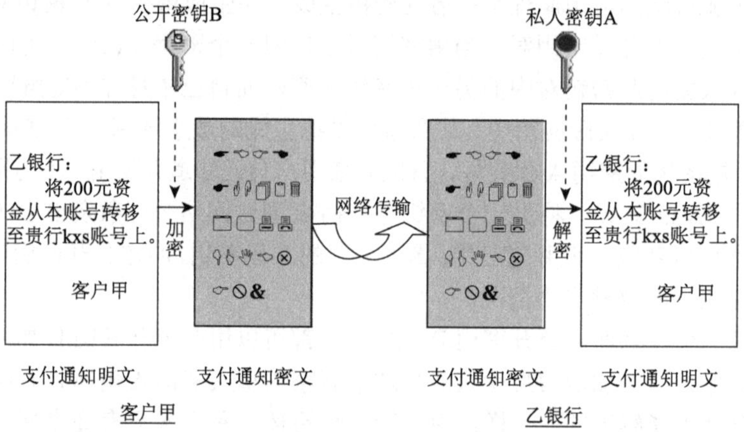

图 8-5　公开密钥加密法的应用过程示意图（一）

（2）乙银行在按照收到的“支付通知”指令完成支付转账服务后，必须回送给客户甲一个“支付确认”，要求客户甲在收到支付确认后，断定只能是乙银行发来的，不是别人假冒的，将来可作支付凭证，从而实现对网络银行业务行为的认证，而网络银行不能随意否认、抵赖。

为实现上述应用目的，这次认证通信的过程为（图 8-6）：①乙银行在按照客户甲的要求完成相关资金转账后，准备一个支付确认明文，在本地利用自己的私人密钥 A 对支付确认明文进行加密，形成支付确认密文，通过网络将密文传输给客户甲；②客户甲收到支付确认密文后，虽然自己拥有许多密钥，却发现只能用获得的网络银行的公开密钥 B 进行解密形成支付确认明文，由于公开密钥 B 只能解密由私人密钥 A 加密的密文，而私人密钥 A 只有乙银行有，因此客户甲断定这个“支付确认”只能是乙银行发来的，不是别人假冒的，可作支付完成的凭证。

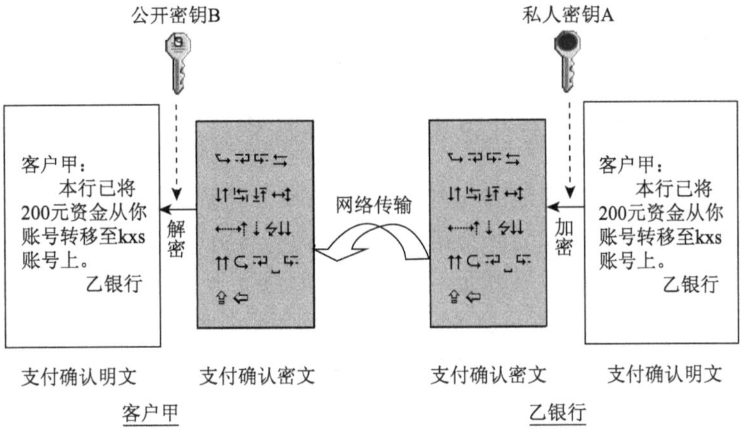

图 8-6　公开密钥加密法的应用过程示意图（二）

3. 公开密钥加密法的常用算法

自公开密钥加密法问世以来，学者提出了许多种加密算法，它们的安全性都是基于复杂的数学难题。根据所基于的数学难题来分类，目前主要有以下三类系统被认为是安全和有效的，即大整数因子分解系统（如 RSA 算法）、椭圆曲线离散对数系统［如椭圆曲线加密（elliptic curve cryptography，ECC）算法］和离散对数系统［如数字签名算法（digital signature algorithm，DSA）］。

当前最著名、应用最广泛的公开密钥系统是 RSA 算法，它的安全性是基于大整数因子分解的困难性，而大整数因子分解问题是数学上的著名难题，至今并没有有效的方法予以解决，因此可以确保 RSA 算法的安全性。目前电子商务中大多数使用公开密钥加密法进行加、解密，数字签名的产品和标准使用的都是 RSA 算法。

4. 公开密钥加密法的优缺点

公开密钥加密法的优点可以从以下三个方面来说明。

（1）身份认证较为方便。也许你并不认识某一商务实体，但只要你的服务器认为该实体的带公钥的证书是可靠的，就可以进行安全通信，而这正是 Web 商务这样的业务所要求的，如信用卡网络支付购物。

（2）密钥分配简单。公开密钥可以像电话号码一样告诉每一个网络成员与商业伙伴，需要好好保管的只是一个私人密钥。此外，它相比于私钥加密需要保存的密钥数量要少得多，密钥管理也比较方便，可以像收集电话号码一样收集所有成员的公开密钥。

（3）公开密钥加密法能很好地支持完成对传输信息的数字签名，以解决数据的否认与抵赖问题。

单独应用公开密钥加密法的最大缺陷就在于它的加、解密速度。由于进行的都是大数计算，所以无论是用软件还是用硬件实现，RSA 算法最快的情况也比 DES 用时长 100 倍。一般来说，公开密钥加密法只适用于少量数据加密，如向客户传送信用卡或网络银行的密码。此外，在公开密钥加密法应用中，生成较长密钥的技术属于尖端高科技，目前中国暂时还没有比较完善的生成较长密钥的技术。

8.3.3 私有密钥加密法和公开密钥加密法的比较

下面将通过私有密钥加密法的代表 DES 算法和公开密钥加密法的代表 RSA 算法的比较，说明私有密钥加密法和公开密钥加密法的优劣与用途比较。

（1）在加、解密的处理效率方面。DES 算法明显优于 RSA 算法，即 DES 算法快得多。因为 DES 密钥的长度通常只有 56 位，可以利用软件和硬件实现高速处理；而 RSA 算法密钥较长，需要进行诸如 200 位整数的乘幂等多倍字长的处理，处理速度明显慢于 DES 算法。

（2）在密钥的分发与管理方面。RSA 算法比 DES 算法更加优越。因为 RSA 算法可采用公开形式分配加密密钥，对加密密钥的更新也很容易，并且对不同的通信对象，只需将自己的私人密钥保密好即可；而 DES 算法要求通信前对密钥进行秘密分配传递，密钥的变更或更换困难，对不同的通信对象，DES 需产生和保管大量不同的密钥。

（3）在安全性方面。只要密钥够长，如 112 位密钥的 DES 算法和 1024 位密钥的 RSA 算法，安全性就很好，目前还没找到在可预见的时间内破译它们的有效方法。

（4）在签名和认证方面。DES 算法从原理上不可能实现数字签名和身份认证，但 RSA 算法能够方便、容易地进行数字签名和身份认证，这对加强电子商务的安全性特别是加强网络支付的安全性具有重大意义和实际用途。

基于以上比较的结果可以看出，私有密钥加密法（以 DES 算法为代表）与公开密钥加密法（以 RSA 算法为代表）各有短长，公开密钥加密在签名认证方面功能强大，而私有密钥加密在加、解密速度方面具有很大优势。

8.4 数据完整性技术

前面叙述了以私有密钥加密法与公开密钥加密法为代表的保护数据机密性的一些技术，可以说基本解决了数据的保密问题。但在电子商务中，常常还可能出现这些情况：相关商务数据受到未经许可的修改、伪造以及否认与抵赖。正如传统的商务中出现了纸质合同被修改、纸质支票被伪造一样，在电子商务中也会遇到类似问题。

8.4.1 数字摘要

电子商务中通信双方在互相传送如电子合同、电子支票等数据信息时，不仅要对相关数据进行保密，不让第三者知道，还要能够知道数据在传输过程中有没有被别人改变，也就是要保证数据的完整性，其中一个有效手段就是采用数字摘要技术。

1. 数字摘要的定义与应用原理

数字摘要（digital digest），就是发送者对被传送的一个信息报文（如电子合同或支付通知单）根据某种数学算法计算出一个此信息报文的摘要值，并将此摘要值与原始信息报文一起通过网络传送给接收者，接收者用此摘要值来检验信息报文在网络传送过程中有没有发生改变，从而来判断信息报文的真实与否。

这个摘要值本质上是由原始信息报文通过某一加密算法产生的一个特殊的数字信息串，比较短，与原始信息报文之间有一一对应的关系。也就是说，每个信息报文按照某种加密算法都产生一个自己特定的数字摘要，就像每个人都有自己独特的指纹一样，所以数字摘要又被称作数字指纹（digital thumbprint）或数字手印。

数字摘要是由哈希（Hash）算法计算得到的，所以也称哈希值。哈希算法是一个单向的不可逆的数学算法，信息报文经此算法处理后，能产生一个数字摘要，但不可能由此数字摘要再用任何办法或算法来还原原来的信息报文，这样就保护了信息报文的机密性。

哈希算法是公开的，接收者收到信息报文和数字摘要后，可以用同样的哈希算法处理收到的信息报文，得到新的数字摘要，只要比较两条数字摘要是否相同，就可以确定所收到的信息报文在传送过程中是否被改变或是不是真的。不同的信息原文将产生不同的数字摘要，对原文哪怕改变一位数据，数字摘要也会发生相应变化，正如我们检查纸质合同上总经理签名的真实性一样。

2. 数字摘要的产生示例

这里以数字摘要在网络支付业务过程中的应用为例，来描述其产生示例。还是前面的例子，客户甲给乙银行发送支付通知的数字摘要产生示意图，如图 8-7 所示。

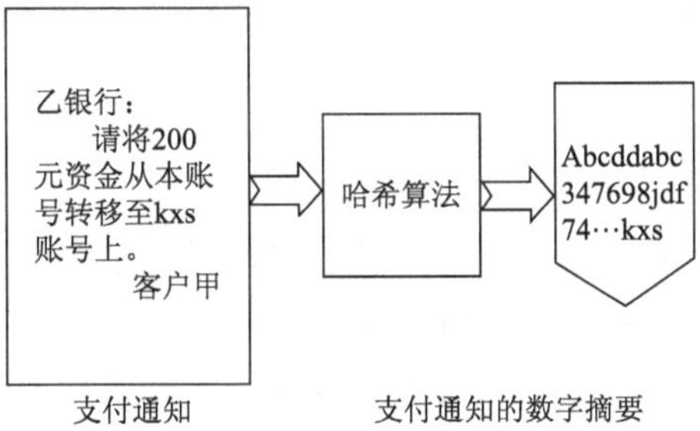

图 8-7 数字摘要产生示意图

从图 8-7 中可以看出，只要获得较好的产生数字摘要的哈希算法，产生数字摘要就比较容易。虽然哈希算法是公开的，但算法精度上还是有区别的，即产生的数字摘要的长度有区别。太短，容易重复（即两个不同的信息报文产生的数字摘要一样），失去防伪的意义；太长，对算法要求高，产生时间长，而传播时间也长，故开销大。所以数字摘要的长度只要基本能保证不重复就可以了，当然也不能保证绝对不会重复，像指纹一样只要重复概率几乎无限小即可。

数字摘要是数字签名的另一个支持技术，主要解决信息防伪的问题，通常与公开密钥加密法一起联合应用，构成数字签名。

8.4.2 数字签名

在传统商务的纸质合同中，人们通常用笔签名或使用印章，这种手工的签名或印章通常有两个作用：一是证明合同是由签名者发送并认可的，不可抵赖，是要负法律责任的；二是保证信息的真实性，不是伪造的，非经签名者不许篡改。而在电子商务中，为了保证电子合同的真实性和不可否认性，即完整性，可以使用类似手工签名功能的数字签名技术。

1. 数字签名的定义与应用原理

数字签名（digital signature），也叫电子签名，就是指利用电子信息加密技术实现在网络传送信息报文时，附加一个特殊的能唯一代表发送者个人身份的标记，完成传统上手书签名或印章的作用，以表示确认、负责、经手、真实等。或者说，数字签名就是在要发送的信息报文上附加一小段只有信息发送者才能产生而别人无法伪造的特殊个人数据标记（就是数字标签），而且这个特殊的个人数据标记是原信息报文数据加密转换生成的，用来证明信息报文是由发送者发来的。

当然也可以将整条信息采用公开密钥加密方式，用发送方的私人密钥加密的方法来确保信息报文来自发送方，但是由于信息报文往往很长，如电子合同，系统不得不花很长时间用于对信息加、解密，因此采用上述数字签名技术更具效率。

数字签名在应用原理上利用前面所讲的公开密钥加密法和数字摘要技术，分别来解决电子文件或信息报文网络传送与交换后的不可否认性与真实性问题，通俗讲，就是防抵赖、防伪造与防篡改。

2. 数字签名的应用示例

在电子商务的许多网络服务中均用到了数字签名技术，如电子合同的认证、网络支付单据的认证，还有我国政府部门目前正大力开展的电子政务中政府公文的传递等。由于电子商务的非面对面特征，为防止网络上假冒、抵赖等行为的发生并有据可查，数字签名就像传统商务中的个人手工签名或企业印章一样，保障了电子商务的安全。

这里，我们以客户甲向乙银行发送“支付通知 M”为例，在支付通知 M 上附带客户甲的数字签名以帮助乙银行认证客户甲的发送行为（即的确得到了客户甲的支付通知），并鉴别乙银行收到的支付通知 M 的真伪。其实这个“支付通知”就好像用于网络支付的电子支票，而生成的数字签名就好像用于支票防伪与确认的印章一样。

图 8-8 描述的就是客户甲利用数字签名向乙银行发送支付通知 M 的过程，反映了数字签名的应用过程。

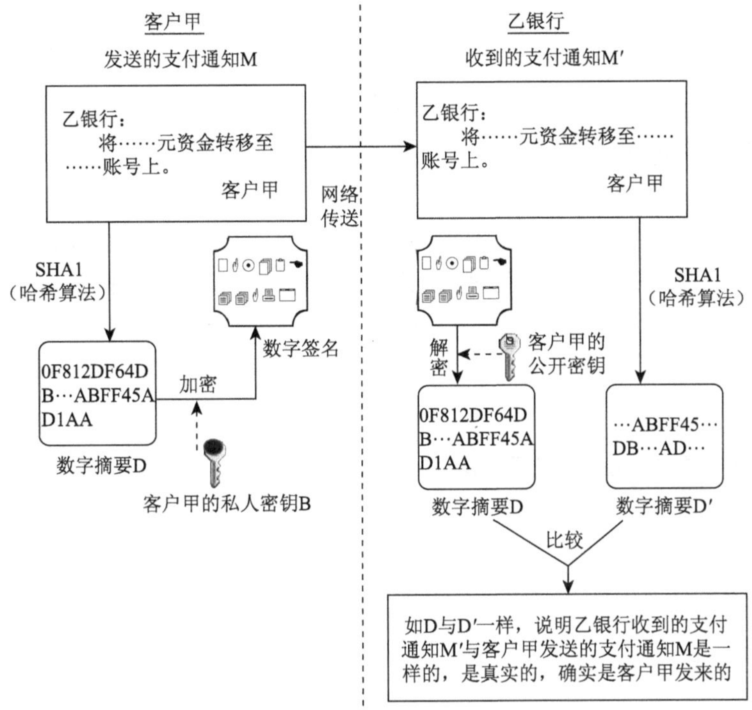

图 8-8　数字签名的应用示意图

注意发送方客户甲与接收方乙银行在利用支付通知 M 生成数字摘要的时候要用同一个哈希算法，如 SHA1。乙银行可以通过公开的渠道取得客户甲的公开密钥，以认证客户甲的身份，防备其将来的可能抵赖行为。支付通知 M 可明文或密文发送，只需再借助一下前面所讲的数字信封技术即可。

有兴趣的读者可上网查询招商银行或中国工商银行的服务器数字证书，这些数字证书都描述了此银行相关业务服务器的公开密钥以及生成数字摘要的哈希算法等。

3. 数字签名的作用与常见类型

数字签名和传统手工签名最大的相同点就是它们的作用是一样的，即确保消息的真实性和完整性。数字签名与手工签名的区别在于：手工签名（包括盖章）是模拟的，因人而异，即使同一个人也有细微差别，因此比较容易伪造，要区别是否为伪造的，往往还需要特殊专家的协助；而数字签名采用 0 和 1 的数字串，极难伪造，要区别是否为伪造，不需专家，只要有公正的第三方认证中心支持，接收者自己就可以在线验证。

数字签名目前已广泛地应用于网络上的公文传递和电子商务中，具有良好的应用效果，其作用具体叙述如下。

（1）数字签名是可信的。接收方用发送方的公开密钥能解密收到的数字签名（数字标记），可以确信是由发送方签名的。

（2）数字签名是不可伪造的。数字签名必须通过私人密钥加密产生，只有发送方自身知道他的私人密钥，别人没有，因此发送方的数字签名不可伪造。

（3）同一个数字签名是不可多用的。数字签名是信息报文经过数学函数变换一一对应产生的，信息报文改变，数字签名也会改变。

（4）被数字签名附带的信息报文是不可篡改的。如果信息报文有任何改变，都将导致数字签名验证不能通过。

（5）数字签名是不可抵赖的。接收方不用发送方的帮助就能验证发送方的数字签名。

在实际应用中，为了防止数字签名和带数字签名的信息报文被多次重用，数字签名还经常包括当时的时间标记，即数字时间戳服务（digital time stamp service，DTSS），因为时间是交易文件中十分重要的信息，如网络支付的时间等。也就是说，把日期和时间的签名附在信息报文中，并和信息中的其他部分内容一起签名，使签名还带有时效性。

8.5 数字证书与认证中心

在电子商务的网络支付中，涉及大量的参与各方的身份认证。

8.5.1 数字证书

1. 数字证书的定义与工作原理

在电子商务中，网络业务是面向全球的，要求验证的对象数量以及区域范围也迅速加大，因而大大增加了商务参与者身份验证的复杂性和实现的困难性。

为了能确认双方的身份，必须要由网络上双方都信任的第三方机构（这个机构就是后面所述的数字证书认证中心）发行一个特殊证书来认证。在电子商务中，通常是把传统的身份证书改用数字信息形式，由双方都信任的第三方机构发行和管理，以便于在网络社会上传递与使用，进行身份认证，这就是数字证书（digital certificate）。

数字证书，就是指利用电子信息技术手段来确认、鉴定、认证互联网上信息交流参与者的身份或服务器的身份，是一个担保个人、计算机系统或者组织（企业或政府部门）的身份，并发布加密算法类别、公开密钥及其所有权的电子文档。

可以说，数字证书是模拟传统证书如个人身份证、企业营业证书等的特殊数字信息文档，图 8-9 为世界著名专业认证中心 VeriSign 的网络服务器证书。客户的数字证书证实该客户拥有一个特别的公开密钥，服务器证书证实某一特定的公开密钥属于这个服务器。

数字证书的工作原理，就是信息接收方在网上收到发送方发来的业务信息的同时，还收到发送方的数字证书，这时通过对其数字证书的验证，可以确认发送方的真实身份。在发送方与接收方交换数字证书的同时，双方都得到了对方的公开密钥，由于公开密钥是包含在数字证书中的，而且借助证书上数字摘要（缩略图）的验证，可以确信收到的公开密钥肯定是对方的。借助这个公开密钥，双方就可以完成数据传送中的加、解密工作。

图 8-9　世界著名专业认证中心 VeriSign 的网络服务器证书

数字证书由发证机构即数字证书认证中心来发行。这些机构负责在发行数字证书之前证实个人或组织身份和密钥所有权。一般情况下，证书需要由社会上公认的、公正的、第三方的可靠组织发行，如果由于它签发的证书造成不恰当的信任关系，该组织就需要承担责任。

2. 数字证书的内容

数字证书的具体内容格式遵循目前国际流行的 ITU-Trec.X.509 标准，其内容主要由以下两部分组成。

（1）数字证书的数据组成。数字证书的数据包括以下内容。①版本信息（version），用来区分 ITV-Trec.X.509 证书格式的版本。②证书序列号（serial number）。每一个由认证中心发行的数字证书必须有一个唯一的序列号用于识别该证书。③认证中心使用的签名算法标识符（algorithm identifier），即认证中心的数字摘要与公开密钥加密体制算法。④证书颁发者唯一标识符（issuer unique identifier），即颁发此证书的认证中心信息。⑤有效使用期限（period of validity）。本证书的有效期包括起始、结束日期。⑥证书主题（subject）或使用者，即证书与公开密钥的使用者的相关信息。⑦公钥信息（public key information），即公开密钥加密体制的算法名称、公开密钥的字符串表示（只适用于 RSA 加密体制）；其他额外的特别扩展信息，如增强型密钥用法信息、CRL（certificate revocation list，证书撤销列表）分发点信息等。

（2）发行数字证书的认证中心签名与签名算法。证书第二部分的内容包括发行证书的认证中心机构的数字签名和用来生成数字签名的签名算法。应用这个缩略图算法与缩略图数据，任何人收到这份数字证书后都能使用缩略图算法来验证数字证书是不是由该认证中心的签名密钥签署的，以保证证书的真实性与内容的真实性。

3. 数字证书的类型

数字证书颁发机构如认证中心在检验确认了申请用户的身份后，向用户（政府部门、企业、个人等）颁发数字证书。数字证书中包括了上述的用户基本信息以及用户的公开密钥等重要信息，并由认证中心进行了数字签名，以保证是真实的。数字证书主要有个人数字证书与服务器数字证书等类型。

目前网络上各种业务活动很多，数字证书几乎应用在所有的网上业务领域，应用面很广。这与网络业务越来越普及、越来越被人们接受有关，而数字证书是保证这些网络业务安全可靠进行的重要手段。例如，安全电子交易协议、电子邮件安全协议都是以数字证书为技术支持基础的。具体到电子商务中，安全是第一位的，数字证书在保证电子商务安全中是不可缺少和不可替代的，像信用卡、电子支票、网络银行等这些网络支付方式的安全应用都需要数字证书的参与。

4. 数字证书的有效性与使用

严格来讲，只有下列条件都成立时，数字证书才是有效的。

（1）证书没有过期。所有的证书都有一个使用期限，可以通过检查证书的期限来决定证书是否有效。

（2）密钥没有被修改。如果密钥被修改，就不应该再继续使用，密钥对应的证书就应被视为无效，这可通过证书上的缩略图及其算法检验来识别。

（3）有可信任的相应的颁发机构认证中心及时管理与回收无效证书，并发行无效证书清单。

有效的数字证书在使用前都需要经过认证的过程，即当数字证书颁发机构将要颁发的数字证书传送给某人或某站点时，将上面相关内容信息用自己的私人密钥加密，接收者就能用证书里的公开密钥来证实颁发机构的真实身份，以判断证书的有效性。

8.5.2 认证中心

1. 认证中心的定义

认证中心（certification authority，CA)，是基于互联网平台建立的一个公正的、有权威性的、独立的（第三方的)、广受信赖的组织机构，负责数字证书的发行、管理以及认证服务，以保证网上业务安全、可靠地进行。

一个完整、安全的电子商务活动，必须要有认证中心的参与。因此，为促进电子商务的发展，在社会上必须建立具有绝对权威性的认证中心，电子商务参与各方客户、商家、银行、政府机构等实体上网注册加入已有的认证中心，如此，认证中心就能确保所有电子商务过程与各方的安全性，从而开展安全的电子商务。

2. 认证中心的技术基础

认证中心的角色是重要的，但并不是任何一个组织想建立就能建立起来的，除了上述的第三方要求并保持公正、具备良好信誉之外，关键是认证中心的建立与运作需要强大的技术支撑（因为涉及许多先进的密码技术）。例如，认证中心提供的公开密钥与数字摘要机制等必须是先进的，密钥的位数要达到一定长度，以保证认证中心及其发行的证书的安全可靠，并在服务质量、认证速度及管理机制上均需达到很高的水平，而且是跨时空的。

认证中心的技术基础是 PKI（public key infrastructure，公钥基础设施）体系。PKI 体系，是一种遵循既定标准的密钥管理平台，它能够为所有网络应用服务提供加密和数字签名等密码服务及所必需的密钥和证书管理体系。简单地说，PKI 就是利用公共密钥理论和技术建立的提供网络安全服务的基础设施。PKI 技术是信息安全技术的核心，也是电子商务交易与网络支付的关键和基础技术。

认证中心认证数字证书采用的是一种树形验证结构。在两方通信时，通过出示由某个认证中心签发的证书来证明自己的身份，如果对签发证书的认证中心本身不信任，则可验证认证中心的真实身份，以此类推，一直到公认的权威认证中心处，就可确信证书的有效性。SET 安全交易协议中商务各方的数字证书正是通过这种信任层次来逐级验证的。每一个证书均与数字化签发证书的实体的签名证书关联。沿着信任树一直到一个公认的信任组织，就可确认该证书是有效的。例如，C 的证书是由名称为 B 的认证中心签发的，而 B 的证书又是由名称为 A 的认证中心签发的，A 是权威的机构，通常被称为 Root 认证中心。验证到了 Root 认证中心处，就可确信 C 的证书是合法的。

3. 认证中心的主要功能

认证中心在整个公共密钥加密体制中以及安全的网络支付过程中的地位是至关重要的，其主要职责可以表述为如下几个方面：生成密钥对及认证中心证书；验证申请人身份；颁发数字证书；证书以及持有者身份在线认证查询；证书管理及更新；吊销证书；制定相关标准；有能力保护证书服务器的安全。

数字证书的发放过程实际上由两大部分组成：一部分是证书的申请、制作、发放；另一部分是用户身份认证。这两部分工作实际上是由认证中心中两个不同的部门来完成的。这样，就将认证中心分成证书服务中心和审核受理处两部分，由证书服务中心来完成接收证书请求及发证的工作，而由审核受理处来完成身份认证工作，两者之间一般通过专线连接。

4. 国内外主要认证中心机构

目前世界上最著名的认证中心是美国 VeriSign 公司，其早已在美国纳斯达克证券交易所上市。世界 500 强的绝大多数企业的网上业务特别是网络支付业务都已经应用了 VeriSign 的认证服务。除了普遍的有限网络服务外，目前 VeriSign 还为无线网络上的付账业务等提供安全、严格的认证服务。形象地说，目前的 VeriSign，作为世界级的认证中心，就好像互联网世界里的“世界工商行政总局”。

中国各地政府部门也已经建立了各地的认证中心，为促进我国电子商务与网络支付业务的发展提供了良好的第三方支持。例如，北京数字认证股份有限公司就是经北京市政府批准成立的数字证书认证机构，致力于为北京乃至全国的电子商务和电子政务发展提供可靠的安全保障。

8.6 安全电子商务的安全协议机制

如何将电子商务流程中的各参与方与这些先进的信息网络安全技术充分地结合起来，以保证安全、有序、快捷地完成网络支付流程，需要一个协议来规范各方的行为与各种技术的运用。这个协议就是安全的网上交易协议，目前国际上流行的且比较有代表性的是 SSL 与 SET 两种安全交易协议机制。

8.6.1 基于 SSL 协议的安全电子商务机制

1. SSL 协议简介

SSL 是提供在互联网上的安全通信服务，也是目前包括网络支付在内的电子商务业务中广泛应用的安全通信协议。本质上，SSL 协议是一种在持有数字证书的客户端浏览器（如 IE、Netscape Navigator、Chrome、Firefox 等）和远程的万维网服务器（如 Netscape Enterprise Server、IIS 等，这里具体为电子商务服务器或银行的网络支付业务服务器）之间，构造安全通信通道并传输数据的协议。SSL 协议解决了 TCP/IP 协议（IPv4）难以满足的网络安全通信要求，它运行在 TCP/IP 层之上而在其他高层协议，如 HTTP、FTP、SMTP、LDAP 和 IMAP（internet message access protocol，互联网信息访问协议）等之下。

SSL 协议的优势在于它是与应用层协议独立无关的，上述高层的应用层协议能“透明”地建立于 SSL 协议之上，也就是说，SSL 协议在应用层协议通信之前就已经完成加密算法、通信密钥的协商以及服务器认证工作。在此之后应用层协议所传送的数据都会被加密，从而保证通信的私密性。SSL 协议最初是由互联网应用先驱 Netscape 公司开发的，发展到现在已有 SSL 2.0 版本和 SSL 3.0 版本，当前版本为 3.0。它已被广泛地用于 Web 浏览器与服务器之间的身份认证和加密数据传输。

2. SSL 协议参与方及应用系统框架

具体到网络支付应用中，如信用卡的 SSL 网络支付方式，SSL 协议原则上涉及商务的交易各方，即客户浏览器（持卡人）、商家服务器、认证机构、银行服务器，可能还有专门的第三方支付平台（可以看作支付网关）。

但严格讲，SSL 协议其实只涉及信息报文交互的通信双方和间接的认证机构，它的作用是建立一个安全通道，并认证商家数字证书。对客户的身份（即客户的数字证书）可以验证也可以不验证，具有一定的灵活性。

因此，SSL 协议在网络支付中的业务参与方主要涉及两个：一个是支付方的客户端浏览器等；另一个就是银行的服务器端，如 Web 服务器和应用服务器，当然间接地与商家服务器、颁发数字证书的认证中心有一定关联。对客户、商家与银行都方便的是，目前一些主流浏览器（如 IE、Chrome、Firefox 和 Apache 等 Web 服务器）都提供了对 SSL 协议的支持，SSL 协议的加密通道建立与通信过程对客户都是透明的，并不需要占用用户太多的配置使用。

SSL 协议便宜且开发成本小，应用简洁方便，由于综合运用了私有与公开密钥加密法等措施，因此安全性也不错，另外速度上也比较快，这也是 SSL 协议在信用卡的安全网络支付、网络银行支付转账等方面应用非常普及的原因。以基于 SSL 协议的信用卡网络支付为例，其应用框架如图 8-10 所示。

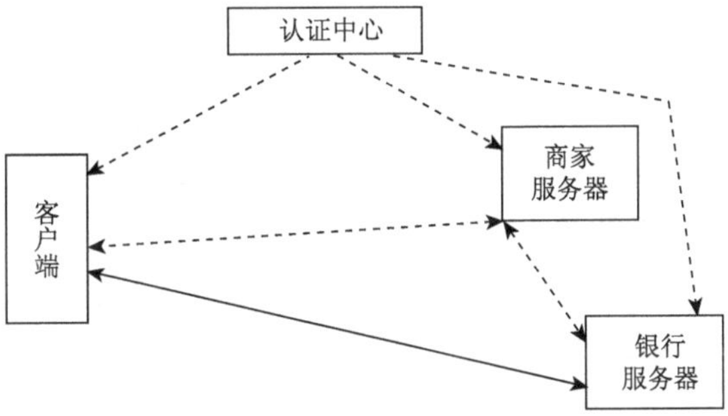

图 8-10　SSL 协议的应用框架示意图

认证中心的作用是间接的，主要是为银行与商家服务器等颁发证书。当使用信用卡支付时，在输入信用卡账号与密码之前，为保证账号与密码的安全，防止商家知道，客户（持卡人）与银行之间可以直接建立 SSL 协议保密通信通道进行保密信息传送，而不通过商家中转。但有些网站把支付单与订货单绑在一块，是通过商家中转的（图 8-10 中为虚线连接），虽然信息是加密的，但仍然存在安全风险，无法保证商家看不到持卡人的信用卡账户等客户隐私信息。现在一般都是客户浏览器与银行服务器直接建立 SSL 协议连接，并不通过商家，因此还是很安全的。

3. SSL 协议的特点与应用

SSL 协议综合运用了私有密钥加密法、公开密钥加密法、数字签名和数字证书等安全保障手段，并且目前几乎所有操作平台上的 Web 浏览器（IE、Navigator 等）以及流行的 Web 服务器（IIS、Netscape Enterprise Server 等）都支持 SSL 协议。这使得使用 SSL 协议既便宜，开发成本也很低，应用简单（无须客户端专门软件），且安全性能相当不错。因此，国内外非常普及的信用卡网络支付、网络银行服务等也常常构建在 SSL 协议之上，如中国工商银行北京分行等信用卡网络支付采用 SSL 协议机制。

目前，许多世界知名企业的 Intranet 和 Internet 网络产品均支持 SSL 协议，其中包括 Netscape、Microsoft、IBM、Open Market 等公司提供的支持 SSL 协议的客户端和服务器产品，如 IE、IIS、Domino Go Webserver、Netscape Enterprise Server 和 Apache 等；Google 的大多数服务包括 Gmail 都支持 SSL 协议。SSL 协议的关键是 SSL 握手协议，它建立在 SSL 记录协议之上，用于在实际的数据传输开始前，通信双方进行身份认证、协商加密算法、交换加密密钥等。虽然不能保证其在所有的情况下逻辑都是正确的，但总的来说SSL协议的安全性能是良好的，而且随着SSL协议的不断改进、更好的加密算法被采用、逻辑上的缺陷被弥补，SSL协议的安全性能将会不断被加强。

但SSL协议毕竟是有漏洞的，还存在一定的信息泄露问题。在电子商务交易以及网络支付中，为保护商家、客户等参与方的隐私信息以及保证各方的真实身份，一个更安全的网上交易协议被研发并应用，这就是SET协议。

8.6.2 基于SET协议的安全电子商务机制

1. SET协议简介

SET协议，被称为安全电子交易协议，是由Mastercard和VISA联合Netscape、Microsoft等公司，于1997年6月1日推出的一种新的电子支付模型。SET协议是在B2C上基于信用卡支付模式而设计的，它保证了开放网络上使用信用卡进行在线购物的安全。SET主要是为了解决用户、商家、银行之间通过信用卡进行交易而设计的，它具有保证交易数据的完整性、交易的不可抵赖性等种种优点，因此它成为目前公认的信用卡网上交易的国际标准。

SET协议是指为使银行卡在互联网上安全地进行交易而提出的一整套安全解决方案。此方案包括通信协议在内，主要采用前面所述的数字证书方式，用数字证书来证实在网上开展商务活动的确实是持卡人本人，以及保证向持卡人销售商品或服务并收钱的参与各方，包括持卡人、商家、银行等的安全。可以说，SET协议涉及整个网络支付流程与相关各方的安全。

由于SET协议是VISA与Mastercard两大国际信用卡组织发起研发的，所以其针对的主要目标是银行卡的安全网络支付问题，但是SET协议机制中围绕数字证书验证的解决思路甚至业务流程也可以为其他的网络支付方式所采用。

2. SET协议安全商务参与方及应用系统框架

在互联网上基于SET协议的信用卡网络支付涉及多个参与方，持卡客户、商家、支付网关通过互联网进行交易通信，支付网关通过网络专线与收单银行之间传递交易信息，收单银行与发卡银行通过银行后台专用网络传递支付信息，而作为安全核心的认证中心通过互联网向持卡客户、商家、支付网关发放数字证书，并通过专用网络与收单银行、发卡银行建立联系，进行证书发放的身份认证工作。可以看出，就进行一次电子商务的网络支付而言，涉及的直接参与方比SSL协议多一些，也严格得多，因此其开销、流程也要复杂得多，这样安全性更好，但速度慢一些，成本也不低。

以基于SET协议的信用卡网络支付为例，其参与各方的功能与应用框架如图8-11所示。

可以看出，完成一次基于SET协议机制的信用卡安全网络支付流程，参与的各方有如下几个实体。

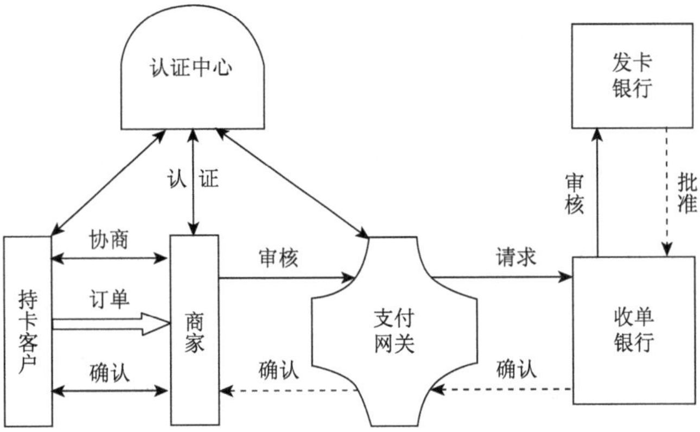

图 8-11 SET 协议的应用框架示意图

（1）持卡客户。持卡客户要参加 SET 协议交易并用信用卡进行安全支付，必须先到发卡银行申请并取得一套 SET 协议交易专用的持卡人客户端软件（这套软件一般都被称为电子钱包软件），并在自己联网的计算机上安装好这个软件，然后去向数字证书认证中心申请一张持卡客户的数字证书。有了数字证书，持卡客户就可以利用安装的客户端软件安全地进行网络支付了。

（2）商家。参加 SET 协议交易的另一方就是商家。商家在自己的电子商务网站上必须集成安装运行 SET 协议交易商家服务器软件。与持卡客户一样，商家也必须先到银行进行申请，但不是到发卡银行，而是到接收网络支付业务的收单银行申请设立账户，然后去向数字证书认证中心申请一张商家的数字证书。

（3）支付网关。由于 SET 协议交易是在互联网这个公开的网络上进行的，而银行端的计算机主机及银行间金融专用网络是不能与各种非安全的公开网络直接相连的。为了能接收从互联网上传来的客户支付信息，在银行与互联网之间必须有一个专用系统，接收处理从商家传来的支付扣款信息，并通过专线传送给银行，银行对支付信息的处理结果再通过这个专用系统反馈给商家。这个专用系统就被称为支付网关。与持卡客户和商家一样，支付网关也必须去指定的认证中心申请一张数字证书，才能参与 SET 协议交易与支付活动。

（4）收单银行。商家要参加 SET 协议交易，必须在参加 SET 协议交易的收单银行建立账户。收单银行虽然不属于 SET 协议交易的直接组成部分，但却是完成网络支付的必要参与方。

（5）发卡银行。支付请求最后必须通过银行间金融专用网络经收单银行传送到持卡客户的发卡银行，进行相应的授权和扣款。同收单银行一样，发卡银行也不属于 SET 协议交易的直接组成部分，且同样是完成网络支付的必要参与方。持卡客户要参加 SET 协议交易，发卡银行就必须要参加 SET 协议交易。

（6）认证中心。同样，认证中心虽然不直接参加 SET 协议交易，但在 SET 协议交易中起着非常重要的核心作用。为了保证 SET 协议交易的安全，SET 协议规定参与 SET 协议交易的直接各方，包括支付网关、商家、持卡客户，在参加交易前必须到认证中心申请并安装数字证书，以向其他各方证明自己的真实身份等。

3. SET 协议的特点

在 SET 协议机制中，具体使用了 DES 私有（对称）密钥加密算法、RSA 公开（非对称）密钥加密算法、哈希函数等技术，提供数据加密、数字签名、数字信封与数字证书等功能，给包括支付信息在内的信息报文在网络中的传输提供十分可靠的安全性保证。SET 协议借助数字证书来验证商务参与各方的真实身份；通过 DES 算法、RSA 算法、哈希函数的结合使用，保证了数据的一致性和完整性，并可实现防抵赖；通过数字信封、数字签名，确保用户信息的隐私性和关联性。在完成一个 SET 协议交易的过程中，包括支付在内需验证数字证书 9 次，验证数字签名 6 次，传递各方数字证书 7 次，进行 5 次数字签名、4 次对称加密和 4 次非对称加密，不可谓不安全。

SET 协议机制制定了严密的安全策略与实施规范，在带来更强的安全性能的同时，使交易与支付速度变慢了，建设成本也增加了。目前网络条件下的 SET 协议有些复杂，使用较麻烦，成本高，速度较慢，且只适用于客户具有装有信用卡的电子钱包的场合。但是 SET 协议保密性好，具有不可否认性，有一套严密的认证体系，可保证 B2C 等方式的电子商务与相关的网络支付安全顺利地进行。因此，对安全性特别讲究的电子商务活动，可选择 SET 协议机制。

8.6.3 SET 协议和 SSL 协议的比较

在 SET 协议出现之前，网上交易及其支付就已经有了，所用安全措施主要是 SSL 协议。到目前为止，很多网上交易系统还是采用 SSL 协议。通过 SET 协议和 SSL 协议的比较，可以了解这两种协议的优缺点。

SSL 协议与 SET 协议都采用了公开（非对称）密钥加密法、私有（对称）密钥加密法、数字摘要等加密技术与数字证书等认证手段。在支持的技术基础上，可以说二者是一致的。就信息传输的机密性来说，两者的功能是相同的，都能保证信息在传输过程中的保密性，并保证完整性。但 SSL 协议与 SET 协议两种协议在网络中的层次不一样，SSL 协议是基于传输层的协议，而 SET 协议则是基于应用层的协议。在 SSL 协议建立双方的安全通信通道之后，所有传输的信息都会被加密，而 SET 协议则会有选择地加密一部分敏感信息。

在 SSL 协议中，商家也有数字证书，可以向客户证明自己是一家真实存在的商家。有些系统也向客户发放数字证书，但这些证书是发给浏览器软件的，而 SET 协议是与信用卡绑在一起的，这使 SET 协议机制更安全。但是 SET 协议主要针对信用卡应用，而 SSL 协议则支持较多的网络支付手段，如网络银行服务等。

SSL 协议有一个很大的缺点，就是当信息经过商家中转发送时，无法保证商家看不到客户的信用卡账户等信息。而 SET 协议则在这方面采取了强有力的措施，用网关的公开密钥来加密持卡人的敏感信息，并采用双重签名等方法，保证商家无法看到持卡人传送给网关的信息，也使银行看不到客户的需求商品信息，保护了客户的隐私。

当今市场上，已有许多 SSL 协议相关产品及工具，而有关 SET 协议的相关产品却相对较少。SSL 协议已被大部分 Web 浏览器和 Web 服务器内置，比较容易被接受，各方面应用均比较简单，应用过程是透明的。而 SET 协议要求在银行建立支付网关，在商家的 Web 服务器上安装服务器端软件，在客户的计算机上安装客户端（电子钱包）软件等，比较麻烦。而且，SET 协议还要求必须向交易各方发放数字证书，成本也较高。SET 协议的高成本换来的是更严密的安全防范机制，可是交易步骤复杂，速度比简单的 SSL 协议机制慢一些。

总之，SET 协议更多地保障了银行、商家、持卡客户的安全，使他们在进行网上交易时更加放心，但实现复杂、成本高；而 SSL 协议则简单快捷，但存在安全漏洞。目前总的来说，SSL 协议的应用面比 SET 协议广泛得多。

复习思考题

1. 简述目前我国常常出现的网络支付安全问题的特点。
2. 请分析一个实际开展电子商务的企业（如海尔集团、易趣网等）保证网上业务的安全措施。
3. 在电子商务流程中，防火墙技术与数据加密、解密技术的应用侧重点有什么不同？
4. 中国工商银行在网络支付服务中是如何应用数字证书的？由哪个认证中心提供服务？这样运作有没有问题？
5. 在基于 SSL 安全协议的信用卡网络支付中，是如何应用本章所述的一系列安全技术的？
6. SET 协议和 SSL 协议的主要不同是什么？
7. 请叙述认证中心的主要功能。
8. 为什么把数字摘要也叫作数字指纹？
9. 请分析私有密钥加密法与公开密钥加密法在应用上的不同。

第 9 章

电子商务的法律保障

本章要点：本章介绍电子商务立法的必要性、全球电子商务立法概况及联合国《电子商务示范法》的作用与地位；通过对《电子签名法》的详析，讨论电子签名的概念及其法律地位、数据电文的概念及其法律效力、认证机构的法律地位等重要法律问题；并且介绍了电子合同等电子商务立法领域热点问题和网络公证等电子商务法律服务与保障体系建设问题。

9.1　电子商务呼唤新法律

以互联网为基础的电子商务蓬勃发展，给现行国际法律体系带来了新的挑战，电子商务立法是推动电子商务发展的前提和保障，已成为目前国际关注的重点，尽快在全球范围内营造良好的电子商务法律环境，已成为国际社会的共识。电子商务立法的目的在于消除阻碍电子商务发展的法律障碍、消除现有法律适用上的不确定性、建立一个清晰的法律框架以统一调整电子商务的发展。

9.1.1　电子商务的特征及其对法律的挑战

电子商务的自身特征决定了它不仅为全球经济的发展营造了良好的氛围，同时对社会各个领域特别是立法领域提出了许多新的要求和挑战。

（1）无国界性。互联网的一个重要特征就是全球连通、跨越地域的界限。电子商务主体面对的是全球的大市场，期待着高度一体化的商业和法律规则，这就面临着各国社会制度、政治状况、经济发展程度、现行法律法规、文化传统等千差万别的实际情况，如何协调成了最大难题。

（2）信息的数字化。由于计算机处理、储存的和互联网上传输的都是表示一定信息的电磁信号，于是以互联网为载体、计算机处理为表征的电子商务双方的谈判记录、使用的资金甚至标的本身都是数字化的。因此，法律是否承认通过电子通信形式传播的数字化信息的效力也是电子商务立法必须解决的核心问题，数字化信息的法律地位主要涉及电子交易的书面形式、电子签名及认证等几个方面。

（3）技术进步速度快。电子商务领域的技术进步速度已经大大超过了一个国家适时地调整其法律框架的能力。即使试图对法律框架进行大的变革以适应电子商务的需求，也因新的意想不到的问题的不断出现和变革速度上的悬殊差距，而使得适时的法律调整总是跟不上电子商务高速发展的步伐。电子商务导致了一场在数字化市场中对法律框架的根本性反思。

9.1.2　电子商务立法的必要性

电子商务具有较强的技术性，涉及合同法、消费者权益保护法、电子签名法等多种法律法规。总体来说，目前全球电子商务立法分散、层级较低、漏洞较多，难以适应迅猛发展的形势，有必要对完善电子商务法律法规问题进行全面研究，实行综合立法方式，尽快制定电子商务法。

（1）电子商务的发展需要法律的保障。自 20 世纪 90 年代以来，以互联网和电子技术应用为依托的电子商务开始在全球范围内得到日益广泛的应用，但人们在感受到电子商务比传统商务具有更为便捷、高效、覆盖面广、交易费用低廉等明显优势的同时，也深深感到这种新的交易方式在广泛应用过程中遇到的来自传统法律的障碍。与电子商务的迅猛发展相比，与之相关的法律法规则显得滞后。

美国许多州政府都在抱怨电子商务使它们损失数十亿美元的税收，网络贸易已经成了税收“漏斗”；网上购物的权益和安全性无法得到保障；由于网上金融的发展尚不完善，网上黑客随时可能出现，网上交易的安全性远远低于有形交易，尤其是个人隐私问题更是无法保障；电子商务欺诈更是无处不在，信誉无从保证；等等。

（2）电子商务立法有利于促进电子商务发展。1998 年 2 月 26 日，美国政府宣布了对电子商务免税政策的草案，并于同年 5 月 14 日由美国众议院商业委员会通过，三年内禁止州政府和地区政府对互联网交易征收税费，这一法案极大地鼓励了企业商家从事网上交易，使得美国电子商务的发展呈现美好的前景。美国一系列的有关电子商务的政策保障、立法行为为其他国家提供了经验借鉴。

欧盟也将电子商务立法作为启动欧洲网络经济发展的重要环节，在 2000 年 12 月，欧盟委员会发起了振兴欧洲网络经济的活动，委员在对立法进行讨论时说，立法必须在年内完成，包括对版权的规定、对远程金融服务的规定、对电子银行的规定、对电子商务的规定等。这些都为电子商务的发展提供了保障。

（3）电子商务立法还存在着大量问题需要完善。目前，在世界范围内虽然有联合国国际贸易法委员会制定的《电子商务示范法》及一系列的国际统一规则，但均不构成直接有效的国际法律规范，只是起到参考的作用；且由于各国法律制度的差异性，在许多方面对电子商务没有做出具体性的规定，有的只提出一个总原则，留待各国的国内法来解决。与此同时，尽管许多国家都对国内的原有立法进行了相应的调整，但仍限于局部性与临时性的对策，专门性与基础性的立法很少。在电子商务实践中，仍多以当事人之间协议的方式来弥补法律规范的不足，具有很大的局限性。因此，电子商务的法律问题目前远未解决，而这一问题的解决最终将取决于各国立法的彻底调整以及有关国际统一规则的最终确立。

9.1.3 电子商务立法的困难因素

与日新月异的技术发展和电子商务模式的更新相比，法律固有的稳定性和立法者认识能力的限制，使得与电子商务相关的法律明显跟不上节拍。一方面是法律在电子商务带来的一些新领域里呈现空白；另一方面是传统法律与电子商务行为不协同，这方面的弊害主要是使商家无法预见自己行为的法律后果，对既得利益缺少安全保障，同时那些不协调的法律可能直接阻碍电子商务的发展。电子商务立法有其特有的困难因素。

（1）由于电子商务的无国界性越来越要求电子商务立法的国际一致性，这就需要面临各国社会制度、政治状况、经济发展程度、现行法律法规、文化传统等千差万别的实际情况，因此协调难度很大。

（2）电子信息技术突飞猛进、日新月异，更新换代的速度常常以月计，而立法程序相对较慢。

（3）目前与经济生活密切相关的主要法律，如消费者权益保护法、合同法、公司法等，都是建立在传统的有形商业之上的，与无形的“网络经济”并不完全匹配。

（4）从世界范围来看，电子商务在体系上、组织上、模式上、法律上、管理上、技术上也还未完全成熟，特别是技术的发展尚不足以控制网上的一切交易行为，电子商务处于不断发展变化之中，这也给立法造成了不小的困难。

（5）电子商务涉及大量的个人信息和在线交易，因此隐私和安全问题成为立法中的重要考虑因素。确保合适的隐私保护和网络安全立法对于建立信任和保护消费者权益至关重要。

9.2　电子商务立法的全球审视

电子商务的立法问题得到了有关国际性、地区性组织和许多国家政府的高度重视，尽快在全球范围内营造良好的电子商务法律环境已成为国际社会的共识。国际社会普遍认为，创造一个适应电子商务发展的法律法规环境，正是政府部门在电子商务发展中所应发挥的主导作用；及时制定并出台相应的法律法规，鼓励、引导、维护电子商务沿着健康轨道发展，成为当前世界各国立法工作的一项重要任务。

9.2.1　全球电子商务立法概览

全球电子商务立法是近十年来世界商事立法的重点，其核心主要围绕电子签章、电子合同、电子记录的法律效力展开。

1. 美国

美国在电子商务立法方面处于领先地位，发展很快。1995 年 5 月 1 日，美国的犹他州颁布了《数字签名法》，这是美国乃至全世界范围内的第一部全面确立电子商务运行规范的法律文件。1997 年 7 月 1 日，美国政府发布了《全球电子商务纲要》。2000 年，美国批准通过了《全球与国内商务电子签名法》，允许消费者和商业企业使用电子签名填写支票、贷款抵押以及买卖合同，它几乎涵盖了所有传统签名应用的范围。

2. 新加坡

新加坡在电子商务领域发展迅速，是一个早期采用并快速发展电子商务的国家。在联合国国际贸易法委员会于 1996 年颁布《电子商务示范法》之后，新加坡迅速展开了相关的法律研究和起草工作。为了促进国内电子商务的蓬勃发展，1998 年新加坡颁布了一项涵盖电子商务各个方面的全面法规，即《电子交易法》。由于该法的颁布早于欧盟的《电子签名统一框架指令》和《电子商务指令》，以及美国的《统一计算机信息交易法》和《电子签名法案》，并且在内容和形式上具有独特之处，因此在全球范围内产生了重要的影响。

3. 联合国国际贸易法委员会

联合国国际贸易法委员会是负责国际贸易法律协调和统一的组织，在电子商务立法领域做了大量推动工作。1996 年 6 月，联合国国际贸易法委员会制定了《电子商务示范法》，该法确认了在电子商务中国际合同的商业用途，确定了确证和认可通过电子手段形成的合同规则和范式，规定了约束电子合同履行的标准，定义了构成有效电子书写文件和原始文件的条件，提出了为法律和商业目的而做出的电子签名的可接受程度，同时支持在法庭上和仲裁过程中使用计算机证据，为世界范围电子商务的发展奠定了基础。《电子商务示范法》提供了一套可供各国立法参考并可被国际广泛接受的电子商务通则，从而克服了现行法律体系不适应电子商务发展的障碍，促进了全球电子商务的发展。《电子商务示范法》的颁布为逐步解决电子商务的法律问题奠定了基础，为各国制定本国电子商务法规提供了框架和示范文本。

2000 年 9 月，该委员会电子商务工作组制定了《电子签名统一规则》，并提交联合国会议正式讨论通过。2001 年，该机构又审议通过了《电子签章示范法》，该法律成为国际上关于电子签章的最重要的立法文件。2002 年 1 月 24 日《联合国国际贸易法委员会电子签字示范法》正式通过。

4. 经济合作与发展组织

经济合作与发展组织（Organization for Economic Cooperation and Development，OECD）极其关注电子商务对经济及社会发展的影响。由于 OECD 成员国大多在电子商务领域中处于比较发达或领先的地位，因此 OECD 电子商务方面的政策与法律制定，对世界范围的电子商务政策、法律和法规的制定产生了重大影响。

1998 年 10 月，来自 OECD 成员国部长及非 OECD 成员国、消费者和社会利益团体的代表聚集加拿大渥太华，召开电子商务专题讨论会。会议推出了“全球电子商务行动计划”，在实现全球电子商务的共同行动方面迈出了重要的一步，推动了在全球范围内深刻认识电子商务的进程，明确了政府在电子商务推进中的作用，有助于推动国际政策进一步协调，从而使各种经济体均能充分利用新的电子平台所提供的机遇。

5. 欧盟

欧盟在 1997 年 4 月 15 日发布了《欧洲电子商务行动方案》，就电子商务的问题阐明了欧盟的观点。在有关法律环境方面，欧盟强调，为了保证欧洲企业有效进入全球市场，欧洲必须在基础设施、技术及服务方面做好充分准备；欧洲必须特别重视与电子商务有关的法律问题的研究与开发，并且应当在欧盟范围内建立一个适用于电子商务的法律和管理框架；管制应当包括电子商务活动的每一个环节，包括数据安全、隐私、知识产权保护及透明温和的税收环境；欧盟应当积极与国际组织及其他国家的政府加强对话，确保形成一个全球一致的法律环境，共同打击国际网络犯罪。

欧盟于 1999 年 12 月通过了《电子签名指令》，又于 2000 年 5 月通过了《电子商务指令》，这两部法律文件构成了欧盟国家电子商务立法的核心和基础。

9.2.2　中国电子商务立法进展

中国在电子商务的立法上起步较晚，及时研究跟踪国际电子商务立法的发展进程及特点，掌握国际电子商务立法的发展趋势，促进中国国内电子商务立法，对于中国积极参与国际电子商务立法、防止大国对电子商务立法的控制具有重要意义。

2004 年 8 月 28 日，第十届全国人民代表大会常务委员会第十一次会议通过《中华人民共和国电子签名法》（以下简称《电子签名法》），该法共五章三十六条，它是中国第一部真正意义上的电子商务法，自 2005 年 4 月 1 日起施行。与此同时，信息产业部（现更名为工业和信息化部）颁布了作为《电子签名法》配套细则的《电子认证服务管理办法》，这是《电子签名法》授权制定的、与《电子签名法》配套施行的部门规章，具有重要的法律效力和作用。

国务院办公厅 2005 年 1 月 8 日印发的《关于加快电子商务发展的若干意见》，是中国第一个关于电子商务的政策性文件，该文件的发布是中国电子商务政策法律环境继出台《电子签名法》后的又一重大事件。

中国第一部网络著作权行政管理规章《互联网著作权行政保护办法》已于 2005 年 5 月 30 日起正式实施。除此以外，我国又先后出台了一系列的电子商务方面的法律，《电子支付指引（第一号）》、《互联网安全保护技术措施规定》、《电子银行业务管理办法》、《互联网电子邮件服务管理办法》、《信息网络传播权保护条例》、《商务部关于网上交易的指导意见（暂行）》、《北京市信息化促进条例》、《上海市促进电子商务发展规定》（2008 年 11 月上海市人民代表大会常务委员会公布，自 2009 年 3 月 1 日起施行）、《电子认证服务管理办法》等先后出台并实施，分别从电子认证服务、网上支付、知识产权、电子邮件服务、网络安全、信息化促进、网上交易规范等不同角度做出了明确的规定，我国电子商务及信息化法律得到了进一步的发展，电子商务行为得到规范。2011 年 10 月 29 日第十一届全国人民代表大会常务委员会第二十三次会议对当时阶段的电子商务进行规划，主要目的是解决电子商务中出现的不良问题。

2013 年 12 月 27 日，全国人民代表大会财政经济委员会召开电子商务法起草组成立暨第一次全体会议，正式启动电子商务法立法工作，2014 年开展了 16 项电子商务立法专题研究，2015 年经历了从 4 个版本到 2 个草案再整合成唯一的送审版本，2016 年在公开征求社会意见后，在第十二届全国人民代表大会常务委员会第二十五次会议上，电子商务法草案正式被提请审议，2018 年 8 月 31 日，第十三届全国人民代表大会常务委员会第五次会议通过《中华人民共和国电子商务法》，自 2019 年 1 月 1 日起施行。

9.3　《电子签名法》详析

《电子签名法》立法的直接目的是规范电子签名行为、确立电子签名的法律效力、维护各方合法权益；立法的最终目的是促进电子商务和电子政务的发展、增强交易的安全性。该法很好地借鉴了国际电子商务立法的经验，充分考虑了中国电子商务及认证机构的实际情况，针对中国电子商务发展中最重要的一些法律问题，重点解决了五个方面的问题：一是确立了电子签名的法律效力；二是规范了电子签名的行为；三是明确了认证机构的法律地位及认证程序，并给认证机构设置了市场准入条件和行政许可的程序；四是规定了电子签名的安全保障措施；五是明确了认证机构行政许可的实施主体是国务院信息产业主管部门。

9.3.1 电子签名

电子商务交易及信息传递的有效性、安全性和不可抵赖性等问题，一直是关系电子商务得以顺利开展的核心问题之一，而目前以非对称密钥系统为主的电子签名技术的应用可以基本解决此类问题，该技术在电子认证机构的支持下得到快速应用和发展，其安全可靠性已经过大量实践的检验。所以，从法律的角度给予电子签名以传统签名、盖章同等的法律地位就成为电子签名得以广泛应用和发挥功效的前提，也是近十年国际电子商务立法的核心内容。

1. 电子签名的概念

签名，一般是指一个人亲笔在一份文件上写下名字或留下印记、印章或其他特殊符号，以确定签名人的身份，并确定签名人对文件内容予以认可。传统的签名必须依附于某种有形的介质，而在电子交易过程中，文件是通过数据电文的发送、交换、传输、储存来形成的，没有有形介质，这就需要通过一种技术手段来识别交易当事人、保证交易安全，以达到与传统的手写签名相同的功能。这种能够达到与手写签名相同功能的技术手段，一般就称为电子签名。

中国《电子签名法》规定："本法所称电子签名，是指数据电文中以电子形式所含、所附用于识别签名人身份并表明签名人认可其中内容的数据。"

电子签名具有多种形式。例如，附着于电子文件的手写签名的数字化图像，包括采用生物笔迹辨别法所形成的图像；向收件人发出证实发送人身份的密码、计算机口令；采用特定生物技术识别工具，如指纹或是眼虹膜透视辨别法等。

2. 中国《电子签名法》与国外相关法律的共性特点

（1）技术问题复杂，但法律问题却相对简单。虽然作为电子签名法调整对象的电子签名所涉及的技术问题比较复杂，但这些技术问题本身并不属于法律要解决的问题。电子签名法所要解决的法律问题相对比较简单，因为商务活动的绝大多数法律问题在传统法律中已经解决，电子签名法只需解决因商务活动信息载体的变化所涉及的法律问题，而这些问题大多只需采用"功能等同"的办法做出相应规定即可。因此，联合国示范法和许多国家、地区的电子签名法的内容都很简单。例如，联合国的《电子商务示范法》只有 17 条、《电子签名示范法》只有 12 条，欧盟的《电子商务指令》只有 24 条。

（2）具有很强的国际统一趋势。电子商务最显著的优势就在于可以利用不受国界限制的互联网方便地进行网上交易，这就必然要求电子签名法律制度应当是国际统一的。联合国有关机构为统一各国的电子签名法律制度做了大量工作，组织各国专家制定了示范法。目前，许多国家有关数据电文和电子签名法的主要规定大体上是一致的，否则无法与电子商务的国际化接轨。中国《电子签名法》的基本规定也与联合国示范法的规定大体一致。

（3）实行“技术中立”的立法原则。即法律只规定作为安全可靠的电子签名所应达到的标准，至于采用何种技术手段来实现这一标准，法律不做规定，以避免影响新技术的开发使用。联合国示范法和不少国家、地区的电子签名法都采用这一原则，中国《电子签名法》也采用了这一原则。但也有一些国家和地区的电子签名法采用了技术特定化的原则，针对安全可靠的电子签名所采用的技术做了具体规定。

3. 中国《电子签名法》较国外相关法律的个性特点

中国《电子签名法》较国外相关法律的个性特点主要体现在以下三个方面。

（1）体现引导性，而不是强制性。例如，在电子商务活动或电子政务活动中，可以使用电子签名，也可以不使用电子签名；可以用第三方认证，也可以不用第三方认证。

（2）体现开放性，而不是封闭性。例如，虽然从条文规定来看主要适用于电子商务，但又不完全局限于电子商务，电子政务也同样适用。另外从技术层面上看，并不局限于使用一种技术。

（3）条文规定体现的是原则性，而不是具体性。例如，条文中对“第三方”的界定、对认证机构的条件设置等，都采用了“原则性”而非“具体性”的处理方式，留下了很大的法律空间。

9.3.2　数据电文

1. 数据电文的概念

联合国《电子商务示范法》规定：“数据电文，是指以电子手段、光学手段或类似手段生成、发送、接受或存储的信息，这些手段包括但不限于电子数据交换、电子邮件、电报、电传或传真。”

联合国《电子商务示范法颁布指南》对数据电文做了更为详细的解释。①数据电文的概念并不仅限于通信方面，还应包括计算机产生的并非用于通信的记录。“电文”这一概念应包括“记录”这一概念。②所谓类似手段，并不仅指现有的通信技术，而且包括未来可预料的各种技术。数据电文定义的目的是要包括所有以无纸形式生成、储存或传输的各类电文。为此，所有信息的传输和存储方式，只要能够实现与所定义的方式相同的功能，都应包括在类似手段之内。③数据电文的定义还包括其废除或修改的情况。

中国《电子签名法》规定：“本法所称数据电文，是指以电子、光学、磁或者类似手段生成、发送、接收或者储存的信息。”

2. 电子签名、数据电文的法律效力

电子签名、数据电文虽然以电子形式出现而与手写签名、书面文件不同，但是法律

不应仅因为这一点而不承认其法律效力。只要符合法律规定的条件，电子签名、数据电文与手写签名、书面文件具有同等的法律效力。因此，有关国际组织、国家和地区的电子商务法或电子签名法一般都对电子签名、数据电文的法律效力问题做出规定，要求不得因其采用电子形式而加以歧视。例如，联合国《电子商务示范法》规定："不得仅仅以某项信息采用数据电文形式为理由而否定其法律效力、有效性或可执行性。"韩国《电子商务基本法》规定："除非法律另有特别规定，不得因为信息采用电子形式而否认其相对于其他的纸面信息形式具有的法律效力。"美国《全球与国内商务电子签名法》规定："一项交易中的合同，不能因为其在缔结过程中使用了电子签名或电子记录而否定其法律效力或可执行性。"此外，美国《统一电子交易法》、澳大利亚《电子交易法》、新加坡《电子交易法》等也做了类似规定。

中国《电子签名法》规定："当事人约定使用电子签名、数据电文的文书，不得仅因为其采用电子签名、数据电文的形式而否定其法律效力。"即在当事人约定使用电子签名、数据电文的情况下，不能以该文书中某项信息或签名采用了电子形式，作为否定其法律效力的唯一理由。

3. 关于数据电文符合法定书面形式要求的规定

在传统的民商法中，合同的签订与履行以及交易中的文件、单据等无不涉及书面形式要求。但是，电子交易中的文件是通过数据电文的发送、交换、传输、储存来形成的，没有书面载体。从传统法律的角度来看，电子文件显然不能满足书面形式的要求。这无疑限制了电子商务对某些商务领域的进入，阻碍了电子商务的发展。

为了解决法律上的这一障碍，联合国国际贸易法委员会提出了"功能等同法"的解决方案。"功能等同法"立足于分析传统书面要求的目的和作用，以确定如何通过电子技术来达到这些目的或作用。通过对传统书面规范体系进行剖析，从中抽象出功能标准，再从电子商务交易形式中找出具有相应效果的手段，以确定其效力。据此，联合国《电子商务示范法》规定："如法律要求信息须采用书面形式，则假若一项数据电文所含信息可以调取以备日后查用，即满足了该项要求。"一些国家也采用了联合国示范法的做法，在国内法中对数据电文的书面形式要求做出类似规定，如美国《统一电子交易法》规定："如果当事人同意以电子手段进行交易，并且某一法律要求一方应以书面形式向另一方提供、发送或者送达信息，那么若此信息依其情形是由在接收器接收信息时有接收保持信息能力的电子记录来提供、发送或者送达的，则上述该法律的要求即被满足。"此外，澳大利亚《电子交易法》、新加坡《电子交易法》等也对数据电文的书面形式要求做了类似的规定。

借鉴联合国《电子商务示范法》，中国《电子签名法》规定："能够有形地表现所载内容，并可以随时调取查用的数据电文，视为符合法律、法规要求的书面形式。"

4. 关于数据电文符合法定原件形式要求的规定

原件，即原始文件、原始资料，一般是指信息内容首次以书写、印刷等形式固定于其上的纸质或其他有形的媒介物。原件是与传统法律环境下的书面形式相联系的，只有传统的书面形式的文书才会有原件和副本的区别。数据电文是通过电子形式输入、生成、传输和储存的，以有形形式表现出来的总是“副本”，不可能有什么原件。因此，在法律要求某一文书采用原件形式时，在传统的法律环境下，数据电文是不能满足要求的。

在这一问题上，联合国《电子商务示范法》同样采用了“功能等同法”。从文书原件所要达到的功能出发，找到实现“原件功能”的基本要求，然后再规定符合这一要求的数据电文就视为符合原件的形式要求。

借鉴联合国《电子商务示范法》，中国《电子签名法》规定：“符合下列条件的数据电文，视为满足法律、法规规定的原件形式要求：（一）能够有效地表现所载内容并可供随时调取查用；（二）能够可靠地保证自最终形成时起，内容保持完整、未被更改。但是，在数据电文上增加背书以及数据交换、储存和显示过程中发生的形式变化不影响数据电文的完整性。”

9.3.3　认证机构的法律地位

中国《电子签名法》明确规定了认证机构的法律地位、电子认证服务的市场准入制度等问题。

（1）认证机构的法律地位。电子签名需要第三方认证的，由依法设立的电子认证服务提供者提供认证服务。

（2）提供电子认证服务应当具备的条件。具有与提供电子认证服务相适应的专业技术人员和管理人员；具有与提供电子认证服务相适应的资金和经营场所；具有符合国家安全标准的技术和设备；具有国家密码管理机构同意使用密码的证明文件；法律、行政法规规定的其他条件。

（3）电子认证服务提供者签发的电子签名认证证书应当载明的内容。其包括电子认证服务提供者名称；证书持有人名称；证书序列号；证书有效期；证书持有人的电子签名验证数据；电子认证服务提供者的电子签名；国务院信息产业主管部门规定的其他内容。

（4）相关法律责任。电子签名人知悉电子签名制作数据已经失密或者可能已经失密未及时告知有关各方并终止使用电子签名制作数据，未向电子认证服务提供者提供真实、完整和准确的信息，或者有其他过错，给电子签名依赖方、电子认证服务提供者造成损失的，承担赔偿责任。

电子签名人或者电子签名依赖方因依据电子认证服务提供者提供的电子签名认证服务从事民事活动遭受损失，电子认证服务提供者不能证明自己无过错的，承担赔偿责任。

9.4　电子商务中的法律问题

《电子签名法》的出台已经大大推进了中国电子商务立法的进程，《关于加快电子商务发展的若干意见》这样一个专门指导电子商务发展的政策性文件的出台、实施，又发出了一个十分明确的信号，电子合同、网络服务提供者的责任认定、税收、消费者权益保护、隐私权保护等方面法律法规的制定将被提到议事日程，从而有利于加快中国电子商务立法的进程并增强立法之间的协调性。

9.4.1 电子合同

电子合同在电子商务中有极其重要的地位。虽然《中华人民共和国合同法》(以下简称《合同法》)[①]早已承认了电子合同的法律效力，但缺失相应的规则。中国《电子签名法》确立了电子记录归属于特定人、等同于原件等基本规则，为电子合同的可执行性提供了依据，但是否就意味着电子合同可以畅通地应用，这仍然是值得怀疑的。一方面，中国《电子签名法》确立的规则仍然是原则性的，其应用仍然需要解释或先例；另一方面，大量的电子合同并不使用电子签名，这些电子合同如何被认定为有效的证据更是需要司法实践的探索。

（1）电子商务合同与传统合同的区别。传统的合同形式主要有两种，即口头形式和书面形式。口头形式是指当事人采用口头或电话等直接表达的方式达成的协议，而书面形式是指当事人采用非直接表达方式即文字方式来表达协议的内容。

在电子商务中，合同的意义和作用没有发生改变，但其形式却发生了极大的变化。①订立合同的双方或多方大多是互不见面的。所有的买方和卖方都在虚拟市场上运作，其信用依靠密码的辨认或认证机构的认证。②传统合同的口头形式在贸易上常常表现为店堂交易，并将商家所开具的发票作为合同的依据。而在电子商务中，标的额较小、关系简单的交易没有具体的合同形式，表现为直接通过网络订购、付款，如利用网络直接购买软件。但这种形式没有发票，电子发票目前还只是理论上的设想。③表示合同生效的传统签字盖章方式被数字签名代替。④传统合同的生效地点一般为合同成立的地点，而采用数据电文形式订立的合同，收件人的主营业地为合同成立的地点，没有主营业地的，其经常居住地为合同成立的地点。

（2）电子商务立法中有关电子合同的法律规定。为解决因电子合同在各国合同法中的差异及电子合同的法律效力问题所引起的争议，联合国《电子商务示范法》在第6—9条对电子合同的书面、签字、原件及数据的证据效力等问题都做出了详细的规定。欧盟《电子商务指令》、英国《电子商务法》、新加坡《电子交易法》都专章规定了电子合同的规范。我国1999年的《合同法》及2004年的《电子签名法》就已经赋予电子合同与纸质合同同等的法律效力，随后相关法律法规陆续出台给予了新型电子合同最大限度的法律性规范及保障，即电子合同是受法律保护和约束的一种合同，且具有全部的法律效力。商务部2013年颁布实施的《电子合同在线订立流程规范》为新型电子合同的有效应用设立了国家级的标准规范，在电子合同应用的流程上必须严格遵循相关流程规范的规定，以确保电子合同的缔约过程及结果真实有效。

---

① 《中华人民共和国民法典》自2021年1月1日起施行，《中华人民共和国合同法》同时废止。

9.4.2　网络服务提供者的责任认定

网络服务提供者是随着互联网的发展才产生的，是为各类开放性的网络提供信息传播中介服务的，网络服务提供者能否为用户提供可信赖的服务对发展电子商务意义重大。

根据网络服务者提供的服务，网络服务提供者主要包括接入服务提供者、主机服务提供者、电子公告板经营者、信息搜索服务提供者等。当网络服务提供者提供越来越多的增值服务之后，其责任风险就增加了。网络服务提供者的责任风险主要包括侵犯知识产权的责任、传播诽谤他人信息的责任、传播非法和有害信息（如色情信息）的责任、提供咨询服务产生的责任以及提供中介服务产生的责任。

（1）责任标准。网络服务提供者的责任是关系电子商务发展的一个核心问题。这一问题不解决，将阻碍市场的顺利运行，不利于跨国服务的发展和正常的市场竞争。要界定网络服务提供者的侵权责任，首先要明确网络服务提供者的责任标准，使网络服务提供者可以预见自己的行为是否属于侵权。

各国在进行电子商务立法时都注意适当限制网络服务提供者的责任，不过采取的形式有所不同。从目前世界主要国家和地区的立法、判例及学说的发展趋势来看，判断网络服务提供者为他人的侵权行为承担的责任主要有两种：一种是严格责任；另一种是过错责任。

严格责任只存在于网络版权保护发展的初期，以美国为代表。一些国家的法律之所以规定网络服务提供者承担严格责任，是因为认定网络服务提供者对在其系统或网络中存储和传播的材料具有监控义务。随着网络技术的发展，监控义务及严格责任逐渐暴露出它对网络服务业的阻碍作用，主要是因为这种监控义务已经超出了网络服务提供者的实际能力，越来越多的国家意识到严格责任对网络服务提供者的束缚，开始寻求比较适合网络服务提供者的责任标准。

与严格责任相比，过错责任考虑到广大中小网络服务提供者的实际能力，使其免于承受沉重的责任风险。最终，网络服务提供者的责任标准由严格责任转换到过错责任。

（2）责任限制。限制网络服务提供者责任的起点在于不给服务提供者施加一种一般性的监控义务，因为服务提供者没有能力保证通过其计算机系统的无数信息的合法性。服务提供者在作为纯粹的信息传输管道时或者进行信息缓存时，应当享受责任豁免权，即不因其传输或者存储的信息中含有违法内容而承担法律责任。这是因为在上述情况下，服务提供者对信息的传输和存储是技术性的、自动的和暂时的，服务提供者并不知道被传输或存储信息的内容，也不对被传输或存储的信息内容做任何修改。但是，服务提供者故意与其服务接受者合谋从事违法活动，则不属于责任限制之列。

（3）立法建议。为了减少网络服务提供者的责任风险，我国立法还应当做到以下几点。①鼓励网络服务提供者采取自愿的原则和措施以减少纠纷、避免责任。例如，网络服务提供者事先向用户说明其服务的性质和责任的范围，以合同形式限制网络服务提供者可能承担的责任。②制定任何有关网络服务提供者责任的法律规则必须充分参考和研究世界主要国家和地区的有关法律、法规，将网络产业作为一个全球性的整体来考虑。

③鼓励网络服务提供者采用技术措施（如信息过滤），防止知识产权侵权责任（尤其是版权侵权责任）的发生。

9.4.3 税收

在网络这个独特的环境下，交易的方式采用无纸化，所有买卖双方的合同，作为销售凭证的各种票据都以电子形式存在，交易实体是无形的，交易与匿名支付系统连接，其过程和结果不会留下痕迹作为审计线索。如果不制定相关的税收制度与税收手段，以明确纳税对象或交易数字，将很难保证网上征税的正常进行。

1. 电子商务对税收工作的影响

（1）直接冲击税收公平原则。其主要表现为传统商贸企业与电子商务企业在税负方面出现明显差异，现有的税收征管方式难以对电子商务课税，使电子商务成为“优良”的国际“免税区”，形成巨大的“税收漏斗”。

（2）影响增值税的征收。

（3）影响税收征管。传统意义上的税收征管是以纳税人的真实合同、账簿、发票、往来票据和单证为基础的，而电子商务的账簿和记账凭证是以网上数字信息形式存在的，而且网上凭证又有随时被修改而不留痕迹的可能，使税收征管失去可信的审计基础。电子货币、电子支票、网上银行的出现和发展，更加大了税收征管难度，法律甚至不能对网上交易的偷逃税行为产生威慑作用。

（4）国际避税问题进一步复杂化。

（5）国际的税收协调面临严峻挑战。由于电子商务交易方式的特点，各国对税收管辖权的确定一直以来都有争议。跨境交易的税收和关税问题主要是指是否缴税、税收管辖、防止双重收税以及税收流失等问题。

2. 加强电子商务税费管理

（1）产品性质的认定。对于数字产品的性质，应将这个市场中的产品进行细分，按照不同的产品内容决定税收政策的建立。一国税收的征收及相关立法往往是由本国利益驱动完成的，我国要充分考虑国内和国际的税收规则，使电子商务税收立法达到本国利益最大化。

（2）健全税务登记制度。新的征管法对电子商务涉税信息也做出了规定，包括纳税人和扣缴义务人应提交税务信息；交易平台要向税务部门提供电商交易者的登记注册信息等。这些新规定在一定程度上解决了电子商务税务信息难以获取的问题，但是在具体操作上还存在一些需要细化的问题。

（3）加快实现税收征管电子化进程。2016 年起我国已在全国范围内推行电子发票制度，充分利用电子发票可以设计税务流程，并且可在官网上查询验证，纳税人开票数据实时上传至税务机关，发票电子化有利于提高效率，便于税务部门及时掌握交易情况，是推行税收征管电子化的重要体现。

（4）发挥第三方的能动作用。C2C 电子商务模式下的税收立法是最容易导致税收流失的情况。C2C 往往都在第三方网站中完成，因此电子商务税收立法可以在征管法制度中，给予税务机关到网络服务提供平台进行平台内企业税收稽查工作的权力，第三方交易平台中存储有电商企业交易信息，第三方支付平台存储有支付信息，由第三方服务网站获取这些信息，税务稽查工作的开展将会容易许多。

3. 制定鼓励中国电子商务发展的税费优惠政策

电子商务企业属于服务行业，2011 年，经国务院批准，财政部、国家税务总局联合下发营业税改征增值税试点方案，2016 年 5 月 1 日，中国全面展开“营改增”的实施。改革之后，原来缴纳营业税的改交增值税，增值税增加两档低税率 6%（现代服务业）和 11%（交通运输业）。目前中国尚未有针对电子商务企业的税收优惠政策出台，但在部分地区，如果该电子商务企业申报了高新技术企业，则可享受“三免三减（国税）”的优惠。

为鼓励电子商务的发展，或者更长远地说是为扶植、保护我国的民族工业，有必要对从事电子商务的企业实行某些优惠政策，国家在税收上应给予适度的倾斜保护，对网上税收的税种、税率以及管辖权做出适当的法律规定。

《关于加快电子商务发展的若干意见》第八条就加快“研究制定鼓励电子商务发展的财税政策”指出：有关部门应本着积极稳妥推进的原则，加快研究制定电子商务税费优惠政策，加强电子商务税费管理。

9.4.4　消费者权益保护

消费者作为电子商务的重要组成部分，其权益的保护显得极为重要。保护电子商务活动中的消费者权益，是增强消费者信心、促进电子商务发展的重要手段。

1. 国际电子商务立法中关于消费者权益保护的规定

欧盟的《远程销售指令》试图通过为消费者提供保障来促进电子商务发展，保障消费者在远程销售合同中得到本国消费者保护制度的保护。远程销售合同是指供需双方通过远距离通信技术进行商品和服务交易所缔结的合同。在远程销售合同中，消费者需要得到特别的保护，因为消费者的个人隐私会受到带进攻性的市场技术的侵犯，也会受到供方给消费者的不足和不适当的信息的侵犯，要面对用信用卡支付时可能带来的欺诈和错误风险。

OECD、美国、韩国等在电子商务立法中对消费者权益保护做了相应规定，专门制定了消费者权益保护指导原则，其主要内容包括：①有效保护，即为电子商务中的消费者提供不低于对传统商务中消费者的保护程度；②公平经营，即经营者的广告和营销等经营行为应当公平，禁止欺诈、欺骗、误导消费者；③信息披露，即经营者有义务披露关于其自身、所提供的商品或者服务以及其他有关交易的信息，使消费者能够基于充分信息做出决定；④提供确认程序，使消费者有充分机会更正错误，表示真实意思，并能够在做出最终决定前撤销交易；⑤安全支付，即经营者应当提供安全、便于使用的支付机制以及有关的安全信息；⑥鼓励采用快捷、低成本的替代性争端解决机制；⑦保护交易中获悉的消费者隐私。

2. 中国电子商务中消费者权益保护的立法现状

中国对消费者权益保护的立法一直在不断地进行和完善中。综观中国现有法律规定，对电子商务消费者权益的法律保护有《中华人民共和国民法典》、《中华人民共和国消费者权益保护法》（以下简称《消费者权益保护法》）、《中华人民共和国电信条例》、《中华人民共和国计算机信息网络国际联网管理暂行规定》、《计算机信息网络国际联网安全保护管理办法》等法律规定，但这些法律内容简单、散乱，缺陷不少，可操作性不强，不能适应电子商务迅速发展所要求的对消费者权益保护的迫切需要。2022 年 3 月 15 日，中国开始实行《最高人民法院关于审理网络消费纠纷案件适用法律若干问题的规定（一）》，设立了明确的法律规范来加强对消费者权益的保护，规范网络交易市场秩序，为电子商务的健康发展创造了良好的法律环境。

3. 立法建议

在立法体系上，中国已经开始有明确的法律规定。但是保护消费者权益的立法仍需要不断地建立和完善。首先，立法可以明确电子商务平台的责任，包括对商品质量、交易安全、消费者个人信息保护等方面的责任，以及在消费纠纷发生时的义务。同时，加强个人信息保护的法律规定，确保消费者隐私权得到有效保障。此外，优化网络消费纠纷解决机制，降低解决成本，提高效率，考虑建立在线纠纷解决平台。强化监管和执法力度，设立专门监管机构，完善监管措施，并加大处罚力度以确保市场秩序。鼓励消费者、行业组织、非政府组织等参与监督，提高消费者保护意识和维权能力。最后，参考国际标准和实践，促使国内电子商务法律与国际接轨，为跨境电商提供法律支持。通过实施上述建议，旨在为消费者提供一个更安全、公平的网络购物环境，促进电子商务领域的健康发展。

9.4.5 隐私权保护

1. 网络隐私权的含义

网络隐私权是指网络环境中在最少的干涉下顺应自己的意愿而生活的权利，其核心是网络环境中对隐私权利的控制。网络隐私权保护的重心是网络环境中对个人信息资料（包括个人数据、私人信息、个人领域等）的控制与利用。

2. 网络隐私权的基本内容

（1）知情权。用户有权知道网站收集了关于自己的哪些信息，这些信息收集出于什么目的，以及该信息会与何人分享。

（2）选择权。消费者对个人资料的使用用途拥有选择权。

（3）合理的访问权限。消费者能够通过合理的途径访问个人资料并修改错误的信息或删改数据，以保证个人信息资料的准确与完整。

（4）足够的安全性。网络公司应该保证用户信息的安全性，阻止未被授权的非法访问。用户有权请求网站采取必要而合理的措施，保护用户的个人信息资料的安全。

（5）除上述之外，还应该包括用户的信息控制权（用户有权决定是否允许他人收集或使用自己的信息）和请求司法救济权（用户针对任何机构或个人侵犯自己信息隐私权的行为，有权提起民事诉讼）。

3. 网络隐私权的相关法律保护

为了保护个人隐私，增进消费者对电子交易的信心，一些国家和组织的电子商务立法都规定了对个人数据的保护。以欧盟为例，其关于个人数据保护的主要规定包括：有限收集，即认证服务提供者所收集的消费者数据必须是为签发或者维护证书所必需的；直接收集，即除非已经征得数据主体的明确同意，认证服务提供者不得向数据主体以外的其他任何单位或者个人收集该数据主体的个人数据；目的特定，即除非已经征得数据主体的明确同意，认证服务提供者不得以任何其他目的收集个人数据，或者对所收集的个人数据进行处理，或者提供给其他人。

2012 年 12 月 28 日，全国人民代表大会常务委员会通过了《关于加强网络信息保护的决定》，对公民个人数据信息的保护做出了规定。该决定第一条规定："国家保护能够识别公民个人身份和涉及公民个人隐私的电子信息。任何组织和个人不得窃取或者以其他非法方式获取公民个人电子信息，不得出售或者非法向他人提供公民个人电子信息。"《关于加强网络信息保护的决定》的相关规定有利于保护公民的网络隐私权，促进互联网的健康发展。2014 年 3 月 15 日，新版《消费者权益保护法》施行。它通过对商家相关销售行为的规定，规范了其对销售中所收集到的消费者个人信息的使用，对隐私权进行了保护。一方面，我国在保护网络隐私权的相关立法方面比较分散，没有形成一个系统的体系。涉及网络隐私权的相关法律的位阶不高，法律效力不够。另一方面，我国对网络隐私权保护的立法直接保护很少，大多是间接保护。2023 年 6 月 1 日，《中华人民共和国网络安全法》施行六周年。这部我国网络安全领域的基础性法律，对个人信息保护、治理网络诈骗、实施网络实名制等方面做出明确规定，成为我国网络空间法治化建设的重要里程碑。近年来，我国加快推进网络安全领域顶层设计，在深入贯彻落实《中华人民共和国网络安全法》的基础上，制定完善网络安全相关战略规划、法律法规和标准规范，网络安全"四梁八柱"基本确立。

9.4.6 知识产权

在当今数字时代，电子商务的崛起带来了商业模式的变革和市场竞争的激增。在这个高度信息化和数字化的环境中，知识产权的保护变得尤为重要。知识产权包括专利、商标、著作权和商业机密等，它们在电子商务中扮演着关键的角色，不仅关系到企业的创新和竞争优势，还涉及市场的公平竞争和消费者权益的保护。

1. 商标的保护

商标是区分商品和服务来源的标志，对于电子商务企业来说，建立独特而具有辨识度的商标是品牌成功的基石。商标的注册保护为企业提供了独占使用权，防止其他企业使用相似标志导致混淆。在电子商务平台上，一个独特的商标有助于消费者识别品牌，建立信任，从而提升销售和市场份额。

然而，在电子商务中，尤其是跨境交易中，跨境商标侵权和盗版问题可能变得更加复杂。在一些地区，商标的国际注册和跨境执法仍然存在挑战。因此，企业需要采取积极的监测和执法措施，以应对跨境商标侵权的风险。

2. 著作权的保护

在电子商务中，著作权的保护涵盖了网站内容、商品图片、广告材料、软件代码等各种创造性作品。著作权的存在使得企业能够控制其在数字平台上的内容，防止他人未经授权地复制或使用。这对于电商平台来说尤为重要，因为产品图片和描述是吸引顾客的关键因素。

然而，数字环境中的著作权侵权问题也屡见不鲜。通过技术手段，一些不法分子可能窃取和复制创意作品。因此，企业需要采取技术保护措施，如数字水印和加密技术，以及法律手段，通过著作权注册来强化其在法律上的权利。

3. 专利的重要性

对于那些在电子商务中涉及技术创新的企业，专利的保护尤为重要。专利授予发明者对其发明的独占权，使得其他人在未经授权的情况下无法制造、使用或销售相同的技术。这对于创新驱动的电子商务企业来说是一个关键的竞争优势。

然而，专利保护的挑战在于，电子商务领域的技术变革非常迅速，专利的审批周期较长，有时难以跟上创新的步伐。此外，专利保护的地域性也是一个问题，因为企业可能需要在多个国家申请专利来确保全球范围内的保护。

4. 商业机密的保护

在电子商务中，商业机密可能包括客户列表、供应链信息、销售数据等对企业非常有价值的信息。虽然商业机密不同于其他知识产权，没有明确的注册程序，但保护商业机密同样至关重要。通过合同、雇佣协议和技术保护措施，企业可以确保关键信息不被泄露给竞争对手。

然而，由于电子商务的数字化特性，商业机密的保护面临着网络攻击和内部泄密的威胁。因此，企业需要采取网络安全措施，包括数据加密和访问控制，以防范商业机密的泄露。

9.5　电子商务法律服务与保障体系建设

《关于加快电子商务发展的若干意见》明确提出要推动网络仲裁、网络公证等法律服务与保障体系建设。加强网络仲裁、网络公证对于中国电子商务的发展具有重要意义。

9.5.1　网络仲裁

1. 网络仲裁概述

仲裁是指由争议双方自愿将争端提交独立的第三方审理并做出裁决的一种非司法程序。伴随着互联网的飞速发展，一种高效、低廉的新的仲裁方式被提上议程，这就是网络仲裁。网络仲裁是指通过互联网联络进行仲裁审理的程序，不需要仲裁员亲自到某地会合，也不需要争议各方到某个地点进行协商。网络仲裁包括仲裁程序的各个主要环节，诸如仲裁协议提交、开庭审理、提供证据、做出裁决等，所使用的技术包括电子邮件、聊谈组、电子或可视会议等。

网络仲裁虽然是解决网上纠纷的比较理想的方式，但网络仲裁能否被各国国内法以及国际条约（其中最主要的是《承认及执行外国仲裁裁决公约》）所确定的法律体系确认为有效，换言之，能否使网络仲裁的新规则与旧有仲裁机制保持一致，依然存在广泛争议。

2. 网络仲裁争取中国国内法承认的方式

一是由法律判例方式来承认网络仲裁业务的合法性。具体操作是，由合法仲裁机构实际裁决一个案件，并由法院强制执行。这是以“判例法”的形式争取合法性承认。

二是以最高人民法院批复或司法解释的方式承认网络仲裁的合法性。在有关仲裁机构实际裁决案件后，一方当事人申请法院强制执行，执行法院上报最高人民法院，最高人民法院以批复或司法解释的方式承认网络仲裁的合法性。

三是由全国人民代表大会常务委员会对网络仲裁合法性做出承认立法解释。由司法部或有关仲裁机构向全国人民代表大会常务委员会提请咨询《中华人民共和国仲裁法》的解释，咨询内容主要包括是否对网络仲裁做出规定等。

3. 网络仲裁纳入在线争议解决机制的法律调整

在线争议解决机制（online dispute resolution，ODR）是利用网络解决各种争议的总称，它主要包括在线仲裁（online arbitration）、在线调解（online mediation）和在线和解（online negotiation）三种方式。它将网络资源充分引入争议解决中，利用全球各地的人力资源、电脑程序及便捷的信息传输，可在任何国家聘用任何国籍的仲裁员或者调解员、通过任何语言解决争议，具有快速、费用低廉、便利等网络空间争议解决所需要的各类重要价值因素。

9.5.2 网络公证

1. 开展网络公证的必要性

电子商务的蓬勃发展给公证行业提供了拓展业务的机遇，为公证事业的发展提供了更为广阔的空间，如网络中身份确认、行为确认、身份与行为相关联的确认以及数据传输的保密、完整等。面对虚拟世界的这些问题，公证机构凭借原有的工作流程和传统公证手段是无法解决的。

网络公证的特点之一是运用先进的网络技术手段实现对网络世界中证明的需求；特点之二是运用软件流程局部和全部实现某些网络世界中的证明。计算机及网络技术的发展，增强了公证机构实现其工作目标的手段和方法，可以极大地提高工作效率，有助于中介、沟通作用的发挥。

尽管网络公证将改变传统公证的手段、方法和程序，但是它在法律事实、法律行为上的证明权的性质没有改变，是公证证明权在网络领域的延伸运用，是公证机构主动适应变化了的公证对象，调整自身以满足完整的国家证明权的需要。

2. 开展网络公证的现实基础

目前中国关于公证方面的法律有《中华人民共和国公证法》，该法实施情况的报告显示：截至 2021 年 11 月底，全国共有公证机构 2980 家，公证员 14 147 人，公证员助理 9874 人；这个数量与日益增长的公证需求相比显然远远不够，一些地方“证多人少”的矛盾还比较突出。

中国的公证业务与英、美等国的公证有所不同，中国实行的是实质性公证审查，不但要对事实的真实性做出证明，还负有对行为合法性的审核，要求比较高，这表现在公证程序的完备和对从业人员的素质要求等方面。通常，由中国公证机构做出的公证证明，法院都直接作为有效证据采信，除非有相反的证据予以推翻。目前，在线公证证明与纸面公证证明具有同等效力。各地公证机构通过优化办理流程，融合线上线下，借助新兴手段等方式不断提高公共法律服务水平。创新运用了“零接触”“线上办证”“最多跑一次”“不见面”等手段，应用公证综合业务系统完成公证书从受理、缴费、办证、审批到制证、发证、归档的全过程，实现了公证业务办理的电子化、标准化、规范化。

目前北京、上海、江苏、福建、广东等地区的公证机构均开通了网上公证办理平台，公证事项主要涵盖了出国留学、探亲、旅游、商务考察、定居移民、工作劳务等涉外公证业务。网上公证平台借助互联网信息传递和处理的优势，通过合理地将互联网技术与公证程序、证明标准相融合，在保持公证法定效力的同时极大地简化了当事人办证手续，提高了公证办理效率，降低了当事人成本。

9.6 我国电子商务法律机制体系的构建

我国的电子商务法律机制体系的构建主要分为三部分，即对信息流的规范、对资金流的规范和对物流的规范。

9.6.1 对信息流的规范

目前国际社会广泛认可的有关电子商务立法的文献是联合国国际贸易法委员会颁布的《电子商务示范法》，所以我国在电子合同立法方面应以此为蓝本，并结合《中华人民共和国民法典》中有关数据电文的相关规定来构建我国的电子合同法律体系。同时，各界对电子代理人的有关界定和规范也有广泛的讨论，电子代理人是指由编制人设定，在无人操作的情况下，按照预先设定的程序进行各种电子商务活动，以实现编制人的意愿。电子代理人是由人编制的，代表着编制人的意思，虽然电子代理人不具有法律人格，但是通过电子代理人进行的行为同样反映编制人的意思，具有同自然人与法人作为代理产生的同样的法律效力。但也不能否认电子代理人的特殊性。

由于电子商务本身的特殊性，所以电子商务的安全应是电子商务立法应关注的主要问题，可以说世界上每个国家的电子商务立法都把这一问题放在极其重要的位置上。首先要明确的是对电子签名是否具有效力的认定，新加坡、美国和欧盟等国家或国际组织都有立法对电子签名效力的认定持肯定的态度，由此可见，确定电子签名具有法律效力是国际社会的共同要求。所以，中国的电子商务立法不能与国际社会的共同要求背道而驰，我国应承认电子签名的法律效力，这是毋庸置疑的。但是，电子签名不仅是一个法律问题，同样也是一个技术问题，这就要求我们借鉴一些国家先进的、可行的立法经验和立法方法，在解决法律问题的基础上也要兼顾技术问题，应保持技术的中立性，并对电子签名安全问题做相应的规定。

知识产权保护是电子商务中的另一重大的课题。就目前的研究成果来看，电子商务中商标权问题主要涉及域名的保护。有学者认为，对于域名的保护没有必要专门制定新的法律来调整和规范与其相关的法律关系，直接使用反不正当竞争法进行调解即可。我国最高人民法院公布的《关于审理涉及计算机网络著作权纠纷案件适用法律若干问题的解释》对网络侵权问题进行了规定，再加上传统的商标法和反不正当竞争法，这些都对电子商务中著作权保护有积极的作用。但目前对电子商务中出现的新的著作权法律关系没有相应的司法解释。一般认为，电子商务知识产权保护中有三方面已经成为在世界范围内得到公认的、在网络环境下著作权保护中最重要的权利，即网络传播权、技术措施的法律保护以及数据库的特殊权利保护。在我国，虽然在网络传播权方面有比较全面的规定，但在其他两方面的有关法律规定还有欠缺。这种情况也应引起我国著作权保护立法的重点关注。有效的技术措施是技术措施的法律保护涉及的重要问题。对有效的技术措施的界定可以借鉴欧盟的标准，并且结合我国电子商务市场具体情况和有关著作权保护的立法现状，首先制定切实可行的法律以解决技术措施的法律保护空白。其次对于数据库的法律保护，我们要承认制定有关数据库保护的专门法律是必需的，核心问题是什么样的数据库才有资格受到法律的保护，有学者认为，只要是独创性的数据库就应受到法律的保护，也有学者认为，应制定一个统一的认定标准来进行参考，但都各执一词，目前没有统一的标准和明确的说法。

9.6.2 对资金流的规范

电子货币和电子支付等问题是该部分所涉及的主要的法律问题，电子货币是由网络银行发行的，并且具有与传统货币等同功能的一种数据货币，其本质是一系列的数据信息。随着电子商务的飞速发展，支付方式也必然会发生变革，网络商务具有快捷便利的特点，这就要求方便快捷的网络支付方式与之相适应。电子商务的进一步发展以及引起的新的支付方式的出现，必然要求制定与之相适应的法律规范。当前我国关于第三方支付机构的法律法规效力等级普遍不高，且分布零散，缺乏专门调整的法律规范。这种不确定状态的持续必然会危及这类平台的稳定发展，也无法为商户、客户等其他平台使用者提供足够的法律救济措施。对此必须首先对第三方支付机构的业务范围做出明确界定，只有业务范围明确以后才能谈监管问题。有关部门要针对其制定一套专门的、具有较高位阶的法律，为第三方支付机构创造一个合法稳定的发展空间，引导其在市场竞争中健康开展业务。在专门的法律出台前，现行的有关法律应当及时根据电子商务发展的趋势进行修订，以明确第三方支付机构的监管主体与责任，如对《中华人民共和国中国人民银行法》《中华人民共和国银行业监督管理法》《中华人民共和国商业银行法》《中华人民共和国证券法》《中华人民共和国信托法》《中华人民共和国保险法》等做出相应修订。

9.6.3 对物流的规范

新型的物流随着电子商务的发展而出现，电子物流是一种新型的物流方式，在运行过程中出现的问题是传统的物流法律规范所无法解决的，这就必然要求与之适应的法律规范的出现，对该法律规范的制定可以借鉴传统的产品质量法和消费者权益保护法。电子物流是一种通过在线以数据形式传送的商品或服务，因此应针对电子物流的特殊性制定相应的法律规范以适应电子商务的发展规律，以保证电子商务市场健康有序地运行。

我国的电子商务立法还不成熟，这是我国实务界和立法界普遍持有的观点，他们呼吁制定一部完备可行的电子商务法。这是因为：其一，电子商务在我国才刚刚起步，发展程度还比较低，许多技术问题和法律问题有待研究；其二，电子商务一直是一个发展比较快速的部门，更新速度可谓日新月异，在这一领域可能永远看不到成熟的状态，即使这样，我们也要仔细考察研究，制定相关法律以规范这一领域的法律关系；其三，法律本身具有滞后性、不确定性等缺陷，这就无法避免制定法的不完备性，为了尽可能地使制定法完善，使之适应不断变化的形势，就需要法律工作者在实践中不断地丰富和改进。

复习思考题

1. 为什么必须加强电子商务立法?
2. 全球电子商务立法具有哪些特点?
3. 简述《电子商务示范法》的作用与地位。
4. 什么是电子签名? 有关国际组织和国家电子签名立法具有哪些特点?
5. 什么是数据电文? 中国的《电子签名法》如何确定数据电文的法律效力?
6. 电子商务中合同的形式发生了哪些变化?
7. 网络服务提供者为他人的侵权行为承担责任有哪两种形式? 各有什么特点?
8. 国际电子商务立法中关于消费者权益保护有哪些规定?
9. 什么是网络隐私权? 网络隐私权包括哪些基本内容?
10. 试述加强电子商务法律服务与保障体系建设的必要性。

第 10 章

电子商务知识产权保护与标准化

本章要点：通过本章的学习，应该了解知识产权的概念、范围和特征；理解加强对电子商务中知识产权保护的重要性；了解电子商务中著作权客体保护的重点；理解电子商务中的技术措施纳入著作权保护范围的原因；了解国际组织及发达国家对权利管理信息法律保护立法的共同点和不同点；了解域名与商标冲突的原因、表现类型；理解欧美发达国家对计算机软件、商业方法专利保护的战略意图；理解加强电子商务标准化工作的重要性。

10.1　电子商务知识产权保护

互联网的发展对人类社会的法律制度提出了严峻挑战，而与技术紧密相连的知识产权也应该受到极大的重视。互联网给知识产权的获取、传播和使用打开了方便之门，也给侵犯知识产权的行为提供了一条便捷之路。与电子商务有关的知识产权法律问题很多，世界各国都已经发生大量有关电子商务的知识产权纠纷，系统研究电子商务中的知识产权保护问题的范围及其特点并提出相应的应对措施已成为当务之急。随着我国电子商务的迅速发展，我国政府正积极地寻找和探讨适合中国的电子商务法律，并已将其纳入了立法的轨道。

电子商务知识产权保护是电子商务法律法规体系中的研究重点，鉴于其重要性，本书专门辟出一章对其展开全面深入的论述。

10.1.1　知识产权概述

1. 知识产权的概念

知识产权（intellectual property，IP）是指人们对于自己的智力活动创造的成果和经营管理活动中的标记、信誉依法享有的权利，是与财产所有权、债权、人身权相并列的一类民事权利。知识产权和其他三类民事权利相比，最大的区别就在于它的保护对象（即客体）是特殊的，知识产权的客体是人的创造性智力成果以及用于工商业的识别性标记，我们可以将它们统称为知识产品。知识产品与一般物质产品的不同之处就在于，它是无形的，是人类智力活动、思想、情感的外在表现形式，它创造难而传播易。

2. 知识产权的范围

根据 1967 年签订的《建立世界知识产权组织公约》，国际上一般对知识产权的范围划定如下：关于文学、艺术和科学作品的权利（著作权）；关于表演艺术家的表演以及唱片和广播节目的权利（著作邻接权）；关于人类一切活动领域内的发明的权利（发明专利权及发明奖励权）；关于科学发现的权利（发现权）；关于工业品外观设计的权利（外观设计专利权或者外观设计权）；关于商标、服务标记以及商业名称和标志的权利（商标权、商号权）；关于制止不正当竞争的权利以及在工业、科学、文学或艺术领域内由于智力活动而产生的一切其他权利。

2015 年 4 月 16 日，国务院新闻办公室举行的新闻发布会表示，2014 年知识产权数量持续快速增长，共受理发明专利、实用新型和外观设计申请 236.1 万件，其中发明专利 92.8 万件，同比增长 12.5%，申请量连续 4 年居世界第一。2017 年 4 月 24 日，最高人民法院首次发布《中国知识产权司法保护纲要（2016—2020）》。《中华人民共和国民法典》中规定了 8 种知识产权类型，并规定了知识产权的民法保护制度。

3. 知识产权的特征

（1）专有性，也称垄断性（独占性或排他性）。专有性是指知识产权专属权利人所有，知识产权所有人对其权利的客体享有占有、使用、收益和处分的权利。

（2）地域性。按照一国法律获得承认和保护的知识产权，只能在该国发生法律效力，而不具有域外效力。要使对知识产权的保护延伸到本国以外，对著作权而言，依赖于国际公约或者双边协定即可；专利权、商标权则必须经他国行政主管机关的确认方可产生法律效力。

（3）时间性。知识产权有一定的有效期限，它不能永远存续。在法律规定的有效期限内，知识产权受到保护，超过法定期限，知识产权权利自行消失，相关的智力成果就不再是受保护的客体了，而成为社会的共同财富，为人们自由使用。例如，依据《中华人民共和国专利法》第四十二条，发明专利权的期限为二十年，实用新型专利权的期限为十年，外观设计专利权的期限为十五年。

10.1.2 电子商务知识产权保护的必要性

伴随电商规模迅速扩大，电商领域的知识产权侵权问题也日益凸显，成为知识产权侵权多发、高发的领域，严重影响电商产业的健康发展。2015 年 1 月 23 日，国家工商行政管理总局公布的一组数据引起轩然大波，2014 年下半年网络交易商品定向监督结果显示：网购商品有四成多是假的，淘宝网所售假货最多，正品率低至 37.25%。同日，国家工商行政管理总局召开新闻发布会回应称，抽查的目的是发现违法现象并进行查处，维护经营秩序。与此同时，国家工商行政管理总局还介绍了全国工商系统开展的 2014 红盾网剑专项行动取得的成效，并通报了 10 起典型案例，其中有 5 起涉及淘宝网。

《国务院关于新形势下加快知识产权强国建设的若干意见》《“十三五”国家知识产权保护和运用规划》提出要加强重点领域（电子商务）知识产权行政执法，督促电子商务平台企业落实相关责任，加强跨境贸易电子商务服务的知识产权监管。但是由于电商领域知识产权侵权具有隐蔽性强、频率高、辐射面广，以及举证难度较大、恶意投诉较多等特点，且当前国内相关法律尚不健全，电商领域知识产权保护工作进展缓慢。因此，迫切需要探索电商发展的模式和特点，创新知识产权保护工作思路，建立政府、企业、行业、社会全覆盖的电商领域知识产权保护体系，以保护促发展，打造电商发展的良好知识产权保护生态圈。

习近平总书记在党的二十大报告中指出，完善科技创新体系，坚持创新在我国现代化建设全局中的核心地位。深化科技体制改革，加强知识产权法治保障，形成支持全面创新的基础制度①。知识产权事业是党和国家事业的有机组成部分，在新时代作为国家发展战略性资源和国际竞争力核心要素的作用更加凸显。实施知识产权强国战略，必须

① 《习近平：高举中国特色社会主义伟大旗帜 为全面建设社会主义现代化国家而团结奋斗——在中国共产党第二十次全国代表大会上的报告》，https://www.gov.cn/xinwen/2022-10/25/content_5721685.htm[2022-10-25]。

坚持以习近平新时代中国特色社会主义思想为指导，全面贯彻党的二十大精神，为有力支撑社会主义现代化强国建设做出应有贡献。

10.2　电子商务中的著作权保护

相对于商标权与专利权而言，互联网上的著作权问题最为复杂。这一方面是因为著作权采取作品完成自动取得的制度，并不像商标权与专利权需要相关机构的认可；另一方面则是因为互联网的迅速发展强烈影响了作品的创作、复制和传播，给著作权法律制度带来了前所未有的震撼。

互联网"无中心""数字化"的基本特征使得传统著作权保护的地域性限制荡然无存，便捷、快速、个性化的数字化复制和传递，让传统高昂的侵权成本几乎为零。互联网对作品的无限复制性、快捷的全球传播性以及网络的虚拟性使得著作权人在网络上很难实现对作品的专有控制，作品一旦上网，任何人就可以对其随意使用、修改，而著作权人却不可能对这些侵权行为进行查证。侵权行为给著作权人造成的损害仅仅是表面的，其更深层次的危害是影响了我国的投资环境，并造成国家税收大量流失。

10.2.1　著作权客体的法律保护

1. 著作权客体法律保护概述

我国著作权法所称的作品，是指文学、艺术和科学领域内，具有独创性并能以某种有形形式复制的智力创造成果。依据最高人民法院《关于审理涉及计算机网络著作权纠纷案件适用法律若干问题的解释》（以下简称《解释》）的规定，受著作权法保护的作品，包括著作权法第三条规定的各类作品的数字化形式（文字作品；口述作品；音乐、戏剧、曲艺、舞蹈、杂技艺术作品；美术、建筑作品；摄影作品；视听作品；工程设计图、产品设计图、地图、示意图等图形作品和模型作品；计算机软件；符合作品特征的其他智力成果）。在网络环境下无法归于著作权法第三条列举的作品范围，但在文学、艺术和科学领域内具有独创性并能以某种有形形式复制的其他智力创作成果，人民法院应当予以保护。这样，网络中特有的表现形式，如网页页面设计和网站的标志性设计等以前无法归纳进著作权法保护范围的作品，因其同样具有创造性和可复制性，现已被《解释》纳入著作权保护范围，对它的侵权行为也将受到制裁。

网页及电子数据库应作为哪种作品进行保护，应如何保护，是我国在电子商务中著作权客体保护方面的两大问题。

2. 网页的法律保护

从我国的司法实践和学者讨论来看，网页的法律保护主要分为著作权保护与反不正当竞争保护。

（1）著作权保护。《保护文学艺术作品伯尔尼公约》（以下简称《伯尔尼公约》）第二条第五款规定，“文字或艺术作品的汇集本，诸如百科全书和选集，由于对其内容的选择和整理而成为智力创作品，应得到与此类作品同等的保护”。美国 1976 年《版权法》第一百零一条规定：“汇编是由收集和组织经过选择、调整、安排的原有材料或数据构成的整体上有原创性的作品。”我国 2001 年 10 月 27 日修正实施的《中华人民共和国著作权法》（以下简称《著作权法》）第十四条也做了相似的规定。可以看出，网页集合文、图、声等多种表现形式信息的特点，与汇编作品对信息的集合有相同之处，我国完全可以将网页纳入汇编作品的保护范围中。我国还相继出台了一些与著作权相关的法律法规，如《计算机软件保护条例》《中华人民共和国著作权法实施条例》《信息网络传播权保护条例》。2005 年 4 月 30 日国家版权局与信息产业部联合发布了《互联网著作权行政保护办法》，旨在加强互联网信息服务活动中信息网络传播权的行政保护，规范行政执法行为。

但是将网页作为汇编作品获得的保护极为有限。汇编作品保护的只是选择或编排的形式，并不延及其内容，所以在判断一个网页是否构成了对另一个网页的抄袭时，不能仅仅因为原、被告两个网页看起来相似就认定被告抄袭。导致“相似”的原因有很多种：如果因为两者都使用了公有领域的某些材料、元素或设计，那么并不存在谁抄袭谁的问题；如果仅仅因为两者汇编的内容相同或相似，那么也不构成抄袭，只有在被告抄袭了原告内容的选择或编排，导致原、被告网页相似时，被告的行为才可能构成对原告汇编作品的著作权的侵犯。

（2）反不正当竞争保护。我国法院在司法审判中已经意识到著作权法对网页保护的局限性。在网页无法获得著作权保护的情况下，法院采取了另一种途径实现对网页的保护，即采用反不正当竞争保护，反不正当竞争法在一定程度上起到了补充作用。即使是采用了网页所有者的部分内容，但只要与其网页构成相似，并造成了混淆效果，网页所有者就可以依据《中华人民共和国反不正当竞争法》（以下简称《反不正当竞争法》）要求保护自身权益。而在实践中，网页所有者之所以会因他人抄袭网页提起诉讼，也正是因为这种抄袭可能会造成混淆、误导公众，最终损害其经济利益。所以网页所有者通过《著作权法》及《反不正当竞争法》，就可以充分保护对网页的合法权利。

3. 数据库的法律保护

早在 20 世纪 80 年代，国际组织和欧美发达国家就已经明确将数据库作为汇编作品进行保护。将数据库作为汇编作品保护在一定程度上保护了数据库制造者的权利，促进了数据库产业的发展，但是汇编保护却存在着不可避免的局限性，只保护结构而不保护内容加剧了著作权法的弱保护性。

面对著作权法对数据库的弱保护性，国际组织和欧美发达国家的解决办法是赋予数据库制造者一种特殊权利，它是一种独立于版权保护的法律制度，其根本目的就是保护数据库制作者在数据库上的投资。

目前，对数据库立法进行保护的国家已不止一个，欧盟《数据库法律保护指令》的出台，大大加速了国际上对数据库保护的进程，国际上对数据库进行法律保护已呈现出全新的局面。

欧盟建立了数据库特殊权利保护之后，联合国世界知识产权组织（World Intellectual Property Organization，WIPO）及美国很快做出了反应。WIPO 意识到现有的《伯尔尼公约》与《知识产权协定》无法适应对电子数据库的保护。1996 年，WIPO 综合了欧美的建议，公布了数据库条约草案，但在 1996 年 12 月 WIPO 的外交会议上，该草案遭到许多发展中国家和一些发达国家的强烈反对，没有就数据库条约草案的实质内容进行讨论。1997 年 3 月，WIPO 再次召集政府讨论该问题，1997 年 9 月 WIPO 又一次召开了关于数据库知识产权保护的信息会议，继续讨论数据库特殊权利国际保护的可能性。因此，到目前为止，数据库在国际保护的层次上只有一个草案，对于特殊权利保护的可能性的讨论还在进行。

10.2.2　技术措施的法律保护

1. 技术措施的分类

电子商务中的技术措施是指著作权人主动采取的，能有效控制进入受著作权法保护的数字化作品，并对著作权人的权利进行有效保护，防止侵犯其合法权利的设备、产品或方法的出现。

目前版权人在网络环境下采取的技术措施有很多种，如反复制设备、电子水印、数字签名或数字指纹技术、电子版权管理系统、追踪系统等。虽然技术措施多种多样，但按照用途主要可以分为控制访问的措施和控制使用的措施。控制访问的措施一般在互联网的服务器上实施。这种技术措施可以让用户无法访问某个网站或网站中的某个作品。例如，用户键入某个文件的网址，浏览器提示该文件所在的服务器不允许用户访问该文件，或者用户必须输入口令才能访问。目前大多数网站都对用户访问进行或多或少的限制，而另一些网站则还允许匿名用户自由访问它的信息。控制使用的措施则是被用来控制用户复制及传播作品的措施。例如，现在许多网站采取的电子水印技术就是一种控制使用的措施。通过将电子水印隐藏在数字化作品中，无论怎样编辑、修改，水印都不能消除，盗版作品一旦出现，版权人就能凭借水印技术将其识破。一些网站还在销售一种“网络著作权保护系统”，它能够将多个文本文件按照用户自己定义的模板批量转换为网页，未经用户授权，其他人便无法私自复制、修改网页。其他控制使用的措施还包括电子文档指示软件、电子签名等。

2. 技术措施法律保护的必要性

技术措施作为一种“防患于未然”的事前预防措施，在保护版权人利益方面的确起了很大的作用。它从根本上切断了非法复制、传播作品的途径，比“事后救济”的法律手段更能有效地保护数字作品。

尽管如此，技术措施仍然需要纳入著作权保护的范围，这是技术措施自身的局限性所决定的。技术措施在实质上只是版权人所采取的一种私力救济手段。个人的力量毕竟很薄弱，如果没有法律做后盾，对规避技术措施的人实施惩治，技术措施根本不能有效地保护版权人的权利。同样，版权人的私力救济是不会考虑到社会的公共利益的。如果不对技术措施采取法律限制，这种私力救济就可能会呈现一种单向度的扩张，最终侵害使用者和公众的合法权益，所以技术措施的局限性只能用法律来弥补。因此，对技术措施采取法律保护已经是摆在各国面前的一个亟须解决的问题。

3. 国际组织及发达国家对技术措施的法律保护

建立广泛的技术措施法律保护已经成为一种国际性潮流，美国和欧盟国家无不顺应这一潮流，建立了本国的保护制度。美国、欧盟保护技术措施的立法都是以实施 WIPO 两条约［即 WCT（WIPO Copyright Treaty，《世界知识产权组织版权条约》）和《世界知识产权组织表演和录音制品条约》］的名义进行的，尽管立法的内容有很大差异，但在结构上则基本相同，主要都规定了技术措施的保护依据、保护程度和限制措施。

美国、欧盟保护技术措施的立法存在一些共性的问题，主要体现在以下两方面。①没有明确技术措施的保护范围。技术措施保护范围的确定决定了哪些技术措施可以受到保护，而哪些不能受到保护。这是因为不是所有的技术措施都能够起到保护作品的作用，法律不应该也不可能对技术措施采取无限制的保护，而应是有选择性的。②技术措施的保护偏向于著作权人。美国与欧盟都赋予了著作权人控制他人获得作品的权利，但这种权利却不受“合理使用”的限制，其结果是极大地扩张了著作权人的权利。

4. 我国技术措施法律保护的现状与立法建议

我国对技术措施的版权保护主要体现在《著作权法》第五十三条第六款：“未经著作权人或者与著作权有关的权利人许可，故意避开或者破坏技术措施的，故意制造、进口或者向他人提供主要用于避开、破坏技术措施的装置或者部件的，或者故意为他人避开或者破坏技术措施提供技术服务的，法律、行政法规另有规定的除外。”此外，《计算机软件保护条例》第二十四条第三款也规定了类似的内容，着重保护软件行业中的技术措施。

从立法现状来看，尽管我国开始对技术措施采取版权保护，但还存在很多问题。其原因在于我国在修订《著作权法》时，只是简单按照 WIPO 两条约的要求加入了保护技术措施的条款，而没有对技术措施立法保护中的一系列理论问题，如技术措施的保护依据、保护程度和限制措施等进行深入研究。

与欧美国家立法相比，我国在技术措施的保护方面还存在一个问题。欧盟、美国均将制造、出售、进口、传播专门用于规避技术措施的软、硬件设备作为禁止对象，并规定了相应的法律责任，而我国《著作权法》却没有这样的禁止性规定。《著作权法》第五十三条虽然也提到著作权行政管理部门可以没收“主要用于制作侵权复制品的材料、工具、设备等”，但这是针对第五十三条所列举的侵权行为及同一侵权行为人的，也就是说，侵权行为（规避技术措施的行为）被发现后，著作权行政管理部门可以依法没收行为人用以制作侵权复制品的工具设备（即用于规避技术措施的软、硬件设备），但也仅限于没收侵权人本人的工具设备。

我国应着重借鉴欧美国家立法和司法实践的经验与不足，立足于我国的国情，修订

《著作权法》，明确技术措施的保护依据、保护程度和限制措施，明确技术措施的保护范围，对“合理使用”的范围进行完善。

10.2.3　权利管理信息的法律保护

1. 权利管理信息法律保护的必要性

权利管理信息是指有关版权作品的名称、保护期、版权人、版权人的单位及联系方式、作品使用条件和要求等有关版权作品使用的信息。

权利管理信息的法律保护也是电子商务的产物。网络的虚拟性使作者的身份扑朔迷离，很难确定。如果没有一种有效的机制来识别网上作品的权利人，那么无论是版权人主张权利，还是他人希望获得授权都会遇到很大的困难。如果版权人在网上传播的作品上附加了明确的权利管理信息，就不必依靠各种间接证据来推断作品版权的归属，减少了使用者获得授权的困难，版权人在请求法律保护的时候就会处于更有利的地位。

但是由于目前互联网上的权利管理信息都是电子形式的，它们被嵌在电子文档里，附加于作品复制件上或当作品向公众传播时显示出来，很容易被删除或修改。一旦被删除或修改，其负面影响不仅会给著作权人带来损失，也会影响版权贸易的正常进行，所以在电子商务中有必要将权利管理信息纳入著作权法保护的范围。

2. 国际组织及发达国家对权利管理信息的法律保护

WIPO、美国和欧盟均对权利管理信息制定了法律保护的规定。三者立法的共同点主要体现在以下方面。

（1）保护的均是电子形式的权利管理信息。WIPO 两条约和欧盟的有关建议都特别提到这一点，美国的 DMCA（Digital Millennium Copyright Act，《数字千年版权法》）保护的版权管理信息也限于数字形式的信息。这是因为电子形式的权利管理信息与印刷在书刊上的管理信息不同，如果有人要删改书刊“版权页”上印制的作者姓名、出版者名称等信息，就只得逐本在书刊上修改，但若有人想删改某个网页上的电子形式的管理信息就易如反掌，所以需要法律的特殊保护。

（2）保护的内容基本相同。从 WCT 和 DMCA 来看，受法律保护的权利管理信息主要包括四个部分：①关于作品的信息；②关于作品各种权利人的信息；③关于使用作品的期限和条件；④伴随上述信息或与上述信息相连的识别数字或图标。

（3）明确确定法律制裁的破坏权利管理信息的行为。对比三种立法，可以看出被法律禁止和制裁的破坏权利管理信息的行为有一个共同的主观要件，即行为人需要有过错。行为人只有在明知或应知其行为会引发版权侵权的情况下才承担破坏权利管理信息的责任。

3. 中国权利管理信息法律保护的现状与立法建议

我国对权利管理信息的法律保护主要体现在《著作权法》第五十三条第七款：“未经

著作权人或者与著作权有关的权利人许可，故意删除或者改变作品、版式设计、表演、录音录像制品或者广播、电视上的权利管理信息的，知道或者应当知道作品、版式设计、表演、录音录像制品或者广播、电视上的权利管理信息未经许可被删除或者改变，仍然向公众提供的，法律、行政法规另有规定的除外。”此外，《计算机软件保护条例》第二十四条第三款也规定了类似的内容，对计算机软件中的权利管理信息进行保护。

从我国目前的立法来看，我国对电子权利管理信息的保护只是制定了原则性的规定，还需要进一步完善。与WIPO及欧美国家的立法相比，我国立法应在以下方面进行详细的规定：权利管理信息的具体内容；权利管理信息的保护范围；权利管理信息的限制范围。

10.3 电子商务中的域名和商标

从技术角度看，域名是互联网上用于解决IP地址对应的一种方法；从商业角度看，域名是企业在互联网上的一个标志，企业通过域名标志着自己的存在。在电子商务领域，域名常与一定的商品或服务相联系，标识商品及服务的来源，在某种程度上起着类似商标的作用。二者功能上的相似性，使得域名与商标间的冲突极为显著。与传统的民事侵权纠纷相比，它们主要有以下特点：①在纠纷主体上，除传统的民事权利主体外，域名侵权纠纷还牵扯到域名的持有人；②域名侵权纠纷的发生往往与域名的注册和使用有关；③由于域名是新生事物，在保护商标、商号、姓名等的法律制度中并没有涉及域名的情形，而域名刚出现时又仅仅只是一种技术上的安排，它也没有顾及商标等法律制度的存在，因此当二者发生冲突时，在法律调整上就出现较多的空白和争议。

10.3.1 域名与商标冲突的原因分析

（1）注册管理制度不协调。现行域名注册采用“先申请不审查”原则，即域名注册机构仅对域名注册申请人的申请材料进行真实性审查，而不负责对域名是否侵犯他人在先商标专用权等在先权益进行实质审查。由此，域名注册组织仅提供技术服务，其基本职责是接受域名注册，做域名注册目录并提供解析服务。《中国互联网络域名注册暂行管理办法》第二十三条就明确规定：“各级域名管理单位不负责向国家工商行政管理部门及商标管理部门查询用户域名是否与注册商标或者企业名称相冲突，是否侵害了第三者的权益。任何因这类冲突引起的纠纷，由申请人自己负责处理并承担法律责任。当某个三级域名与在我国境内注册的商标或者企业名称相同，并且注册域名不为注册商标或者企业名称持有方拥有时，注册商标或者企业名称持有方若未提出异议，则域名持有方可以继续使用其域名；若注册商标或者企业名称持有方提出异议，在确认其拥有注册商标权或者企业名称权之日起，各级域名管理单位为域名持有方保留30日域名服务，30日后域名服务自动停止，其间一切法律责任和经济纠纷均与各级域名管理单位无关。”

而进行商标注册时则要进行实质审查，商标只能注册在一种或几种类别的商品或服务上。此外，各国商标法均要求商标注册人持续使用注册商标以维持其有效性，而域名注册一般并不要求注册者使用域名，域名注册者可以预先注册域名，以备将来之用。由此可见，域名与商标的冲突首先是由域名与商标运作机制上的差异决定的，这种差异是客观存在的，为域名与商标的冲突埋下了隐患。

（2）经济利益驱动的结果。随着电子商务的迅速发展，域名的价值也日益显示出来。越是有知名度的商标，以其命名的域名的知名度也就越高，被访问的机会也就越多，其拥有的商机也就越多。因此，少数不法分子觅到搭便车的新途径。这使得域名与商标的纠纷频繁出现，在现实社会中，时时发生知名商标被其他不知名的、不相干的企业抢注。除此之外，还有许多恶意进行抢注的“倒爷”，将自己注册的域名高价卖给拥有与该域名相同或相似商标权的企业，从中谋取巨大利益。再加上域名作为一个新事物，相关法律、法规、司法实践调整滞后，就使得域名注册成了一个“高利润、低风险”的“行业”。在这样一个“行业”里，投机行为大量发生，域名侵权纠纷当然就无法避免，这更助长了域名与商标间的纠纷。

（3）域名本身的技术特征的限制。域名一经注册，在全球范围内都是唯一的，完全一样的域名不可能存在，这必然导致不同类别的商品上的相同商标、不同国家的同一类别商品上的相同商标或不同地区的相同企业名称等的权利人就同一域名进行争夺，引发纠纷；同时，域名系统又允许相似的多个域名同时注册，这又必然给那些想注册与他人知名商标、知名域名等极为近似的域名的人以可乘之机。而且，域名又有国际域名和国内域名、顶级域名和二级域名等区别，因此同一个商标、商号等很容易被注册到不同类别或等级的域名中，这又进一步增加了发生域名侵权纠纷的可能。

10.3.2　域名和商标的表现

域名与商标的纠纷可归纳为两方面。一是将他人注册商标用于域名注册而产生的域名利益与在先商标权的冲突，即域名侵犯在先商标权，按照薛虹博士的分类法，将这种情况归纳为三类法律问题：①抢注类；②盗用类；③权利冲突类。二是将他人域名用于商标注册而发生的商标权与在先域名利益的冲突，即商标权侵犯在先域名权，被称为反向域名侵夺。

（1）域名抢注。什么是域名抢注？国际商标协会的定义是“出于从他人商标中牟利的恶意注册并出卖域名的行为”。它与盗用类侵权的区别在于：“注”而未“用”。这里就需要界定商业使用的范围。本书的商业使用是指在与自己的企业、经营范围相关事物上的标识、宣传、推销或展示。

域名抢注类的案例可谓举不胜举，它们大都具备如下特征：①将他人知名的商标抢先注册为域名；②抢注数量众多的域名；③公开出租或出售被抢注的域名以牟利。从各国的司法实践看，域名抢注已被确认为商标侵权的一种。

（2）域名盗用。除了“抢注”的情形外，很多域名纠纷是在域名使用中产生的，这和“注”而不“用”的抢注类纠纷有所不同。注册并使用的域名与他人在先使用的商标、商号等商业标志相同或近似的情况是经常出现的。这并不是说一旦某人注册使用的域名与他人在先的商业标志相同或近似，域名注册人的行为就构成了“盗用”。

“盗用”是指利用权利人的商标，注册成相同或相似的域名，企图利用他人商标的知名度或其他优势，来宣传自己的网站，取得不当利益。域名注册人的行为是否构成侵权需要在一定法律体系中依据法律规定来判断。如果某人注册使用的域名与他人在先的商业标志相同或近似，商业标志的权利人最担心出现两种情况：一是域名与商标、商号等商业标志相混淆，造成假冒；二是域名“淡化”了商标、商号等商业标志的知名度，减弱了商业标志的标识作用和与权利人之间的联系，或是贬损了商业标志及其权利人的声誉，这也正是引起纠纷的实质原因。

（3）权利冲突类域名纠纷。该类纠纷主要是指不同的民事主体针对相同的标识在不同的商品或服务范围内各自享有商标权，因注册域名发生冲突而引起的纠纷。由于保护商业标志的法律体系非常复杂，因此就同一个商标而言，很可能在不同地域或领域存在多个权利人。这种权利的多重性与域名的唯一性之间不可避免地会发生冲突。例如，在我国，“中华”“熊猫”“长城”“梅花”等常见商标被许多企业注册、使用在不同类别的商品上，这些使用同一商标的企业，如果都要在我国顶级域“cn”之下将其商标原封不动地注册为域名，就难免发生纠纷。

（4）反向域名侵夺。在网络世界中，域名与商标权的冲突是常见的，起初是域名注册的申请在先原则没有保护好商标权，导致大批域名被抢注。而现在出台的域名争议解决政策过于倾向保护商标权人，由此又引发了新问题：某些商标持有人滥用权利，肆意侵夺域名注册人的知识成果，产生了反向域名侵夺问题。所谓反向域名侵夺，就是指域名注册人的域名与商标所有人的商标相同或近似，但并没有侵害商标所有人权益，商标所有人对域名注册人进行诉讼威胁或其他骚扰活动。

目前互联网上的网站多为个人和小型网络公司设立，反向域名侵夺不利于个人和小企业在互联网上的发展，因而 WIPO 在其报告中建议采取一些措施以减少反向域名侵夺的发生。中国企业应加强这方面的法律意识。

10.4 电子商务中的专利权保护

专利权是指就一项发明创造由申请人向有关专利当局提出专利申请，经审查合格后由专利当局向申请人授予的一定期限内对该项发明创造享有的独占权。

10.4.1 计算机软件的专利保护

1. 计算机软件的专利保护概况

目前多数国家对软件给予了著作权保护。美国在 1976 年、1980 年两次修改著作权法后，确认计算机软件适用著作权法进行保护。1972 年，菲律宾率先将软件列入著作权保护对象。有的国家综合著作权法和专利法的内容制定独特的软件保护制度，但用著作权法保护计算机软件基本成为通例。

国际公约也支持这一做法。1991 年，世界贸易组织乌拉圭回合谈判达成《与贸易有关的知识产权协定》，第二部分第一节涉及了计算机软件保护问题，“版权和相关权利”中的第十条以两款内容规定了计算机程序和数据汇编的保护问题。第一款规定：“计算机程序，无论是源代码还是目标代码，应作为《伯尔尼公约》（1971）项下的文字作品加以保护。”

尽管对计算机软件采取著作权保护是目前通行的做法，但是著作权保护并不是软件保护的最佳保护方式，以著作权保护软件在实践中引起了一系列问题。

2. 对计算机软件采取著作权保护的缺陷

（1）著作权与专利权保护的客体不同。专利权保护的是发明的技术构思及其应用，而著作权保护的只是作品的表达形式及其复制问题。对于计算机软件来说，专利权保护的是软件的核心内容——技术方案的创新，著作权保护的是软件的源代码。构思是决定软件价值及成败的关键，根据同一构思极易开发出表现形式不同的软件，权利人当然希望享有对其构思技巧和技术方案较长时间的专有权，而不是特别在乎著作权法对计算机软件表现形式的保护。

（2）取得著作权或专利权保护的条件不同。著作权是自动取得的，取得的时间以开发完成的时间为依据，一完成即自动取得著作权，受到《著作权法》的保护，对软件的内容不进行任何的审查，无论软件源代码写得如何。专利则必须符合专利申请的条件，需要向专利局申请，是否授予专利权需要专利局进行审批。

（3）著作权或专利权保护的时间不同。发明专利的保护时间为 20 年，从申请日开始计算，但是受保护是在申请审批取得专利权之后，专利的审查手续比较烦琐，从申请到取得专利权证书一般要 3 年左右的时间。软件著作权的保护时间为 50 年，从开发完成之日起就受著作权保护。软件在获得专利权之前已经受到著作权保护，申请专利并不影响其受到《著作权法》的保护。

（4）著作权不保护使用权。软件的价值在于使用，如果不能保护软件的使用权，那么就软件保护所做的任何努力都将失去意义，《著作权法》恰恰不禁止对作品的使用。

3. 中国对计算机软件专利保护的现状与对策

计算机软件在我国是通过《著作权法》来保护的。《著作权法》第三条直接将计算机软件作为作品的一个类型加以保护。1991 年 6 月 4 日我国颁布的《计算机软件保护条例》也是根据《著作权法》制定的。自 2002 年 1 月 1 日起施行新的《计算机软件保护条例》，旧的《计算机软件保护条例》同时废止。

《中华人民共和国专利法》根据 2020 年 10 月 17 日第十三届全国人民代表大会常务委员会第二十二次会议《关于修改〈中华人民共和国专利法〉的决定》第四次修正，对发明或者实用新型专利权的保护提出了明确的规定。

2023 年 12 月 21 日，国家知识产权局发布修订的《专利审查指南》第二部分第九章“关于涉及计算机程序的发明专利申请审查的若干规定”，明确认可了计算机软件的可专利性。

10.4.2 商业方法的专利保护

1. 商业方法专利保护概述

电子商务中安全、便捷、先进的网络技术往往是一个网站成败的关键，很多网络公司都依赖于这些技术并结合自己的资源，开发出适合自己的商业经营模式。随之产生了有创意的商业方法可否专利性的新问题。

传统的各国专利法及相关的国际公约认为，传统的商业模式不可授予专利保护，因为它们属于一种智力的规则，不具有创造性和工业实用性。但是，互联网上的商业方法发明显然与传统的有很大的区别，它是借助计算机系统和网络媒介实施的用于经营活动或处理财经信息的系统性技术方法。说到底，其核心是计算机软件的可专利性问题。

2. 美国、欧洲、日本三方专利局对商业方法专利保护的不同实践

随着美国道富银行（State Street Bank）一案的终审判决，美国、欧洲、日本三方专利局重新修改了各自的专利审查指南，增补了许多有关商业方法软件发明的审查指导意见。出于国际竞争与合作的需要，美国、欧洲、日本三方专利局在有关商业方法软件的专利保护上的主要分歧点在于创造性标准的严格程度。可以说，创造性的标准已成为掌握专利保护之门放开程度的尺度，这也是其他国家在决定这类发明是否采取跟进保护或保护程度弹性选择的关键点所在。

（1）美国。State Street Bank 一案的判决宣告了美国专利审查的重点从技术性转向了实用性。此后，大量有关电子商务的商业方法专利申请案涌向美国专利商标局，相关诉讼概率也在法院呈上升趋势。

（2）欧洲。欧洲专利局于 2001 年 11 月 2 日发布了审查指南，确认了欧洲专利局在计算机软件和商业方法上的扩大保护政策。按照该审查指南，计算机软件和商业方法的可专利性已不存在能否属于专利保护对象的问题，而更多的是对创造性的判断。欧洲专利局创造性的标准比美国严格，它在商业方法软件专利的申请中，更看重在方法中对技术问题解决贡献的大小，美国专利商标局很少考虑技术因素，而更多考虑的是效果。

（3）日本。日本修改后的《与计算机软件有关的发明（含与商业方法有关的发明）的审查指南》认为，商业方法专利可以作为与软件有关的专利而获得批准，近年来日本特许厅一直在利用各种机会推广这一政策。为了能向各行业及申请人提供更加准确实用的标准，日本特许厅针对商业方法专利制定了更加细致、更加全面的政策。此外，日本特许厅在审查四部增设电子商务审查室，这一审查室专门审查商业方法软件比较集中的国际专利分类表（IPC 分类）G06F17/60 的专利申请。

日本创造性的标准比美国严格。日本特许厅 2001 年 4 月 1 日还发布了一份《商业方法发明不具有专利性的范例》，其中非常详尽地给出了不构成专利法下“发明”的情况以及说明书和权利要求书不符合要求的情况等。这份文件是判断创造性的指导性文件。

3. 中国对商业方法专利保护的现状与对策

我国各界对有关商业方法专利的普遍关注，是由 2002 年 9 月一家大众型报纸对美国花旗银行在我国的 19 项涉及商业方法的专利申请的报道引起的，国内代理人也有了涉及商业方法专利申请的操作上的经验，但作为知识产权权利主体的相关企业对商业方法专利和它可能带来的影响的认识还不够充分。

我国的专利法未提及商业方法专利保护问题，基于提交申请的商业方法专利的技术特征，国家知识产权局受理的涉及商业方法专利的申请都是作为“涉及计算机程序的发明”来进行审查的，其审查的具体依据是 2023 年修订的《专利审查指南》第二部分第九章“关于涉及计算机程序的发明专利申请审查的若干规定”；目前现有相关法律中没有关于商业方法的明确的定义。所以，我国要在授予商业方法的范围、专利权限方面进行探讨，制定出相应的法规政策，加快我国商业方法专利保护的进程。

在商业方法专利保护问题上，我国对涉及电子商务的技术创新成果知识产权给予了较大的政策支持，这给我国电子商务发展也带来了机遇，我国应积极研究应对措施，使我国企业在电子商务平台建设中争得知识产权的一席之地。

10.5 电子商务标准化

标准是一个国家的主权在经济领域中的延伸，标准又是一个国家实施非关税贸易壁垒的重要手段，对保护民族工业发展至关重要。在全球化阶段，发达国家纷纷制定电子商务标准战略，标准正如知识产权一样，日益成为发达国家控制产业链、遏制竞争对手的工具，以英国、法国、德国为主的欧洲国家和美国，一直将很多精力和时间放在国际和区域标准化活动上，企图长期控制国际标准化的技术大权，并且不遗余力地把本国标准制定成国际标准，或者是将行业标准或学会、协会标准推向世界并为各国所公认，以期在国际贸易中取得优势，先声夺人。

10.5.1 标准、标准化及技术标准的相关概念

依据 ISO 的定义，标准是指：“一种或一系列具有强制性要求或指导性功能，内容含有细节性技术要求和有关技术方案的文件，其目的是让相关的产品或者服务达到一定的安全标准或者进入市场的要求。”

国际知名的标准化专家桑德斯在 1972 年发表的《标准化目的与原理》一书中把“标准化”定义为：“标准化是为了所有有关方面的利益，特别是为了促进最佳的经济，并适当考虑产品的使用条件与安全要求，在所有有关方面的协作下，进行有秩序的特定活动所制定并实施各项规定的过程。标准化以科学技术与实践的综合成果为依据，它不仅奠定了当前的基础，而且还决定了将来的发展，它始终与发展保持一致。”

伴随高新技术的快速发展，标准也发生了变化，标准的内容越来越丰富，也趋向于

将一些技术解决方案纳入标准之中，由此“技术标准”的称谓开始出现。事实上，技术标准是标准的通俗化称谓，但是技术标准的范围比标准要小，因为技术标准多指的是涉及信息技术等高新技术领域且标准的内容包含一定量技术解决方案的这一类标准。技术标准的实质就是对一个或几个生产技术设立的必须要符合要求的条件以及能达到此标准的实施技术。它包含两层含义：①对技术要达到的水平划了一道线，未达到此线的就是不合格的生产技术；②技术标准中的技术是完备的，如果达不到生产的技术标准，可以向标准体系寻求技术的许可，支付许可费用从而获得相应的达标的生产技术，这就是技术标准为什么越来越看重许可的最重要原因。

10.5.2 进行技术标准和知识产权战略关系研究的紧迫性

1. 技术标准与知识产权的战略关系演变

标准与专利本来是互相排斥的。标准追求公开性、普遍适用性，标准技术的使用更强调行业推广应用；专利技术实施的前提是获得许可，不允许未经授权的推广使用。因此，早期的标准化组织尽可能地避免将专利技术带入标准中。但是，到了 20 世纪 90 年代，一方面由于新兴技术领域的专利数量巨大，专利对标准的影响越来越大；另一方面，专利技术的产业化速度加快，产品在国际上的竞争加剧。这些都使得技术标准的内容由原来的只是普通技术规范向包容一定的专有技术、专利技术的方向发展，通过技术标准达到技术与产品垄断的趋势日益明显，技术标准迫切需要专利技术的加入来实现标准垄断的目的，因此专利开始影响标准化组织的管理理念。W3C 和 IETF 就是明显的例子。互联网技术发展的前十年并不像电信技术领域那样，没有什么专利技术对这个领域有影响，相关的互联网技术标准（包括前期的模糊标准）是开放和合作的。但到了互联网技术发展的第二个十年，软件技术、电信技术和互联网技术的紧密结合，使得互联网相关标准在建立时无法避免地遇到一些专利技术，这一情况迫使 W3C、IETF 等互联网标准化组织都不得不考虑调整政策，借鉴其他标准化组织的经验，重新建立自己的知识产权政策。以 IETF 为例，IETF 原来在标准化工作中对专利技术的观点是：“尽量采用那些非专利技术的优秀技术，因为 IETF 的目的是使其制定的标准广为适用，如果涉及专利权的问题，标准的适用将涉及专利权的授权问题，从而影响人们采用该标准的兴趣。”但现在 IETF 已经完全改变观念了，专利技术是标准技术方案中必不可少的，如果没有这些专利，标准方案就是很不完备的。

2. 技术标准中的知识产权战略

在新的信息技术和数字技术条件下，一方面，一项产品或技术成果的技术含量越来越高，其带来的经济效益也会更加可观，单纯的专利权等知识产权还不足以满足知识产权人捍卫技术的要求；另一方面，对于一项大的技术范畴，如移动通信、数字电视、网络传输协议等，由于技术的庞大性和本身竞争的压力，任何一个知识产权权利人都是不可能一下控制这一领域的所有技术成果的，他们需要一种能综合知识产权专有性、地域性等的知识产权策略，一种更加集权和集中的方法来实现自己的目的，技术标准正好就是适应这种需要而得以完善的。

对于一些技术上不发达的国家来说，没有能力来进行技术研发，就只能通过从标准体系获得许可从而形成生产能力，除了付费之外，关键是要服从标准的管理。技术标准管理的实质和核心是知识产权政策的制定和利用，技术标准许可的实质是知识产权的许可。由于知识产权具有地域性和排他性，一旦这些知识产权进入标准行列并得到一定的普及，就会形成垄断，尤其在市场准入方面，它会排斥不符合此标准的产品，从而达到排斥异己的目的，这是标准能够得以实施全球技术许可战略的法律基础，也是技术标准同知识产权关系的关键所在。

10.5.3　国际电子商务标准化组织

（1）ISO/IEC JTC 1。ISO 是一个非官方的组织，始建于 1947 年，是世界上最大的国际标准化组织，工作内容涉及除电工和电子工程领域以外的所有技术领域。截至 2023 年，ISO 有 238 个技术委员会、521 个分技术委员会、2625 个工作小组和 151 个特别工作组，进行各种标准的研究、制定工作。

国际电工委员会（International Electrotechnical Commission，IEC）成立于 1906 年，目的是促进电工和电子工程领域内的国际合作和解决标准化问题，成员包括国际上主要的贸易大国和工业化国家，是国际上重要的标准化组织，下设 97 个标准化技术委员会。

信息技术联合技术委员会（ISO/IEC Joint Technical Committee for Information Technology，ISO/IEC JTC 1）是 ISO 和 IEC 于 1987 年 5 月协商共同建立的第一个国际性标准化联合组织，旨在加强信息技术领域的国际标准化工作。

（2）国际电信联盟（International Telecommunication Union，ITU）——电讯标准部门。ITU 隶属联合国总部，其前身是国际电报电话咨询委员会（International Telegraph and Telephone Consultative Committee，CCITT），成员是各个国家的政府。ITU 负责协调全球电信网络和电信服务，其最重要的工作就是制定电信业的全球标准。

ITU 与 ISO/IEC JTC 1 有着密切的合作关系，两者在数据通信与公用数字网络标准方面互相支持，共同为电子商务的发展提供重要的技术标准支撑。

（3）EDI 国际标准化组织。联合国欧洲经济委员会（United Nations Economic Commission for Europe，UNECE）是联合国经济及社会理事会建立的五个地区性委员会之一，所覆盖的区域为北美、西欧和东欧。UNECE 国际贸易程序工作简化小组 WP4 负责 UN/EDIFACT 标准的制定认可，其下分两个专家工作组：GE1 负责 UN/EDIFACT 报文标准的发展；而 GE2 则处理有关工作流程、规章、文件的管理。

（4）国际互联网协会（Internet Society，ISOC）。ISOC 是一个大型的、开放的、国际性非营利的专业协会，由负责互联网基础设施标准的几个机构有机结合而成，如 IETF、互联网工程领导组（Internet Engineering Steering Group，IESG）和互联网结构委员会（Internet Architecture Board，IAB）等。

（5）全球电子商务标准化机构。由于企业在发展互联网商务的过程中出现了经营方式上各自为政的问题，因此计算机硬件、软件、分销和电子支付等方面的主要运营商于1999年筹建了全球电子商务标准化机构（RosettaNet），希望把全球信息技术领域的关键角色纳入该标准化组织，以求得在电子商务方面目标一致，彼此具有共同语言。该机构的重要工作之一就是致力于全球电子商务的标准化，通过标准化工作，为SCM创立“开放式电子内容和交易标准”，从而以电子方式连接制造商和其供应商以提高工作效率。

10.5.4 国际电子商务标准

1998年，美国政府就明确提出要建立一些标准以维护网络消费者的权利；日本、韩国政府也相继提出要制定电子商务标准；欧盟为了确保消费者知情消费，所有28个欧盟成员国从2014年12月起正式实施欧盟1169/2011法规，核心是让食品经营者向消费者提供强制食品信息，如食品名称、营养数值、成分以及某些特定产品的原产国信息等。

此外，欧盟还规定了在线销售的产品信息必须要在消费者购买之前提供给消费者的新要求；GS1 in Europe［46个国际物品编码组织（GS1）成员的合作组织］为了帮助食品企业更好地遵守欧盟信息法规的要求，制定了欧盟法规1169/2011强制性信息的GDSN（global data synchronization network，全球数据同步网络）实施指南，并给出了如何处理在线销售的产品变化的建议，以指导欧盟食品企业通过采用全球统一的GS1标准和GDSN等解决方案来遵守1169/2011的相关准则。

10.5.5 中国电子商务标准化的进展与挑战

（1）政府积极参与主导。由于我国的体制因素，标准工作始终是政府有关职能部门的一项重要工作，无论是国家标准还是行业标准，都是由政府职能部门主持研究制定、推广实施以及监督执行的。政府主导型工作模式一方面确保了标准在内容及适用范围方面的权威性，另一方面也为标准在各相关行业的实施提供了强有力的保证，即充分满足了标准的内容权威性、实施统一性两大基本特性要求。电子商务相关标准的研制工作同样如此。2006年国家标准化管理委员会组建成立了“国家电子商务标准化总体组”，之后的“十一五”期间，国家科技支撑计划“现代服务业共性技术支撑体系与应用示范工程”重大项目子课题“现代服务业接口技术及其符合性测试平台的研发”研制了40余项标准，其中与电子商务相关的有20余项，涉及电子商务信息描述、平台评级、企业信用等方面，但数量远远不能覆盖电子商务诸多环节。

2016年4月6日，由国家质检总局电子商务产品质量风险监测中心主办的全国电子商务质量管理标准化技术委员会成立，标志着中国电商迎来标准化时代。该委员会将联合阿里巴巴以及众多商家、行业协会及政府部门参与电商标准的制定。

（2）制标工作相对薄弱。电子商务是基于计算机网络技术发展起来的，因此电子商务发展的程度直接取决于相应的信息技术发展水平，特别是标准的制定直接与技术发展水平相联系。由于我国信息技术发展，特别是相关基础研究及产品开发相对信息技术发达国家尚有一定差距，因此电子商务相关标准的制定工作仍相对薄弱。目前已制定或制定中的电子商务标准与电子商务快速发展对标准的需求相比还有较大差距，对于电子商务标准体系的完善、电子商务交易主客体信息描述、业务流程、在线支付、平台接口、风险防控等关键技术方面还有待进行更深入细致的标准化研究工作。

（3）企业参与性不强。与信息技术发达国家相比，我国企业参与电子商务标准的制定工作存在显著差距。目前国际上广为采用的电子商务标准（包括已正式成为标准和尚处于试行中的草案等）中，有许多都是由一些信息技术公司首先制定，并通过市场的开拓而由企业的标准一跃成为事实上的通用标准。而我国的信息技术及信息产品制造企业基本上没有这方面的尝试。这种现象的形成，一方面在于我国长期形成的标准的制定工作属于政府职能行为，企业仅处于接受地位；另一方面反映出我国信息技术水平相对落后的现状。

10.6 “互联网+”与知识产权

10.6.1 “互联网+”与知识产权的关系

“互联网+”与知识产权的关系是多元的。我们持续推进互联网与传统产业的结合以创新原有产业的发展模式，这包括互联网与知识产权行业的结合，如互联网与知识产权代理申请服务业的结合。而早于互联网电子商务制定的知识产权制度，在新形势下也必然面临许多新问题，存在着冲突也存在着融合。这包括原有知识产权在网络电子商务环境下产生的新情况，也包含利用电子商务而产生的新的商业模式、商业方法等新型知识产权。

（1）相互冲击。“互联网+”作为电子商务手段的一种普及推广，必然借助于网络技术手段实现与各个传统实体产业的集成结合，而传统的知识产权的保护仅仅局限于有形实体阶段，而当这些传统实体产业与互联网相结合后，其实体侵权行为也会随之复制到网络上，而知识产权本身的虚拟性加之网络本身所固有的开放、公共的特性，使得“互联网+”背景下的知识产权侵权行为不受时间、空间的限制，侵权行为的便捷、隐蔽性强、范围广的特点将大大冲击知识产权的专有性、地域性，使得知识产权的保护更加困难。同时，随着电子商务的蓬勃发展，人们的生活方式大大改变，实体有形商品通过互联网进行交易越来越频繁，盗用、冒用他人商标，利用知名商标骗取点击量，利用假冒名牌等手段进行虚假宣传等一些传统侵权行为延续到网络电子商务中。而利用网络信息技术产生的新型侵权方式也在威胁着权利人的利益，如恶意抢注域名行为大量存在，利用网络链接技术复制他人网页，利用网络搜索技术在网络地址中使用他人标志，侵权人未经许可使用他人标识获利，严重损害了权利人的商标权。

（2）相互促进。我国目前正在推行的“互联网+”行动战略将会成为我国传统产业升级转型的新手段，而知识产权在知识经济时代越来越成为企业的核心竞争力，对于企业来说，保护好它们的知识产权将会大大促进“互联网+”战略的持续推进，更好地发挥“互联网+”对于产业升级、生产要素优化集合的积极作用，最大限度地为“互联网+”护航。另外，电商企业利用互联网技术也丰富了传统知识产权客体范围，展现了知识产权在“互联网+”视角下的新形态，如在电商环境下产生的新商业模式、商业方法、电子支付技术等，在一定程度上促进了知识产权制度的不断发展。

（3）相互结合。相互结合更能体现出“+”的意义，目前知识产权与互联网的结合主要体现在知识产权的代理服务方面。利用互联网为专利代理人或代理所与申请人提供相互选择的平台。知识产权申请较为专业造成普及难度大，而随着知识经济的不断发展其需求却不断增大，申请人与代理人双方在这个平台上直接对接洽谈具体申请事宜，在一定程度上便利了申请人，同时简化了申请流程，公众专利申请的积极性也得到了提高。这将解决知识产权行业的大问题，是促进知识产权行业发展的“金钥匙”。

10.6.2 “互联网+”背景下电商企业知识产权的保护

我国的知识产权制度起步较晚，而互联网大潮汹涌而来又带来了一系列新问题。我国电商企业知识产权面临着前所未有的挑战。

目前我国关于互联网的立法比较混乱，各相关部门各自立法，缺乏合作，法条互补性弱，我们应对现有互联网的法规条例进行梳理整合，通过全国人民代表大会常务委员会完善相关立法，提高法律位阶。另外，加强对互联网催生的新型知识产权的保护，立法要体现互联网化的特点，填补目前知识产权制度的空白，实现法律制定专业化。在执法方面各相关部门应加强合作共同监管，并成立专门机构负责实施，实现执法专门化。

由于互联网电子商务知识产权的侵权行为具有多样性、复杂性、隐蔽性、虚拟性、成本低等特点，易造成侵权认定中的取证难、确权难等问题，而要解决这些问题还需依赖互联网技术的发展。另外，一些保护互联网知识产权的网络技术也相继出现，如水印技术、防火墙、加密技术、追踪报警技术等，它们在保护互联网知识产权的过程中也发挥着重要的作用。由于研发网络技术保护互联网知识产权对于单一电商企业存在着高成本的弊端，建立网络技术公共服务平台，能促进各方利益集团合作开发，电商企业共同利用，充分发挥网络技术公共服务平台保护网络知识产权“大本营”的作用。

电商企业要综合运用知识产权战略，提高预防式维权能力。由于通过电商创业门槛低，电商俨然已成为“大众创业、万众创新”的高地，而互联网电商企业对科技与创新的要求高，科技与知识成为电商企业发展的原动力，而知识产权制度恰恰保护了电商企业的创新成果，是电商企业健康持续发展的有力保障。在“互联网+”的潮流中，电商企业的竞争会更加激烈，想要在激烈的竞争中取得主动，就必须大力创新，重视知识产权的规划与保护，在企业内部成立知识产权部门专门进行开发与保护。另外，电商企业还要储备基本的知识产权相关知识，学会运用知识产权战略，变事后赔偿性维权为预防性维权。例如，在商标域名方面要及时注册、防御注册，采取主副商标战略，同时还要加强商标管理，建立商标使用管理档案，密切关注市场，监督侵犯自身合法权益的行为。在专利方面，在及时注册的同时还要注意申请专利的时间与国别，这与申请人的优先权息息相关，电商企业还要关注市场动态，回避专利冲突，以免重复研究造成资源浪费。电商企业还需要加强对专利的管理，成立知识产权管理系统，并将其纳入企业日常经营管理之中。

复习思考题

1. 什么是知识产权？简述知识产权的范围和特征。
2. 为什么必须加强对电子商务中知识产权保护问题的研究？
3. 什么是网络作品？电子商务中著作权客体保护主要包括哪些方面的问题？
4. 为什么电子商务中的技术措施需要纳入著作权保护的范围？
5. 国际组织及发达国家对权利管理信息法律保护立法有哪些共同点？
6. 试结合实际分析域名与商标冲突的原因。
7. 试列举并说明电子商务中商标和域名冲突的表现类型。
8. 对计算机软件采取著作权法保护有哪些缺陷？
9. 试分析美国、欧洲、日本三方专利局加强对商业方法专利保护的战略意图。
10. 为什么要加强技术标准和知识产权战略关系研究？
11. 试述你对加强我国电子商务标准化工作的建议。

第 11 章

企业电子商务的创建与管理

本章要点：本章主要介绍电子商务对企业经营过程主要环节的影响；电子商务对客户及企业核心竞争力的影响；企业创建电子商务应从市场、用户分析、成本效益分析、软硬件及人员方面做哪些准备；创建电子商务的几个阶段；企业电子商务系统创建后如何进行日常管理、运营管理以及企业如何进行网络营销。

11.1 明确创建企业电子商务的目的

企业的经营目标主要包括生存、发展和获利三个方面。经营目标的实现主要来自经营成本的降低、市场份额的扩大、企业竞争力的提高等方面。企业是否适合开展电子商务，开展电子商务能否使企业在上述几个方面得到改善？开展电子商务的目的究竟是什么？在进入电子商务之前，企业必须认真审视自身的情况、产品的特点、内外部环境和企业资源的情况，深入认识电子商务如何改变和促进企业业务，进而根据企业自身的实际情况做出是否开展电子商务及如何开展的决策。这是每一个打算开展电子商务的企业必须首先明确的问题。

2019 年 8 月 30 日，中国互联网络信息中心发布的第 44 次《中国互联网络发展状况统计报告》指出，截至 2019 年 6 月，我国网民规模达 8.54 亿人，较 2018 年底增长 2598 万人；互联网普及率达 61.2%，较 2018 年底提升 1.6 个百分点。第 49 次《中国互联网络发展状况统计报告》显示，截至 2021 年 12 月，我国网民规模达 10.32 亿人，较 2020 年 12 月增长 4296 万人，互联网普及率达 73.0%。2024 年 3 月 22 日，中国互联网络信息中心在京发布第 53 次《中国互联网络发展状况统计报告》，报告显示，截至 2023 年 12 月，我国网民规模达 10.92 亿人，较 2022 年 12 月新增网民 2480 万人，互联网普及率达 77.5%。根据中商产业研究院统计数据，截至 2023 年 6 月，我国网络支付用户规模达 9.43 亿人，较 2022 年 12 月增长 3176 万人，占网民整体的 87.5%，移动支付和网上支付交易规模差距正在逐步缩小。所以不仅要构建企业的 PC 端的电子商务网站，还要很好地构建移动终端的电子商务。例如，开发以企业网站为名的电子商务应用，可以考虑在移动终端上做好电子商务的推送等。

11.1.1 企业类型分析

不同的企业，由于其所处的市场地位不同、企业规模不同、面对的客户群和供应链关系不同，因而需要制定不同的电子商务发展战略。以下将针对三种不同类型企业分别探讨其开展电子商务的目的及电子商务战略的方向与重点。

1. 大型集团型企业

对于大型集团型企业而言，充分利用网络技术手段实现采购和销售的电子化，对外整合供应链关系和客户关系，对内整合分支机构和子公司，是当前开展电子商务的重点所在。大型集团型企业在制定电子商务战略和选择电子商务解决方案时需要考虑的是：该战略和方案是否整合了企业现有或即将建立的 ERP 系统、SCM 系统和 CRM 系统？是否能够理顺和整合集团企业下属的众多分支机构和子公司的流程，并提高工作效率、降低营运成本？

电子采购的出现为大型集团型企业提供了很好的答案。电子采购网络在保存企业主现有的流程、关系、价格和合同的同时整合采购能力；在企业考虑独立采购过程和关系时，电子采购网络能够合理地理顺集团或子公司通过一个购买者对多个销售者的采购流程。电子采购是通过互联网将企业和供应商联系在一起，使企业的各部门、各单位能够理顺采购流程、减少中间环节，以达到降低采购成本和提高采购效率的目的。采购的开支节约将来源于：处理采购订单时的流程优化；规模采购使供应商集中在一起，最大可能地从折扣中获益；降低库存使资源能够更好地运作。

除电子采购外，大型集团型企业同样可以利用网络技术开展电子销售。电子采购和电子销售的核心是大型集团型企业利用自身的规模优势和行业优势，通过网络开展一对多的采购和销售活动，以获取最大的利益。调查数据表明，在开展电子商务的信息化500强大型企业中，通过电子商务进行销售、采购业务的比例逐年上升。

2. 行业领导型企业

行业领导型企业是指那些在自身所处的行业中具有举足轻重作用或相当影响力的企业，如苹果和谷歌。对行业领导型企业而言，利用其在自身行业的优势地位，通过树立行业标准或与行业中的其他成员结成联盟来形成电子市场共同进行行业采购，是其发展电子商务的首选战略。此类企业的电子商务目标和战略就是建立所谓的“协同交易平台”。协同交易平台就是由行业的领导企业通过联合形成协会，来创建电子市场以便为采购需求提供服务，并由该平台的主要发起方构建平台所需的技术、人员、资金等要素。

企业建立协同交易平台必须高度重视以下关键因素。①行业的规模。行业的规模越大带来的交易量必然越大，所以就会导致更大的潜在的成本节约，并最终通过交易获得更多的利润。②提高使用者采用的能力。越是供不应求的行业，越是需要加快采用速度。③制定商业产品的标准。标准包括产品组合、计划、安排和预测等，作为行业领导型企业，应该在标准的制定过程中发挥主导作用。④集中信息流的管理。这是保护购买者利益和吸引更多成员加入的必不可少的措施。

3. 中小型企业

中小型企业往往生产规模小、人数少、资金缺乏、信息技术方面实力较弱，然而中小型企业在实施电子商务的过程中更具有灵活性。中小型企业在实施电子商务的过程中首先体现一个“快”字，中小型企业人员少，内部信息沟通比较畅通，企业管理者容易把握市场变化的信息，快速地做出决策；中小型企业在实施电子商务过程中还体现一个“活”字，中小型企业人员少，生产规模小，可及时掉转船头顺应市场变化，使企业立于不败之地。因此，在这个信息时代里，着眼于企业长远发展的电子商务平台建设是非常必要的。

中小型企业开展电子商务有其自身的优势。

（1）决策管理优势。中小型企业组织机构相对简单，管理层次及人员少，内部信息的损耗、失真较少，传递敏捷，更易于强化内、外协调能力，并能在短期内迅速做出决策，灵活地处理问题。通过应用电子商务与大企业一同分享市场资源，获得至关重要的经营决策信息，且以其快速灵活的决策优势能够比大企业更快地根据市场需求变化调整经营方针、产品结构，开拓新的市场。

（2）营销优势。中小型企业规模小，其产品种类较多，且以消耗品为主，这符合网络营销的特点。中小型企业以其及时互动的特点，通过电子商务平台能够与消费者直接沟通信息，详细了解其所需商品，并能够按照消费者的要求进行小批量试制，生产出与众不同的商品，满足消费者的消费需求，实行个性化营销。

（3）政策优势。随着经济的发展，国家也越来越关注企业电子商务的发展，并在宏观层面给予了积极支持，为其创造了积极的发展环境。目前，国家已经制定、颁布了多项法律及政策措施，以鼓励、保障企业尤其是中小型企业开展电子商务。

11.1.2 企业产品（服务）类型及市场情况分析

企业要想大力开展电子商务业务，通过网络销售产品或提供服务，必须分析其产品与服务是否适合电子商务。一个成功的电子商务包括如下要素。

（1）目标市场的情况。企业的顾客群体如果是喜欢新技术、受教育程度较高或经常使用互联网的，则电子商务成功的可能性更大；互联网用户一定是计算机用户，因此针对计算机用户的产品容易获得成功；互联网用户大部分受过高等教育，以大学生或有大学以上学历的用户为主，因此针对这一消费群体的产品也易于成功；用户群所处的地理位置、年龄段等对此也均有影响。

（2）产品、服务与品牌。如果顾客熟悉企业的名字或品牌，会给电子商务的成功带来动力；如果商品与计算机有关，则较易成功，如网上销售软件；如果产品比较简单，用户较熟悉或易于理解、使用，则易成功；知识含量高的产品，如书、音像制品等较易成功；具有国际性的产品或服务符合网上商店无国界的特性容易成功，地方特色浓厚的商品不容易被其他国家网络用户接受；服务咨询教育类易成功，可以通过网络直接传递；具有新特性、新功能的产品进行网上交易较易成功；两个公司同时在网上销售，品牌知名度高的公司无疑会吸引更多的顾客；如果产品适用于所有的地区和各类顾客，则易于网上成功；需看见摸着感受一下的产品若完全进行网上销售则不易成功。

（3）对竞争对手的情况分析。企业的竞争对手如果没有使用电子商务开展业务，那么首先进入电子商务的企业无疑更容易取得成功；如果企业的竞争对手也在网上展开电子商务，应根据各种指标评估一下自己与对手的优势与劣势，如果企业产品或服务的综合指标高于对手，则可以确信自己的产品或服务可比对手更有竞争力。电子商务的成功与否取决于企业互联网站点的知名度的高低，因此要不断地通过各种媒介宣传企业的网址，并增加网页的吸引力。

（4）用户体验。在电商行业里，用户即流量。很多的运营人员，总在不断地强化营销，通过各种手段引流，事实上，在短期内这种效果很明显，流量大增，但往往忽视已获取流量价值的深度挖掘，复购率低、黏性差、流失快，特别是对产品核心竞争力不足且服务水平也不能及时跟上的企业来讲，这种情况尤为突出。引流的最终目的是留客，而只有在产品和服务上做足工作，才能真正赢得消费者和市场的认可。

（5）价格优势。对价格经常变动的产品与服务，电子商务无疑是报价的理想方式，价格经常变动的商品易于及时在网上公布;太便宜或太昂贵的产品都不易在网上成功(太贵的适合面谈，太便宜的商品送货成本相对较高); 电子商务所节省的成本越多则越易取得成功。

（6）配送及物流运输能力。企业是否有发达的送货网络将极大地影响电子商务的发展，而如果有国际送货渠道，则其市场潜力将更强。如果企业的竞争对手已有完善的传统销售渠道，则网上购物不容易与之竞争成功，但分析对手的销售渠道也可能找出其不足之处以便为自己所用。如果公司有全球的销售与服务渠道，则利于网上销售成功。

（7）其他推动力。通过在传统报刊、电视等广告媒介上宣传公司的网址和电子商务活动，可大大增强电子商务的成功性，不同时期对电子商务的宣传有不同的方式，随着近年来社交网络和平台的发展，社群营销和微博营销成为新兴的营销方式，并且起到了良好的效果。

企业可以对以上每一个要素进行评估，可借助专用分析软件（如 IBM 的 EC 助理工具）进行辅助分析计算出分值，并得出综合指标。选择综合指标最高的产品先开展电子商务。

11.1.3 目标用户的分析和定位

在开展电子商务之前，应对企业的用户有所了解。企业的用户是否经常上网？网络用户有哪些特点？企业开展电子商务能够吸引哪些用户？如何抓住他们的消费特点，满足他们的要求，为企业创造更大的价值？了解这些是电子商务成功的非常重要的一个因素。

1. 网络用户的特点

目前，我国网民存在群体偏年轻化的特点，并且有从较高学历和收入群体向较低学历和收入人群扩散的趋势。在大家的惯性认知中，女性的网购行为多于男性。但事实上，国内的人口比例男多于女是不可否认的事实，数据显示，男性网购用户比女性多。2023 年“双十一”的电商成交量显示，18—25 岁的年轻群体为超前消费的主力军，这当中又以男性占据绝对主导，比例高达 72.8%。

此外，不同年龄层的用户在针对网络购物的态度方面是不一样的。比如“70 后”，他们选择 PC 购物的数量比移动购物多，“90 后”更喜欢移动购物，而“80 后”则是现在整个消费市场的主力军。

针对不同的地域不同城市的发展情况来分析，一线城市的人均收入和消费会比六线城市高，但从近些年来的地域网购消费来看，四线至六线城市的人群越来越多，网购发展趋势非常强，实力不容小觑。互联网和物流等配备的到位让这些地域的用户能更方便地体会到网购的便捷和好处，所以受到当地年轻人的喜爱。相反一、二线城市的增长没那么明显。

2. 网络用户的类型

网络用户可分为个人消费者和组织机构用户。个人消费者通过网络查看企业的商品信息，他们会经常搜索网上的个人用品及娱乐信息，这些个人消费者一次的购买量不会太多，但总体数量却非常可观，他们是企业开展 B2C 电子商务不可忽略的客户资源。组织机构用户主要是为组织机构的运营需要而进行网上购物的群体，他们一次购物的数量较多，成交金额较大，是企业开展电子商务中应该重点挖掘和保持良好关系的对象。企业最好能为组织机构用户在 CRM 系统中建立档案，并跟踪分析他们的需求，为他们提供满意的商品和服务，保持长期稳定的供求关系。

除了以上两类客户以外，企业还应关注那些浏览过企业电子商务网站的潜在客户，分析他们的需求，提供他们感兴趣的产品和服务，进一步扩大企业的用户群。

11.2　创建企业电子商务的准备

企业在明确创建电子商务的目的，并决定开展电子商务以后，就可以着手准备创建电子商务，其准备工作主要包括两个方面。

11.2.1　企业开展电子商务可行性分析

企业电子商务可行性分析是企业创建电子商务的前期工作，经过调查分析是否进行正式的电子商务系统开发工作。电子商务的可行性分析包括企业目标和战略分析、内部环境分析、外部环境分析和成本效益分析四个方面。

（1）企业目标和战略分析。电子商务的开展是为企业的目标和战略服务的，企业电子商务的目标和战略必然是企业战略规划的一部分，因此在创建电子商务之前，必须首先了解企业的战略和目标。应着重分析以下问题：企业当前的战略目标是什么；企业当前销售或提供什么产品（服务）；企业当前目标市场的特征；企业当前采用什么方式实现其目标、成本；企业当前采用什么方式保证其产品（服务）的质量；企业当前采用什么方法树立企业形象。

（2）内部环境分析。通过分析企业的内部环境确定企业开展电子商务的优势和劣势。内部环境因素包括：企业高层领导对开展电子商务的态度；企业利用信息技术的深度和广度；过去利用新技术的经验；企业 Intranet 的建设情况；电子商务应用的内部用户（企业雇员）的特征。

（3）外部环境分析。通过外部环境分析，可以确定企业开展电子商务面临的机遇和挑战。外部环境因素包括：同行业中电子商务的应用情况及企业可以借鉴的经验；竞争对手对于电子商务的应用情况；电子商务应用的外部用户（当前和潜在的客户、供应商）的特征。

（4）成本效益分析。电子商务系统的建设所需成本可从电子商务系统的硬件、服务、数据库、应用程序和用户培训几个方面来考虑，企业可以根据自己的实际情况绘制出安装服务器、数据库、应用程序、用户接口及最终用户培训的整个时间表，并可给出估计成本。电子商务的成本还包括系统的运行与维护费用及风险防范成本，风险防范成本主要包括两个方面：计算机病毒和网络犯罪。

电子商务的效益主要来自成本和时间的节省、销售额的增加、客户满意度的增加、市场份额的增加。开展电子商务能够树立良好的企业形象，提高企业知名度；降低交易成本；降低管理成本；减少库存；降低客户服务成本，提高客户忠诚度；提高经营管理效率；提高企业竞争力。企业可以从以上几个方面分析电子商务给企业带来的好处。但需要注意的是：电子商务具有一次性投入高，固定投资的收回需要一定的时间，且收益很难用货币准确量化的特点。企业应根据现金流量法对每年因电子商务流入流出企业资金的现金流量进行估计，并测算出电子商务项目的投资回收期；或按照盈亏平衡分析法对自己开展电子商务的成本效益进行分析，计算出盈亏临界点，并根据市场情况预测企业通过开展电子商务的销量能否达到盈亏平衡点，若能达到，且企业战略目标及开展电子商务的目标明确、内部环境良好、外部条件允许、成本效益比小于 1，那么企业开展电子商务的条件成熟，可以进行进一步开发，否则，需要等待时机成熟后再开展电子商务。

11.2.2 制定创建电子商务的规划

企业经过可行性分析，如果得到的结论是企业开展电子商务的条件已经成熟，企业便可以着手制定创建电子商务的规划。规划包括：确定实施电子商务的具体目标；确定企业开展电子商务的策略；设备与环境的规划；管理及人员的规划。

1. 确定实施电子商务的具体目标

在进入电子商务之前，企业应明确：企业电子商务系统开展的业务类型，即是零售型、直销型、拍卖型、商业街型等中的哪种类型；企业开展电子商务的规模，即能同时支持多少顾客网上购物，能同时管理多少种商品的销售；时间目标，即在某个时间建成电子商务系统；支付手段的目标，即开通电子商务系统后，系统支持何种付款方式，如是否支持网上支付、货到付款、邮局/银行汇款、储蓄卡汇款方式中的一种或几种；配送实现的目标，是企业自己负责配送，还是通过邮局邮寄，或通过与第三方物流建立合作伙伴关系，进行配送。

2. 确定企业开展电子商务的策略

电子商务系统的开发与建设一般有外购与开发两种途径，而开发又分为自行开发、委托开发和协作开发。

（1）外购电子商务系统。采用这种方式不仅见效快、费用低，而且系统质量高、安全保密性较好，维护有保障。但它只能满足企业的一般常规性需要，不能满足企业的个性化需要。规模小且业务较规范、特殊要求不多的中小型企业比较适合购买这种通用的电子商务系统。

（2）自行开发。这种方式针对性强，能最大限度地满足企业电子商务的实际需要和特殊要求，而且便于维护，易于使用。但这种开发途径对企业的技术开发能力要求较高，它适用于有稳定的开发与维护队伍和较强技术开发能力的企业。

（3）委托开发，即委托具有相当专业水平的科研机构进行系统开发。它可以弥补本企业技术力量的不足，但其开发费用较高、日常维护不便。这种方式比较适合本企业开发能力不足但又希望使用专用系统的企业。

（4）协作开发。这种开发途径综合了上述几种方式的优点，但也存在费用高、软件应变能力较弱的缺陷。

3. 设备与环境的规划

设备与环境的规划主要是指企业电子商务平台的选择。良好的电子商务平台是建立一个好的电子商务系统的基础。一般来说，电子商务平台的选择包括对网络系统、硬件、操作系统、应用服务器（软件）、数据库及网络安全措施的选择。

（1）对于网络系统，应根据对网络带宽的要求、企业的投资力度选择交换机、路由器等网络设备。最好选择同一品牌的产品，以便于统一管理。

对于与互联网连接部分，应分析企业内部对外部的访问情况和外部对企业电子商务网站的访问情况，选择独立主机、主机托管或虚拟主机方式。如果采用主机托管方式，应考虑 ISP（internet service provider，互联网服务提供商）提供的网络带宽、安全防护、机房设施、维护服务、价格等因素。如果采用虚拟主机方式，需要考虑 ISP 提供的网络带宽、空间大小、价格、操作系统、数据库、开发接口等因素。

（2）硬件应根据外部对企业电子商务网站访问量的估计和投资力度选择微机服务器（应根据需要确定是否对微机服务器进行双机备份）、小型机或集群系统。

（3）操作系统的选择应从性能、安全性、稳定性、易用性及系统管理员对某种操作系统的熟悉程度来考虑，主要有 Unix、Linux、Windows 等。

（4）应用服务器又称应用服务器软件平台（application server software platform，ASSP），是最重要的一类中间件软件。最近几年，除了微软独家提供与 Windows 操作系统绑定在一起的、基于 Windows DNA（distributed internet applications architecture，分布式集成网络应用程序体系结构）/DCOM（distributed component object model，分布式组件对象模型）技术的应用服务器软件功能外，主流应用服务器产品全部基于 Java 语言开发，并遵从 JavaEE/EJB 规范。基于 JavaEE/EJB 规范，提供 Web 或独立程序访问方式，支持企业 Java 组件的开发、部署、运行和管理功能，提供对后台数据库系统和企业信息系统的访问能力，提供标准的消息传送机制等功能的应用服务器软件已经成为当前应用服务器软件的共同之处。

（5）数据库的选择应从数据量、外部对企业电子商务网站的访问量、投资力度等方面来考虑。若数据量大、外部对企业电子商务网站的访问量也大且有足够的投资，可以考虑用大型数据库，如 Oracle、Sybase、Informix、DB2。如果投资不是很多，且数据量不是很大、外部对企业电子商务网站的访问量也不是很大，则可考虑选用 MS SQL Server。在投资较少时，也可以考虑免费数据库，如 MySQL。目前主流的电子商务网站都在采用 LAMP 架构体系，其为开源项目，资金投入少，并且优化后的网站访问速度非常快。

（6）网络安全措施的选择主要是指防黑、防病毒方案，包括加密机制、签名机制、分布式安全管理、存取控制、防火墙、安全万维网服务器、防病毒保护等。为帮助企业创建和实现这些方案，国际上多家公司联合研究并发布了SET和SSL等协议标准，使企业能建立一个安全的电子商务环境。针对网络安全措施，重要的是要加强对人员的管理，避免因人为的因素对电子商务网络造成危害。

若企业采用应用服务提供方（application service provider，ASP）模式，则不需要考虑以上的细节内容，只需选择一个合适的应用服务提供方即可。应用服务提供方是向企业用户提供互联网应用服务的服务机构。用户可以把自己所需要的互联网应用服务交给应用服务提供方组织，称为“托管”，用户只需要具有网络终端和与网络连接的线路，就可以从应用服务提供方那里得到自己所需的互联网应用的服务。应用服务提供方拥有自己的网络资源、资金和网络技术专业人才，用户只要提出自己需要的业务模式和数据源，应用服务提供方就能为该企业用户开发适合其需要的应用系统。应用服务提供方提供的这种业务叫作“应用托管”。应用服务提供方是针对中小型企业产生并发展起来的，主要是为了解决中小型企业普遍存在的资金困难和渴望信息化管理这一矛盾，通过直接租用应用服务提供方的计算机及软件系统实施信息管理，既可以节省一笔用于信息技术产品、技术购买和维护运行的资金，又能使中小型企业利用信息化壮大自身实力。应用服务提供方模式无疑为这类企业提供了较好的解决方案，企业无须配备专门的人员和投入大规模的资金亦可获得专业的服务和技术支持。

4. 管理及人员的规划

在电子商务环境下，传统的管理模式不能适应电子商务发展的需要，企业应做好向现代管理模式转变的准备，从物流、资金流、信息流集成的角度出发，建立一个反应快速、流通顺畅、灵活多变的供应链系统，只有这样才能保证协调企业内部、供应商、合作伙伴之间的关系，满足客户的个性化需求，快速回笼资金。同时在采购、制造、管理、销售等环节上加强预算和资金控制，节省成本，这样才能把节省的利润空间留给客户，给客户提供更便宜的产品。因此，企业要为开展电子商务准备所需的管理人员、技术人员、市场人员和服务人员。

11.3 创建企业电子商务

在企业做好开展电子商务的规划后，企业就可以着手创建电子商务的具体工作。这里主要介绍自行开发及外购解决方案的电子商务系统的方式，对委托开发方式和协作开发方式不做详述。

11.3.1 自行开发电子商务系统的步骤

自行开发方式针对性强，能最大限度地满足企业电子商务的实际需要和特殊要求，而且便于维护，易于使用。但这种开发途径对企业的技术开发能力要求较高，它适用于有稳定的开发与维护队伍和较强技术开发能力的企业。若企业根据自己的实际情况做出自行开发的决定，便可以采用以下步骤创建电子商务系统。

1. 信息接入

企业应根据电子商务规划中选用的独立主机、主机托管或虚拟主机方式，选择合适的 ISP 进行信息接入，这是企业实施电子商务的第一步。ISP 即向广大用户综合提供互联网接入业务、信息业务和增值业务的电信运营商。ISP 是经国家主管部门批准的正式运营企业，享受国家法律保护。选择 ISP 时主要考虑企业的需要，除此以外，还应注意以下几个优先原则：①技术实力强、接入带宽高的优先；②有自己的网络平台、互联网服务功能强的优先；③有长期技术支持、综合服务信誉好的优先；④信息产品有综合优势和特色的优先；⑤商业风险小、有一定规模的国际性 ISP 优先。企业根据自己的业务需要选择 ISP 提供的不同类型的接入服务。目前，由于网费逐年下降趋势的影响，不少国内的大型 ISP 开始改变自己的发展方向，而向用户提供一切服务的应用服务提供方成为新趋势。

2. 域名注册

域名也被视为企业的“网上商标”，是企业在网络世界中进行商业活动的基础，企业可以根据开展电子商务业务的实际给企业起一个合适的域名。一个好的域名往往具有下列特点：与企业名称一致；与企业的产品注册商标一致；与企业广告语一致；简短易记、有创意。这样不但节省宣传域名的广告费，更重要的是能使用户推测出企业的域名从而方便地找到企业的网站，如波音公司的 http://www.boeing.com、海尔集团的 http://www.haier.com 等。企业注册域名时，可以登录域名代理机构的网站通过网络直接按照服务提供商的要求进行注册。

3. 软、硬件的选择

企业如采用虚拟主机方式，则不需要选择相关的软、硬件，直接采用 ISP 提供的软、硬件即可；若采用主机托管方式，则应根据自己的规划采购相应的硬件服务器、操作系统、数据库、应用服务器；若采用独立主机方式，也应根据规划采购相关的软、硬件。

4. 开发电子商务应用系统

在开发电子商务应用系统时，应首先进行需求分析，准确地把握商业目的，明确项目范围，列出需求清单。在需求分析阶段成果的基础上，就功能性、系统构架技术性和视觉创意等方面进行更详细的分析设计，然后进入实现阶段。

电子商务系统的实现过程如图 11-1 所示。下面从商务系统模型的层次出发来阐述。

（1）应用表达层的实现。该层最终由多种客户端构成，其硬件设备主要是各种客户端应用程序运行的终端设备，如计算机、移动通信设备等。客户端的应用程序分为两大类，最常见的是通用的浏览器，也可以是一些专用的应用程序，以支持专门的应用。

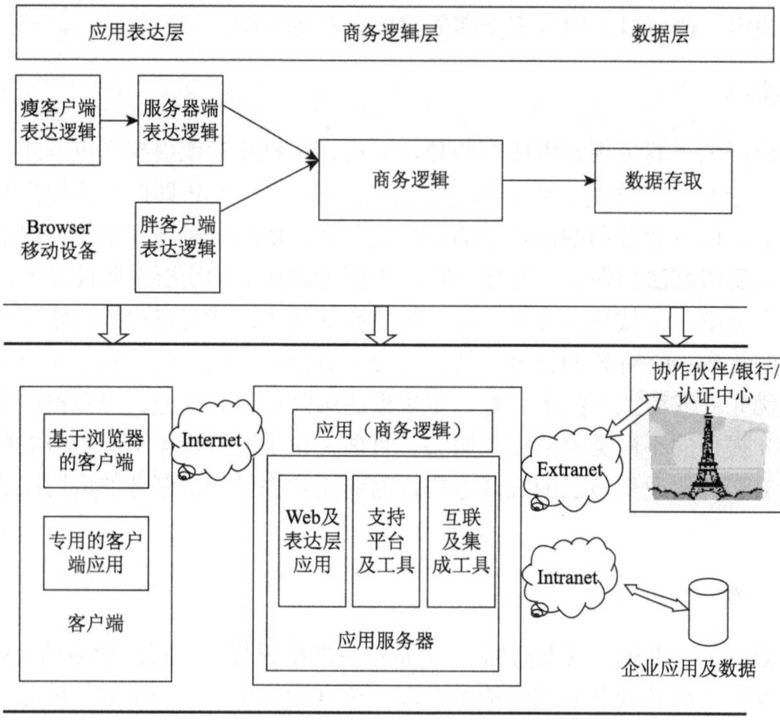

图 11-1　电子商务系统的实现过程示意图

构造电子商务系统的客户端的关键是要确定客户端的类型并选择合适的设备，使客户端和电子商务系统的服务器之间具有良好的接口。

（2）商务逻辑层的实现。商务逻辑层是电子商务系统的核心，也是系统建造过程中的难点和重点。商务逻辑层包括商务应用（程序）和支持平台（包括商务服务层、商务支持层和基础支持层三部分）。

支持平台向上层（商务应用）提供的服务主要包括表达、商务支持、运行支持、开发和集成服务。构成支持平台的技术产品至少应当包括：Web 服务器；商务支持软件、集成与开发工具；计算机主机；网络；其他系统软件（如操作系统、管理工具软件等）。

构造商务逻辑层的任务基本上可以归纳为两部分：选择合适的应用服务器及其他支持软件；开发实现商务逻辑的应用软件系统。

（3）数据层的实现。构造数据层的关键是开发电子商务系统与外部系统、内部信息资源的接口，完成系统集成。数据层的数据源主要包括以下几部分：系统既有信息系统（如 ERP 系统等）的数据和企业的数据库；企业与协作伙伴（如供应商等）之间交换的数据；企业与银行之间交换的数据；企业与认证中心之间的认证数据；企业与其他商务中介交换的电子数据。

由于企业商务逻辑的处理过程是一个从市场、销售、采购到客户服务的整体，所以必须将商务逻辑处理过程所涉及的数据集成在一起，因此构造数据层的任务是：实现电子商务系统与企业内部和外部信息系统之间的网络互联，并确保安全的网络环境，以及基于应用服务器平台的商务应用系统与企业内部数据的共享。

（4）网上支付的实现。网上支付是电子商务的重要组成部分，是金融服务的发展和创新。企业应根据业务需要选择相应的支付网关，编写应用程序调用支付网关提供的接口，实现网上支付。

通过以上分析，可以将电子商务系统实现过程的关键分为：技术支持平台的选择与构造；应用系统的开发；网络系统集成；数据共享及应用的互操作；网上支付的实现；实施过程的合理组织。

5. 系统测试

开发完成后，对系统进行功能测试和性能测试，企业的电子商务系统在经过检查测试结果是否与设计方案吻合、不同浏览器和不同分辨率显示器显示结果测试、验证链接和下载速度等方面的测试并做相应的修改后，便可进入系统的发布阶段。

6. 系统发布

将制作好的网页和应用程序通过 FTP 上传到服务器的相应目录中，或用其他方式复制到服务器的相应目录中。把系统从开发环境发布到运营环境后，开始试运行。试运行成功后，系统投入正式运行。

在开发电子商务系统的整个过程中，企业都要进行项目管理以对该项目的范围、时间、成本、质量和风险等各个方面进行控制，保证开发的进度和质量。

11.3.2　外购解决方案的电子商务系统实现步骤

外购电子商务解决方案的方式具有见效快、费用低、系统质量高、安全保密性较好和维护有保障的优点，但它只能满足企业的一般常规性需要，不能满足企业的个性化需要。规模小、业务较规范且特殊要求不多的中小型企业比较适合购买这种通用的电子商务解决方案。选择外购电子商务解决方案的企业其电子商务系统的实现步骤包括如下几个方面。

1. 信息接入

其内容同第 11.3.1 节。

2. 域名注册

其内容同第 11.3.1 节。

3. 电子商务解决方案的选择

企业应根据自己的规划及业务类型选择合适的解决方案。目前，比较著名的电子商务解决方案有以下几种。

（1）IBM 系列电子商务解决方案。不同行业、不同规模的企业，需要不同的电子商务解决方案来满足自身的独特需要。IBM 始终遵循为各类企业提供最适合其发展的电子商务解决方案的原则。它的电子商务解决方案覆盖企业经营的各个过程，令企业从内到外加速信息流、物流、资金流的循环，全面降低经营成本，开拓全新的市场机会。其提供的解决方案针对各行各业，如电信业、制造业、流通业、工商企业、政府与公众事业、金融业、娱乐业等，它们覆盖了 Windows NT、OS/2、AIX、HP-UX、Solaris、OS/400 和 OS/390 等多种平台，其中支付解决方案和电子商城解决方案是 IBM 公司的特色产品。

（2）SUN 公司电子商务解决方案。SUN 公司是电子商务解决方案的主要提供商，倡导开放的系统和 Internet/Intranet 解决方案，在电子商务涉及的所有领域都有先进的产品和合作伙伴，积累了丰富的经验，并在此基础上提出了 SUN ONE 电子商务构架产品系列、SUN Connect 电子商务架构、Informix i.sell 等电子商务解决方案，包括电子商场解决方案、电子银行解决方案、认证中心解决方案。

（3）微软公司电子商务解决方案。从企业自身的技术特征出发，微软公司提出了 Windows DNA，其目标是在 Windows 平台上实现微软公司所倡导的多层次分布式计算解决方案，并在此基础上开发了四种方案：直销、销售和服务解决方案；供应链集成解决方案；企业采购解决方案；金融与信息服务解决方案。

此外，还有 HP、Intel、BEA、GE（通用电气）等公司的电子商务解决方案，企业可以根据自己业务的需要选择合适的解决方案。

4. 系统测试

其内容同第 11.3.1 节。

5. 系统发布

其内容同第 11.3.1 节。

11.4 企业电子商务的管理

企业电子商务的管理可以分为网上商店的运营管理、电子商务与 CRM、电子商务与物流配送管理等几个主要方面。

11.4.1 网上商店的运营管理

网上商店是企业电子商务系统中直接与客户面对面的部分，它是一种新型的商业模式。在这一模式下，企业要以远程方式实现对网上商店的控制与管理，需要新的经营规则和有效手段，才能保证提供 24 小时不间断服务，使消费者能方便、安全、及时地从网上购买到满意的商品。

1. 确定网上商店运营机制

要保证网上商店运营成功，首先要建立一套切实有效的工作流程和运营机制，以明确分工和确定岗位职责。网上商店一般工作流程如图 11-2 所示。

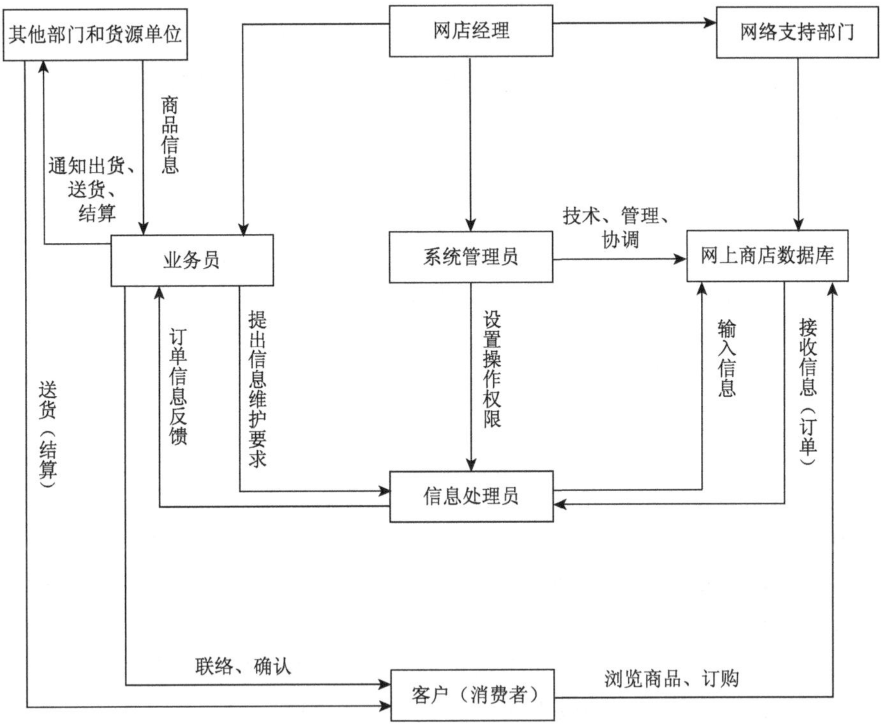

图 11-2　网上商店工作流程

2. 网上商店经营商品的决策

网上商店经营商品决策的主要内容就是确定网上的营业项目，即确定网上商店所经营的商品结构、属性和目标服务。从网上销售特征出发来界定网上商店营业项目内容，可以分为有形商品销售和无形商品销售两种。前者需要传统的商业配送服务予以支持才能完成交易；后者是指如酒店客房预订、机票订购、证券交易等无形服务，也指可数字化的商品，如电脑软件、音乐 CD 等，无形商品可以在网上直接完成交易活动。

经营者在确定网上商店营业项目时应考虑如下主要因素。

（1）企业应根据自己的资源条件和销售特长选择上网商品种类。一些主题性的网上商店是专门销售某一类商品和推销某一种服务的，美国女性网站（iVillage）是其中最典型的成功范例。该网站从头到尾、从里到外都在透露着一个信息——女性。只要是与女性有关的资讯及服务，iVillage 绝不会错过。在美国，问问那些常上网的女性网友，十有八九知道该网站的“芳名”，iVillage 俨然已成为网上的女性代名词。这就形成了企业网上商店的经营特色，有利于在激烈的竞争中把握住一个特定的网络消费群体。

（2）要考虑商品组合及其深度、广度，尤其应注重所选商品线的深度，即尽可能扩大每类商品的花色、品种、规格，满足消费者对某类商品挑选的需求。切忌无条件地拓展企业网上商品线的广度，无限制地增加商品种类，而每个种类的品种都非常少的做法。

3. 网上商店的品牌决策

树立良好的品牌形象是创造企业网上商店的品牌效应并经营成功的关键。网上商店的品牌形象取决于以下几个方面：①经营主体（开展电子商务的企业）的品牌效应；②网上商店本身的质量，如内容、表现形式、浏览速度等；③网上商店经营商品或服务的品牌；④网上商店服务的特色，如商品种类多少、信息量是否丰富、查询是否方便、可否支持多种支付方式、配送是否及时且收费是否合理、是否有售后服务等；⑤网上商店的宣传推广，如与相关网站的链接、加注搜索引擎、在其他著名站点上做网络广告等。

为防止网上假冒，知名品牌除应在知名网站上营销外，更应采用安全认证技术让消费者消除怕买到假货的心理顾虑。

4. 网上商店的定价策略

在零售业中，不同的销售方式有不同的销售价格。对某些发达国家的商品零售价格的比较研究发现，若假设百货商场的价格指数为 1，则超市的价格指数一般为 0.82—0.85，采用会员制的商场是 0.76—0.78，而工厂直销为 0.6—0.7。可以看出，商品销售方式越简单，流通环节越少，商品价格就越便宜。

从理论上讲，网络交易成本低的特点决定了网上商品的价格应低于零售商业商品的价格。一是因为投资网上商店的成本大大低于建立实体商店的成本；二是因为网络商店无店铺、“零库存”的经营方式使其流通成本低于传统零售的流通成本；三是因为网络增加了企业商品销售的挑战性和透明度。价高、质次的商品在网上将失去市场，“一次性买卖”更不适合网上经营。因此，网上经营的商品竞争将使价格更趋合理，既保护了名牌商品的权利和价格优势，在一定程度上规范了市场，同时也保护了网络消费者的权益。

11.4.2 电子商务与 CRM

企业创建的电子商务系统能否真正给企业带来预期的收益，在很大程度上取决于企业 CRM 的水平。企业的产品或服务能否获得客户的认可，企业能否有效地根据客户的日常访问信息，统计、分析和开发新的商机，创造出新的满足客户需要的产品和服务，是开展电子商务的企业在 CRM 方面应着重关注的问题。

CRM 的重心在于给客户提供迅速、简洁、可靠并有价值的服务。一个企业要做好 CRM，并长期保持着这种竞争优势，从根本上就是要建立起企业与客户之间的“学习”关系，其核心就是要通过客户与企业之间的不断接触，搜集客户意见、要求和建议，并通过挖掘分析，给客户提供完善的个性化服务。不只是电子商务，分析的所有商业机构，基本的组成都会有运营、市场、销售、客服、生产、库存、供应链、代理商、财务、行政、法务、审计等。但真正跟客户关系相关的，是涵盖运营、市场、销售、客服等最核心的组成部分。电商 CRM 结构模型如图 11-3 所示。

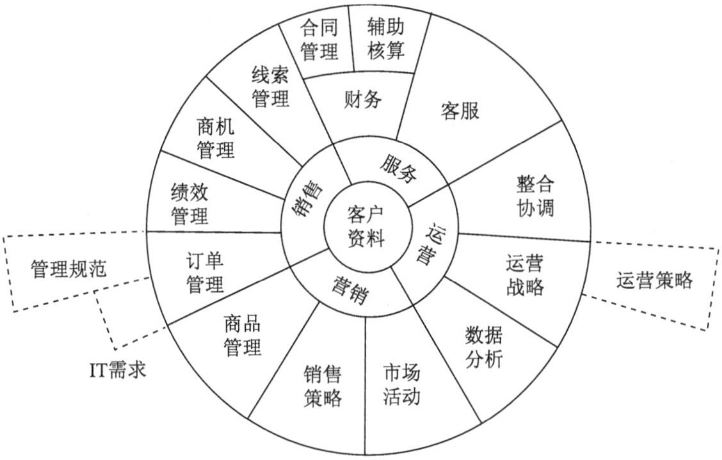

图 11-3　电商 CRM 结构模型

（1）运营。运营是所有电子商务业态的大脑，它包括运营战略的制定、运营策略的变更，还包括对市场、销售、客服等业务数据的分析使用。当然，初始的战略制定和定期的策略调整，依据的就是业务数据的分析。另外，运营还包括一项最重要的工作——整合协调，协调市场、销售、客服等职能部门或业务小组的工作。

（2）营销。电子商务营销的基础是商品管理，包括类目管理和 SKU（stock keeping unit，存货单位）管理。虽然进货渠道和供应链不属于 CRM 的范畴，但售卖商品的管理显然得跟着客户习性走，如不能在冬季售卖连衣裙，也不能对客户需求不大的 SKU 大批量地备货。商品管理与销售策略始终又是分不开的，一般情况下这两类管理活动包括商品的基本信息结构、商品的刊例价、商品的打折策略。为了促进客户销售，特别是开拓新的客户，在销售策略制定的基础上进行各种营销市场活动。这些活动包括购买淘宝直通车等 SEM（search engine marketing，搜索引擎营销）服务、使用比较精准的 DSP（digital signal processing，数字信号处理）全网营销服务、与各种导流网站合作，甚至进行线下的品牌营销或者大促宣传活动。

（3）服务。电子商务最有意思的是传统意义上的销售职责与客服职责很难区分开，很多时候是一拨员工在履行这两个职责。需要知道，销售的售前、售中、售后有完全不同的工作内容和业务特点。传统意义上的客服，属于电子商务中的售后，主要负责操作性的退换货管理、客户投诉、差评管理等。同样属于售后的还有财务管理，网店的财务组得负责开具发票，也负责订单收入的核算，还得负责进货成本的控制，有足够规模的电商企业还需要财务人员能够做一定的预算管理。

（4）销售。在互联网上做生意的商家，不只是淘宝、天猫这样的面向用户的平台。已经有很多商家开发了自己的 PC 商城和手机商城，不同来源的购物订单会进入他们的 ERP 订单管理系统。但促成客户成交的客服“干预”手段，也是属于 CRM 的销售管理过程，因为在这个过程中客户与商家是最直接的接触。不要认为客户通过网络买东西就没有销售过程。

（5）客户资料。CRM 最核心的是客户资料，依托客户资料的是客户信息。客户资料是描述客户主体的客观数据，如ID、账号、性别、年龄、职业等资料，越详细越好。也有一部分客户资料是商家自己主观赋予的，如积分、等级、会员级别、购物喜好。依托客户资料的客户信息最基本的就是客户交易数据，包括订单、购买日期、购买商品、网购来源、接待客服、商品评价等。一般情况下，资料和信息数据都通过一个客户模型来得到有用的客户分析指标。例如，基于最常用的RFM模型［recency（近度）、frequency（频度）、monetary（消费度）］可以得到哪些客户对自己的生意最有价值，哪些客户最容易在近期产生新购买行为等信息。还可以根据需要调整模型可控参数，甚至调整算法，来得到所需要的决策依据。

综合来看，关于电子商务CRM，其基本的核心还是客户资料，它以一个共享的客户信息数据库将运营、营销、销售、服务等业务高度地协同配合起来。

11.4.3 电子商务与物流配送管理

可以说，一个企业要想生存离不开物流，若没有现代化的物流，生产难以正常进行，电子商务只能成为“无米之炊”。不仅如此，物流还保证了电子商务中商流的畅通，也使“以客户为中心”的理念得到了根本保证。若不能及时送货到手，客户不可能再次选择该企业进行网络购物；若缺少了现代化的物流发展技术，电子商务给客户带来的便捷等于零，电子商务便没有存在的必要。由此可见，企业在开展电子商务的过程中，只有很好地解决物流配送问题，才能使电子商务向更广的领域、更大的空间发展。

企业应根据自己业务的实际情况选择合适的物流模式，在选择时应考虑的因素包括：消费者的地理分布；销售品种；服务提供商；减少库存风险；降低物流成本。从现阶段看，可供选择的物流配送模式主要有以下几种。

（1）企业内自营模式。这是目前电子商务企业所广泛采用的一种模式。企业通过独立组建配送中心，实现对内部各部门、厂、店物品的供应配送。这种模式因“大而全”“小而全”而造成了新的资源浪费，但是就目前来看，在满足企业内部材料供应、产品外销、零售店供货和区域外市场拓展等企业自身需求方面发挥了重要作用。大大小小的连锁公司或集团基本上都是通过组建自己的配送中心，来完成对内部各部门、厂、店的统一采购、统一配送和统一结算的。目前各大电子商务企业在订单量较大的城市开设了自己的物流公司，并且每天进行2—3次的送货，提高物流的配送速度，是电子商务竞争力提高的表现之一。

（2）单项服务外包模式。该模式主要是由具有一定规模的物流设施设备（库房、站台、车辆等）及专业经验、技能的批发、储运或其他物流业务经营企业，利用自身业务优势，承担电子商务企业在该区域内市场开拓、产品营销而开展的纯服务性的物流。在这种模式下，电子商务企业租用批发、储运等企业的库房，作为存储商品的场所，并将其中的一部分改造为办公场所，设置自己的业务代表机构，并配置内部的信息处理系统。通过这种现场办公式的决策组织，电子商务企业在该区域内的业务代表控制着信息处理和决策权，独立组织营销、配送业务活动。提供场所的物流业务经营企业，只是在电子商务企业这种派驻机构的指示下，提供相应的仓储、运输、中转和配送服务，收取相对于全部物流利润的极少的业务服务费。

（3）共同模式。这是一种电子商务企业间为实现整体的配送合理化，以互惠互利为原则，互相提供便利的配送服务的协作型模式。随着物流业范围的扩大，经营和处理的商品品种、规格和数量增加，单纯用生产者和消费者之间的分散配送是远远不够的，配送中心的出现（共同配送）帮助人们解决了这个问题，给物流配送的共同化创造了条件。物流共同化包括物流资源利用共同化、物流设施与设备利用共同化和物流管理共同化。

总之，企业应做好网上商店的运营管理与维护，利用现代信息技术处理企业与供应商的关系，提高客户满意率，选择合适的物流配送方式来满足开展电子商务业务的需要。

11.5　电子商务营销

企业电子商务系统建成后，如果没有有效的营销手段，企业的电子商务系统（主要是电子商务网站）很难为企业带来价值。因此，电子商务营销是企业在建成电子商务系统后的一个非常重要的工作。电子商务营销实际上是电子商务管理工作的一部分，但因其是其他工作的前提和基础，所以对企业来说非常重要。

11.5.1　企业电子商务的营销目标

有些企业在投入大量资金建成电子商务系统后，便以为万事大吉，不对企业的电子商务网站做任何宣传和推广工作，对电子商务营销没有给予足够的重视，这是不少企业开展电子商务失败的根源所在。

实际上，在企业的电子商务系统建成初期，人们对其网上商店的了解是非常少的，甚至不会有人知道。因此，这段时期的营销工作非常重要，其目标是对其电子商务系统（这里主要是指企业的网上商店）进行大力宣传和推广，使其网上商店的网址和内容最广泛地为人所知，从而吸引人们访问企业的网上商店，进而进行购买活动，使企业的销售额增加、市场份额扩大、竞争力提高。

11.5.2　企业电子商务的营销方式

企业电子商务的营销方式包括传统营销方式和网络营销方式两种。

（1）传统营销方式。在企业开展电子商务的初期，对其网上商店的宣传离不开传统的营销方式，主要有：利用报纸、电视、广播、本行业杂志对其网上商店的网址及服务内容做广告；在人群集中的火车站、汽车站，以及公共汽车和出租车上印刷其网上商店的网址及主要内容。在宣传时，广告的设计应注意使其网上商店的网址及主要内容简单易记，吸引人的注意力。

（2）网络营销方式。网络信息快速传输使市场营销的效率和效能进一步提高，营销本身及其环境发生了根本的变革，以互联网为核心支撑的市场营销正在发展成为现代市场营销的主流。

企业的电子商务营销自然也离不开这种新的营销手段。随着新事物的出现，如社交平台网络、微博、微信等新传播媒介的出现，网络营销的方式也出现了不同的变化，网络营销以其成本低、见效快的优点受到广大企业的青睐。越是在经济发展速度放缓的时候，在大数据时代，越有利于分析消费者行为，发展更有效的、更有针对性的营销策略，同时对市场营销可能产生的负面影响及时给予控制和调节，以期产生更有利于网络营销的消费者行为。

11.5.3 网络营销

1. 网络营销的4Cs策略

网络和电子商务系统的出现彻底改变了原有市场营销理论和实务存在的基础。首先，网络环境下地域和范围的概念没有了；其次，宣传和销售渠道统一放到了网上；最后，剔除商业成本后产品的价格将大幅度降低。因而营销管理模式也发生了根本变化，逐步出现了与传统营销理论中的4Ps［product（产品）、price（价格）、place（渠道）、promotion（促销）］策略完全不同的4Cs策略。

（1）消费者需求与愿望（consumer wants and needs）。网络营销要求企业不再从自身盈利的角度来进行市场细分和产品策划，而是真正做到充分了解并及时满足每个消费者的需求和愿望。在电子商务中，人们通过建立数据库和复杂的统计模型以及开发市场分析程序，可以将每个消费者作为一个独立的个体精确地确定其对企业现有及潜在的价值，消费者实际的购买行为因素取代了别的细分标准而成为决定性因素。企业借助信息网络可以和消费者时刻保持最有效的营销沟通，做出最有效的营销努力。“定制营销”可以为每一个消费者提供专门服务，将成为电子商务时代市场营销的主要模式。消费者的主导作用在电子商务时代将真正得到实现。

（2）消费者获取满足的成本（cost to satisfy consumer’s needs and wants）。网络营销要求企业不再从满足自身定价目标的愿望出发、在研究消费者能够接受的价格基础上进行定价，而是在研究消费者为满足其需求所愿付出的成本的基础上定价。电子商务环境下的定价通过建立与市场数据库、用户数据库相关联的智能化的定价系统，可以对消费者的实际购买行为进行分析，以获得其独特的需求及对价格的敏感性等定价信息，同时，企业利益、可替代产品、竞争对手等有助于确定最优定价的因素也可加以考虑；关于价格策略的一些设想还可以利用“虚拟销售”的调研方式进行预先测试以决定是否可行，因而更多富有弹性的、多样化的价格策略将会被采用；互联网还能使在线议价、竞价成为可能。

（3）购买的方便性（convenience to buy）。由于通过网络可以与消费者直接接触，网络营销中的渠道策略可以暂时忽略，而着重考虑运用网络技术给消费者创建一个方便的网上购物场所。电子商务时代是一个消费者至上的时代，以往企业对消费者单向的由上而下（top-down）的营销方式已行不通，取而代之的是自下而上（bottom-up）的方式，它是生产者与消费者之间联系的一座电子桥梁，使消费者有机会参与营销活动，更加方便及时地提供自己的意见，有利于企业更好地取得良好的信誉。而商品从供应厂家到消费者或需求厂商中的工作则是由社会上的物流配送公司完成的。

（4）与消费者的沟通（communication with consumer）。网络营销要求企业重视加强与消费者的联系与沟通，改变传统单向信息传递的沟通方式，建立互动式交流。企业营销策略中与消费者的沟通分为两部分：一是如何在网络上实现介绍自己的产品并营造出一个良好的购物环境；二是通过访问站点人数的统计了解消费者的购买意向，并发现产品和经营中出现的一些问题，以及时改进。在电子商务环境下，企业可以利用用户数据库，对用户过去的购买行为进行分析并对未来趋势进行预测，甚至可以做到用短期赔本的促销来保持长期的获利关系。企业促销以更易于为消费者接受的双向式、互动性、实时沟通的方式进行，避免强力促销攻势引起消费者的厌烦；同时，各种赠券、折价券、优待券可以通过互联网的电子邮件来递送，既降低了费用又提高了促销效果。在这里，企业与消费者之间要沟通的已不再是单一的物质产品信息，而是一种综合服务的理念，这是一种更广泛意义上的产品。

需要说明的是，网络营销建立在传统营销理论基础之上。网络营销是企业整体营销战略的一个组成部分，因此网络营销活动不可能脱离一般营销环境而独立存在，网络营销理论是传统营销理论在互联网环境中的应用和发展。

2. 网络营销的创新案例

近几年，在人们生活水平提升和电子商务的迅速发展下，天猫商城和王老吉借助一系列的节假日开启了自己电子商务网络营销新时代，实现了“互联网+娱乐+消费”的营销模式。

（1）“明星+直播”的营销策略。2016 年“双十一”晚会实现了全明星阵容+矩阵直播的模式，在打造超级会员的同时拉拢新的客户，提升天猫平台的整体消费流量和关注度。2016 年的“双十一”晚会采用了国际化的阵容，充分应用了阿里巴巴集团下各个娱乐板块。2017 年天猫“双十一”创新推出了手机电视直播的多屏互动模式，消费者能够一边看电视、一边抢红包。在 2017 年的天猫“双十一”晚会上推出了“阿里鱼”，“阿里鱼”还参与了 IP 关联销售的店铺，专门针对 10 万家商家的 IP 变现平台。

（2）个性化的营销策略。2016 年天猫“双十一”营销的一个重要亮点是实现了个性化推荐服务。通过“千人千面”的个性化推荐，阿里将其“核武器”开放应用到相关商家店铺中，为商家提供了更多的发展机会，并加快了商家为消费者提供服务的效率。

（3）全渠道的营销发展策略。2016 年天猫“双十一”营销扶持 60 多家店铺，强调门店发货，全渠道的营销发展策略是从 2015 年开始发展的，表现为：一方面阿里巴巴尽全力打通品牌营销的线上和线下，另一方面阿里巴巴旗下的大型品牌商也实现了线上和线下商品的流通发展，构建会员服务体系，如绫致时装、GAP、优衣库等品牌。但是这种线上和线下结合的全渠道的营销发展策略遇到了瓶颈，特别是对于服装销售来讲，由于缺乏线下体验式服务，使得消费者不是很愿意在天猫商城上购买服饰。

（4）“新制造、新零售、新技术、新金融、新能源”的营销模式。马云在 2017 年提出“传统电商消失”论，用“新制造、新零售、新技术、新金融、新能源”的“五新”业态营销模式替代传统电商销售发展模式，以新零售、新制造和新金融为例分析这种营销模式。①新零售、新制造。在大数据的快速发展和应用下，消费者对商品的种类提出了更高的要求，为此，天猫电商需要依托大数据资源对购买者的职业、年龄、偏好、性别进行精确化区分，从而帮助全球商家进行销售商品的营销策划。经过新零售和新制造的研发，一些商家的商品存在被买家“爆仓”买光的情况。同时，在2016年天猫“双十一”营销发展中也发布了农村“双十一”当天即时销售排行榜，可以发现农村地区的生产消费水平得到了快速的提升。②新金融。以往“双十一”营销会受到技术门槛的影响，即支付宝消费能否承受住消费高峰热潮。而在2017年，在“双十一”购物节中，支付宝应用所需要解决的问题不再是这种技术性问题，而是怎样使“网商贷”发挥重要的作用。在这种情况下，由蚂蚁花呗、余额宝组成的“大众消费金融”进一步拓展了支付、理财以及个人借贷的功能。

（5）文化加持营销模式。2022年，王老吉通过一罐一姓一图腾的形式来唤醒消费者根植于内心深处的姓氏文化，激发他们对产品的兴趣和关注。而礼盒包装上印有的“家家大吉，新春吉祥”话语，更是贴合了消费者在春节祈求好运的诉求，唤起情感共鸣的同时，也赋予了品牌极高的辨识度与记忆度。

王老吉除了提供“李老吉、陈老吉、赵老吉”等115个姓氏图腾产品之外，还接受更多姓氏定制，满足消费者个性化的表达需求。

复习思考题

1. 企业为什么要开展电子商务？
2. 不同类型的企业开展电子商务的侧重点有何不同？
3. 开展电子商务的成本和效益各包含哪些方面？
4. 如何选择开展电子商务的软、硬件及网络设施？
5. 选择ISP时应考虑的因素有哪些？
6. 如何管理企业的电子商务？
7. 如何进行网络营销？
8. 请举例说明企业电子商务系统的构成。
9. 试对某一个网上商城的营销策略进行分析，并说明其优缺点。
10. 请依据现实情况，谈谈最新的网络营销手段。

第 12 章

电子商务与现代企业管理

本章要点：电子商务在全球范围内的迅速发展，对世界各国的企业来说，既提供了前所未有的机遇，也带来了极为严峻的挑战。电子商务技术对现代企业管理的影响是极为深远的，也是不可逆转的。本章详细阐述了网络经济背景下电子商务与现代企业管理新思想之间的关系，论述了电子商务以及移动电子商务对企业管理的影响，分析了 BPR、SCM、ERP、CRM 等现代企业管理方法之间的关系。

12.1 网络经济与虚拟管理

21 世纪是以高速发展的信息技术为核心的网络经济时代，伴随着信息网络的飞速发展，整个经济格局充满无限活力，但同时也带来许多新的不确定因素，这给网络经济时代的企业管理带来了新的变革。这种新变革要求企业必须按照新经济发展的需要及时调整管理策略，根据新的企业生存原则创新企业的运行机制。如何应对网络经济的挑战，如何应对经济全球化过程中电子商务的风起云涌，如何应对市场化、国际化、现代化和信息化的要求，这是当今社会面临的严峻问题。

虚拟管理是为了适应网络经济的特点及其发展趋势，对传统管理思想进行的相应变革，而不是网络经济下的企业管理在原体制下所进行的计算机化。虚拟管理是在原有的传统管理方法中引进信息流，以发达的信息网络为基础的一种新的管理理念。

12.1.1 虚拟管理的几种形式

（1）虚拟企业（virtual enterprise）。虚拟企业是当市场出现新的机遇时，企业为了能够及时响应市场机会，满足市场的需求，以最快的速度推出高质量、低成本、高科技含量的产品，获得更多的市场份额的同时，将具有开发、生产、经营这种项目所需的不同知识和技术的不同组织（或企业）联合起来，共同开辟市场、承担风险、应对其他竞争者的一种企业行为。它是寻求资源最佳配置的一种整合方式，其最终目标是对顾客的需要做出及时的反应，并为其提供高质量的虚拟产品。虚拟企业具有虚拟生产、企业共生、人员虚拟、功能虚拟、品牌虚拟和策略联盟几种模式。

（2）学习型组织（learning organization）。学习型组织是将系统动力学的方法应用到人类系统和商业系统中。彼得·圣吉认为学习型组织是这么一种组织，“在其中，大家得以不断突破自己的能力上限，创造真心向往的结果，培育全新、前瞻而开阔的思考方式，全力实现共同的抱负，以及不断地一起学习如何共同学习”。学习型组织学习的基本工具包括：①系统思考能力；②自我超越能力；③心智模式改善能力；④建立共同愿景；⑤团队学习能力。

（3）精益生产（lean production）。精益生产，就是及时制造，消灭故障，消除一切浪费，向零缺陷、零库存进军，它是美国麻省理工学院在一项名为“国际汽车计划”的研究项目中提出来的，被认为是最适用于现代制造企业的一种生产组织管理方式。精益生产综合了大量生产与单件生产方式的优点，力求在大量生产中实现多品种、高质量产品的低成本生产。精益生产是通过系统结构、人员组织、运行方式和市场供求等方面的变革，使生产系统能很快适应用户需求不断变化，并能使生产过程中一切无用、多余的东西被精简，最终达到包括市场供销在内的生产的各方面最好结果的一种生产管理方式。与传统的大生产方式不同，其特色是“多品种”“小批量”。电子商务使精益生产的优点得到了极致的发挥。

精益生产集 JIT 制和柔性制造的优点于一体。在质量管理上，贯彻六个西格玛的质量管理原则，确保每一个产品只能严格地按照唯一正确的方式生产和安装；在库存管理上，在满足顾客的需求和保持生产线流动的同时，做到了产成品库存和在制品库存最低；在员工激励上，精益生产企业的员工被赋予了极大的权利，并且人事组织结构趋于扁平化，做到全厂上下一条心。所有这一切都体现了降低成本、提高产品竞争力的要求。对那些早已实现了精益生产的企业来说，它们早享受了精益化所带来的种种好处，如劳动利用率大幅度上升、产品市场竞争力的提高、库存降低、生产周期缩短、成本下降等。因此，向精益化转变的基本思想是通过持续改进生产流程消灭一切浪费现象，其重点是消除生产流程中一切不能增加价值的活动。

12.1.2　网络经济环境下电子商务对企业管理的影响

电子商务是划时代的科技革命应用，为企业改变传统生产经营模式、节约成本、寻求无限市场空间提供了可能。本书从电子商务对现代企业在采购、制造、营销、研发和客户关系维护等方面所产生积极作用分析，让更多企业认识到电子商务对市场经营的重要作用，使它们利用好这一工具，主动适应信息化革命，提升企业的综合竞争力。

（1）经营战略的变革。随着电子商务的迅速发展，企业单靠传统手段经营已经远远不够了，人们已可以通过电子商务实现从原材料的查询、采购到商品的展示、订购以及电子支付等一系列贸易活动，为世界各地的制造商和贸易商提供全方位、多层次、多角度的互动商贸服务，突破了传统贸易活动中物质、时间、空间对交易双方的限制。这些优势必然使客户自然转向采用这种全新经营方式的企业，原有市场结构和经营环境将发生重大变化。因此，对于企业来讲，电子商务不仅是一种技术，更是一种新的经营方式与经营理念。毫无疑问，如果企业不能及时转变观念并采取行动，那将在未来的竞争中处于不利地位。

（2）企业管理组织的创新。纵横交错的信息网络改变了信息传递的方式，同时也改变了企业的管理组织结构，传统的等级管理模式及运行方式比较僵化，而电子商务需要一种更少约束、更为灵活的网络组织形式。为适应电子商务的需要，把相互关联的管理组织加以整合已成为大势所趋，企业的一些部门可能被重组或撤销，企业的管理组织结构也将由原来的金字塔式结构向新型的网络组织扁平化结构转变。

（3）企业信息传递方式的变革。在电子商务的架构下，企业组织信息传递方式由单向的“一对多”向双向的“多对多”转换，信息无须经过中间环节就可快速、机动、灵活地传递，促进双方沟通，使工作效率明显提高。

首先，改变了企业内部信息传递方式。企业通过企业 Intranet，可将各部门、各分公司每天的经营情况，包括财务报表、生产计划、库存情况等，通过网络准确自动地汇总到总公司的数据库中，实现企业内部数据汇总的自动化；同时，各部门、各分公司也可以通过 Intranet 随时查询总公司的相应库存数据。这种信息传递方式便于企业领导层迅速把有关指示和工作安排下发到下属各部门、各分公司，从而提高整个企业的经济效率。

其次，延伸了企业信息传递的距离。企业与行业、企业与客户之间通过互联网可以了解以往要花费许多人力、物力才能得到的信息。电子商务给消费者和企业提供了更加密切的信息交流场所，使企业可以迅速了解到消费者的偏好和购买习惯，同时可以将消费者的需求及时反映到决策层，从而提高企业把握市场和消费者了解市场的能力。

（4）企业营销战略的变革。首先，网络营销具有许多传统营销方式无法媲美的优点，如节省开支、减少市场壁垒、提供平等机会、信息量大且具有交互功能等。其中，网络交互特性使客户在企业营销中的地位得到提高，参与和选择的主动性得到加强。在这种网络营销中，卖方和买方可以随时随地进行互动式、双向式交流，而非传统企业营销中的单向交流。在网络营销的手段上，随着新事物、新技术的发展，电子商务网络营销的手段也不同，与时俱进地更新自己的网络营销手段应该得到企业营销战略上的重视。

其次，网络营销是一种“软营销”，而传统营销中的广告和人员推销则属于“强势营销”，即不考虑客户需要与否而采取的一种强势手段。两者的根本区别在于：软营销的主动方是客户，而强势营销的主动方是企业。

最后，由于电子商务加强了企业和客户的关系，随着企业和客户相互了解的增多，网络营销将由传统的大量销售转向定制销售。所以配合电子商务运营的客户管理系统成为电子商务网络营销的手段之一。有效的CRM系统为网络营销提供了很好的保障。

（5）企业贸易方式的变革。以计算机网络信息技术为核心的电子商务系统，改变了企业传统的贸易方式，为国际贸易提供了一种信息较为完全的市场环境，这种现代化的贸易服务方式突破了传统贸易以单向物流为主的运作格局，实现了以物流为依据、信息流为核心、商流为主体的全新战略。这种经营战略，把代理、展销等多种传统贸易方式融为一体，把全部进出口货物所需要的主要流程如市场调研、国际营销、仓储、报关、商检等引入计算机网络中，为世界各地的制造商和贸易商提供全方位、多层次、多角度的互动式商贸服务，解除了传统贸易活动中的物质、时间、空间对交易双方的限制，促进了国际贸易的深化发展。

（6）企业生产作业方式的变革。电子商务的发展，使需求由大批量、标准化转变为小批量、个性化、快速化。厂商可以与消费者方便地进行交流，消费者可以通过网络访问厂商的网站，浏览厂商的各种产品，在线描述自己的要求，订购个性化的产品，由厂商根据网上客户的要求组织生产。传统的大规模生产方式显然难以适应这一变化，新的生产作业方式呼之欲出。例如，DELL 公司在 PC 机的制造商中以个性化、快捷化的制造而闻名。个性化是其根据客户的要求来设计、组装 PC 机，因而能最大限度地满足消费者的需求。快捷化是 DELL 公司制造的另一特征，从接到客户订单到组装并邮寄至客户手中，平均周期仅为 7 天。个性化、快捷化的生产是 DELL 公司能够在 PC 机制造行业中确立竞争优势的原因之一，这是传统生产方式所无法比拟的。

12.2 电子商务与业务流程重组

业务流程重组（business process reengineering，BPR）的产生与当前的世界环境有直接关系。BPR 强调以业务流程为改造对象和中心、以关心客户的需求和满意度为目标、对现有的业务流程进行根本的再思考和彻底的再设计，利用先进的制造技术、信息技术以及现代的管理手段，最大限度地实现技术上的功能集成和管理上的职能集成，以打破传统的职能型组织结构，建立全新的过程型组织结构，从而实现企业经营在成本、质量、服务和速度等方面的巨大改善。近年来，伴随着 Internet/Intranet 技术和电子商务的广泛应用，企业所处的商业环境发生了根本性变化。顾客需求瞬息万变、技术创新不断加速、产品生命周期不断缩短、市场竞争日趋激烈，这些构成了当前世界环境影响现代企业生存与发展的三股力量，即顾客（customer）、竞争（competition）和变化（change）。为了适应以“顾客、竞争和变化”为特征的外部世界环境，企业必须要进行管理思想上的革命和管理手段上的更新。管理学界更是率先提出要在企业管理的制度、流程、组织、文化等方面进行创新。

12.2.1　BPR 的定义

BPR 理论于 1990 年首先由美国著名企业管理大师、麻省理工学院原教授迈克尔·哈默先生提出，随即成为席卷欧美等国家的管理革命浪潮。1993 年，迈克尔·哈默和吉姆斯·萨姆合著并出版了《企业重构——经营管理革命的宣言书》，阐述了 BPR 的基本概念，“BPR 就是对企业的业务流程进行根本性的再思考和彻底性的再设计，从而获得在成本、质量、服务和速度等方面业绩的戏剧性的改善”。

在这个定义中，“根本性”“彻底性”“戏剧性”“流程”是应关注的四个核心内容。“根本性”表明 BPR 所关注的是企业核心问题，通过对这些根本性问题的仔细思考，企业可能发现自己赖以存在或运转的商业假设是过时的甚至错误的；“彻底性”再设计意味着对事物追根溯源，对既定的现存事物不是进行肤浅的改变或调整修补，而是抛弃所有的陈规陋习及忽视一切规定的结构与过程，创造发明全新的完成工作的方法，它是对企业进行重新构造，而不是对企业进行改良、增强或调整；“戏剧性”意味着 BPR 追求的不是一般意义上的业绩提升或略有改善、稍有好转等，进行重组就要使企业业绩有显著的增长、极大的飞跃，业绩的显著增长是 BPR 的标志与特点；“流程”重组关注的是企业的业务流程，一切“重组”工作全部是围绕业务流程展开的，业务流程是指一组共同为顾客创造价值而又相互关联的活动。

12.2.2　BPR 的实质

BPR 是一项复杂的系统工程。它的实施要依靠工业工程技术、运筹学方法、管理科学、社会人文科学和现代高科技，并且涉及企业的人、技术、组织结构、企业文化和业务流程等各个方面，其基本内容包括以下几部分。

（1）人的重构。德国企业家罗伯特·纽曼认为：“企业推行 BPR 项目的最大阻力是项目启动时人们的惰性。”由此可见，实施 BPR 成败的关键取决于企业内部人员的整体素质与水平，高层领导者是否有富于革新、勇于向风险挑战的精神。

（2）技术的重构。利用先进的信息技术改造企业的信息基础结构，即利用先进的信息技术建立覆盖整个企业的信息网络，使每位员工通过网络就可得到与自己业务有关的各种信息。国外许多大企业在实施 BPR 时，都非常重视信息技术的作用，福特汽车公司财务会计部采用公共数据库和网络技术重构付款过程，使该部员工由原来的 500 人精简为 125 人。

（3）组织结构的重构。按具体项目组成面向经营过程的工作小组、设立小组的负责人，对内指导、协调与监督小组中各成员的工作情况，对外负责及时将顾客的意见和建议反馈回小组，并尽快改进工作。明确小组内部各成员的作用和职责，做到责权统一，使小组形成一个享有充分自主权和决策权的团体。美国许多大公司，如 IBM、美国航空、苹果、Intel 和 3M 等公司被美国《幸福》杂志评为全美最富有革新精神的企业，它们均采用这种小组制的组织结构。

（4）企业文化的重构。在当今时代，如果企业仅满足于以往的成就，安于现状、不思进取、固守老一套的思想作风和经营理念，就往往会在激烈的市场竞争中败下阵来。营造适宜的企业文化氛围，是企业实施上述重构的保障。国外一些企业提出，企业如何对待自己的员工，员工就如何对待顾客，因此要正确引导和教育员工，使他们能够处理好与顾客的关系，企业才能有竞争力。此外，办企业要像办学校一样，不断强化员工的培训和教育，尽快提高他们的素质。众所周知，日本企业之所以能在第二次世界大战后迅速崛起，一个重要原因是日本人善于把中国文化（儒家思想）、西方文化与本国文化结合起来，形成独特的日本企业文化。

（5）业务流程的重构。企业流程重组如果成功，可为企业带来相当高的竞争优势，如 AT&T 公司通过重组客户订单处理流程，在缩减了 35%人员数量的同时，将交货时间从“月”单位减少到“天”单位。

12.2.3 BPR 与准时化生产

准时化生产（JIT）的实质是保持物流和信息流在生产中的同步，实现以恰当数量的物料，在恰当的时候进入恰当的地方，生产出恰当质量的产品。这种方法可以减少库存、缩短工时、降低成本、提高生产效率。为实现这一目标，JIT 主要强调两点。其一，消除所有浪费。其途径是排除不能给企业带来附加价值的各种因素，如生产过剩、在制品积压、废品率高、人员利用率低、生产周期长等。JIT 认为，只有在必要的时候，按必要的数量生产必要的产品才能消除上述生产中形成的各种浪费。其二，强调在现有基础上持续地强化与深化，不断地进行质量保持和质量改进工作，逐步实现不良品为零、库存为零、浪费为零的目标。尽管绝对为零是不可能达到的，但是 JIT 就是要在这种持续改进中逐步趋近这一目标。

其实，BPR 和 JIT 的目的都是使企业获得全面质量提高。一方面，企业不能单纯地实施 JIT，因为在给定的时点上，当量变达到一定的数量级时，再进一步持续性改进所花费的成本将是巨大的。这时，企业就必须实施彻底的流程重组。另一方面，企业在实施 BPR 的同时也必须注意持续性改进。

12.2.4　BPR 的实施方法

根据 BPR 的思想精髓，我们可以将 BPR 的实施结构设想成一种多层次的立体形式，整个 BPR 实施体系由观念重建、流程重建和组织重建三个层次构成，其中以流程重建为主导，而每个层次内部又有各自相应的步骤过程，各层次也交织着彼此作用的关联关系。

1. BPR 的观念重建

这一层次所要解决的是有关 BPR 的观念问题，即要在整个企业内部树立实施 BPR 的正确观念，使企业的员工理解 BPR 对于企业管理的重要性。它主要涉及三个方面的工作。

（1）组建 BPR 小组。由于 BPR 要求大幅度地变革基本信念、转变经营机制、重建组织文化、重塑行为方式和重构组织形式，这就需要有很好的领导和组织的保证。

（2）前期的宣传准备工作。它可以帮助企业的员工从客观的和整个企业发展的角度，来看待并理解 BPR 及其给本企业带来的重要意义，以避免由于员工的不理解造成企业内部的人心恐慌和对 BPR 的抵触情绪。

（3）设置合理目标。这是为了给 BPR 活动设置一个明确的要达到的目标，以便做到“心中有数”。常见的目标有降低成本、缩短时间、增加产量、提高质量、提高顾客满意度等。

2. BPR 的流程重建

流程重建是指对企业的现有流程进行调研分析、诊断、再设计，然后重新构建流程的过程。它主要包括三个环节。

（1）业务流程分析与诊断。它是对企业现有的业务流程进行描述，分析其中存在的问题，进而给予诊断。

（2）业务流程的再设计。针对前面分析诊断的结果，重新设计现有流程，使其趋于合理化。流程再设计可以表现为：①将多道工序合并，归于一人完成；②将完成多道工序的人员组合成小组或团队共同工作；③将串行式流程改为同步工程等。

（3）BPR 的实施。这一阶段是将重新设计的流程真正落实到企业的经营管理中去。

3. BPR 的组织重建

组织重建的目的是要给 BPR 提供制度上的维护和保证，并追求不断改进。

（1）评估 BPR 实施的效果。与事先确定的绩效目标进行对照，评价是否达到既定的目标，如在时间、成本、品质等方面的改进有多少，流程信息管理的效率如何等。

（2）建立长期有效的组织保障。这样才能保证流程持续改善的长期进行。其具体可以包括：建立流程管理机构，明确其权责范围；制定各流程内部的运转规则与各流程之间的关系规则，逐步用流程管理图取代传统企业中的组织机构图。

（3）文化与人才建设。企业必须建立与流程管理相适应的企业文化，加强团队精神建设，培养员工的主人翁意识。同时新的业务流程也对员工提出了更高的要求，这也要求企业注重其内部的人才建设，以培养出适应于流程管理的复合型人才。

12.2.5 我国企业业务流程中应用电子商务的几种形式

（1）业务流程的映像。这部分企业的业务流程还是基于原先的传统模式，没有发生变化，采用委托信息技术公司建立网站或加入虚拟市场会员的方式，其网页上有部分产品介绍说明和企业的联系信息，企业内部没有专门的部门和人员对网上信息进行更新和控制。如果客户或消费者要与之进行交易，还是需要采用一般的传统方式（如电话、传真、会谈等）。网站对于企业的业务流程而言只是一个映像，起到的是一个宣传作用，没有改变原有的业务流程。

（2）部分业务流程的变革。这部分企业由于管理层具有较强的外部危机意识，管理理念上对电子商务建设有较为明确的目标，从而引入了电子商务技术而将原先的业务流程进行延伸或改造，变革前信息化程度较高，大多拥有局域网，使用办公自动化系统，采取自建网站或加入虚拟市场会员的方式，企业经营人员具有一定的计算机和网络应用水平，设立了一定的部门或者相关人员专门负责电子商务的构架与维护。这类企业大多针对其前台业务，如对市场需求信息的收集、对潜在消费者的识别、对客户关系的处理，运用电子商务技术加以改造，使得部分单位业务流程通过网络进行了强化和延伸，提高了企业对市场信息的甄别和对市场变化的应对能力。具体实现方式有：建立客户服务中心、定期为客户发布产品信息和邮件、设立客户信息反馈系统等。

（3）整个业务流程的重构。以上两类都是基于分解的系统方法，即在原有传统业务流程的基础上，以电子商务手段进行局部改造。而重构方法则是指按照电子商务的模式重新构造新的业务流程，即使用完全符合互联网发展规律的商业模式来重新构造企业的内部价值链和形成一定范围内的行业价值链。其主要手段是运用 ERP 系统作为支撑，将各种内部资源集成，提高内部业务单位效率，减少冗余环节；同时可以通过公共接口和企业 Web 网站相结合，将内部资源对外开放，以便能够与以 B2B 方式交易的上游供应商和下游销售商进行 EDI 访问查询。此时，企业的内、外部资源就集成在一起，并通过企业的电子商务系统进行整体管理。

12.3 电子商务与供应链管理

供应链管理（SCM）一词在 20 世纪 80 年代中期的一些物流文献中开始使用时，着眼的是面向削减在库的产品流程改善，以及供给者与需求者之间的供需调整，特别是对于像零售业、食品行业等需要较多库存的产业，通过上游企业和下游企业的整合，集中管理整个流通渠道的物流，可以取得强大的竞争优势。此后，SCM 的观念逐渐向计算机、复印机等各种产业延伸。SCM 兴起的原因，主要在于企业所面临的市场及竞争环境发生的巨大变化及其相应的战略调整要求。近年来，随着我国经济结构调整的深入，对企业节能减排的要求更加严格，企业只有通过强化环境保护的自我约束机制，来降低产品和生产过程中相关的环境污染所带来的生产经营风险。绿色 SCM 能使整个供应链的资源消耗和环境副作用最小，并能有效满足日益增长的绿色消费需求，从而提高供应链的竞争力。

12.3.1　SCM 的内涵

SCM 是指对整个供应链系统进行计划、协调、操作、控制和优化的各种活动和过程。其目标是将满足客户需要的产品在正确的时间，按照正确的数量、正确的质量和正确的状态送到正确的地点，并使总成本最小或总收益最大。它是一种集成的管理思想和方法，它执行供应链中从供应商到最终消费者的物流的计划与控制等职能。它也是一种管理策略，主张把不同企业集成起来以增加供应链的效率，注重企业之间的合作，它把供应链上的各个企业作为一个不可分割的整体，使供应链上各个企业分担的采购、分销和销售的职能成为一个协调发展的有机体。SCM 的范围包括从最初的原材料直到最终产品到达最终消费者手中的全过程，管理对象是在此过程中所有与物资流动及信息流动有关的活动和相互之间的关系。

要成功地构筑并实施 SCM，使 SCM 真正成为有竞争力的武器，就要抛弃传统的管理思想，要把企业内部以及节点企业的采购、生产、财务、市场营销、分销看作一个整体功能过程，来开发集成化的 SCM。通过信息、制造和现代管理技术，将企业生产经营过程中有关的人、技术、经营管理三要素有机地集成并优化运行，通过对生产经营过程的物料流、管理过程的信息流和决策过程的决策流进行有效的控制和协调，将企业内部的供应链与企业外部的供应链有机地集成起来进行管理，达到全局动态最优目标，以适应新的竞争环境下市场对生产和管理过程提出的高质量、高柔性、低成本的要求。

12.3.2　虚拟企业与柔性供应链

当今，市场的需求日益多样化，导致生产系统日趋复杂。原材料经过运输、生产、再运输、再生产等一系列过程，最后才成为产品，送至客户手中。在这个复杂的过程中，不确定性和易变性成了主要特征。为了减小由不确定性和易变性所带来的风险，需要建立柔性供应链。

柔性供应链要求核心企业根据自己的核心业务和市场需求，在预先设定的系统整体目标的指导下，综合参照相关指标（如企业业绩、业务结构与生产能力、质量系统和企业环境等）选择自身经营发展的任何节点企业，它是链体的中心，是整个系统的组织者和协调者。另外，由于环境的不确定性，供应链可能因为某个合作伙伴的经营失败而受重挫，甚至招致整个链体的整体崩溃，为此柔性供应链联盟在选择合作伙伴的过程中应建立相应企业的信息资料档案库，保证核心企业在风险发生时具有较大的选择余地。这样的供应链系统既能保持一定的稳定性，又能以市场的变化、顾客的需求为导向，做到及时调整、及时响应不可预测事件和顾客日益多样化的需求，实现动态、柔性的管理。

同时，为了更好地在共赢思想的指导下实现各节点企业的资源共享和优势互补，以核心企业为首建立有效的绩效评价和激励机制也是非常有必要的。这样可以保证各节点企业的比较优势和最大价值得以充分发挥和实现，以更快的速度、更好的质量、更低的成本为最终用户提供产品和服务。

1. 柔性供应链的特点

柔性供应链最重要的特点是它对市场反应很灵敏，能够实时地了解市场需求并对其做出反应。它是一条基于信息的虚拟供应链，能够让整个供应链根据最新市场需求数据而不是以前的计划做出反应；它实现了供应链流程的整合，能够使买卖双方共同合作、联合开发、共享信息。它是由各个合作伙伴组成的联盟，能够让每个成员都以整条供应链的力量参与竞争。

2. 实现柔性供应链的方法

（1）建立柔性化虚拟企业。该企业是以市场需求为驱动的，企业通过利用先进的信息技术（如销售点终端等），捕获实时的市场需求信息，并根据市场的需求，组织整个供应链，使之与市场相适应。当原有的供应链与市场不相适应时，也可以根据市场来进行改进和调整，如图 12-1 所示。这种方法是传统供应链模式无法实现的，传统供应链模式如图 12-2 所示。

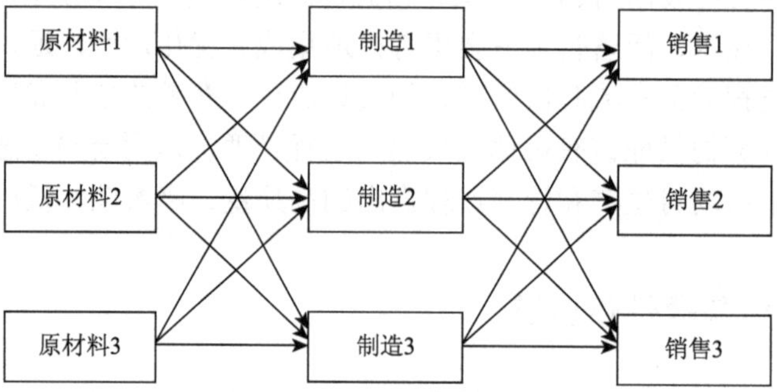

图 12-1　柔性供应链图

图 12-2　传统供应链图

（2）实现信息共享。供应链是以信息为依据，而不是以库存为依据的，企业通过利用 EDI 或互联网，使得同一供应链中的成员，可以利用同一实时需求信息，共同采取行动，以最快的速度来满足客户的需求。

（3）缩短通道。合理地设计供应链长度，特别是运输时间和中间库存方面，以达到在降低供应链上库存成本的同时，加快服务反应速度的目的。

（4）改善与合作伙伴的关系。当前，支持虚拟企业的信息技术已经成熟，然而供应链中的各个环节间的关系还不够紧密，这是管理观念的问题，更主要的是企业之间的相互信任度还很低。这样，网络的最大优势——实现信息共享就发挥不出最大的作用。因此，管理者要重视协调好供应链中各成员之间的关系，以实现供应链各环节之间的无缝连接。

3. 柔性供应链的应用

为争夺需求变化越来越快的消费者，快时尚也在变得越来越快，ASOS 的自营产品更新周期最短可为 2 周，每周上新数量为 4500 件；Missguided 甚至将速度提到了 7 天以内，每月上新 1000 件。

供应链是生产流通过程中，围绕“将产品或服务送达最终用户”这一过程的上下游企业所形成的网链结构，归根到底离不开其中的商流、物流、信息流和资金流。为使这些资源运转通畅，SCM 需要达成七个目标：以顾客为核心，以市场需求为原动力；强调企业核心业务在供应链上的定位，避免所有环节一把抓；将传统 SCM 系统中恶劣的商务伙伴关系改建为紧密合作、共担风险、共享利益的关系；利用信息系统优化运作效率；缩短产品完成时间，使生产尽量贴近实时需求；对工作、实物、信息和资金流程进行合理设计、执行、检查和改进；减少环节之间的成本。

电商和快时尚的出现使得消费品 SCM 的形态出现很大的差别。面对电商冲击时，传统 SCM 暴露出的最大问题往往是库存，因此企业应该用新的视角审视其投资和运营成本。传统模式下的成本导向思路是计算“我每花一元钱，要赚回多少元钱”；而互联网化的运营思路不应把成本作为核心考量，而更多的是一种投入产出的视角，要看投资是否可以提升供应链效率，防止缺货，减少库存，提高最终收益。

12.3.3　电子商务对 SCM 的影响

从基础设施的角度看，传统的 SCM 一般是建立在私有专用网络上的，这需要投入大量的资金，只有一些大型的企业才有能力进行自己的供应链建设。而电子商务使供应链可以共享全球化网络，使中小型企业以较低的成本加入全球化供应链中。从通信的角度看，通过先进的电子商务技术（如 XML、OBI 等）和网络平台，可以灵活地建立起多种组织间的电子连接，如组织间的系统（inter-organization systems）、企业网站、企业外部网、电子化市场等，从而改善商务伙伴间的通信方式，将供应链上企业的各个业务环节“孤岛”连接在一起，使业务和信息实施集成和共享，使一些先进的 SCM 方法变得切实可行。

1. 对供应链结构的影响

传统的供应链是一种串行的多节层级系统结构。这一结构的多层级决策机制对传递到上游供应商的市场需求信息必然产生扭曲放大，增加供应链的多级库存成本，并且市场响应迟缓，缺乏必要的敏捷性。在电子商务兴起以后，供应链系统发展成为一个由产品制造商、原料供应商、商品零售商等在内的多家商家构成的“供应链网络”（供应链网状结构)。

2. 对供应链运作模式的影响

随着网络技术和电子商务技术的发展，连接买卖双方的在线行业交易市场的出现，也使传统供应链的运作模式发生了根本的改变。与过去关键产品或服务需要依赖于少数甚至单一供应商的传统运作模式不同，借助电子商务市场，一家公司可以通过竞标，从数百家供应商中选择最合适的产品或服务，合理配置生产能力，广泛利用网络虚拟资源，快速、动态地进行供应链的重组和业务流程的协同。从而在整体供应链协同运作模式的基础上进一步构建同步的电子供应链运作模式。

随着电子商务的推广，集成 SCM（integrated supply chain management）已成为 SCM 发展的新方向。所谓集成 SCM，是指跨越供应链多个环节或功能来协调计划的内在机制，具有这种内在机制的 SCM 系统称为集成 SCM 系统。它能够及时传递信息、准确协调决策者与系统的行为，比原来的 SCM 更具敏捷性和灵活性。优化 SCM 系统的功能，使供应链的各环节、各功能实现最佳配合与协调，共同保证供应链目标的实现，这是集成 SCM 的目标。集成 SCM 系统研究的内容主要包括供应链的需求和资源预测、供应链的服务水平、供应链运作的多层次计划、供应链控制机制、供应链的分析诊断咨询、供应链的设计开发和改进、供应链计划的执行、供应链活动的指挥协调、供应链效益评价、供应链的竞争力分析等。基于电子商务的 SCM 信息组织与集成模式如图 12-3 所示。

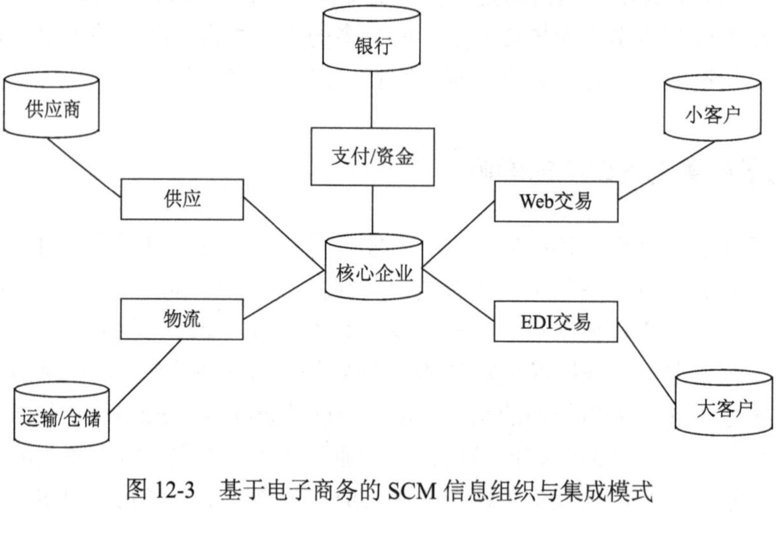

图 12-3 基于电子商务的 SCM 信息组织与集成模式

12.3.4 电子商务环境下 SCM 的策略

（1）加大电子商务的推广力度，注重电子商务方面人才的培养。我国的电子商务尚处于发展阶段，电子商务框架还未完善。对于企业来说，从事电子商务有一定的风险，企业难免存在种种顾虑，这就需要政府在电子商务的发展中起到主导作用，扶持、制定各种优惠政策，在税收、贷款、融资等方面给予支持，降低企业的风险，促进电子商务的发展。

大力发展电子商务，离不开这方面的专有人才。政府应充分利用各种途径和手段培养、引进并合理使用好一批素质较高、层次合理、专业配套的网络、计算机经营管理等方面的专业人才，以加快我国电子商务建设的步伐。国家应鼓励教育部门向学生普及网络知识，在公众中开展电子商务教育。各高校应高瞻远瞩，加强电子商务的理论研究，积极开设电子商务专业，为国家培养和输送合格的电子商务专业人才，以缓解人才供不应求的矛盾。

（2）建立信息共享的约束激励协调机制，规范企业之间的信息传递。企业之间进行信息共享时，经常遇到这样的问题：企业与合作商之间进行一定程度的信息共享，而合作商还与企业的竞争对手之间进行一定的信息共享，这就存在信息泄露的风险。这时企业就要与合作商签订契约，以明确规定信息共享的层次和范围，包括对泄露信息的处罚等其他一些约束机制。为了吸引供应链合作企业参与信息共享的协作，必须建立多阶段、长期的共享制度，并设计出合理的激励政策。在企业进行信息共享时，经常会产生道德风险、信任危机、利益分配等问题，供应链企业之间应在一定的协商机制指导下，来解决上述遇到的各种问题，因此必须建立起信息共享的约束激励协调机制。

（3）构建电子供应链管理系统（electronic-supply chain management，E-SCM），提高企业的经济效益和市场竞争力。基于电子商务模式的出现改变了企业传统买卖的模式，改变了企业与客户、合作伙伴、雇员之间的关系。越来越多的企业希望通过电子商务的投资在竞争中保持优势，互联网为供应链企业之间的同步协作提供了集成的途径，也为供应链企业提供了更广阔的市场空间。这时，E-SCM 应运而生。E-SCM 的优势包括：①有利于保持现有的客户关系，开拓新的客户和新的业务；②保持现有的业务增长，拓展新的业务增长；③有利于信息共享，促进供应链中信息流的改善。

12.4 电子商务与企业资源计划

企业资源计划（ERP）最初是由美国著名的计算机技术咨询和评估集团 Garter Group 在 20 世纪 90 年代提出的一整套企业管理系统体系标准，其实质是在制造资源计划的基础上进一步发展而成的面向供应链的管理思想。电子商务 ERP 把传统 ERP 中的采购、生产、销售、库存管理等物流及资金流模块与电子商务中的网上采购、网上销售、资金支付等模块整合在一起，以电子及电子技术为手段，以商务为核心，打破国家与地区有形无形的壁垒，让企业从传统的注重内部资源管理利用转向注重外部资源管理利用，从企业内的业务集成转向企业间的业务协同。

12.4.1 ERP 的核心思想

（1）以 SCM 为核心。ERP 基于物料需求计划（material requirement planning，MRP）

Ⅱ，又超越了 MRPⅡ。ERP 系统在 MRPⅡ的基础上扩展了管理范围，它把客户需求和企业内部的制造活动以及供应商的制造资源整合在一起，形成一个完整的供应链，并对供应链上的所有环节进行有效管理，这样就形成了以供应链为核心的 ERP 管理系统。供应链跨越了部门与企业，形成了以产品或服务为核心的业务流程。并且供应链从整个市场竞争与社会需求出发，实现了社会资源的重组与业务的重组，大大改善了社会经济活动中物流与信息流运转的效率和有效性，消除了中间冗余的环节，减少了浪费，避免了延误。

（2）帮助企业实现体制创新。ERP 能够帮助企业建立一种新的管理体制，这种体制的特点在于能实现企业内部的相互监督和相互促进，并保证每个员工都自觉发挥最大的潜能去工作，使每个员工的报酬与他的劳动成果紧密相连，管理层也不会出现独裁的现象。ERP 作为一种先进的管理思想和手段，它所改变的不仅仅是某个人的个人行为或表层上的一个组织动作，而是从思想上去剔除管理者的旧观念，注入新观念。

（3）支持对混合型生产方式的管理。这表现在两个方面，其一是“精益生产”的思想，即企业按大批量生产方式组织生产时，把客户、销售代理商、供应商、协作单位纳入生产体系，企业同其销售代理、客户和供应商的关系已不再是简单的业务往来关系，而是利益共享的合作伙伴关系，这种合作伙伴关系组成了一个企业的供应链，这就是“精益生产”的核心思想。其二是“敏捷制造”的思想。当市场发生变化，企业遇到特定的市场和产品需求时，企业的基本合作伙伴不一定能满足新产品开发生产的要求，这时企业会组织一个由特定的供应商和销售渠道组成的短期或一次性供应链，形成“虚拟工厂”，把供应和协作单位看成是企业的一个组成部分，运用“同步工程”（synchronous engineering）组织生产，用最短的时间将新产品打入市场，时刻保持产品的高质量、多样化和灵活性，这是“敏捷制造”的核心思想。

（4）以 CRM 为前台重要支撑。在以客户为中心的市场经济时代，企业关注的焦点逐渐由过去关注产品转移到关注客户上来。由于需要将更多的注意力集中到客户身上，关系营销、服务营销等理念层出不穷。与此同时，信息科技的长足发展从技术上为企业加强 CRM 提供了强有力的支持。ERP 系统在以供应链为核心的管理基础上，增加了 CRM 后，将着重解决企业业务活动的自动化和流程改进，尤其是在销售、市场营销、客户服务和支持等与客户直接打交道的前台领域。CRM 能帮助企业最大限度地利用以客户为中心的资源（包括人力资源、有形和无形资产），并将这些资源集中应用于现有客户和潜在客户身上。其目标是通过缩短销售周期和降低销售成本，通过寻求扩展业务所需的新市场和新渠道，并通过改进客户价值、客户满意度、盈利能力以及客户的忠诚度等方面，来改善企业的管理。

12.4.2 ERP 的特点

随着实践发展，ERP 如今已有了更深刻的内涵，概括起来主要包括三方面特点，这也是 ERP 同 MRPⅡ的主要区别。

（1）ERP 是一个面向 SCM 的管理信息集成。ERP 除了具有传统 MRPⅡ系统的制造、供销、财务功能外，在功能上还包括：①支持物料流通体系的运输管理、仓库管理（供需链上供、产、需各个环节之间都有运输和仓储的管理问题）；②支持在线分析处理、售后服务及质量反馈，实时准确地掌握市场需求的脉搏；③支持生产保障体系的质量管理、实验室管理、设备维修和备品备件管理；④支持跨国经营的多国家地区、多工厂、多语种、多币制需求；⑤支持多种生产类型或混合型制造企业，汇合了离散型生产、流水作业生产和流程型生产的特点；⑥支持远程通信、Web/Internet/Intranet/Extranet、电子商务、EDI；⑦支持工作流（业务流程）动态模型变化与信息处理程序命令的集成。此外，还支持企业资本运行和投资管理、各种法规及标准管理等。当前一些 ERP 软件的功能已经远远超出了制造业的应用范围，成为一种适应性强、具有广泛应用意义的企业管理信息系统。但是，制造业仍然是 ERP 系统的基本应用对象。

（2）采用计算机和网络通信技术的最新成就。网络通信技术的应用是 ERP 同 MRP Ⅱ的又一个主要区别。ERP 系统除了已经普遍采用的诸如图形用户界面（graphical user interface，GUI）技术、SQL、关系数据库管理系统（relational database management system，RDBMS）、面向对象测试（object-oriented test，OOT）技术、第四代语言/计算机辅助软件工程、客户端/服务器和分布式数据处理系统等技术之外，还要实现更为开放的不同平台互操作，采用适用于网络技术的编程软件，加强用户自定义的灵活性和可配置性功能，以适应不同行业用户的需要。网络通信技术的应用，使 ERP 系统得以实现 SCM 的信息集成。

（3）ERP 系统同企业 BPR 是密切相关的。信息技术的发展加快了信息传递速度，提高了实时性，扩大了业务的覆盖面和信息的交换量，为企业进行信息的实时处理、做出相应的决策提供了极为有利的条件。为了使企业的业务流程能够预见并响应环境的变化，企业的内外业务流程必须保持信息的敏捷通畅。正如局限于企业内部的信息系统是不可能实时掌握瞬息万变的全球市场动态一样，多层次、臃肿的组织机构也必然无法迅速实时地对市场动态变化做出有效的反应。因此，为了提高企业 SCM 的竞争优势，必然要求企业业务流程、信息流程和组织机构的改革。这个改革已不限于企业内部，而是把供应链上的供需双方合作伙伴包罗进来，系统考虑整个供应链的业务流程。ERP 系统应用程序使用的技术和操作必须能够随着企业业务流程的变化而相应地调整。BPR 的概念和应用已经从企业内部扩展到企业与需求市场和供应市场整个供应链的业务流程和组织机构的重组。

12.4.3　电子商务与 ERP 的关系

电子商务的核心是如何加速企业和企业之间的沟通，同时又可以减少交易环节。ERP 的核心是实现企业内部资源的优化配置，提高企业的生产效率和市场响应能力，实现企业内部 SCM。通常 ERP 与电子商务两者是相辅相成、相得益彰的。从 SCM 理念的角度来看，二者对所有的企业来说都是非常重要、不可或缺的。

电子商务利用 Internet、Intranet、Extranet 来解决商业交易问题，降低产、供、销成本，开拓新的市场，创造新的商机，通过采用最新网络技术手段，从而增加企业利润。

其实质是企业经营管理各个环节的信息化过程，但却不是简单地将过去的工作流程和规范信息化，而是依靠新的手段和条件面对旧有的流程进行变革的过程。

随着网络技术的飞速发展和电子化企业管理思想的出现，ERP 也进行着不断地调整，以适应电子商务时代的来临。网络时代的 ERP 将使企业适应全球化竞争所引起的管理模式的变革，它采用最新的信息技术，呈现出数字化、网络化、集成化、智能化、柔性化、行业化和本地化的特点。

ERP 主要针对企业内部的管理，而电子商务则是以与外部交互为主。因此，由于电子商务与 ERP 之间存在着种种密切的联系，我们不能再把它们简单地看作独立的两个对象，而是应该用联系的观点去认识和研究它们。换言之，企业应该先做 ERP，理顺关系，然后再开展电子商务。一方面，电子商务拓宽了 ERP 的外延，使之从后台走向前端，从内部走向外部，从注重生产走向注重销售、市场和服务。并且电子商务的出现更使 ERP 功能如虎添翼，为企业生产经营管理信息的传递共享和充分利用提供了更加便捷的手段，把 ERP 带入一个新的领域。另一方面，完全离开 ERP 的电子商务必将流于失败，如果仅仅实现前端网上交易，而内部业务和管理不能网络化并与之配套、整合，那么电子商务只能成为空谈。

12.4.4 电子商务与 ERP 整合的方法

电子商务与 ERP 的整合，是一项复杂的系统工程，要完成这样的系统工程，需要有一整套科学的、完整的步骤，才能达到整合的预期效果。

（1）项目规划阶段。企业在规划电子商务与 ERP 的整合时，需要明确企业的目标，根据自己的实际情况出发，合理规划，明确需要达成的效果。明确具体的实施计划，计划要落实到细节，并且要考虑存在的风险并要有预防风险的措施。另外在规划阶段，需要确定项目组，确定团队人员，设定项目经理和监理，需要专业的实施技术人才和服务加入，只有保障了技术力量，实施才会成功。

（2）方案确定阶段。完成前期的规划，开始进入部署阶段，首先项目组要针对企业的需求做详尽的调研，从高层到操作层，对整合的需求和希望达到的功能与效果做深入调研。根据调研的情况，设计和规划方案，通过评审、验证、确认的步骤完成最终方案的确定。针对电子商务与 ERP 的接口问题，在方案呈现阶段，还需要专业的技术人员的加入，做接口方面的开发，完成两个系统的无缝对接。另外在方案阶段，需要重点考虑传统模式和网上模式都能够为市场需求和供给分析提供数字依据，针对现有的和未来的数据库，两种模式需要实现共享，并且资金的收入与支出都可以反映到财务中去。

（3）实施上线阶段。明确具体的方案以后，技术人员开始做项目的具体实施，在实施过程中，为确保实施的顺利，需要建立管理制度，完成对静态和动态数据的收集、规范、核对、导入等事项，按部门对不同的人员做整合后的培训、做初期数据的收集和整理，最后完成整合系统的最终上线。为确保数据的安全性，新老系统可以做一定时期的并行，并行一段时间后，在确保两边数据的一致性后，再抛弃老系统，全面进入整合后的系统的运行。

（4）持续支持阶段。项目工程在整合上线后，进入后续的持续支持阶段，对个别的业务流程和操作流程做合理的优化，定期做评估，做总结，完善系统的功能，提升企业的满意度。

12.5　电子商务与客户关系管理

客户关系管理，即 CRM。最初由 Gartner Group 提出，被定义为“是企业的一项商业策略，它按照客户的分割情况有效地组织企业资源，培养以客户为中心的经营行为以及实施以客户为中心的业务流程，并以此为手段来提高企业的获利能力、收入以及客户满意度”和“是企业与客户之间建立的管理双方接触活动的信息系统”。随着电子商务这种新的商务活动模式迅速发展，CRM 所提供的信息核心知识可以直接成为电子商务活动的控制信息流。因此，CRM 对以电子商务为基本模式的现代商务活动来说，更具有相当重要的意义。CRM 使企业全面观察客户，全面利用所有客户信息，从而成为推动企业腾飞的基本动力。

12.5.1　CRM 的特点

（1）CRM 始终强调以客户为中心，是一种客户驱动的模式，是通过先进的计算机应用技术同优化的管理方法相结合，建立的收集、使用和分析客户信息的系统。这个系统的信息由企业各部门共享，以便统一对客户进行系统的研究，研究的中心不是建立模型，而是建立关系，使它们能够协同建立和维护一系列与客户之间卓有成效的“一对一”关系，建立有关老客户、新客户、潜在客户的档案，从中找出有价值的客户，并且不断挖掘客户的潜力，开拓企业的市场，以取得最大的利润。

（2）CRM 是一个充满着与客户交往、利用客户信息做决策的动态过程。这个过程包括三个阶段：①客户获取，即识别对企业最有价值的客户是谁，并考虑以适当的途径去吸引他们，而不是采用无差别策略对待每一个客户；②客户开发，即了解客户的需求，如他们喜欢什么，愿意用什么方式在什么时间得到，并根据企业的能力考虑怎么满足他们的需求；③客户保持，即实际执行方案，为客户提供满意服务，从而与客户建立起牢固的关系，维持和提升客户的忠诚度。在 CRM 中，客户信息的管理是实施 CRM 的基础内容。

（3）CRM 也是一种信息技术。CRM 将数据挖掘、数据仓库、“一对一”营销、销售自动化以及其他信息技术与最佳的商业实践紧密结合在一起，为企业的销售、客户服务和决策支持等领域提供了一个业务自动化的解决方案，使企业有了一个基于电子商务的面对客户的前沿，从而顺利实现由传统企业模式到以电子商务为基础的现代企业模式的转化。

（4）CRM 更是一种现代企业活动的管理机制。CRM 用于企业的市场营销、销售、服务与支持各个与客户有关的方面。这种管理机制能使企业在营销、销售、服务与支持各个方面形成一种协调的关系，通过信息共享和优化商业流程来有效地降低企业经营成本。

（5）CRM 本身是一种管理方法。CRM 软件体现、糅合了 CRM 的思想、观念、技术，并以软件形式加以体现。CRM 所带来的效益的诱惑力和增强市场竞争力的良好前景，使得 CRM 软件一出现就受到各行业的青睐，CRM 软件的应用遍及制造、金融、保险、软件、科技等各个行业。

12.5.2 电子商务与 CRM 的关系

电子商务平台是企业与客户（包括最终客户、分销商、供销商和合作伙伴）通过互联网和 EDI 进行商业交易的平台。电子商务与 CRM 的关系可以从以下两个方面进行分析。

（1）客户作为企业最重要的资源，无论是传统商业模式的企业还是电子商务模式的企业，都面临着如何发展新客户、保持老客户、提高客户满意度、增加客户价值等问题。在企业、品牌、产品的生命周期越来越短，目标消费群体越来越小，产品及品牌的感觉价值迅速降低并导致价格低落的今天，良好的客户关系是提高企业核心竞争力的关键因素。CRM 作为一种旨在改善企业与客户之间关系的新型管理理念，必将成为企业经营管理的核心理念。所以，无论将电子商务理解为一种平台还是一种商业模式，只要企业在实施电子商务的过程中以 CRM 为指导理念，都能够保证企业在电子商务模式下，充分发挥电子商务的优势，满足客户个性化的需求，提高客户忠诚度和保有率，使客户价值最大化。

（2）CRM 软件作为一个旨在通过先进的信息技术实现统一客户资源管理，帮助企业建立良好客户关系的先进管理软件，是电子商务系统中 CRM 薄弱环节的有机补充。CRM 软件与电子商务系统之间的有机整合，能够促进 CRM 系统和电子商务系统充分发挥各自优势，帮助企业建立良好的客户关系。

鉴于以上两点，对于正在实施和将要实施电子商务的企业，以 CRM 理念指导企业电子商务的实施是电子商务企业实施 CRM 战略的基本条件，也是企业成功实施电子商务和长期生存下去的重要保证。

12.5.3 电子商务对 CRM 产生的影响

在电子商务时代，经济活动从过去的以企业为中心转变为以客户为中心，客户的需求结构变得日益复杂，企业产品的质量已不再是决定企业能否在市场竞争中生存下去的唯一因素。因此，企业应该构建电子商务平台，在生产时应该时刻以客户为中心，抓住客户满意度和客户价值这两个重要的因素，与此同时，企业要注重管理好内部资源和外部资源，打造更好的品牌，提供更优质的服务，从而可以拥有比较多的客户资源。在企业的战略管理中，企业都希望能有自己的核心竞争力，CRM 就是其中的一个要素。

（1）电子商务为 CRM 提供技术支持。网络技术和信息技术的发展使电子商务的功能更加强大，在电子商务技术的支持下，CRM 可以在网络中实现同步操作，利用大型数据库来管理客户的一些信息。企业的营销、销售和技术等一些部门和模块之间可以共享数据，利用数据挖掘和数据仓库技术对海量的客户数据和一些商业数据进行智能化分析，企业和客户之间的交互基于分布式系统，安全性也有了提高，部分实现了营销和销售的自动化，企业真正能面向客户来提供产品和服务。原先简单的客户信息的收集转变为数据挖掘和智能分析，CRM 各个流程结合得更加紧密，可以和 MIS（management information system，管理信息系统）或 ERP 系统集成，按照客户需求及时提供个性化产品或服务。

（2）电子商务环境可以帮助提高客户价值和客户满意度。当今，许多企业都在自己的电子商务网站中增加了一系列的功能和服务，建立客户资源管理系统，方便客户使用，目的是能获得尽量多的客户价值，让客户愿意购买产品或服务。这些功能主要包括：①在线提供产品质量保证书、换/退货证明等，让客户感觉购买放心，愿意进行交易；②提供一些电子目录和电子文档，通过搜索引擎来协助客户进行有关在线产品的搜索，使客户能在短时间内确定是否购买产品，节省客户的时间；③通过在线交易系统、在线付款系统等，避免了客户在现实生活中进行交易时排队等待的时间；④通过在线商品中介功能，给客户提供有关产品中介、协商、沟通、比价、议价的服务，使客户不必花很多时间和精力进行产品的选择。由此可见，电子商务环境可以实现自助式服务，降低客户所付出的成本，使企业能够吸引更多的客户。

12.5.4　数据挖掘技术在电子商务 CRM 中的应用

（1）利用“分类模式”获取新客户。获取新客户就是说服潜在的客户使用产品或服务。通过挖掘电子商务中的客户访问信息，利用分类模式找到未来的潜在客户。企业首先应对已经存在的访问者根据其行为进行分类，其次以此来分析老客户的一些共性，然后确定访问者的分类和老客户共性的相互关系。通过对新的访问者的分类分析，识别出其与老客户的一些公共描述，进而对这个访问者进行正确的分类，以此确定是否将其作为潜在的客户来对待。数据挖掘技术可以用来获得客户的行为习惯、消费爱好、需求、倾向等信息，发现潜在客户，使企业在营销中能够提供个性化的服务和产品。

（2）利用“聚类模式”留住老客户。可以利用数据挖掘中的聚类模式对 CRM 系统中已经存在的老客户的个人资料、消费信息进行挖掘，分析老客户的购买习惯、访问频度、访问内容，对老客户进行聚类，对每个类的老客户进行关心，主动把一些商品推荐给老客户，使老客户快速地找到自己感兴趣的商品。对老客户进行有针对性的营销活动，提供人性化服务，这样就可以留住老客户。

（3）利用“关联、序列模式”提升客户价值。企业在销售过程中积累了海量的客户信息，而这些信息之间存在着一定的联系和规律性，企业需要了解这些联系和规律性，利用其价值扩大销售量，提升客户的忠诚度和满意度。可以利用数据挖掘中的关联模式、序列模式分析客户的性别、学历等特征信息，发现不同客户购买商品的型号和时间。通过特定的数据挖掘技术将表面上看起来不相关但存在潜在联系的信息进行分析，找出之间的联系，提升客户的价值，确定出客户潜在的需求，提供相应的产品或服务，为企业做出最优的销售策略，从而促进销售额的增长和利益的增加。

12.6 电子商务环境下 BPR、SCM、ERP、CRM 的集成

12.6.1 BPR、SCM、ERP、CRM 的集成

如上所述，BPR、SCM 和 CRM 的成功实施离不开 ERP 的支撑，因此企业需要在 BPR 与 ERP 集成的基础上向外部资源延伸，实现 ERP 与 SCM、CRM 的有效集成。

1. BPR 与 ERP 有效集成

BPR 侧重于企业业务流程的整体优化和设计，而 ERP 侧重于管理技术，侧重于应用科学管理手段和技术工具进行管理，两者结合在一起，融合了最新的企业管理理念及互联网技术，可以提高企业资源的利用效率，实现企业资源的优化组合，提高企业对市场和顾客的反应速度和灵敏度。BPR 与 ERP 集成的目标是在优化的流程上实施 ERP 进行科学管理。对于集成的方式，BPR 与 ERP 的集成既不是先进行 BPR 而后导入 ERP（按现有流程去开发、设计 ERP 产品），也不是在 ERP 的实施过程中按照 BPR 的要求改造、重组企业的业务流程（按 ERP 模块要求去改造现有流程），而是两者同时进行有效集成（相互取长补短、考虑整体流程、存优去劣），达到无缝接合。BPR 本质上是对流程的管理，ERP 的核心是对供应链的有效管理，因此集成的内容是流程的优化和设计，同时以观念重建为先导，以组织重建为保证，以流程重建为核心，真正实现企业从职能管理到面向业务流程管理的转变。

2. ERP 与 SCM 的集成

ERP 是基于 SCM，应用现代信息技术，把客户需求和企业内外部资源整合在一起，实现企业降低成本、提高效率和利润最大化的一种先进管理体系。ERP 的核心思想是 SCM，强调对供应链上的所有环节进行有效的管理。ERP 系统在 MRP II 的制造、分销及财务功能的基础上增加了产、供、销各个环节之间的运输管理、仓库管理、质量管理、实验室管理、设备维修和备品备件管理等功能，使物流、资金流、信息流、增值流和工作流协调一致，保证生产和服务的各个环节紧密衔接，从而提高企业的核心竞争力。

虽然 ERP 增强了与客户和供应商之间业务的交互和网络化能力，但在技术和功能方面都不具备协调多个企业间资源的观念和能力，仍旧是面向企业内部的事务处理系统。ERP 具有将管理功能集成的特点，起到了采集数据和读取数据的作用。这种集成是限于企业内部的，一切着眼于本企业，它是企业内部资源的全面管理，而这种仅靠一个企业的资源的做法远远不能满足市场快速响应的要求。

同时，ERP 也缺少决策人员所需要的辅助决策的功能，因为在系统中无法实现优化器的作用。运输计划、工厂的厂址、仓库位置、配送过程等一系列问题均属于分析数据，它们是需要将采集的数据经过数据挖掘才能得到的。而 SCM 的高级计划与排程（advanced planning and scheduling，APS）正是解决以上问题的好工具。

SCM 的基础是企业内部管理，SCM 必须得到内部管理的支持。例如，若企业库存管理的信息化工作没有做好，库存数据既不准确也不及时，那么要供应商来管理企业库

存是绝对做不到的。只有应用 ERP 中的库存模块管理好库存，通过物料清单（bill of material，BOM）的分析推算出物料需求，了解需要采购的零部件及原材料的时间及数量，供应商才能通过可视化库存及时预测需要的供应量，以便在准确的时间将货物送达。

3. ERP 与 CRM 的集成

ERP 系统着眼于通过整合企业内部各方面的资源改善企业经营的效率，如采购、库存、制造、销售业务内部流程的优化和自动化，完成后台的企业内部管理。然而，随着企业由以产品为中心向以客户为中心的转变，CRM 出现了。CRM 着眼于通过整合企业外部的客户资源改善企业运行的有效性，依靠多渠道的互动沟通和商业智能（business intelligence，BI）确定正确的目标市场和客户，最终使企业运行建立在有效的基础之上。CRM 的应用基础在于企业的 ERP，它是 ERP 的延伸。

CRM 提供了从识别客户、生成有需求的客户到销售结束、订单产生以及售后服务的完整信息，使企业营销、销售、服务与支持的非自动化的业务流程实现了自动化，使各环节中离散的流程变为汇总和协调的流程。但是，如果没有 ERP 系统各项功能的后台支持，CRM 将无法发挥作用。因为如果生产速度太慢，原材料采购未完成，没有库存，即使有了大批订单也无法准时交货，CRM 也就无能为力了。所以，只有将 CRM 与 ERP 的财务、库存、生产、采购等模块无缝地集成，才能真正发挥 CRM 的作用。

ERP 与 CRM 的集成包括两方面。一是业务流程的集成。ERP 和 CRM 可以分享共同的技术组件、工具和商业规划，简化系统存储和协作。ERP 和 CRM 之间有不少的集成点，它们涉及财务、销售订单、采购、库存各个方面，使企业能够在不同系统之间进行数据分析工作，从而实现商务智能的功能。在 ERP 基础上集成 CRM，需要根据企业的客户群特点、企业和客户接触的渠道、CRM 下的部门职责，来设计各个功能对应的工作流程，以及销售体系和物流体系的分离、营销组织架构的重新设计等。二是技术上的集成。在 ERP 与 CRM 的集成的接口设计上统一标准，实现数据同步更新及客户资源的积累和共享，使 ERP 和 CRM 销售功能中完全重合的部分，如客户信息、产品信息等实现共享。在实施 ERP 与 CRM 的集成时，要注重与其他管理技术的结合，促使其转向客户中心经营模式。ERP 与 CRM 集成的电子商务平台，适合企业网络化、虚拟化的要求。

4. ERP 与 SCM、CRM 的有效集成

无论是 ERP、SCM 还是 CRM，其根本宗旨都是在满足客户需求的前提下，降低库存、加快资金周转、提高企业的管理水平，以提高企业对市场的响应速度，提高企业竞争力。但是，ERP 仍旧是面向企业内部的事务处理系统，无论是在计划技术基础还是在功能方面都不具备协调多个企业间资源的观念和能力，且计划功能非常弱，可以说 MRP 就是它的核心计划内容，很多内容如运输计划、库存优化、预测等基本是空白的。SCM 则覆盖了供应链上的所有环节，将整个供应链的需求计划、生产计划、供应网络计划整合在一起，加强了对供应链上企业的协调和企业外部物流、资金流、信息流的集成，弥补了 ERP 的不足，提高了整个供应链对客户的响应能力和竞争能力。而 CRM 则以客户为中心，包含销售、营销、服务和支持等基本功能，它弥补了 ERP 在前台营销方面的不

足，通过分析销售活动中产生的数据，挖掘出对企业有价值的信息，将其反馈到营销活动和企业的生产制造系统中，调动企业一切资源，为客户服务，以提升客户满意度和忠诚度，增加企业效益。因此必须将它们三者进行有效集成。

ERP 与 SCM 之间存在功能重叠，如生产计划、采购管理、库存管理和物料管理；ERP 与 CRM 在销售/分销、客户管理和商业智能管理等方面也存在功能重叠。因此，如何解决重叠是集成的关键。基本的原则仍是存优去劣，谁的功能强且有效，就集成该部分，但需要提供各独立模块开放的程序接口，利用开放的程序接口将三者集成。对软件集成供应商来说，三者集成接口是它们必须考虑的重要问题。对用户来说，关键是解决流程、信息数据共享和实施问题。我国企业的传统是重生产、轻营销，在采购、销售环节相对薄弱，在生产管理上多是典型的“橄榄型”企业。ERP 起源于制造业，对生产制造资源的合理利用是其擅长的内容，企业信息系统的首选是 ERP，相应的企业两端（SCM、CRM）较弱，只有将中间部分向两端伸展，进行有效集成，将 ERP 产品向客户端（CRM）和供应端（跨企业的 SCM）延伸，解决两端的“瓶颈”问题，才能提高企业的管理水平，提高企业对市场的响应速度，也才能提高企业的竞争力。

12.6.2 电子商务环境下 ERP 与 SCM、CRM 的集成

目前，在企业加强信息化和电子商务建设的背景下，ERP、SCM 和 CRM 作为企业应用的三大法宝，其关系是：ERP 系统是企业电子商务建设的应用基础，是企业内部运行管理的基础；SCM 和 CRM 是加强企业间合作及加强与客户间关系的接口。电子商务环境下 ERP、SCM 和 CRM 三者的集成如图 12-4 所示。

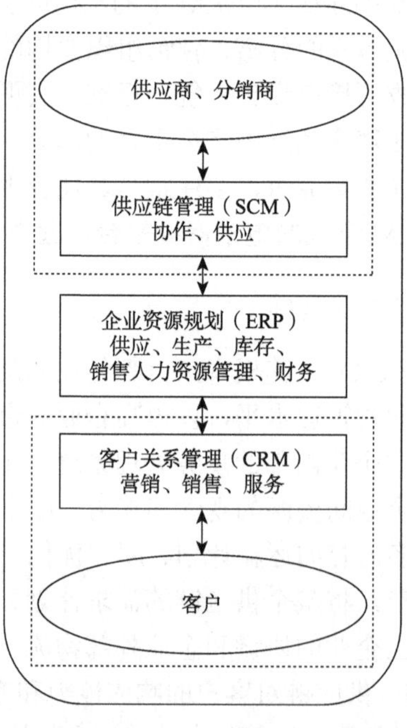

图 12-4 电子商务环境下 ERP、SCM 和 CRM 三者的集成

在这里，从客户到供应商完全连通，企业内部流程与外部交易完全一体化。通过 CRM 实现与客户的互动营销，准确把握客户需求，快速响应个性化需求，提供便捷的购买渠道、良好的售后服务与经常性的客户关怀，实现服务快速响应。通过 SCM 可以实现节约交易成本、降低库存水平、降低采购成本的功能，在供应链内的合作伙伴能够像一个整体一样，频繁地交流信息，满足客户的需求，及时对市场变化做出反应；ERP 将企业的传统业务和管理网络化，连接前后端，成为整个交易链的中枢。通过网络，客户的要求或订单，理论上可以零等待传递到整个供应链，交易和供给几乎同时发生；通过网络，企业内外之间的界限将逐渐模糊直至消失。

企业使用这个运行管理体系，能够有效地实现 ERP、SCM 和 CRM 等各种连续性的管理运行体系的一般功能要求，完成其想完成的操作，使得供应商以及采购商、客户等之间的合作能够借助各种渠道，使用接口访问有效数据，开展在互联网环境下的各个企业经营业务工作的整体性协同管理。与此同时，这种集成的管理体系能够开展有关各项工作之间的调度和分配，帮助企业在决策过程中获得来自管理、技术、客户、销售等各个方面的信息资源，为企业供应各种报表，分析和预测结果，决策性、综合性地帮助企业完成开展的现代化管理方式。图 12-5 为电子商务背景下 ERP、SCM 和 CRM 的集成发展模式。

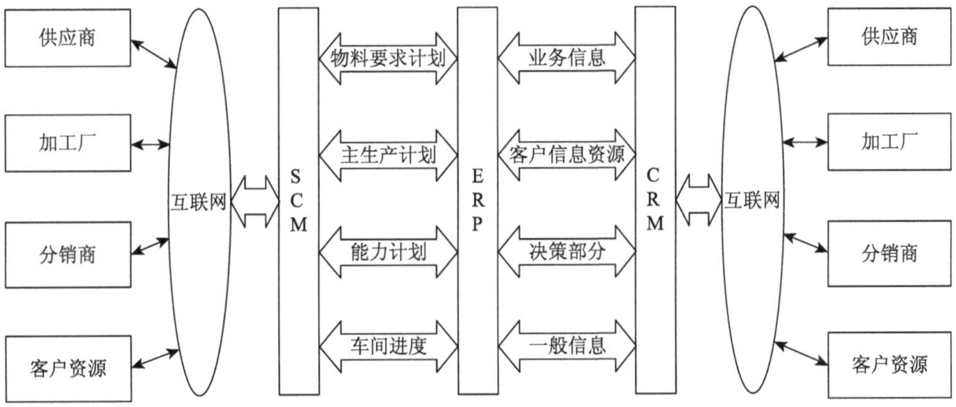

图 12-5 电子商务背景下 ERP、SCM 和 CRM 集成发展模式

复习思考题

1. 什么是网络经济？什么是虚拟管理？
2. 请阐述网络经济环境下电子商务管理模式的主要特征。
3. 请详细论述电子商务对企业管理产生怎样的变革。
4. 请阐述 BPR 的定义与实质。
5. 请说明我国企业业务流程中应用电子商务有哪几种形式。
6. 请阐述 SCM 的内涵以及物流与 SCM 的联系和区别。
7. 请说明电子商务对 SCM 的影响。
8. 请论述电子商务环境下 SCM 的核心功能。

9. 请详细论述 ERP 的核心思想与特点。
10. 请详细论述电子商务与 ERP 的关系以及电子商务时代对 ERP 的新要求是什么。
11. 请论述 CRM 的特点。
12. 请说明电子商务与 CRM 的关系以及对其产生的影响。
13. 请详细分析 BPR、SCM、ERP、CRM 之间的关系。
14. 请分别论述电子商务环境下 BPR、SCM、CRM 与 ERP 的集成。

第 13 章

电子商务的典型应用

本章要点： 本章主要论述电子商务应用问题，选取几个有代表性的电子商务应用行业和领域，其中包括电子政务、旅游业、制造业、零售电子商务；也介绍了目前电子商务应用的热点，如跨境电子商务和互联网金融的应用。

13.1 电子商务在政府部门的应用：电子政务

电子政务即政府通过信息通信技术手段的密集性和战略性应用组织公共管理的方式，旨在提高效率、增强政府的透明度、改善财政约束、改进公共政策的质量和决策的科学性，建立良好的政府之间，政府与社会、社区以及政府与公民之间的关系，提高公共服务的质量，赢得广泛的社会参与度。

13.1.1 电子政务的含义

电子政务是一个系统工程，有以下几个层次的含义。

（1）电子政务是必须借助于电子信息化硬件系统、数字网络技术和相关软件技术的综合服务系统。其硬件部分包括内部局域网、外部互联网、通信系统和专用线路等，软件部分包括大型数据库管理系统、信息传输平台、权限管理平台、文件形成和审批上传系统、新闻发布系统、服务管理系统、政策法规发布系统、用户服务和管理系统、人事及档案管理系统、福利及住房公积金管理系统等数十个系统。

（2）电子政务是处理与政府有关的公开事务、内部事务的综合系统。除政府机关内部的行政事务以外，还包括立法、司法部门以及其他一些公共组织的管理事务，如检务、审务、社区事务等。

（3）电子政务是新型的、先进的、革命性的政务管理系统。电子政务并不是简单地将传统的政府管理事务原封不动地搬到互联网上，而是要对其进行组织结构的重组和业务流程的再造。

电子政务对社会的意义体现在：政府管理国家的过程是信息搜集、加工处理，并进行决策的过程，政府职能的正确履行依赖于适时准确的信息。政府是其民众的代表，它必须了解民众的需求；政府是社会发展的导航者，需要把握社会变迁的趋势，从而做出准确的战略选择；政府是社会问题的治理者，需要依赖于对社会问题信息的分析、判断和把握；政府是市场失灵的矫正者，而政府对市场失灵矫正的前提是最大限度地掌握信息。因此，信息及信息网络是现代政府的神经系统，而政府信息化无疑为政府搜集处理信息提供了极大的便利。

13.1.2 电子政务的内容

电子政务的内容非常广泛，国内外也有不同的内容规范，根据国家政府所规划的项目来看，电子政务主要包括以下几个方面。

（1）政府间的电子政务（government to government，G2G）。G2G 是上下级政府、不同地方政府、不同政府部门之间的电子政务，主要包括电子法规政策系统、电子公文系统、电子司法档案系统、电子财政管理系统、电子办公系统、电子培训系统和业绩评价系统。

（2）政府对企业的电子政务（government to business，G2B）。G2B 是指政府通过电子网络系统进行电子采购与招标，精简管理业务流程，快捷迅速地为企业提供各种信息服务，主要包括电子采购与招标、电子税务、电子证照办理、信息咨询服务和中小型企业电子服务。

（3）政府对公民的电子政务（government to citizen，G2C）。G2C 是指政府通过电子网络系统为公民提供的各种服务，主要包括教育培训服务、就业服务、电子医疗服务、社会保险网络服务、公民信息服务、交通管理服务、公民电子税务服务和电子证件服务。

（4）政府对政府雇员的电子政务（government to employee，G2E）。G2E 是政府机构通过网络技术实现内部电子化管理的重要形式，也是 G2G、G2B 和 G2C 模式的基础。G2E 主要是利用 Intranet 建立起有效的行政办公和员工管理体系，目的是提高政府工作效率和公务员管理水平服务。

13.1.3　中国发展电子政务的策略分析

在国家的大力支持和推动下，我国电子政务取得了较大进展，市场规模持续扩大，《2023—2029 年电子政务行业市场调研及发展趋势预测报告》研究显示，2016—2022 年，我国电子政务发展指数屡创新高，从 0.6071 增长到 0.8119，排名从 63 位上升到 43 位，我国电子政务发展水平从“非常高”国家序列的第四个等级上升到第三个等级，也是全球增幅最高的国家之一。

1. 推动电子政务应用场景的拓展

移动互联网技术整合：利用移动互联网技术，加强政务服务 APP、小程序、公众号等渠道的整合，提高政务服务的可访问性和用户体验。

创新技术整合场景：进一步结合人工智能、虚拟现实等新技术，通过创新场景和模式，拓展服务能效，提升政务网、移动端、线下大厅、自助终端等服务场景的便民水平，加强智能和智慧服务的融入。

引入第三方便民服务：鼓励社会资源力量参与，引入第三方便民服务应用，促进多方协同合作，提供更多元化、便利的应用场景，以满足不同需求。

2. 推动政务信息由数据资源管理向大数据应用转变

国家大数据体系建设：加快推动国家大数据体系建设，建立高效的数据共享机制，促使政务信息从数据资源管理向大数据应用转变。

业务协同与流程重塑：打通业务流程和数据共享的堵点，促进各级政府间的业务协同，实现数据在政务服务中的更高效应用。

推动数据创新应用：鼓励政府部门和企业通过创新应用大数据，为政务服务提供更精准、智能的决策支持。

3. 推动技术服务由信息化向智能化转变

新技术融入数字政府管理：将5G、云计算、大数据、人工智能、区块链等新技术融入数字政府的管理功能，提升服务的数字化、精细化和智慧化水平。

智慧政务联合体建设：打造丰富信息神经元的智慧政务联合体，促进不同领域和层级的政务服务之间的协同与智能化。

提升服务的可及性和在线化：加强对技术服务的可及性、在线化、电子化，推动政务服务向智能化方向发展，提高服务的质量和效率。

13.1.4 电子政务应用实例

1. 新加坡的电子政府

作为亚洲的一个小国，新加坡的面积只有646平方千米，人口数量为500多万人。十几年来，在政府的推动下，新加坡以发展信息产业为重点，积极建设信息基础设施，使这个国土面积狭小的国家成为亚太地区的电子商务中心和信息化强国，创造了信息化的奇迹。在新加坡，人们可在网络上充分享受到政府的服务，如快速的便民服务，人们上网可连接到政府各部门，通过网络交税、退税、抽奖、上车牌、办理电子护照、寻医问药、找工作、查询学校资料、买卖房屋、寻找育儿中心等。实行电子政府不仅方便了民众，更促进了国内经济的发展。

总的来说，新加坡电子政府的建设历程可分为三个阶段。

第一阶段是起步阶段（1992—1999年），以“IT2000计划”为标志，明确提出将新加坡建设成为“智慧岛”的目标，并建设了新加坡的首个宽带网络，政府部门开始提供基于互联网的服务。民众通过互联网能够在各级政府网站上获得政府机构的信息。

第二阶段是融合阶段（2000—2006年），通过实施“信息通信21世纪蓝图”（2000—2003年）和“联系新加坡”（2004—2006年）等计划，全面开放了通信市场，把信息通信的发展作为推动经济发展、提升国民素质的主要动力，政府所有部门全部完成业务系统的建设。政府机构在网上开展纳税、办理执照等业务。

第三阶段是定制阶段，实施“智慧国2015”蓝图（2007年至今），提出“3I策略”（innovation, integration and internationalization，创新、整合与国际化），推出“多个部门、一个政府”口号，努力提高政府办理事项的信息化服务水平。

新加坡政府2017年推出的MyInfo，进一步将整体政府理念予以落实。公众可以将自己的个人、家庭、雇用等方面的信息和证明材料都予以保存，在申请各类在线服务时调用，而无须像过去那样重复提交和上传。

2. 美国政府的电子政务

美国政府是世界上获取数据和信息最多的机构之一，也是信息技术系统的最大用户之一。美国政府门户网站始建于2000年9月，是美国最大的电子政务网站，是了解美国政府、通往所有政府信息库的大门。该网站既可以链接到美国联邦政府各部门、各机构的网站，又可以链接到美国各州、市、县的网站，还可以链接到外国政府的网站，是一个名副其实的“超级大网”。这个网站既是一个完整、开放的政府网站体系，一个简洁、实用、方便的门户网站，又是一个丰富的资源库，面向公众、面向企业，同时也面向政府开展服务。

美国电子政务的应用重点主要体现在以下几个方面：建立全国性的、整合性的电子福利支付系统；发展整合性的电子化取用信息服务；发展全国性的执法及公共安全信息网络；提供跨越各级政府的纳税申报及交税处理系统；建立国际贸易资料系统；推动政府部门电子邮递系统；等等。

美国电子政务的实际应用主要有以下几个特点。

（1）政务公开。美国各级政府都广泛利用功能强大的政府网站向社会公开大量政务信息。例如，政府领导人的重要活动及演讲、政府工作最新动态的信息；民众到政府办理注册、登记等事项的有关信息；与政府工作相关的研究、支持机构的有关信息；等等。

（2）网上服务。美国的政府网站，大都在首页头版位置设有网上服务栏目，用于为民众提供各种查询、申请、交费、注册、申请许可等服务。这些栏目由于充分发挥了网络的优势，将分属政府各部门的业务集中在一起，并与相应的网上支付系统配套使用，因而具有了“单一窗口”“一站式”“24 小时”“自助式”等特点，体现了网上虚拟政府的发展方向，极大地方便了民众办事。

（3）资源共享。各级政府通过政府网站，向大众提供政府所拥有的公用资料库信息资源，从而实现公共信息资源的增值利用。

（4）政府内部办公电子化。由于美国的各级政府处理各种事务都是严格按照相应的法律法规，所以其政府部门没有层层下发的带有强制力的政府文件，机关内部的办公事务主要依靠电子邮件来传递信息；同时，传统的纸质文件、书面签名方式仍然在处理一些重要事务时使用。其政府机关内部办公软件主要包括文档处理软件和在网络安全认证基础上的电子邮件系统，以及各种用于专门业务处理的软件。会议通知、信息传达、政策宣传、法规颁布、意见调查等，都以电子邮件方式处理，以加快信息的流通。

（5）安全保障。政府部门的内部办公一般都建有专门的内网，内网与互联网之间有严密的隔离措施，有的还是物理隔离。政府机关工作人员的保密安全意识很强，其内部办公网一般不许外部人员参观。

13.2　电子商务在旅游业的应用：旅游电子商务

旅游电子商务是电子商务在旅游业这一具体产业领域的应用。电子商务运用于旅游业发展势头十分强劲，已经成为信息时代旅游交易的新模式。

13.2.1　旅游电子商务的发展

随着现代科技和信息产业的发展，互联网的兴起给旅游业带来了新的契机，网络的关互性、实时性、丰富性和便捷性等优势促使传统旅游业迅速融入网络旅游的浪潮。通过网络查询信息，进行酒店、机票预订和旅游产品购买支付在国外早已成为一种时尚。

早在互联网风暴席卷全球之前，旅游业就已经非常成功地运用电子通信技术为自身服务了，其中最典型的就是全球分销系统（global distribution system，GDS）。GDS 起源于 20 世纪 60 年代美国为航空公司航班预订建立的中央预订系统（central reservation system，CRS）。为了强化 CRS 的功能，航空公司致力于这一系统的横向发展使得该系统的业务范围扩大到了饭店、汽车、豪华游轮、剧场甚至观光旅游团队等的预订。正是整个系统在世界各地的应用与扩展，导致了现在的 GDS 的诞生。目前，国际上著名的四大 GDS（Sabre、Amadeus、Galileo、Worldspan）可向全球分销 500 多家航空公司、600 多家酒店、数百家租车公司和旅行社的产品。GDS 的预订完全是计算机网络化的，只是在封闭的专线网上，而不是在开放的互联网上运行，因此要加入 GDS 访问的信息必须申请专线。但其与互联网上的各种分销系统（全球分销系统、地区分销系统、个人分销系统）一样，同是一种电子商务活动，只是网络平台不同而已。因此，基于互联网的旅游电子商务借鉴了 GDS 几十年来成功的经验，站在了一个较高的起点，使自己得以迅速发展与壮大。

目前，我国旅游电子商务行业基本上采用两种形式，一种是在传统旅游基础上建立的旅行社网站，如网易频道；还有一种是专做旅游服务的门户网站，如驴妈妈、去哪儿、携程旅行、途牛等电商平台，它们囊括了机票、酒店、餐饮、门票甚至车辆租赁等方面，不仅有专门的门户网站，也有自己的手机应用 APP。艾瑞咨询数据显示，2016 年我国旅游电商品牌综合评价指数前三名分别为携程旅行（79.6%）、途牛（75.8%）和去哪儿（74.5%）。2023 年在线旅游平台十大品牌排行榜中，前三名为同程旅行、飞猪和马蜂窝。就当前中国人民消费水平的日益增长现状来看，未来的旅游电子商务行业依旧是一片蓝海。

13.2.2 旅游电子商务发展的方向

1. 理念：从“以交易为中心”到“以服务为中心”

世界旅游理事会（World Travel & Tourism Council，WTTC）在其《未来旅游业发展：营造客户中心体系》报告中指出：“未来的旅游应向增强与客户的双向交流、改善信息服务、通过个性化服务增加附加值的方向发展。旅游电子商务技术将在这个过程中发挥作用。”

目前，国内旅游电子商务取得了较大的进步，不仅提供订票、订房等服务，也为旅游者提供了不同的线路设计，满足消费者的个性需求。已经有不同的电子商务旅游企业在国内市场上运作得很成功。

2. 体系的演进：增进互联与整合

未来几年中，不仅旅游业信息技术在单项上能得到改进，而且旅游信息技术的应用模块将被更好地整合为一体。行业内将形成覆盖范围广、成本低廉的旅游业通信交流平台，使旅游企业之间增进交流与合作，为游客创造一体化的旅游服务感受；来自众多旅游企业的动态旅游产品信息将更多地通过大型旅游电子商务平台、GDS、CRS 等系统汇聚、共享、传播，企业网络之间形成“信息孤岛”的不成熟模式将得到改善；旅游分销渠道将更加多样，并提供多种购买方式选择。

3. 建立规范与标准

旅游电子商务是一个新兴领域，我国在旅游电子商务标准与规范的制定和推行方面还非常薄弱，这应是下一阶段的发展重点。首先是规范化。应建立健全旅游电子商务规范体系，为旅游电子商务的实施和监管、企业和消费者的市场行为、信息内容和流程、技术产品和服务等提供指导与约束，预先防范那些对旅游电子商务活动可能产生不利影响的潜在因素，是推动旅游电子商务持续、稳定、健康、高效发展的关键。其次是标准化。旅游电子商务的本质在于互联，食、住、行、游、购、娱等各类旅游企业之间，旅游企业内部信息系统与旅游电子商务平台之间，旅游业与银行、海关、公安的信息系统之间，应能实现互联互通，以自动处理频繁的信息数据交换。

4. 新技术应用：移动电子商务将成为主流

移动电子商务将成为一个新的切入点，结合智能网络技术真正实现“以人为中心”的旅游电子商务应用。未来对旅游业最重要的移动电子商务技术包括：移动支付——顾客无论在何时何地，通过移动电话等终端就能完成对企业或对个人的安全的资金支付；短信息服务——以低成本、高效率的信息交流方式，随时随地把顾客、旅游中间商和旅游服务企业联系在一起，预订的结果、航班的延迟等信息皆可随时通知旅游者。这些完全是由移动性带来的，这些技术的应用将使旅游电子商务服务功能更加完善，应用更加普及。

5. 借势大数据，旅游企业争夺线上流量

“大数据”成为很多旅游企业的一大关键词。2017 年 12 月 19 日，同程旅游发布“慧行”产品，并宣称依靠线上大数据为用户提供涵盖火车、飞机、汽车、轮船等多种交通工具的联运方案。同日，马蜂窝与国家旅游局数据中心成立“自由行大数据联合实验室”。目前，在线获客成本越来越高让旅游企业颇为“头疼”，而通过抢占大数据话语权，企业不仅可以引导消费，还可以获得更多流量。中国社会科学旅游研究中心表示，当前旅游大数据有很强的商用价值，运营大数据进行互联，可以增强企业竞争力。同时，大数据的运营除了合作开发使用，还可以作为商品进行销售。

13.3 制造业电子商务应用

电子商务对传统的制造业已形成了巨大冲击。随着企业间竞争的日趋激烈以及全球经济的一体化，市场向企业提出了更高的要求。传统的制造业必须及时提供高性价比并具有个性化的产品和服务，同时提高市场的反馈速度，以迎接信息时代的挑战。

由于相关政策、经济、社会、技术等环境的不断利好，中国制造企业日益认识到电子商务给企业带来的低成本、高效率等优势，相关投入和关注程度不断加大。在中国制造行业不断前进的条件下，电子商务在制造行业的普及应用使制造企业信息化水平不断提高，从而带动工业化的整体提升。

13.3.1 电子商务对传统的制造业的冲击和挑战

国内制造业对电子商务的认识大部分是从美国的亚马逊书店、Cisco（思科）公司、DELL 公司的网上运作开始的。企业对电子商务比较模糊的认识是电子商务能帮助企业进行网上购物、网上交易，是一种新兴的企业运作模式。它们普遍认为电子商务比较适用于商业型企业、贸易公司、批发配送公司，但不知电子商务已对传统的制造业形成了巨大的冲击，这些冲击主要体现在以下几个方面。

（1）传统运作模式效率低、成本过高。随着企业间竞争的日趋激烈以及全球经济一体化，市场向企业提出了更高的要求，要求企业能及时提供高品质、低价格、具有个性化的产品。而企业在商业运作过程中比较重视控制生产成本，对采购成本（主要是非生产性采购、服务采购）、销售成本的控制无论是从意识上、管理上以及执行的手段上都比较薄弱。通过实施电子商务，可以实现企业对产品、原材料、非生产性产品和服务类等的电子化、网络化的采购，总公司与下属子公司及各职能部门有组织、有计划地统一管理，减少流通环节、降低成本、提高效率，使企业在管理上通过电子商务的实施达到更高的水平。通过大量的自我服务（包括网上销售订单的管理、供应商自助采购、内部员工的自助服务），最终达到降低企业总运营成本的目标。

（2）对市场的反应速度慢。在电子商务时代，传统企业对市场的反馈速度明显过慢，在市场需求骤增时，会出现原材料、设计、生产能力、质量、运输后勤及市场问题等。有了网络的协助，企业从原材料的采购、产品设计，到订单处理和产品的发送，均可以以小时为单位来追踪。同时利用互联网技术不仅可以全面监控下游客户每日的进、销、存情况，及时进行补货，而且可以让上游的供应商及时知道企业原料的库存情况，及时补充，将存货量保持在最低水平。

（3）客户服务水平无法提高。传统的客户管理从市场宣传、销售管理到售后服务整条线仅仅停留在商业广告、面对面宣传和现场服务等方面上，没有将市场、销售、售后的 Web 应用、电话呼叫中心、自我服务、网上交易（含网上商店、个性化促销等网上支付）、商业智能分析等纳入企业，因此企业的客户服务水平难以提高。随着电子商务的不断发展，B2B 商务活动给企业带来了新的竞争优势。为吸引、保留现有客户，企业必须提供更快捷、成本更低的商务运作模式，以保持和发展与客户达成的密切关系。采用电子商务解决方案，可以为企业提供新的业务增值，提升客户的满意度与忠诚度，保留现有客户。

（4）市场覆盖面有局限性。无法实现跨地区、“7×24×365”式的经营，不能在电子商务时代依靠传统的手段扩展市场的覆盖面是企业面临的又一问题。从本质上讲，实施电子商务解决方案，无论新、老客户都会从企业建立的电子商务服务活动中得到利益，能够产生新的业务增值，降低成本，企业与客户间形成买方、卖方及服务提供商的电子商务社区。所以可以想象，未来社会的企业如果没有电子商务，就将面临“无商可务”的境地。

电子商务对传统的制造业已形成了巨大冲击。随着企业间竞争的日趋激烈，以及全球经济一体化，市场向企业提出了更高要求。传统的制造业必须及时提供高性价比并具有个性化的产品和服务，同时提高市场的反馈速度，以迎接信息时代的挑战。

13.3.2　国内制造业企业开展电子商务应用的步骤和内容

面对电子商务带来的冲击，国内制造业也充分认识到电子商务能为企业带来经济效益，使企业在互联网时代更具竞争优势。但对于它们来说，更棘手的问题是如何在企业内开展电子商务的应用。就国内实施电子商务的大环境来看，制造业实施电子商务将首先以 B2B 业务为主。实施电子商务，包括以下几个步骤。

1. 全面规划企业

企业实施电子商务必须按照“全面规划，分步实施，效益驱动，逐步推广”十六字方针进行。全面规划包括制定整个电子商务项目所需达到的目标，购置的硬件系统规划（或新添置的硬件系统规划）、软件的规划（含软件的选型、实施步骤、实施周期、实施范围、人员配备）、整体费用的规划以及整个项目的投入产出分析、风险评估等工作。通过全面规划的过程使企业的高层领导充分认识到电子商务应用的特点，最大限度地规避风险。

2. 构造基础电子商务平台

无论是已经实施还是尚未实施应用系统的企业，都需要构造基础电子商务平台，即企业信息门户。基础电子商务平台主要由基于互联网的数据库、应用服务器、Web 服务器、互联网应用开发工具包、客户名录管理和目录管理构成。企业通过建立电子商务平台，可以集成信息、采购、内容管理、合同、库存、客户关系、支持服务等各种业务与应用。

3. 构造后台应用系统

很多企业虽然开展了电子商务的业务，但由于没有后台系统的库存信息、运输信息、生产信息、采购信息，所以从前台电子商务平台上获得的销售订单、市场信息不能及时传递到后台系统中；同样，如果前台系统不能及时读取后台系统中关于产品的价格、客户等信息，就会造成前后台信息的脱节，最终导致客户满意度的下降，甚至客户群的流失。因此，在电子商务的解决方案中，后台系统是非常关键的。

4. 构造前台电子商务

企业建立了基础电子商务平台和后台应用系统后，就将真正进行电子商务的实施，建立 B2B 应用，如 Web 客户管理、Web 供应商管理、基于互联网的采购管理、会员名录管理和网上交易等。

（1）客户网上自我服务。客户可以在互联网上通过浏览器进行自我服务，这样可以减少时间，减少错误，提高服务质量。通过给每个访问者一个客户化的界面，让其随时了解订单信息，如查询可用资源、合同执行情况、监督装运、网上自学产品性能或使用方法等。

（2）供应商网上自我服务。同客户管理一样，供应商也可以通过互联网浏览器查询和自己有关的业务，如网上接收采购订单、网上查询需求、网上了解自己产品的补货情况、查看购货协议、监督存货、检验收据等。

（3）建立基于互联网的采购。支持企业对生产性产品、非生产性产品、MRO（maintenance，repair and operations，维护、维修与运行）、服务、管理的购买。它支持寻求物品或服务的自我服务入口，可以提供辨别、评估并获取节省采购资金时机的必备因素。应用基于互联网的采购可使组织的运行比当前最优的业务实践还要好，实现大量的资金节约并有效缩短供需服务循环周期。

（4）电子商店。为 B2B 模式提供应用程序，建立基于 Web 的电子商店，商家或客户可以访问并购买其中的商品。

（5）电子账单与支付。为 B2B、B2C 模式提供应用程序，建立基于 Web 的电子账单查询、填写及电子支付的手段，可应用于广泛的网上交易的支付请求。

（6）电子支付网关。为网上交易提供安全的支付网关接口，保证交易的安全性和完整性。

13.3.3 制造业实施电子商务应用中存在的问题和对策

目前，多数制造业企业的电子商务应用尚处于初级阶段，究其原因，主要包括以下几点。

（1）认为电子商务就是设计网页，售卖产品。很多企业领导在接受了电子商务后，将电子商务简单地理解成是设计网页、网上开店，而忽略了企业在接到订单后如何满足订单需求，如何控制整个销售网络的运作，而这一切是需要后台应用软件系统提供支持的。只有在后台的应用系统建立完成后，方可使电子商务发挥更大的功效。企业在完成主页设计、售卖产品应用的同时，应尽快构造后台应用系统来支持前台系统，使其发挥应有的功效。制造业还能通过电子商务“过滤”内部管理的“垃圾”。

正确的观念应是电子商务改变的是一个企业及其内部人员的工作方式，它不等同于网络购物。

（2）缺乏全面的规划。在后台物流系统尚不完善的条件下，急于建立电子商务是国内企业普遍存在的问题。在企业实施电子商务前，必须有一个长远的规划，整体上应按照前面介绍的步骤实施。在实施之前，最好能够先找专业的咨询公司根据企业的实际情况构造适合本企业情况的电子商务策略，因为在销售公司实施电子商务，与在整个集团内或在制造生产商、批发配送公司实施电子商务的步骤和应用的重点、内容是不一样的。

正确的观念应是企业应根据自身的资源情况、现实情况来规划电子商务，制定本企业实施电子商务的近期、远期的目标。

（3）企业领导认为时机尚不成熟。虽然大部分制造企业认识到电子商务势在必行，但与上述观念相反的是，有些企业的领导认为电子商务是个新的理念，电子商务好是好，但在国内的应用环境尚不成熟，尤其是在制造业上。因为制造业与贸易企业或传统单一卖产品的企业不一样，制造业在注重市场、产品销售的同时还需要注重企业内部的管理、企业与供应商之间的管理等，由此认为电子商务在制造业的应用不过是个市场宣传。

正确的观念应是电子商务时代讲的就是时间、效率，企业如不尽快开展电子商务系统的规划，必将被行业所淘汰。

13.3.4　制造业电子商务的典型案例：海尔公司

海尔是世界第四大白色家电制造商、中国最具价值品牌。海尔在全球 30 多个国家建立本土化的设计中心、制造基地和贸易公司，全球员工总数超过 5 万人，已发展成为大规模的跨国企业集团，2017 年天猫“双十一”“亿元俱乐部”榜单显示，海尔位列第三名。

海尔电子商务从两个重要的方面促进了新经济模式运作的变化：一是 B2B 的电子商务，促使外部供应链取代自己的部分制造业务；通过 B2B 业务，仅给供应方的成本的降低就收益 8%—12%。二是从 B2C 电子商务的角度，它促进了企业与消费者的继续深化的交流，这种交流全方位提升了企业的品牌价值。

1. 对消费者的电子商务—— B2C

海尔网上商城开展对消费者电子商务的主要目的是，利用网络技术缩短海尔与顾客之间的距离，为顾客提供个性化的产品与服务，提高顾客对海尔的满意度与忠诚度，提高海尔的竞争力。海尔认为：新经济时代，企业面对的是千千万万的个体，或者说是一对一的消费者，他们会提出无数个性化的需求。能够满足这种需求，才会在新经济中掌握主动。谁占领了制高点，谁就将成为家电行业的胜者。

而电子商务就意味着企业与消费者的“零距离”，意味着产品的完全“个性化”。目前，通过海尔的网站，海尔可以与消费者直接充分沟通，消费者可以查询海尔的产品资料，订制产品与服务，在线付款，获取产品使用维护常识等。海尔网站现有中、日、英文等多种版本，网站每日访问人数从建网初期的 1000 人次，到 2022 年已达到了 5 万余人次。

2. 对消费者的电子商务—— B2B

由于消费习惯的影响，直接面向消费者的电子商务目前还比较有限，为此海尔创新性地推出了“商家定做”服务，即由商家来向海尔订购产品，方式与消费者定做相同，但定做的主体变成了商业企业。虽然商家不是消费者，但它们毕竟直接与消费者接触，更了解消费者需求，而且商家定做批量大、易推广，因此不失为目前条件下的一种很好的变通方式。现在，海尔冰箱生产线上的冰箱，有一半以上是按照各大商场的要求专门定制的。

海尔集团建立了海达源全球采购平台（图 13-1）。海尔要求供应商注册账号并签订诚信承诺，然后按照需求进行方案的交互，并要求供应商提供自检报告或者送样检验。之后接单生产、交货、检验、付款都可以一站式完成。

图 13-1 海尔的 B2B 网站主页

13.4 中国零售电子商务

2016 年网络零售行业逐步成熟、线上线下融合持续推进、新技术推动服务升级，种种现象都在表明网络零售的渗透作用持续增强，并继续保持稳定增长态势，这成为人们关注的热点。随着网络零售市场的发展，加上社会以及国家相关政策等对于网络零售的重视，共享经济在行业格局、政策环境等方面出现了一些重大变化。

13.4.1 中国零售电子商务的现状

截至 2023 年上半年，我国网络零售市场规模总体呈现稳步增长的态势。国家统计局的数据显示，上半年全国网上零售额达到 7.16 万亿元，同比增长 13.1%。其中，实物商品的网上零售额为 6.06 万亿元，同比增长 10.8%，占社会消费品零售总额的比例达到 26.6%。商务大数据对重点电商平台监测表明，上半年全国网络零售市场呈现以下主要特征。

第一，部分品类商品实现了快速增长。上半年，在 18 类监测商品中，有 8 类商品的增速超过两位数。具体而言，金银珠宝和通信器材同比分别增长了 33.5%和 23.3%。

第二，在线服务消费呈现出良好的增势。上半年，在线餐饮销售额同比增长了 27.9%。在线旅游产品和景点门票、在线文娱销售额同比分别增长了 272.4%和 69.8%，较一季度分别加快了 156.6 和 50.6 个百分点。

第三，各地区的网络零售持续向好。上半年，中部、东部、西部和东北地区的网络零售额同比分别增长了 16.1%、13%、11.5%和 9.1%，较一季度分别加快了 4.8、4.4、4.6 和 5.4 个百分点。

第四，农村网络零售继续保持增长。上半年，全国农村网络零售额达到 1.12 万亿元，同比增长了 12.5%，较一季度加快了 3.7 个百分点。其中，农村实物商品网络零售额达到 1.02 万亿元，同比增长了 11.3%。全国农产品网络零售额达到 0.27 万亿元，同比增长了 13.1%。

第五，电商新业态和新模式展现出强大活力。上半年，重点监测电商平台累计直播销售额达到 1.27 万亿元，累计直播场次数超过 1.1 亿场，直播商品数超过 7000 万个，活跃主播数超过 270 万人。

这表明电商行业正不断创新，探索新的销售模式，保持了强劲的市场活力。党的二十大报告提出实现高质量发展①，因此在大环境的升级趋势和政策背景下，产品品质和服务水平将成为网购行业的主要推动力。

13.4.2　中国零售电商市场的特征

1. 生鲜电商淘汰赛加剧

对生鲜电商来说，盈利是个大难题。前瞻产业研究院数据显示，早在 2020 年中国生鲜市场就突破了 5 万亿元。这片巨大的机遇之地吸引了众多互联网平台的关注。在前几年，像每日优鲜、盒马鲜生、叮咚买菜等生鲜电商平台如雨后春笋般涌现，不仅赢得大量用户的青睐，同时也成为资本市场的宠儿，整个行业呈现出蓬勃发展的景象。

然而，2022 年以来，严寒的寒流席卷整个行业。很多生鲜电商平台的日子过得并不太平，“盈利”一词如同一柄悬在头顶的达摩克利斯之剑。

每日优鲜面临财务挑战，正在努力改善其财务状况；盒马鲜生于年初设定了“优化成本、追求盈利”为其目标；叮咚买菜虽首次达到了阶段性的盈利里程碑，但其盈利模式的持续性尚待进一步观察，同时公司市值也面临一定的压力。此外，市场上还有其他一些平台在低调中逐渐退出。

对于生鲜电商平台而言，在各种不确定因素增多的情况下，生存已经变得岌岌可危。盈利成为决定平台能否在竞争激烈的市场中生存的标志性因素，放眼未来，生鲜电商势必将是一场漫长的马拉松。然而，眼下看来，它更像是一场生存之战的淘汰赛，已经吹响了深刻的警钟。

---

① 《习近平：高举中国特色社会主义伟大旗帜 为全面建设社会主义现代化国家而团结奋斗——在中国共产党第二十次全国代表大会上的报告》，https://www.gov.cn/xinwen/2022-10/25/content_5721685.htm[2022-10-25]。

2. 农村电商成为各大巨头抢占的市场

电商纷纷聚焦在农村这个市场，一方面是城市的电商用户开始遇到增长瓶颈，电商巨鳄们希望激活广阔的农村市场用户；另一方面是为农产品拥抱互联网提供无限机遇，而这必将给传统的农产品行业带来巨大冲击。

2017 年 4 月 10 日，国内电商巨头京东 CEO 刘强东宣布将在全国开设超过一百家京东便利店，其中一半在农村。不难看出，这是京东针对农村市场转换了拓展思路，以实体的方式“渗透”农村市场。而阿里巴巴、苏宁、国美等也纷纷把农村电商作为未来主要战略之一，不断在县与村一级建服务站、代理点，寻找合作伙伴，角逐广大的农村市场。这个特征符合党的二十大倡导的坚持农业农村优先发展①，在新时代新征程上推进农业农村现代化的重大任务。

3. 新零售引爆线上线下融合发展

零售巨头强强联盟，推动零售业向前发展，马云也顺势而为，提出了“新零售”这一新概念。在新零售业态下，阿里巴巴平台协助商家打通线上线下渠道，实现“线上下单、门店提货”“门店下单、仓库配送”等新型零售方式。随后，百联集团和阿里巴巴“联姻”。百联集团擅长线下，阿里巴巴擅长线上，线上线下相融合，形成优势互补的结合模式，从而达到更为理想的效果。2022 年，线上零售额占社会消费品零售总额的比重达到了 27.2%。这表明，消费者逐渐接受了线上购物的便利性，但同时，线下实体店仍然在消费者购物决策中发挥着重要作用。许多电商平台积极布局线下实体店，通过 O2O 模式提升用户体验，实现线上线下的全渠道互通，为消费者提供更多元的购物选择。

4. “直播+网红”渐变为“直播+明星”

2016 年以 papi 酱、疯狂小杨哥为代表的网红电商如井喷般爆发。起源于社交媒体的“网红经济”被看作社交电商趋势下的一个重要体现。网红电商不仅能带来巨大的免费优质流量，而且也因为“低门槛”这一特性，为大量参与者提供了机会。随着网络直播的火速升温，越来越多的竞争者参与其中。如今，在巨大的红利下，众多明星纷纷加入直播中。李宇春是明星直播带货的先行者之一，她通过直播销售化妆品和护肤品，取得了巨大的成功，她的直播节目吸引了数百万观众。2020 年，演员刘涛化名“刘一刀”，在淘宝直播首秀中交出了 1.48 亿元的销售额；演员陈赫在抖音开启直播，首秀 4 个小时带货 8200 万元；演员张雨绮签约成为快手电商代言人，与辛巴合作带货 2.23 亿元。

5. 智能零售和科技创新推动电商服务不断升级

中国零售电商市场在智能零售和科技创新方面不断取得进展。2022 年，多家电商平台引入了人工智能、大数据等技术，提升了用户体验。智能推荐系统、虚拟试衣间等科

① 《习近平：高举中国特色社会主义伟大旗帜 为全面建设社会主义现代化国家而团结奋斗——在中国共产党第二十次全国代表大会上的报告》，https://www.gov.cn/xinwen/2022-10/25/content_5721685.htm[2022-10-25]。

技创新应用逐渐成为电商平台的标配，使用户能够更个性化、智能化地进行购物。这些技术的应用不仅提高了购物的便利性，也推动了零售供应链和管理模式的变革。此外，随着电商平台支撑能力的进一步提高，云计算服务商的处理能力也不断加强。无人仓、无人机等技术从虚幻走向现实，从概念走向应用，大幅提升了物流快递效率。

13.4.3 中国零售电商节日——“双十一”

近年来，淘宝“双十一”“双十二”，京东 618 以及各大电商网站的店庆日、年中大促等电商节对消费者的消费习惯造成了较大影响。虽然电商节在全年均存在，但受“双十一”“双十二”等大规模电商节的影响，互联网零售业的业绩总体呈现下半年高于上半年的特点，尤其第四季度的营业收入占全年营业收入比重较高，因此行业存在较明显的季节性特征。

除了涉及的企业增多，企业营销手段增加，消费人群也有所扩宽，消费者从年轻人开始逐步覆盖到中老年人群，从城市开始覆盖到农村中来。而企业营销也是各种各样的，令人眼花缭乱，从“双十一”前一个月之久天猫就开始逐步造势，如满 300 减 50、满 200 减 30、活动返现、优惠券、抵扣券、折扣返利、红包、买一送几、买几送几等。

根据国家统计局的物流数据，2023 年全年包裹量增长了 23.2%。这一增长现象的解释之一是“消费降级”，在低价内卷的环境下，消费者的参与度增加，但客单价却大幅下降。同时，抖音、拼多多等平台的低价供应不断崛起，京东、天猫等电商门槛也下调，从而为低价商品的供应提供了保障。

根据星图发布的《2023 年双十一全网销售数据解读报告》，2023 年“双十一”的总交易额达到 11 385 亿元，同比增长仅为 2.1%，降至个位数。换言之，在上一年封控时期的基础上，2023 年增长了一个较小的数额，即 231 亿元。自 2020 年起，“双十一”连续四年增速下滑，18 个主要品类的销售热度增幅均超过 50%。其中，3C（computer、communication、consumer，计算机类、通信类和消费类）数码家电和运动户外表现最为抢眼，增幅分别高达 126%和 122%，成为 2023 年大促的强势品类。

从各品类下的头部品牌表现来看，消费者在购买大家电、母婴等品类产品时更倾向于选择知名品牌，这使得已经树立良好品牌形象的企业更容易保持市场份额。然而，在滋补保健、生鲜等品类中，消费者的需求更为多样化，对品牌的市场洞察力和产品迭代能力提出了更高要求，为新品牌带来了更多出圈的机会。

在销售渠道方面，商品卡渠道的销售热度同比增长了 6%，显示出用户更愿意在抖音商城等场域中主动挑选感兴趣的商品。不过，总体而言，直播带货仍然是品牌们主要的销售来源，在大促正式开始后，直播的销售热度依然保持增长趋势，并在“双十一”当天爆发。

在 2023 年“双十一”，游戏服务通过各大娱乐网站的年卡优惠等充值方式吸引了一波购物热潮，销售热度增幅高达 1500%以上；骑行装备延续了 2023 年户外骑行裤的热度，涨幅超过 630%。大家电和住宅家居等高单价大件产品成为大促的消费主力。它们不仅销售火爆，同比增幅也保持在 150%以上，成为抖音电商的明星品类。

在大促中，各细分价格带的表现显示，价格在3000元以上的高客单价商品表现抢眼，销售热度同比涨幅达到 120%，动销商品数和动销品牌数也呈增长趋势。不同品类紧紧抓住消费心理趋势，通过囤货装、组合装、直降优惠等策略提高了转化效率。

1. 京东：回归低价优势，新商家成交单量增长

每年“双十一”，家电和手机一直是排名前两位的热门品类，同样也是京东的核心优势品类，因此京东在这方面获益颇丰。2023 年“双十一”，京东的交易额、订单数量和用户数均创下历史新高。京东直播间主打“不收坑位费、不收达人佣金，就是更便宜”，总观看人数突破 3.8 亿人，超过 60 个品牌的销售额达到了 10 亿元以上，近 20 000 个品牌的成交额同比增长超过 3 倍，新商家成交单量环比增长超过 5 倍。

2. 淘宝天猫：用户和商家规模增长，淘系生态健康发展

2023 年天猫“双十一”的表现相对稳定。广告口号“全网最低价，有史以来最低价”以及直播节目的日常化，也影响了女性消费者对“双十一”的关注度。消费者对天猫“双十一”的热情达到了新高，全周期访问用户数累计超过 8 亿人，创下历史最高纪录。88VIP用户数量突破 3200 万名，成交额同比双位数增长，展现了“用户至上”的战略效果。用户和商家规模显著扩大，规模优势进一步增强，推动订单量和成交总额全面增长。

3. 拼多多：天天“双十一”，升级趋势明显

拼多多发布 2023 年“双十一”大促前三天的战报。参与促销的品牌数量和商品数量均创下了新纪录，超过 20 个类别的销售翻倍增长。在开门红阶段，平台上海鲜、羊肉、水果、运动用品、美妆产品、小家电、电动车、学习机、茶饮料、进口零食、电脑硬件、高端乐器等商品的销量同比增长超过 110%。而家具、家居用品、新能源汽车配件等商品的销量更是同比增长超过 320%。宠物品牌的销售额同比增长超过 600%，而家居家纺类目下的部分商品销量更是同比激增超过 800%。

13.5 跨境电子商务

近年来，庞大的市场需求为我国跨境电商带来前所未有的发展机遇。国内各大电商巨头依托其已有优势在跨境电商领域快速崛起。据海关数据，2022 年中国跨境电商进出口（含 B2B）2.11 万亿元，同比增长 9.8%，跨境电商进出口规模首次突破 2 万亿元关口。其中，出口 1.55 万亿元，进口 0.56 万亿元。2023 上半年，我国跨境电商进出口 1.1 万亿元，同比增长 16%。其中，出口 8210 亿元，增长 19.9%，进口 2760 亿元，增长 5.7%，保持向好发展势头。

13.5.1　跨境电商环境政策

跨境电商行业的高速发展离不开政策的支持，从 2012 年 3 月商务部颁布《关于利用电子商务平台开展对外贸易的若干意见》以来直到 2023 年，国家多个重要部门相继颁布相应政策支持跨境出口电商的发展。这些政策深入跨境电商的方方面面，大到总体制度、环境建设，如开展跨境电子商务综合试验区试点，小到跨境电商的具体环节，如税收、支付、通关、海外仓等方面，为跨境出口电商的发展扫除障碍，创造各种有利条件推动其快速发展。

近年来，我国跨境电商取得爆发式增长，增速明显高于传统贸易，使得传统贸易企业也加快了向电商转型的步伐。2013 年 8 月，《国务院办公厅转发商务部等部门关于实施支持跨境电子商务零售出口有关政策意见的通知》印发，为发展跨境电商指明了方向，对外贸易转型升级具有重要而深远的意义。从国务院到各大相关部委，也纷纷出台针对跨境电商行业的配套政策措施。

1. 国务院政策

国务院是跨境电商相关政策指导性意见的制定方，自 2013 年我国跨境电商发展元年起，国务院已相继颁布政策文件批准跨境电商综合试验区，要求各部门落实跨境电商基础设施建设、监管设施建设，以及要求优化完善支付、税收、收结汇、检验、通关等过程。海关总署是跨境电商流程层面，特别是通关流程相关政策的重要制定方，具体措施包括提高通关效率、规范通关流程、打击非法进出口。同时，商务部、国家市场监督管理总局、国家外汇管理局等职能部委根据指导意见分别制定相应政策。

2. 海关总署政策

海关作为跨境电商监管链条的关键环节，在跨境电商政策制定上有着较高的权力。近年来，海关已经通过出台多项举措来保证跨境电商快速发展。例如，海关对跨境电子商务监管实行全年 365 天无休息日，货到海关监管场所 24 小时内办结海关手续，制定了联动工作作业机制、应急预案和全年无休日跨境电子商务通关总体工作方案等，加大海关便捷措施的宣传力度，全面落实有关要求，确保电商企业充分享受通关便利。2023 年 1 月 30 日，财政部、海关总署和国家税务总局联合发布《关于跨境电子商务出口退运商品税收政策的公告》对跨境电商出口的税收提出了明确的规定，进一步保障了货物进出口的安全。

3. 其他部门政策

跨境电商行业因涉及国家多个部门的业务范畴，除国务院和海关总署外，商务部、国家市场监督管理总局、国家外汇管理局等政府主管部门也纷纷出台或参与出台相关跨境电商政策，涉及的国家相关部门包括国家发展和改革委员会、财政部、工业和信息化部、农业农村部、商务部、国家税务总局、交通运输部、国家邮政局、国家外汇管理局、中国人民银行、中央网络安全和信息化委员会办公室、濒危物种进出口管理办公室、国家密码管理局等多个部门。各个部门从自身所属的业务角度出发，出台或参与出台了扶持或监管的相关政策措施，这些政策措施的出台对跨境电商行业的发展起到了极大的促进作用。监管的政策也从行业长远发展的角度出发，更好地规范行业出现的问题。

4. 试点城市政策

在政策具体落实层面，我国通过先试点后推广的方式进行，减少试错成本。目前跨境电商政策落实试点城市包括由海关总署牵头的“跨境电商试点城市”和国务院牵头的“跨境电商综合试验区”，两者都是选择对外贸易发展较好的地区进行先试先行，在选择城市方面有重叠，但后者是前者的升级版，在具体工作落实上更为规范与成熟。海关总署牵头的跨境电商试点城市自 2012 年 12 月启动以来，已经拓展至 33 个城市。这些城市依托电子口岸建设机制和平台优势，实现跨境电商企业与口岸管理相关部门的业务协同与数据共享；一些重要的运营平台包括重庆的“e 点即成”、上海的“跨境通”、宁波的“跨境购”、杭州的“跨境一步达”、郑州的“E 贸易”等。

跨境电商政策将全面实行。跨境电商在快速增长的同时，对平台、物流、支付、通关等环节也提出了新的需求，“便利、快速、联动”成为关注的重点。跨境电商先试先行从上海、杭州、宁波、重庆、郑州、广州、深圳 7 个城市展开，后续持续扩展。随着试点城市的全面铺开，海关陆续开展跨境电商贸易统计，而相关的配套政策也将更精准地服务于企业，为其发展创造出更好的政策环境，未来跨境电商将在我国全面展开。

13.5.2 跨境电商发展政策建议

1. 建立和完善跨境电商政策规范体系

从政策及管理层面，各管理部门要制定涵盖主体、关、检、汇、税、支付、物流等的政策法规体系，建立涵括便利通关、检验检疫、结汇、退税等系列基础信息的标准体系和接口规范，为跨境电商业务流程及管理服务提供标准化指导和规范。同时，要明确跨境电商交易的业务范围和开放顺序，建立跨境电商主体资格登记及支付机构结售汇市场准入制度，适时出台跨境电商及支付外汇管理办法等。

2. 将跨境电商平台纳入国家基础设施建设

基于新兴跨境电商的国际贸易格局正在被重构，中国作为全球跨境电商领跑者，已经孕育出以阿里巴巴、敦煌网等为代表的具备国际影响力的一批中国大型跨境电商平台。但由于缺乏国家层面的统筹规划，国内电商平台各自独立发展运营，大大制约了大数据的综合应用、产业链资源整合以及全球市场拓展覆盖速度，而国际上越来越多的国家开始重视并投资跨境电商平台，中国的先发优势正在被蚕食。

3. 优化支付、物流、收结汇等服务支撑体系

在现有跨境电商服支撑体系中，逐步优化如跨境支付、物流、收结汇等服务体系。在跨境支付方面，支持支付服务企业发展允许试点支付企业办理境外收付汇和结售汇业务。外汇管理局在接收在线交易订单、支付记录与实际通关信息并验证电商货物交易真实性后，可不将该笔交易的外汇金额记入个人客户结售汇总额，并允许支付企业集中办理付汇相关手续。

4. 加大对跨境电商人才的培养力度

随着我国多边贸易的发展，商贸服务“本地化”的需求越发重要。由于跨境电商不同于传统的电子商务，涵盖的专业知识面更广，对熟练掌握跨境电商所涉及国家的非通用语言（特别是东盟国家小语种），又熟悉跨境电商平台和基本外贸知识的综合型人才的需求更为紧迫。

5. 鼓励扶持跨境电商保险产品服务

近年来，跨境电商市场发展迅猛，风险也逐渐显露。电商平台的卖家面临的风险除了货不对板、物品损坏等常见原因引起的买家拒付，还有不少由于物品延误、物品丢失等引起的拒付，甚至还有部分恶意拒付现象。为此，越来越多的跨境电商平台引入保险机制，为平台卖家提供风险保障。例如，eBay 与太平洋保险和中银保险合作、敦煌网与华泰财险合作推出跨境电商风险保障计划等。除跨境电商平台外，当前已经有少数实力较强的跨境物流企业向市场推出了此类产品，但这类保险产品的保费对于跨境电商企业来说仍然是一笔不小的支出。为此，政府监管部门应当扶持鼓励跨境电商平台、跨境物流企业或商业保险公司向市场提供这类保险产品，如可以考虑设立专项基金补贴承保企业，通过降低其市场价格的形式提升市场接受度。

6. 优化跨境电商市场环境和统计监测

加强跨境电商行业诚信体系建设，完善信用评估机制。加强产品质量监管，推进以机构代码和商品编码为基础的产品质量追溯体系建设。探索建立风险监测、网上抽查、源头追溯的产品质量监督机制，实现部门间、区域间的信息共享和协同监管。引导跨境电商主体规范经营行为，承担质量安全主体责任，营造公平竞争的市场环境。发挥消费者权益保护组织的作用，指导企业建立完善售后服务体系，加强国际解决消费纠纷的双边和多边合作。加大执法监管，加大知识产权保护力度，坚决打击跨境电商中出现的各种违法侵权行为。

13.5.3　跨境电商案例：小红书

随着生活质量的提高，年轻人消费水平的崛起，越来越多的人有购买海外商品的需求，而且喜欢把购买到的好东西分享给大家。小红书（RED）自 2013 年 6 月成立以来，

快速发展，成为拥有超 7000 万名用户的新一代社区电商，它将海外购物分享社区与跨境电商相结合，尤其是在“90 后”逐渐成为消费主力军的驱动下，小红书已成为极具影响力的全球购物分享社区。

维持社区的活跃度是小红书的原点，更是它的根基。有趣的是，在内容化和社交化这两股潮流席卷互联网世界之前，小红书从成立的第一天起就具备了两者。而这家成立十多年的初创公司一直在做的，就是放大这些技能，并补齐“电商”的新技能。在小红书中，有超过 7000 万名年轻人用一篇篇真实的笔记在分享他们生活中的吃、穿、玩、乐。不管是买了什么好东西、去了什么好餐厅、住了什么好酒店，还是体验了怎样的个性化新鲜生活方式。这些优质的用户笔记在帮助全球的消费者进行消费决策。

AWS（Amazon Web Service，亚马逊网络服务）云平台提供的 Amazon EMR、Amazon Kinesis、Amazon Redshift 等服务帮助小红书从社区到电商逐步构建起完善的数据处理基础架构。由此，小红书选择了 AWS，AWS 云平台提供了丰富的数据处理功能，很好地满足了小红书的数据处理需求，并且许多海外初创公司使用 AWS 云服务的成功案例，也让小红书加快选择了 AWS，以小团队的规模解决大数据问题。Amazon EMR 简化了大数据处理，它所提供的托管 Hadoop 框架让小红书轻松、快速、经济、高效地跨越各个动态可扩展的 Amazon EC2 实例分发和处理海量数据。Amazon Kinesis 用于对大型分布式数据流进行实时数据处理，它每小时可连续捕获和存储成千上万个来源中的数据，这些来源包括网站点击流、财务交易、社交媒体源、信息技术日志和定位追踪事件。而 Amazon Redshift 是一种快速、完全托管的 PB 级数据仓库解决方案，它使用现有商业智能工具对数据进行高效分析变得十分简单而且节省成本。

这些服务的组合充分满足了小红书的业务需求，它用 Amazon EMR 对海量的日志数据进行清洗和处理，用 Amazon Kinesis 对流式数据进行实时处理，最后不同来源的数据全部汇入 Amazon Redshift 进行后续的分析、使用。使用这些服务，小红书的数据处理效率大大提高了，过去几个小时的工作量缩减为几分钟。同时，小红书团队的工作方式也发生了很大的改变，成为一个数据驱动的团队。无论是电商、社区，甚至市场团队，如今都是在数据的指导下开展业务。

截至 2023 年，小红书在 29 个国家建立了专业的海外仓库，在郑州和深圳的保税仓的面积超过 5 万平方米，并在仓库内设立了产品检测实验室。用户如有任何疑问，小红书会直接将产品送往第三方科研机构进行光谱检测，从源头上将潜在风险降到最低。2017 年，小红书建成 REDelivery 国际物流系统，确保国际物流的每一步都可以被追溯：用户可以在物流信息里查找到商品是坐哪一列航班来到中国的。小红书设立保税仓备货，主要出于三个方面的考虑。首先，它缩短了用户与商品之间的距离。如果通过海外直邮等模式，用户动辄要等一个月才能收到货，而在小红书，用户下单后大概两三天就能收到货。其次，从保税仓发货也可以打消用户对产品质量的顾虑。在这里，中国海关会对所有进口商品进行清点、检验、报关，在缴税后才放行。最后，大批量同时运货也能节省跨境运费、摊薄成本，从而降低消费者为买一件商品实际付出的价格。在刨去中间价和跨境运费之后，小红书基本能做到所售商品价格与其来源地保持一致，甚至有时还会因为出口退税等原因，低于当地价格。

小红书从诞生伊始，就根植于用户信任。因为，不论是从正品、送货速度，还是从外包装上，缔造用户信任、创造良好的用户体验是其一贯坚持的战略。

2023 年 11 月 6 日，小红书电商举办“双十一”交流会，公布“双十一”期间小红书电商新变化。交流会上发布的数据显示，参与小红书电商“双十一”的商家数量是去年的 3.7 倍，日均购买用户数是去年的 3.8 倍。小红书的电商潜力在进一步释放。

13.6　互联网金融

中国互联网金融发展历程要远短于美欧等发达经济体。截至目前，中国互联网金融大致可以分为三个发展阶段：第一个阶段是 20 世纪 90 年代至 2004 年的传统金融行业互联网化阶段；第二个阶段是 2005—2010 年前后的第三方支付蓬勃发展阶段；而第三个阶段是 2011 年至今的互联网实质性金融业务发展阶段。在互联网金融发展的过程中，国内互联网金融呈现出多种多样的业务模式和运行机制。

13.6.1　中国互联网金融的发展现状

1. 互联网金融用户持续增长

中小型的投资散户是我国金融市场的重要组成部分，然而在面对一些收益较高，对资金要求也较高的金融产品时，大部分的中小型投资者都是心有余而力不足。不过随着第三方支付公司在互联网平台的崛起，银行只能开发和完善互联网金融领域，以此来应对这些第三方支付平台所带来的危机。

2. 互联网金融业务品种不断完善

银行业凭借自身优势，迅速占领巩固电子商务市场。例如，某国有银行，在电子商务平台上同时拥有“两座大山”：“善融商务个人平台”和“善融商务企业平台”。银行创建的大型商务平台不仅有利于拓展银行自身业务，更有利于银行去深入了解大部分客户的需求，掌握客户的第一手资料，从而不断完善银行在互联网金融领域的全面建设，在市场上占据有利地形。其他中小型银行也在积极开发和开拓互联网金融平台。例如，一些小微企业互联网金融交易平台被创立，贷款申请在网络提交之后，提供一份本公司相关的财务数据，银行根据这些数据进行分析，通过线上和线下操作，企业有可能获得无抵押、无担保的贷款融资。

3. 交易成本的降低

随着互联网金融的逐步发展，传统金融机构对客户的吸引力越来越小，反之越来越多的客户更倾向于选择网上银行，因为网上银行交易不需要面对面，更省去了取号排队等待的时间。在这样的交易模式之下，金融机构所需要的不再是更多的柜台人员，而是一套成熟的、使用方便快捷的程序系统和软件设施，这样不仅提高了银行的服务质量，还大大降低了银行的交易成本，满足了客户的金融交易需求。

13.6.2 互联网金融发展模式

广义的互联网金融涵盖了信息化金融机构、第三方支付、大数据金融、P2P 网络借贷、众筹和金融门户六种模式，而这六种模式也正是我国互联网金融发展过程中出现的模式。

（1）信息化金融机构。信息化金融机构是指通过采用信息技术，对传统运营流程进行改造或重构，实现经营、管理全面电子化的银行、证券和保险等金融机构。金融信息化是金融业发展趋势之一，而信息化金融机构则是金融创新的产物。

从金融整个行业来看，银行的信息化建设一直处于业内领先水平，其不仅具有国际领先的金融信息技术平台，建成了由自助银行、电话银行、手机银行和网上银行构成的电子银行立体服务体系，而且以信息化的大手笔——数据集中工程在业内独领风骚，其除了基于互联网的创新金融服务之外，还形成了“门户”“网银、金融产品超市、电商”一拖三的金融电商创新服务模式。

（2）第三方支付。第三方支付（third-party payment）狭义上是指具备一定实力和信誉保障的非银行机构，借助通信、计算机和信息安全技术，采用与各大银行签约的方式，在用户与银行支付结算系统间建立连接的电子支付模式。

根据中国人民银行 2010 年在《非金融机构支付服务管理办法》中给出的非金融机构支付服务的定义，从广义上讲第三方支付是指非金融机构作为收、付款人的支付中介所提供的网络支付、预付卡、银行卡收单以及中国人民银行确定的其他支付服务。第三方支付已不仅仅局限于最初的互联网支付，而是成为线上线下全面覆盖，应用场景更为丰富的综合支付工具。

（3）大数据金融。大数据金融是指集合海量非结构化数据，通过对其进行实时分析，为互联网金融机构提供客户全方位信息，通过分析和挖掘客户的交易和消费信息掌握客户的消费习惯，并准确预测客户行为，使金融机构和金融服务平台在营销和风险控制方面有的放矢。

基于大数据的金融服务平台主要指拥有海量数据的电子商务企业开展的金融服务。大数据的关键是从大量数据中快速获取有用信息的能力，或者是从大数据资产中快速变现利用的能力。因此，大数据的信息处理往往以云计算为基础。

（4）P2P 网络借贷。P2P 网络借贷是指通过第三方互联网平台进行资金借、贷双方的匹配，需要借贷的人群可以通过网站平台寻找到有出借能力并且愿意基于一定条件出借的人群，帮助贷款人通过和其他贷款人一起分担一笔借款额度来分散风险，也帮助借款人在充分比较的信息中选择有吸引力的利率条件。P2P 网络借贷有两种运营模式，第一种是纯线上模式，其特点是资金借贷活动都通过线上进行，不结合线下的审核。通常这些企业采取的审核借款人资质的措施有通过视频认证、查看银行流水账单、身份认证等。第二种是线上线下相结合的模式，借款人在线上提交借款申请后，平台通过所在城市的代理商采取入户调查的方式审核借款人的资信、还款能力等情况。

（5）众筹。众筹大意为大众筹资或群众筹资，是指用团购预购的形式，向网友募集项目资金的模式。众筹的本意是利用互联网和社交网络服务（social networking services，SNS）传播的特性，让创业企业、艺术家或个人向公众展示他们的创意及项目，争取大家的关注和支持，进而获得所需要的资金援助。众筹平台的运作模式大同小异——需要资金的个人或团队将项目策划交给众筹平台，经过相关审核后，便可以在平台的网站上建立属于自己的页面，用来向公众介绍项目情况。

（6）金融门户。互联网金融（Internet finance，ITFIN）门户是指利用互联网进行金融产品的销售以及为金融产品销售提供第三方服务的平台。它的核心就是“搜索比价”的模式，采用金融产品垂直比价的方式，将各家金融机构的产品放在平台上，用户通过对比挑选合适的金融产品。

互联网金融门户多元化创新发展，形成了提供高端理财投资服务和理财产品的第三方理财机构，提供保险产品咨询、比价、购买服务的保险门户网站等。这种模式不存在太多政策风险，因为其平台既不负责金融产品的实际销售，也不承担任何不良的风险，同时资金也完全不通过中间平台。

13.6.3 互联网金融的典型案例：京东金融

京东金融集团于 2013 年 10 月独立运营，构建了网络支付、供应链金融、消费金融、财富管理、众筹、保险和证券七大业务板块。2015 年底，京东金融启动 A 轮融资，红杉资本、嘉实投资和中国太平领投，融资额达到 10 亿美元，融资总估值 466.5 亿元。

在数据获取能力方面，京东金融背靠京东集团超过 2.4 亿人的活跃用户，拥有几十万供应商和合作伙伴数据，以及交易数据；同时，通过投资和合作的形式，丰富数据资源。在数据技术能力方面，以大数据为基础，进行学习、人工智能、图像识别、图谱网络、区块链等技术应用；在数据模型产品能力方面，开发出风险量化模型、营销模型以及用户洞察模型等。京东金融集团通过领先的大数据应用技术，建立起风控体系、支付体系、投研体系、投顾体系以及 DaaS（database as a service，数据库即服务）平台、SaaS（software as a service，软件即服务）平台等一整套金融底层基础设施。

2013 年 12 月，京东上线供应链金融产品“京保贝”。供应商可凭采购、销售等数据快速获得融资，3 分钟内即可完成从申请到放款的全过程，无须任何担保和抵押。京东还推出针对第三方卖家的京小贷业务、针对京东平台商家法人代表的网商贷业务，以及针对全网电商平台的动产融资业务，通过供应链金融有效解决了创业企业的融资难问题，助力中小型企业快速成长。2015 年，京东供应链金融放贷额达 422 亿元。2016 年 9 月，“白条闪付”正式上线，基于银联“云闪付”技术，实现在全国近 2000 万台银联闪付 POS 机上都能“打白条”，覆盖 800 多万家商户。2017 年 7 月，基于与银联“云闪付”的合作，京东支付推出 NFC（near field communication，近场通信）创新产品——京东闪付。2017 年 8 月，联合兴业银行推出国内首张具备“互联网基因”的借记卡——小金卡，为持卡人提供储蓄、理财、消费等一体化金融服务。2022 年 1 月 7 日，京东金融 APP

线上线下场景均已接入数字人民币受理功能。

京东的众筹业务包括产品众筹和私募股权融资两项，旨在解决创业企业的融资和营销难题，降低创业创新门槛。2023 年，京东产品众筹是国内最大的权益类众筹平台，行业占比超过 50%。京东平台众筹成功率较高，整体项目成功率在 67%左右。与其他类别相比，娱乐类产品的成功率仅为 59.90%，低于平均值将近 10 个百分点。家电和文化类产品成功率较高，均达到 70%以上（71.12%与 71.28%）。

复习思考题

1. 电子商务的应用主要包括哪几个层次？
2. 电子政务的含义是什么？
3. 根据作用的不同，电子政务主要分为哪几类，每类各有什么特点？
4. 结合本章谈谈中国的电子政务目前还存在哪些问题，可以采取什么对策？
5. 比较几个开展零售电子商务业务网站各自的特点并给出评价。
6. 中国零售电子商务市场的特征是什么？
7. 中国制造业电子商务应用目前还存在哪些问题？
8. 制造业电子商务应用的作用主要体现在哪几个方面？
9. 试分析中国旅游电子商务网站的运营特点。
10. 浅析中国跨境电子商务面临的机遇与挑战。
11. 互联网金融的发展模式有哪些，试分别举例说明。

第 14 章

移动电子商务及其应用

本章要点：本章介绍了移动电子商务的定义、特点和应用模式等基本概况，在此基础上分析了移动电子商务的电子支付和交易安全的问题。发展移动电子商务，必须建立一个完善、健全的基础平台，移动互联网在这方面起到了重要的作用。移动电子商务在一些典型行业的应用是广泛开展移动电子商务的前提。

14.1 移动电子商务概论

无线技术的发展带动了移动电子商务的发展，传统的 B2B、B2C 电子商务也开始由固定的 IP 网络拓展到移动通信网络。无线网上购物方便及时、随处可用，为电子商务公司提供了新的商机。移动电子商务因其移动性的特点，方便与客户进行随时随地的交流，必将成为未来商务发展的主流。

14.1.1 移动电子商务的定义

电子商务是指使用计算机网络以电子信息交换的方式进行金融交易的一种商务方式。它涵盖了一个交易过程的所有阶段，即营销、销售、采购、支付、供货和客户服务。移动电子商务是指由手机、传呼机、PDA、笔记本电脑等移动通信设备与无线上网技术结合所构成的一个电子商务体系。移动电子商务不仅能提供互联网的直接购物，还是一种全新的销售与促销渠道。

从定义上看，移动电子商务应该满足以下几个方面的要求。

（1）安全性。缘于移动通信的本质，安全性对于移动电子商务是非常重要的。任何人通过无线网络传送信息时，理论上其他人都可以截获该信息。虽然移动通信运营商已经为信息传送加密，但是移动商业和银行系统需要更高级的安全保障。例如，运营商必须提供端对端信息传送的加密，这些是移动网络运营商在其现行的数字移动系统上无法提供的。

（2）冗余。移动电子商务和银行系统要有很高的冗余，能够应付数百万名用户和成千上万笔同步交易。

（3）服务推出的及时性。商家迫切需要移动电子商务系统在较短的时间内投入使用，开发周期一般为 60—120 天甚至更短。

（4）灵活性。移动电子商务系统需要有很高的兼容性和开放性。消费者时常寻求新服务和应用，移动电子商务系统应该能迅速和方便地提供这些需求。用户也应当能够自由地使用各种各样的移动设备。

（5）公认标准。由于银行、商业和通信世界已经有了自身公认的业务标准，一个移动电子商务系统应当符合这些标准来减少成本和执行的时间。

（6）处理特殊事件的能力。移动电子商务要求有特殊处理的功能，与固定网络比较，无线交易由于 GSM 网络在跨服务区传输信号时存在硬切换，经常在处理事务时出现掉线，或者在交易进行时移动终端关闭。一个移动电子商务系统应该能可靠地处理这样的情况。

14.1.2 移动电子商务的特点

互联网与无线技术的结合为服务提供商创造了新的机会，使之能够根据客户的位置和个性提供多样、快捷的服务，并能频繁地与客户进行交互，从而建立和加强与客户的关系，降低服务成本。表 14-1 列出了无线通信技术的几个特点。

表 14-1　无线通信技术的特点

无线通信技术的特点	说明
移动/无处不在	提供任何时间、任何地点的接入
个性化	移动设备的界面是最个性化的
安全	使用者不会隔绝，使用者可以在安全的距离上实现远程控制
速度	不用插入通电，具有较高的数据传输速度
与基础设施连接容易	不需要物理的连接
定位/跟踪	无论何时何地都能即时知道准确方位

同传统电子商务相比，移动电子商务具有自己的特点。

（1）广泛的用户基础。2024 年 3 月 22 日，中国互联网络信息中心发布的第 53 次《中国互联网络发展状况统计报告》数据显示，截至 2023 年 12 月，我国网民规模达 10.92 亿人，较 2022 年 12 月新增网民 2480 万人，互联网普及率达 77.5%。我国网络基础资源不断优化，截至 2023 年 12 月，IPv6 地址数量为 68 042 块/32；国家顶级域名“.CN”数量为 2013 万个；互联网宽带接入端口数量达 11.36 亿个。此外，截至 2023 年 12 月，累计建成 5G 基站 337.7 万个，覆盖所有地级市城区、县城城区；发展蜂窝物联网终端用户 23.32 亿户，较 2022 年 12 月净增 4.88 亿户，占移动网终端连接数的比例达 57.5%，物联网发展提质迅速。2023 年，我国各类互联网应用不断深化，用户规模持续增长，推动“使用互联网的个人比例”达到 90.6%”，覆盖网民的日常学习、出行、工作、医疗、生活等方方面面。

（2）多样化和人性化。移动电子商务不仅能提供互联网的直接购物，还是一种全新的销售与促销渠道。它全面支持移动互联网业务，可实现电信、信息、媒体和娱乐服务的电子支付。不仅如此，移动电子商务也不同于目前的销售方式，它能完全根据消费者的个性化需求和喜好来提供更加人性化的服务，用户随时随地都可使用这些服务。

（3）灵活的付费方式。服务付费可通过多种方式进行，以满足不同需求，可直接转入银行、用户电话账单或者实时地在预付账户上借记。通过个人移动设备来进行可靠的电子交易的能力被视为移动电子商务业务的一个重要方面。设备的选择以及提供服务与信息的方式完全由用户自己控制。

（4）随身随地性。移动互联网的终端设备可以是蜂窝移动电话或 PDA，它们都具有分组数据连接功能。与传统的互联网访问设备不同，这些移动终端设备更加灵活方便、更加个性化，用户可以随身携带。通过移动电子商务，用户可随时随地获取所需的服务、应用、信息和娱乐。用户可以在自己方便的时候，使用移动电话或 PDA 查找、选择及购买商品和服务。采购可以即时完成，商业决策也可即时实施。

（5）个性化。利用移动通信网的信息服务，其服务对象是手机用户，每个用户将获得该服务提供的完全个性化的服务内容。

（6）更加安全可靠。移动电子商务使用了移动通信与互联网结合的技术，因此在移动用户的信息交互中能准确定位用户的信息，这并不需要用户输入用户名与口令。通过移动通信的数据传输，流动信息更难被截取和破译。通过移动通信网进行数据传输时不会像传统互联网一样经过许多不可靠节点，因此现有的黑客技术不再有效。数据传输过程中的安全性得到很好的保证，这使移动电子商务具有更大的可行性。

（7）丰富的信息资源。由于无线互联网的信息来源是互联网，相对于当前市场上的个人消费类电子产品（PDA、商务通等）来说，其优势在于互联网所具有的信息存储能力与丰富的信息资源。该信息平台可以将现有互联网上的信息资源通过采集、整理按照不同的特定要求提供给不同的用户。

（8）收入来源。目前移动电子商务的收入来源主要分成付费内容、网上交易、广告三部分。付费内容通常包括电子阅读、手机游戏、手机电视、手机搜索等；网上交易以移动支付为主；广告作为互联网繁荣的根本盈利模式，其目前的增长速度较慢，但可能成为下一代移动互联网繁荣发展的动力因素。传统互联网网站的主要收入是网络广告，比较大的门户网站的广告额占其销售额的比例甚至达到90%以上，而付费的内容相对就少得多。

14.1.3 移动电子商务的服务

移动电子商务提供“随时、随地、随意”的商务，这决定了它在商务应用领域有着先天的优势。现代企业普遍面临着来自成本、生产率、产品销售以及客户服务等方面的竞争压力，拓展产品销售渠道、提高员工生产率、降低运营成本以及提升客户服务质量，是现代企业提升市场综合竞争能力的关键。移动电子商务在上述几个环节都能发挥明显作用：通过随时处理数据能力的增强，可以提高员工的工作效率和生产率；通过直通式处理［如 STP（spanning tree protocol，生成树协议）］可以降低销售渠道成本等；通过随时提供的客户关系可以提高客户满意度；通过加快产品信息的传递可以提升企业产品竞争优势；等等。

互联网、移动通信技术和其他技术的完善组合缔造了移动电子商务，但真正推动市场发展的却是多样的服务。目前，移动电子商务主要提供以下服务。

（1）交易。移动电子商务具有即时性，因此非常适用于股票等交易应用。移动设备可用于接收实时财务新闻和信息，也可确认订单并安全地在线管理股票交易。

（2）娱乐。移动电子商务将带来一系列娱乐服务。用户不仅可以在他们的移动设备上收听音乐，还可以订购、下载或支付特定的曲目，并且可以在网上与朋友们玩交互式游戏，还可以游戏付费，并进行快速、安全的游戏。

（3）购物。借助移动电子商务，用户能够通过其移动通信设备进行网上购物。即兴购物会是一大增长点，如订购鲜花、礼物、食品或快餐等。传统购物也可以通过移动电子商务得到改进。例如，用户可以使用“无线电子钱包”等具有安全支付功能的移动设备，在商店里或自动售货机上进行购物。

（4）订票。通过互联网预订机票、车票或入场券已经发展成为一项主要业务，其规模还在继续扩大。互联网有助于方便核查票证的有无，并进行购票和确认。移动电子商务使用户能在票价优惠或航班取消时立即得到通知，也可支付票费或在旅行途中临时更改航班或车次。借助移动设备，用户可以浏览电影剪辑、阅读评论，然后订购邻近电影院的电影票。

（5）银行业务。移动电子商务使用户能随时随地在网上安全地进行个人财务管理，进一步完善互联网银行体系。用户可以使用其移动终端核查其账户、支付账单、进行转账以及接收付款通知等。

（6）手机搜索。手机搜索引擎整合搜索、智能搜索、语义互联网等概念，综合了多种搜索方法，可以提供范围更宽广的垂直和水平搜索体验，更加注重提升用户的使用体验。手机搜索给用户提供方便快捷的移动内容搜索，搜索结果更具相关性，用户可以定制自己的搜索引擎和确定的互联网内容，这给予了用户相当程度的自由和灵活性，让用户对条理清晰的手机搜索服务赞叹不已。对运营商来说，要加大对搜索领域的投入与积极参与，加速手机搜索引擎和移动增值业务的融合，帮助搜索引擎向信息化产品集成平台转变。

（7）无线医疗（wireless medical）。医疗产业的显著特点是每一秒钟对病人都非常关键，所以医疗行业十分适合于移动电子商务的开展。在紧急情况下，救护车可以作为进行治疗的场所，而借助无线技术，救护车可以在移动的情况下同医疗中心和病人家属建立快速、动态、实时的数据交换，这对每一秒钟都很宝贵的紧急情况来说至关重要。这种服务是在时间紧迫的情形下，向专业医疗人员提供关键的医疗信息。由于医疗市场的空间巨大，并且提供这种服务的公司为社会创造了价值，同时这项服务又非常容易扩展到全国乃至全世界，因此我们相信在这整个流程中存在着巨大的商机。

（8）定位服务。随着随身电子产品日益普及，人们的移动性在日益增强，对位置信息的需求也日益高涨，市场对移动定位服务的需求将快速增加。随着移动网络渗入现实世界，未来移动定位功能将更加注重个性化信息服务。手机可提醒用户附近有哪些朋友，来自亲朋好友甚至陌生人的消息会与物理位置联系起来。父母能够利用相同的技术追踪他们的孩子。随着移动定位的市场认知、内容开发、终端支持、产业合作、隐私保护等方面的加强，移动定位业务将彰显出巨大的商机，只要把握住市场的方向，便将获得很高的回报。

总之，随着技术的不断进步，移动电子商务所提供的服务也越来越丰富，如电子阅读、社交网络、即时数据通信、流媒体业务、微博、微信等已经成为智能手机最基本的应用。

移动电子商务引起了从客户有需要便到有计算机的地方阶段向有客户的地方就有计算机阶段的变迁，即从以 PC 为中心向以客户为中心的移动模式的转变。对商务来说，所有这些变化意味着在未来的十年中，移动计算机设备将变得像宽带接入一样普通，新型无线网络的应用将日益广泛。计算机技术和无线技术的最终融合，对从汽车到玩具等的一切事物都将产生深远的影响。因此，现有的商业模式必须改变，这样才会使企业取得竞争优势。

这种演进所带来的最有意义的经济效果就是将增强企业与客户、企业与员工以及企业与供应商之间的实时交互。管理层必须充分估计到以客户为中心的大趋势将如何改变其现存的商业模式，并将如何推动企业发展，以获得技术性变革所带来的最大利润。在移动电子商务中建立能够产生收入的商业模式的研究正在进行，它清楚地表明那些网页中的广告标语不会是最终答案。消费者还会愿意为无线上网付费吗？消费者还会愿意为AOL、亚马逊、雅虎这样的门户网站提供的各类网站地址付费吗？或者消费者能够使用类似有线电视一样的付费方式来使用基础的或者额外的服务吗？一些公司已经在设计高质量的服务计划，并将为那些愿意为此付费的用户提供高质量的数据连接。

14.1.4 推动移动电子商务发展的因素

移动电子商务近年来之所以发展迅猛，总结起来主要有以下四大支撑因素。

（1）无线协议的逐步推出。随着互联网的迅速发展、移动互联能力的逐步提高，新的无线协议标准正在走向统一。正如 TCP/IP 协议和通用浏览器推动了互联网的发展一样，无线标准的逐步统一将促进异构无线装置的互联和通信，如最初的 WAP 标准。但是，由于 WAP 也有其局限性，如服务费居高不下、现有的 WAP 网站内容贫乏，且多数服务内容大同小异，毫无个性可言；另外，WAP 可持续服务跟不上，缺少更进一步的投资去对 WAP 服务进行开发和维护。在这种情况下，一种新型的 W3C 协议出现了，该标准使得无线装置能够完全接入 Web 及其信息库。这些规范中包括语义更加丰富的信息应用扩展式标记语言（XML）、应用改进型层叠样式表和扩展式样式表语言，它们克服了WAP 的缺点，并带来了崭新的应用。

（2）移动设备增长迅猛。2017 年的数据显示全球使用移动设备的实际人数已达 50.07亿人，以全球人口 75.11 亿人来计算，个人移动设备的拥有率达到 67%左右。此外根据Ericsson（爱立信）公开的报告，智能手机用户占所有用户的比例约为 55%，即大约有27.5 亿人本身有一部或以上智能手机；到了 2023 年年中，全球移动用户总数已经达到83 亿人，显示拥有和使用智能手机的情况已越来越普遍。如此庞大的用户群或潜在用户群，在规模上具有明显的优势，市场启动将会非常迅速。面对这一发展趋势，信息技术业应清楚地看到移动商务的巨大能量，不失时机地制定对策，使自己在市场竞争中领先一步。

（3）接入技术日趋成熟。随着第五代移动通信技术 5G 的兴起和应用，移动电子商务不仅可以克服在传输速率方面的弱点，而且可支持多媒体传输。那时，话音、数据、单向/双向视频的综合传输有可能使移动电子商务在任何移动装置上运行。

（4）接入费用逐渐降低。与其他通信技术相比，移动互联技术相对来说对投入的要求比较低，因此服务费用必然大幅下降，从而降低门槛，吸引更多的用户，进而推动移动电子商务的发展。在以上诸多因素的推动下，移动电子商务的市场基础已经颇具规模。

14.2 移动电子商务的现状与发展

移动电子商务在全球范围内得到了发展。有了手机、笔记本电脑、平板电脑，用户随时随地无线上网已成为现实。

14.2.1 国外移动电子商务的发展现状

1. 美国移动电子商务的发展现状

美国的电子商务市场起步较早，在过去十年中不断发展，至今依然是全球最大的电子商务市场之一。根据 Statista 的数据，2021 年美国零售电商收入估计约为 7680 亿美元，Statista 数字市场展望预测，2022 年美国在线购物收入达到了 1.09 万亿美元，到 2025 年将超过 1.3 万亿美元。

艾瑞咨询认为，驱动美国移动端电子商务交易额增长的主要原因有以下三点。第一，移动电子商务交易额的迅速增长得益于智能手机和平板电脑等移动设备的普及。数据显示，2014 年 4 月美国智能手机用户达 1.66 亿人，智能手机普及率超过 50%，庞大的移动智能终端用户为移动电子商务提供了巨大的市场潜力。第二，相较于 PC 端电子商务，移动电子商务具有独特的优势。移动电子商务因为接入方式无线化，使得网络范围延伸更广阔、更开放，进而消费者可以随时随地购物。第三，消费者购物习惯已发生转变。移动互联网的产生和发展改变了人们的生活方式，移动网购以便捷和价格低廉的购物体验吸引了越来越多的消费者。此外，电商在移动电子商务上发力，采用打折促销等活动，进一步促使用户逐渐养成移动端购物的习惯。

美国花旗银行、法国 Gemplus 公司和美国 M1 公司早在 1999 年 1 月就携手推出了手机银行，客户可以用 GSM 手机银行了解账户余额和支付信息，并利用短信息服务向银行发送文本信息执行交易，客户还可以从花旗银行下载个人化菜单，阅读来自银行的通知和查询金融信息。这种服务方式更加贴近客户，客户可以方便地选择金融交易的时间、地点和方式。随着智能手机和平板电脑的普及，手机银行业务的增长速度更快，查询账户和交易信息仍然是美国手机银行用户最为普遍的使用手机银行应用的行为。

2. 欧洲移动电子商务的发展现状

在欧洲聚集着诸多世界顶尖的移动网络设备制造商、移动通信设备制造商、移动终端设备制造商、IC 卡制造商以及移动运营商，这为欧洲国家开展移动电子商务业务提供了技术前提；欧洲人均收入水平高，移动终端用户数量大；虽然欧洲同样拥有众多移动运营商，但不同于美国的是欧洲绝大多数移动通信的制式为 GSM，这为移动电子商务业务的开展提供了统一的标准。这些因素都使得欧洲成为世界上移动增值业务和移动电子商务开展较成熟的地区。

欧洲电子商务协会（Ecommerce Europe）与欧洲商业协会（EuroCommerce）联合发布了《2023 年欧洲电子商务报告》。近年来，欧洲面临着高通胀率和地缘政治动荡等多种因素对消费者购买力和全球供应链的影响。然而，欧洲的 GDP 和电子商务市场仍在稳步增长。2022 年，欧洲 B2C 电子商务的营业额达到 8990 亿欧元，增长率为 6%，但较 2021 年的 12%出现了明显下降。预计 2023 年增长率将略有回升，达到 8%，而到 2030 年，电子商务预计将占据欧洲整体零售市场的 30%。

在欧洲电子商务领域，各区域展现差异化的活跃度和成熟度，整体呈现强劲增长。以下是各地区的特点。

西欧：以 67%的营业额占比和 5.2%的 E-GDP（电子商务销售额占 GDP 的比例），西欧在电子商务发展和市场成熟度上处于领先地位。

北欧：拥有 97%的互联网普及率和 3.3%的 E-GDP，北欧展现出电子商务的高活跃度和成熟度，尤其在可持续发展和环境保护方面为绿色企业提供丰富商机。

东欧：尽管电子商务营业额仅占比 2%，但数字经济迅速增长，88%的互联网用户比例预示着该地区具有巨大的电子商务发展潜力。

南欧：以 16%的营业额占比和相对较高的 E-GDP（3.9%）展现一定的电子商务活跃度和影响力。

中欧：以 8%的营业额占比和相对较高的 E-GDP（2.9%）表明在电子商务领域也具备一定的活跃度和影响力。

14.2.2 中国移动电子商务的发展现状

我国目前的移动电子商务市场分为两个部分。一是虚拟商品。主要是各运营商旗下的服务提供商所提供的收费图铃、游戏下载或其他资讯类业务。中国工商银行、中国建设银行等多家银行和支付宝开通了通过手机缴水电费、话费等业务。二是实体商品。目前国内有淘宝网、京东商城、1 号店等，它们将移动电子商务融入生活，为人们带来更多生活的便利。由此可见移动电子商务是大势所趋。

从国内的发展状况看，2023 年 1—9 月我国移动电子商务具有如下特点。

（1）网络零售助推消费：构建网络消费促进矩阵，全国网上年货节、双品网购节举办 100 余场活动，深挖消费潜力。①网上零售增速显著：全国网上零售额达 10.8 万亿元，同比增长 11.6%，高于社会消费品零售总额增速 4.8 个百分点。②多品类在线畅销：金银珠宝、通信器材、酒类增长均超 20%。③高速增长的在线服务：在线旅游服务和在线文娱销售额分别增长 241.1%和 94.9%，在线餐饮服务增长 27.4%。

（2）新业态蓬勃发展：国家电子商务示范基地推动直播、短视频和即时电商规范健康发展。①带动消费增量：全国直播电商销售额达 1.98 万亿元，同比增长 60.6%，拉动网络零售额增速 7.7 个百分点。②促进创业就业：活跃电商主播数增长 164.3%，企业自播比例提升至近一半。③推动产业转型：老字号纷纷通过直播触网，拓展新营销渠道。

（3）数实融合助力产业升级：推动农业全链条数字化转型和电子商务与制造业深度融合。①农村网络零售额增长 12.2%：茂名市农民通过电商卖荔枝活动销售收入达 23.5 亿元。②工业品垂直行业 B2B 平台崛起：提供全流程在线化服务，形成特色数字化产业带。

（4）“丝路电商”全球注入动力：通过双边电子商务合作、共享数字经济机遇和打造经贸合作新引擎。①跨境电商进出口增长 14.4%：与 30 个“丝路电商”伙伴国跨境电商进出口额占我国跨境电商进出口总额超三成。②共享数字经济发展机遇：促进产业对接和政企交流，完善数字基础设施，推动全产业链发展。③经贸合作新引擎：创建“丝路电商”合作先行区，创新体制机制，扩大制度开放。

当然，我国移动电子商务的发展也受到一些因素的制约。第一，移动电子商务的模式有待完善。目前我国内容提供商和手机提供商的实力较弱，内容提供商仅限于几家门户网站或运营商本身的业务开发部门，广大的中小型企业没有参与其中。第二，我国在电子商务特别是网络支付、安全认证方面的立法有待完善。第三，移动通信技术本身的制约。比如移动电子商务需要广泛的网络覆盖，特别是在偏远地区。如果某些地区的移动网络覆盖不足，用户将难以访问电商平台，限制了市场的拓展。第四，我国移动电子商务人才较为紧缺。

14.2.3　移动电子商务的解决方案

移动电子商务在各国如火如荼地发展着，各国公司纷纷推出了自己的移动电子商务解决方案，试图在这一新兴的领域中提前占领市场制高点，这些移动商务的推出极大地促进了移动商务在全球的发展和应用。下面简单地介绍一下各国公司已经推出的移动电子商务解决方案。

1. 爱立信

在 2012 年“世界移动通信大会”举办前夕，爱立信对外公布了其全新的移动电子商务解决方案和服务系列组合，旨在加快新兴移动电子商务生态系统与金融界之间的获取性和相互联系，以快速实现下一代移动金融服务的目标。

爱立信推出了两项全新的移动电子商务业务，即 Ericsson Converged Wallet（爱立信融合钱包）和 Ericsson Merchant Wallet（爱立信商家钱包）。这两项全新业务已与 Ericsson Wallet Platform（爱立信钱包平台）和 Ericsson M-commerce Interconnect（爱立信移动电子商务互联平台）同时在“移动世界服务”（Mobile World Services）六号展厅内展出。

在 2017 年中国移动全球合作伙伴大会期间，在由爱立信与高通联合举办的 5G 领袖论坛上，爱立信与中国移动共同宣布，双方携手打造的“工业互联网+和创空间”（CMCC-Ericsson Garage）项目入孵通道正式开启。该空间作为中国移动“行业互联网+和创空间”的第一个与外部合作伙伴共建的子空间，专注工业物联网、工业大数据、智能制造等领域的创新孵化。

截至 2023 年 7 月，爱立信 5G 无线设备全球出货量突破 1000 万。而爱立信在 5G 解决方案上的投入，使其连续三年获得重要独立分析机构报告的认可（包括 Gartner 发布的 2023 年《全球云数据库管理系统魔力象限》和《Frost Radar：2023 年全球 5G 基础设施市场》)；此外，爱立信也在最新的 ABI Research 通信设备供应商可持续发展报告中名列第一。

2. AT&T 结盟亚马逊

AT&T 公司在成为美国第一个提供无线高速接入服务的电信运营商后，宣布与亚马逊公司结成联盟，共同为移动电话用户提供手机购物服务。该项全新服务的目的是把亚马逊公司广受欢迎的购物功能由互联网上搬到手机里，后者几乎可以提供与前者一模一样的服务，如一站式订购、产品介绍和产品推荐等。亚马逊网上商店只是AT&T公司提供给用户众多无线数据通信服务的一种。AT&T公司把这类服务统称为PocketNet，意为可以放在口袋里的互联网。

此外，在线零售商亚马逊公司开设了移动拍卖业务，将其业务领域扩展到了移动商务空间。亚马逊移动拍卖服务是一种无线服务业务，它可向移动电话用户提供投标与提示服务。

14.2.4 移动电子商务的发展建议

1. 提供吸引用户的服务

对消费者的研究证明，提供成功的无线服务将给无线网络带来无与伦比的特征优势。换句话说，这些服务应该为用户建立新的移动经历，而不能去尝试模仿已存在的经历。

移动电子商务能够利用移动特性，建立具有无线特征的服务，使消费者享受移动经历，从而获得利润。这就要求用创建性的方法来思考怎样为消费者提供移动服务和怎样配置、剪裁来提供适用性的服务问题，开发基于用户经验的服务，并为用户带来实用的价值。

2. 建造移动电子商务的技术基础设施

移动电子商务的技术基础设施建造要注意以下三个问题。

（1）移动装置具有对屏幕尺寸严格的限制，以及使用笨重的文本输入机制的缺点。一些人认为，除非移动无线装置能够克服这些缺点，否则大多数消费者将继续使用他们家中有简单、漂亮界面的PC。一种在很小的移动装置上输入文本的可能方法是语音识别技术。如今，我们可以看到具有发出口头命令的移动设备，并且能够支持多媒体业务。

（2）目前的网络主要支持声音的传播，而不是为同时进行声音和数据的传播而建设的，更不用说传送大规模的数据了。这种数据业务将给无线网络带来巨大挑战。这种挑战不仅需要无线网络增强处理日益增长的业务量的能力，还需要其基础设施及服务提供者增强处理包交换的能力。在数据业务发展时期，网络容量将是解决问题的关键，对于数据呼叫来说，开始数据呼叫，然后中断或停止，再开始呼叫，这将是非常复杂的难题。当语音电话被打断后，语音电话可以重新被回拨。但对一个数据电话来说，如果电话被打断，然后再开始与调制解调器重新协商，重新恢复顺序，将是一件很麻烦的事情。

（3）必须创建可用的、灵活的计费系统。预付用户的快速增长和更多的漫游服务是引发计费困难的两个例子。新的账单系统需要有足够的灵活性去支持移动电子商务，因为账单是事件驱动的并且是实时的，来自原有电信系统的计费系统将不再适用。

3. 建立统一的移动电子商务标准

对于标准而言，技术上的互操作是关键的。目前，WAP、GPRS（general packet radio

service，通用分组无线业务）和 bluetooth 等标准已被采用和实施。除了这些标准以外，也需要有关于 PKI 的一些标准。

4. 更高的安全和可靠性

工业界对移动电子商务有普遍的认同，如果不能保证交易的安全可靠，那么移动电子商务将得不到快速发展。对任何移动电子商务而言，需要讨论以下两个问题，即数据传播的安全和参与交易组织之间的信任。加密只是意味着去解决安全传播的问题，这样的安全措施离真正的安全还很远。这种需求已经驱动很多公司去为无线工业开发安全的软件系统。

5. 管理者思维的转变

管理者必须注意到他们管理系统结构的能力和处理过程。为减少复杂性和不确定性带来的风险，公司需要设计灵活的、具有可伸缩性的系统结构。管理者必须建立一个能快速应变的系统。例如，如果负荷量超过需求，那么系统将能够从容应对。系统必须也是模块化的，以使得企业能够增加其他服务功能——在正确的时间增加正确的特征或功能。另外，与后端系统的联系也是必须仔细考虑的一部分。

6. 建立移动电子商务的商业模式

新技术自己不能去创建一个成功的移动电子商务环境，还需要一种全新的商业模型，这种模型也将推动技术的发展，并且这些商业模型本身需要向盈利的方向发展。对于给定的运营商的消费，定义一个具有充分收入和合作伙伴的模型是关键。

建立成功的移动电子商务是一个系统的工程。在借鉴传统电子商务的经验的同时，也要看到有线与无线之间存在着本质的区别，建立成功的移动电子商务需要创新的精神。

14.3　移动电子商务的基础——移动互联

移动电子商务真正实现了电子商务网随时随地传输信息的梦想，是对有线电子商务的一种革命性超越，因此必将引发产业革命的突破性变化。它在很大程度上塑造了未来一段时间的商业模型，并且也重构了基于电子商务网的商业生态系统。移动商务和移动服务有机会在电子商务领域取得成功，移动商务将是电子商务的新引擎，其方法是向用户提供快捷的购物、付款和寻求产品的途径。

14.3.1　移动电子商务与移动互联网

移动电子商务的发展还需要商业模式的创新，这可以说是移动电子商务发展的最大潜在障碍。移动互联网与有线互联网有着本质上的区别，这主要体现在用户的需求截然不同。同样，基于有线互联网的应用和基于移动互联网的应用也存在不同，如“浏览新闻”是有线互联网中常见的应用。移动电子商务走向成熟的最后一关，就是解决商业模式的问题，实现应用和服务模式的创新，真正把握住用户的核心需求，提供最有价值、最符合行业特点的增值服务。但是商务应用仍然是一个很宽泛的概念，要想把商务应用做好、做透，必须按照行业间的不同特点，采取细分化的发展策略。无疑，移动电子商务能够给现代企业带来巨大的利益。

21 世纪的全球信息技术产业将由过去以技术和产品为重点的时期进入一个以应用和服务为主导的新时期。5G 时代的开启以及移动终端设备的凸显必将为移动互联网注入巨大的能量。移动电子商务带来了互联网应用模式的变迁，这种变迁就是从以计算机为中心向以客户为中心的移动模式的转变。同时，需要强调的是，电子商务向移动电子商务发展的过程中，并不需要废弃原有的固定网络，而是要在无线网络和移动网络之间实现无缝连接。从这个意义上来讲，移动通信技术、无线局域网技术和互联网技术将会成为支撑移动电子商务的基本依托力量。

移动互联将会催生一条新的产业链条，在设备供应商、运营商之外，增加一系列新的环节。开展移动互联、发展基于移动互联的商务应用必须建立一个应用平台的支撑系统，有新的数据开发商，有内容供应商，有内容的汇集中心，有门户网站，这是一条新的价值链。

14.3.2 移动互联网简介

电子商务以 PC 为主要媒介，是“有线的电子商务”；而移动电子商务，则是通过手机、PDA 这些可以装在口袋里的终端与我们谋面，无论何时、何地都可以进行移动端的网上购物。移动电子商务将决定 21 世纪新企业的风貌，也将改变生活与旧商业的地形地貌。

移动电子商务利用手机、PDA 等无线设备进行 B2B 或 B2C 模式的电子商务，以前这些业务一贯是在有线的 Web 系统上进行的。与传统通过电脑（台式 PC、笔记本电脑）平台开展的电子商务相比，其拥有更为广泛的用户基础。

终端设备可以小到掌上，移动通信可以便宜到人人用得起，互联网上集聚了大量信息，三者结合即是移动互联网，这就是著名的“巴掌定律”。应该说明的是，移动互联网绝不是固定互联网在无线领域里的简单延伸，移动互联网业务也不是固定互联网业务在无线领域里的简单延伸，二者无论是在服务对象还是在开展方式上都有很大的区别。移动互联网继承了移动通信和互联网的双重优点和精华，同时又是独具特色的一种新兴产业。

移动互联网最重要的意义在于它把锁定在一个个固定站点中的信息释放到时空中去了，每一个活动的个体都成了移动的网络节点，可随时随地获取所需信息。在有线互联网里，是“人找网”“人上网”，个体不得不受制于网络节点的固定性。在移动互联网里，这种关系发生了逆转，形象地说是“网追人”，“移动而互联”的愿望变为现实。表 14-2 显示了移动互联网与传统互联网的区别。

表 14-2 移动互联网与传统互联网的区别

项目	移动互联网	传统互联网
市场方面	面向手机、PDA 以及笔记本电脑等；易于用户操作（如电话操作或不需重新配置网络）；仅允许小幅度地提高成本；信息需求量相对较小；访问互联网时，手机和台式机两种接入方式的需求不同；上行和下行不均衡问题更为严重	面向台式计算机和笔记本电脑；用户需要有一定的计算机和网络知识；信息需求量相对较大；上行和下行不均衡问题严重
网络方面	对无线频谱和功率的限制使得带宽较小，而带宽成本则相对较高，同时分组交换的发展使信道变为共享；时延较大；连接可靠性较低，超出覆盖区，服务拒绝接入；安全性问题严重；可预见性差；位置管理和切换问题有待研究	连接可靠性高；可预见性强；但也存在安全性和时延问题
设备方面	体积和功耗受限；显示和输入装置较小；输入方式有按键、触摸、语音和手写等几种	受限程度小；主要输入方式为按键

基于移动互联网平台开展各种业务，优势体现在个性化、实用化，以及时间和位置的高度灵活性上，这些独具魅力的特征是极大的优势，将产生巨大的市场。

首先，移动互联网业务创造了一种全新的个性化服务理念和商业运作模式。针对不同用户群体和个人的不同爱好和需求，为他们量身定制出多种差异化的信息，并通过不受时空地域限制的渠道，随时随地传送给用户。终端用户可以自由自在地控制所享受服务的内容、时间和方式等。移动互联网充分实现了个性化的服务。

其次，相对于固定互联网，移动互联网灵活、便捷、高效。移动终端体积小而易于携带，移动互联网里包含了各种适合移动应用的各类信息。用户可以随时随地进行采购、交易、咨询、决策、交流等各类活动。移动通信技术本身具有的安全和保密性能与互联网上的电子签名、认证等安全性协议相结合，保证为用户提供服务的安全性。这些独具的特性，帮助人们更有效地安排工作和生活，移动互联网成为生活新时尚。

最后，不受时空限制，一直是人们追求的梦想。目前，移动互联网在最大限度上实现了社会资源更自由、更大范围的调配和更快速、更便捷的流通，从而影响和改变着财富增长的速度和分配的方式。这种变化所释放出来的巨大能量必将影响未来信息社会人们数字化生活方方面面的需求，进而滚雪球般地创造出越来越多的机会和财富。

14.3.3 移动电子商务的行业应用

行业应用可以激发移动电子商务最大的潜在能量。移动电子商务服务和设备供应商只有充分挖掘特定行业对于移动信息处理和移动计算的潜在需求，并将这些需求体现在自己的服务和设备上，才能最大限度地发挥移动电子商务的增值功能，从而使移动电子商务产业链条向更深的领域延伸。

虽然移动电子商务技术是近些年发展起来的，但是我们可以看到，人们对移动电子商务需求的提出是基于传统的业务和应用的，可以这样说，移动电子商务的应用将是传统应用的扩展与延伸，它利用先进的信息技术拓展应用模式，改变我们的生活方式。所有已有的应用都可以呈现在移动电子商务领域，同时还会有更多传统领域无法实现的应用得以实施。移动电子商务的应用范围将无所不包、无处不在，下面介绍几个主要应用领域。

1. 零售行业

目前，零售业市场的竞争越来越激烈，能够快速反应市场变化的系统变得越来越重要。在交易点上捕捉并访问企业数据的能力意味着零售商将获取最新的市场信息及客户的需求。在零售行业中，POS 机、条码扫描仪、手持电脑这些移动设备融入了无线通信技术，配备了相应的操作系统，并以企业的中心数据库和移动设备中的小型数据库为基础构成零售行业应用系统中移动的部分。在一个理想的移动环境中，可以采用嵌入了 Palm OS、Pocket PC 或 EPOC 等操作系统的、具有移动通信功能和一定存储能力的移动设备，如常见的笔记本电脑、PDA、Palm 以及移动电话等，还包括一些非 PC 类设备，如 POS 机、条码扫描仪、信息家电等。通常，在这些移动设备中都包含了一个移动数据库，通过移动数据库的同步机制完成与中心数据库的数据交换。

不妨假设这样一个应用环境，零售网点的工作人员利用配有 Pocket PC 操作系统的手提电脑和 POS 机方便地记录下零售网点的出/入货数量，通过无线网络的连接，利用包含在移动设备中的移动数据库提供的同步机制，将结算和盘点的信息传送到总公司的货物流通管理系统中，同时接收总公司下发给不同零售网点的数据。这一切实现起来方便快捷，大大提高了数据在整个企业范围内的共享，并确保了信息的快速更新。

2. 无线医疗

在无线医疗的商业模式中，病人、医生、保险公司都可以获益，也愿意为这项服务付费。这种服务是在时间紧迫的情形下，向专业医疗人员提供关键的医疗信息。由于医疗市场的空间巨大，提供这种服务的公司将为社会创造价值。

3. 移动资产管理和诊断

无线电子商务技术与 GPS 技术的结合，可以使人们远程定位、监控资产以及对资产进行诊断，这大大节省了时间、人力并减少了使用者的错误。设想在一个繁忙的码头或是建设工地，只要给每台设备装上一个小小的发射器，这些设备就会始终在你的监控之下。在家用汽车市场，这个应用很有市场前景。以美国为例，汽车盗窃是最大的财产犯罪，每年此项损失达到 70 亿美元。事实上，在美国每 23 秒就有一辆车被盗。现在美国已经出现了专门为汽车定位服务的公司。另外，维护和检修一些固定的机器是一件非常费时费力的工作，如自动售货机的检修，这些机器能够被远程监控，可以大大节省日常的维护工作。这种技术最适合使用在有昂贵的设备需要维护的垂直行业，如工人可以远程控制他们的机器，运输商可以实时监控他们车队、船队的情况。

4. 金融行业

移动银行可以使客户在远程对“自己的银行业务”实现简单操作，方便省时、降低成本，同时又安全可靠、机动灵活。客户可以在任何时间、任何地点进行银行交易，节约了去银行的时间。出差或旅游在外，仍可以方便地享受银行服务。不仅可以依靠电脑、调制解调器和电话线，还可以凭一部手机随时操作电子商务。

移动银行业务主要包括银行账户操作、支付账单、信用卡账户操作、股票买卖、联机外汇、信息通知、移动商务和第三方身份验证等。

移动银行可首先从银行的现有电话银行和网上银行业务入手，即把原有有线电子银行服务业务转换到移动电话和 WAP 手机上，同时随着双向寻呼机和各种掌上设备的迅速发展，移动用户可以利用这些设备进行日常金融活动，如查阅债券、转账和支付账单，让客户把“银行”带在身边，使其能够为总是处于运动和静止之中的客户提供及时、准确、方便和个性化的服务。

5. 物流领域

物流信息化是与国际接轨的重要基础。及时、准确的信息有利于协调生产、销售、运输、储存等业务的开展，有利于降低库存、节约在途资金。在物流领域的运输、储存保管、配送等重要环节中，移动商务有着广阔的应用前景。

在运输环节，利用移动商务机与 GPS/GIS 车辆信息系统相连，使得整个运输车队的运行受到中央调度系统的控制。中央调度系统可以对车辆的位置、状况等进行实时监控。另外，通过将车辆载货情况以及到达目的地的时间预先通知下游单位配送中心或仓库等，有利于下游单位合理地配置资源、安排作业，从而提高运营效率、节约物流成本。

在储存保管环节，带有小型移动数据库的手持移动商务设备将是一个非常理想的工具。利用移动商务设备管理库存数据，并通过无线通信网将数据直接写入中央数据库，这样，将数据输入手持商务设备与输入中央数据库的工作一次性完成，提高了信息的时效性，有利于物流的优化控制。

在配送环节，带有小型移动数据库的手持移动商务设备同样是非常理想的信息工具。在物品投递的同时，输入手持移动商务设备的数据，并通过无线通信网同时输入中央数据库。因此，几乎在物品投递的同时，用户即可查询到物品已投递的信息。

移动互联网的技术和物联网相结合，使得人们可以随时随地监督自己的物流信息，移动电子商务的发展将使得物流信息做到真正的无缝连接，使得物流信息的全程控制真正实现实时高效，从而也就更好地满足了用户跟踪查询的需求，并且物流的高效运营将进一步促进电子商务的发展。

6. 移动娱乐

移动娱乐业务的种类分为移动游戏、移动视频、移动音乐等。以移动游戏为代表的移动娱乐业务能够为运营商、服务提供商和内容提供商带来附加业务收入。移动娱乐有机会成为移动产业最大的收入来源，同时也是鼓励移动用户消耗剩余预付费通话时间金额的最佳手段。移动娱乐业务前景广阔，它将是运营商可提供的又一项有特色的移动增值业务，也是防止客户流失的有力武器。

移动游戏将成为下一代移动业务的增长点。有研究表明，移动游戏将促进用户接受下一代移动设备，而这些设备使用的增长也将为非移动的游戏市场带来积极的影响。

14.4 移动支付

当今的社会是信息化的社会，社会对数据通信技术的需求正向多样化、个性化的方向发展。对于金融行业来讲，移动的实时数据交换更是业务发展的必然要求。移动支付的领域随之诞生，将成为未来几年内的社会热点，并形成巨大的市场空间。通信技术的高速发展已经开始为我们勾勒出一幅更诱人的前景，其通过无线技术实现空间上的新突破，不仅可以在任何时间而且可以在任何地点进行信息交流。可以预见，无线数据通信，作为向社会公众迅速、准确、安全、灵活、高效地提供数据信息交流的有力手段，其市场需求也将日益迫切。

14.4.1 移动支付的分类

移动支付也称为手机支付，就是允许用户使用其移动终端（通常是手机）对所消费的商品或服务进行账务支付的一种服务方式。单位或个人通过移动设备、互联网或者近距离传感直接或间接向银行金融机构发送支付指令产生货币支付与资金转移行为，从而实现移动支付功能。移动支付将终端设备、互联网、应用提供商以及金融机构相融合，为用户提供货币支付、缴费等金融业务。

根据移动支付的距离远近，我们把移动支付分为近场支付、远场支付以及连接线上与线下的 O2O 移动支付模式。近场支付主要用于交通支付、超市购物等，而远场支付主要有网上购物支付、各种缴费等。而 O2O 移动支付模式则是介于近场支付与远场支付之间的一种移动支付模式，既包括了远场支付（如网上团购），也包括了近场支付（如自动售货机购物），主要目的在于通过支付实现线上与线下的闭环，典型代表如扫描支付。

另外，根据移动支付的提供主体，可以分为银行主导的移动支付（如 M-Pesa、翼支付）和第三方支付公司主导的移动支付，如支付宝、微信支付。这里重点讨论按移动支付的距离远近分类的移动支付模式。

（1）近场支付。近场支付大部分情况可以离线交易，不需要联网。典型代表如 NFC 移动支付（谷歌钱包）。如果是基于 LBS 技术的近场支付，则需要网络来配合。

近场移动支付主要基于如下技术：一是 LBS 技术，指基于位置的服务，是由移动网络和卫星定位系统结合在一起提供的一种增值业务。利用移动网络与移动终端的配合，来获取移动终端用户的位置信息。二是 NFC 技术，指近场通信技术。三是 RFID，指射频识别技术，如翼支付的 RFID-UIM 卡，它是一种具有无线射频功能的手机卡。

在移动支付混战的过程中，基于 NFC 的移动支付逐渐表现出一定的优越性。基于 NFC 的移动支付对终端的要求太高，其普及性受到一定影响。对此，基于 NFC 的移动支付可以和基于 LBS 的移动支付配合，提高其普及性。

（2）远场支付。目前大多数移动支付表现为远场支付，典型代表如微信支付、手机银行支付、短信支付、语音支付、支付宝支付。主要通过移动互联网技术来实现支付。远场支付可以通过如下几种模式来实现：一是客户端模式，二是内嵌插件支付模式，三是手机刷卡器模式。

（3）O2O 移动支付。O2O 移动支付是连接线上与线下进行的支付，典型代表如扫描支付、基于 LBS 技术的移动支付。看见心仪的商品，扫一扫二维码，用手机完成支付后即可取走商品，这就是扫描支付，完全自主化。二维码扫描支付可以实现近场支付，也可以实现远场支付，目前二维码扫描是连接线上与线下的主要纽带。

O2O 移动支付也可以用手机刷卡器来完成，手机刷卡器是通过手机音频口与手机连接的移动配件（能够识别不同的 IC 卡）。这种终端不仅可以实现远场支付，也可以完成近场支付。

此外，Facebook 推出的 Autofill 的移动支付信息自动输入功能，使线上与线下的“互动”变得更加便捷。其运作原理如下：如果用户在 Facebook 上使用信用卡购买，那么用户的信用卡信息将会被记录，用户在使用 Facebook 账户购物时，将会自动导入其信用卡信息，使购物更加方便快捷。

最后需要说明的是：上述三种分类方法，没有严格的界限，有些支付方式，既可以实现近场支付，也可以实现远场支付，也可以是 O2O 移动支付。上述三种移动支付模式的密切组合，可以实现近场近付、近场远付、远场远付。

14.4.2　移动银行

已经有越来越多的商业人士使用包括移动电话、PDA 和笔记本电脑等在内的便捷式电子设备进行互联网访问服务。随着移动上网的爆炸性增长，移动银行将成为一种新型的服务渠道。它将最新无线通信技术与现代互联网技术相结合，为所有的用户提供随时（anytime）、随地（anywhere）、任何渠道（anyhow）的 3A 网络银行移动服务，并将自己的业务扩展到世界的每一个角落。客户利用移动通信终端，通过广阔的移动通信网络和互联网，在终端界面直接完成各种银行业务——一切尽在“掌”握。与传统银行相比，移动银行成本更低，也更易被普遍接受和采用。

移动银行又称手机银行，是利用移动电话办理银行有关业务的简称，是移动通信网络上的一项电子商务。手机银行是网络银行的派生产品之一，它的优越性集中体现在便利性上。客户利用手机银行不论何时何地均能及时交易，节省了在 ATM 机和银行窗口排队等候的时间。另外，相对于 ATM 机和柜台交易的费用而言，手机银行的转账手续费比较低廉，支付给接线中介（手机公司）的使用费也可以连同手机的每月基础资费和本身的通话费共同通过信用卡和银行账户缴纳。

移动银行服务是指通过移动通信网络将客户的手机连接至银行，实现通过手机界面直接完成各种银行业务的服务系统。首先从银行的现有电话银行和网上银行业务入手，即把原有有线电子银行服务业务转换到移动电话和 WAP 手机上，同时随着移动电话、双向寻呼机和各种掌上设备的迅速发展，移动用户不仅可以利用这些设备进行日常金融活动，如查阅债券、转账和支付账单，还可以在这些设备上安装移动嵌入式数据库，利用移动数据库的功能，定制移动用户数据库，保持其与企业数据库的双向同步，使移动数据库仅是企业数据库的一个子集，真正实现移动用户信息本地化、移动银行服务个性化。

这种结合了货币电子化与移动通信的崭新服务，丰富了银行服务的内涵，它意味着人们不仅可以在固定场所享受银行服务，更可以在旅游、出差中高效便利地处理各种金融理财业务。通过移动银行服务，消费者能够在任何时间、任何地点，通过移动电话以安全的方式访问银行，而不需亲自光临或向支行打电话。现有的可选服务涵盖了从查询账户余额、审核最新交易情况，到在账户间进行转账、支付账单，甚至通过“双卡”手机重新加载电子钱包等功能。订购者可以直接利用他们的 GSM 手机，使用特定的密码及用户友好选单，就能够完成所有操作。

14.4.3 第三方支付平台“支付宝”

支付宝（中国）网络技术有限公司是国内领先的第三方支付平台，致力于提供“简单、安全、快速”的支付解决方案。支付宝公司从 2004 年建立开始，始终以“信任”作为产品和服务的核心。旗下有“支付宝”与“支付宝钱包”两个独立品牌。其自 2014 年第二季度开始成为全球最大的移动支付厂商。

支付宝，是以每个人为中心，拥有超 4.5 亿名实名用户的生活服务平台。支付宝已发展成为融合了支付、生活服务、政务服务、社交、理财、保险、公益等多个场景与行业的开放性平台。除提供便捷的支付、转账、收款等基础功能外，还能快速完成信用卡还款、充话费、缴水电煤费。通过智能语音机器人一步触达上百种生活服务，用户不仅能享受消费打折，跟好友建群互动，还能轻松理财，累积信用。

（1）快捷支付。快捷支付是指支付机构与银行合作直连，形成一个高效、安全、专用（消费）的支付方式。在推出快捷支付之前，大部分网络支付借由网络银行完成。但网络银行存在支付成功率低、安全性低等固有问题。

快捷支付解决了上述问题，支付成功率达到 95%以上，高于网银的 65%；快捷支付用户资金由支付宝及合作保险公司承保，若出现资损可获得赔偿。2010 年 12 月，中国银行与支付宝推出第一张信用卡快捷支付。截至 2014 年 5 月，约有 180 多家银行开通快捷支付服务。在支付宝推出该业务之后，财付通、银联等第三方支付机构都推出了“快捷支付”。

（2）手机支付。2008 年支付宝开始介入手机支付业务，2009 年推出首个独立移动支付客户端，2013 年初更名为“支付宝钱包”，并于 2013 年 10 月成为与“支付宝”并行的独立品牌。用户下载安装“支付宝钱包”，使用支付宝账号登录就能使用。自 2013 年第二季度开始，支付宝用户数、支付笔数均超过 PayPal 成为全球最大支付平台，这一优势仍在不断得到强化。

（3）二维码支付。2010 年 10 月，支付宝推出国内首个二维码支付技术，帮助电商从线上向线下延伸发展空间。用户在“支付宝钱包”内，点击“扫一扫”，对准二维码按照提示就能完成支付业务。2011 年 7 月 1 日，支付宝在广州发布条码支付（Barcode Pay），适合便利店等场景使用。这是国内第一个基于条形码的支付方案，当时尚无同类支付技术。使用时，用户在“支付宝钱包”内点击“付款码”，收银员使用条码枪扫描该条码，完成付款流程。

（4）指纹支付。2014 年 7 月 16 日，移动支付平台“支付宝钱包”宣布试水指纹支付服务。这是国内首次在智能手机上开展的指纹支付尝试，此举不仅给用户带去更安全、更便捷的支付体验，也意味着国内移动支付产业从数字密码时代跨入生物识别时代。

14.5　移动电子商务安全

随着移动互联网通信技术的发展以及电子商务活动的普及，移动电子商务已成为人们生活的重要组成部分。但是在移动电子商务给人们带来便利的同时，也产生了一些新的问题，其中安全问题已成为制约移动电子商务健康发展的首要问题。互联网时代的移动电子商务不同于传统的电子商务，其安全问题更加复杂，解决难度更大。因此，如何建立一个安全稳定的移动电子商务环境对于移动电子商务的发展具有重要意义。

14.5.1　移动电子商务安全存在的问题

移动电子商务发展的基石是安全问题，相对于传统的电子商务模式，移动电子商务的安全性更加薄弱。有线网络的安全技术不能直接应用于无线设备，无线设备的内存和计算能力有限而不能承载大部分的病毒扫描和入侵检测的程序，且无线网络本身的开放性降低了安全性等原因导致移动电子商务应用过程中存在诸多安全威胁。移动电子商务主要存在的安全性问题如下。

（1）无线网络自身的安全问题。无线通信网络由于自身的限制，给无线用户带来通信自由和灵活性的同时也带来了诸多不安全因素。在移动通信网络中，移动设备与固定网络信息中心之间的所有通信都是通过无线接口来传输的。而无线接口是开放的，任何具有适当无线设备的人，均可以通过窃听无线信道而获得其中传输的消息，甚至可以修改、插入、删除或重传无线接口中传输的消息，以达到假冒移动用户身份欺骗网络信息中心的目的。同时，在有些移动通信网络中，各基站与移动服务交换中心之间的通信媒质虽然不尽相同，但相互之间的信息转换也有可能导致移动用户的身份、位置及身份确认信息的泄露。

（2）移动设备的不安全因素。移动设备的安全威胁比较复杂。由于移动设备的移动性，移动设备很容易丢失或者被破坏，势必造成安全影响，甚至安全威胁。移动设备的不安全因素主要表现在用户身份、账户信息和认证密钥丢失，移动设备被攻击和数据被破坏，SIM 卡被复制，RFID 被解密等方面。例如，不法分子取得用户的移动设备，并从中读出移动用户的资料信息、账户密码等就可以假冒用户身份来进行一些非法的活动。

（3）软件病毒造成的安全威胁。自从 2004 年第一个手机软件病毒“Cabir”（卡比尔）蠕虫病毒出现，移动设备就已经面临了严峻的安全威胁：用户信息、网络账号、银行账号和密码等被窃；传播非法信息；破坏手机软、硬件，导致手机无法正常工作；造成通信网络瘫痪。而移动设备清除病毒的相关软件才刚刚发展，不能保证所有移动设备不受病毒的侵害。同时，移动设备自身硬件性能不高，不能承载现今成熟的病毒扫描和入侵检测的程序。

（4）移动商务平台运营管理漏洞造成的安全威胁。随着移动商务的发展，移动商务平台林立。大量移动运营平台如何管理、如何进行安全等级划分、如何确保安全运营，还普遍缺少经验。移动商务平台设计和建设中做出的一些技术控制和程序控制缺少安全经验，这就需要在运营实践中对移动电子商务安全内容进行修正和完善。同时移动运营平台也没有把技术性安全措施、运营管理安全措施和交易中的安全警示进行整合，以形成一个整合的、增值的移动商务安全运营和防御战略，确保使用者免受安全威胁。

（5）移动商务应用相关法律和制度的不健全。移动电子商务是虚拟网络环境中的商务交易模式，较之传统交易模式更需要政策法规来规范其发展。现有的法律对新的电子商务模式不能有效适应，这也为移动电子商务活动带来问题，造成责任不清，无法可依。

14.5.2 移动电子商务安全技术

在有线互联网中，电子商务交易的一个重要安全保障是 PKI。PKI 现已得到了普遍的认同，在保证信息安全、身份证明、信息完整性和不可抵赖性等方面起着不可替代的作用。在无线互联网上开展电子商务是必然趋势，PKI 的系统概念、安全操作流程、密钥、证书和数字签名等同样也适用于解决无线电子商务交易安全问题，但要根据无线环境进行改进。

1. WAP 服务器和网关的证书管理

对于服务器或网关来说，微型证书格式是非常重要的。这些证书须通过无线空间传输到无线客户，并由资源有限的客户终端在可接受的时间里，进行有效的处理。同样，无线电子商务应用也需要证书撤销的能力，以保证在服务器遭到损害、泄密或被撤销时，用户不再继续用同一个不可靠的服务器进行貌似有意义的、安全的交易。

WAP 服务器/网关证书依靠移动客户设备，并在其中进行处理，而这些设备没有充足的资源或通信带宽实现在有线世界使用的撤销方法，如证书撤销列表或在线证书状态协议（online certificate status protocol，OCSP）。在这种情况下，可以使用短期证书的方法满足证书撤销的需要。在这种方法中，一个服务器或网关被认证后的有效期较长，一般为一年。在此期间，服务器或网关的密钥对保持有效。但是认证中心所颁发的公钥证书是短期的，如 24 小时，即在这一年里每天更新证书，而不是一次性颁发一年有效的证书。服务器或网关每天获取一个新的证书，并用这个证书同客户建立对话。如果认证中心希望撤销对服务器或网关的认证（如私钥遭到破坏的情况下），它只要停止颁发下一张证书就可以了。客户将不会看到一个当前有效的证书，也就停止同这个经过认证的服务器继续对话。

2. 借助网关实现 SSL 协议

当 WAP/WTLS（wireless transport layer security protocol，无线传输层安全协议）接入 Web 服务器，特别是接入已建立的、基于有线互联网的应用时，所面对的是 HTTP/SSL/

TCP/IP 环境，它必须进行转换，以保持安全协议的完整性。一般来说，除了移动客户设备携带证书的性能负担和在客户无线设备中实现 SSL 服务器证书撤销核查所产生的困难以外，在一个无线设备浏览器中实现 HTTP/SSL 是可以通过在 SSL 路径上插入一个网关功能来解决的，这个网关在 WAP/WTLS 与 HTTP/SSL 之间起到桥梁作用。在这个网关中，用一个短期微型证书代替 SSL 服务器证书，同时应用一个经过改进的、能够在正规的 SSL 服务器证书的位置使用短期微型证书的客户设备。服务器则可以是完全标准的 SSL 服务器。

3. 无线客户的数字签名

电子商务经常需要用户对交易进行数字签名，以支持不可抵赖性或交易纠纷的解决。脚本语言 WML Script Sign Text 能为 WAP 客户设备提供数字签名功能，在其他无线设备或内置的 SIM 卡中也能实现此类功能。对于这种数字签名可以采取 PKI 支持的方式，即无线客户端持有一个私钥和数字签名逻辑，但不需要存储或处理相应公钥的证书。该证书以一种目录或其他存储方式放在有线基础设施里，当一个用户的数字签名需要确认时，应用服务器可以到有线基础设施里提取和使用。使用这种方法，就不用担心证书的大小问题。在有线互联网中使用的标准 X.509 格式证书也能用于无线互联网中的客户端密钥对。这种方法的优点在于，服务器能像其确认来自有线互联网客户的数字签名时一样，应用相同的功能确认来自无线客户的数字签名。

4. 无线客户认证

在电子商务应用中，无线客户经常需要向一个无线网关或一个应用服务器证明自己的身份。例如，在银行业务中特别强调顾客在银行发布的凭证的基础上，必须证明自己的身份。一般来说，银行不会把它们对顾客的认证委托给第三方，如无线业务提供商。

在 WAP 环境中，客户/网关的认证在 WAP1.2 的 WTLS 中提供，客户/应用的认证需要比 WTLS 更高层的功能。一种办法是扩展 WAP WML Script 标准，以包括类似于 Sign Text 的客户认证功能。PKI 对于客户认证的支持方式基本上与对客户数字签名的支持相同。X.509 格式的证书存放在有线基础设施中，通过网关实现客户认证。

5. 无线环境中的加密算法

在有线互联网环境中，商用化的公钥加密技术几乎都是基于 RSA 的加密系统。在无线环境中加密技术和 PKI 系统的应用产生了一些关于更新的、被称为 ECC 的加密技术问题。ECC 能够完成同 RSA 一样的基本功能，但是需要的 CPU 能力更小，必须存储的数据项也更少，由此问题就产生了：无线环境中应当用 ECC 加密代替 RSA 吗？答案是肯定的。因为客户手持终端的处理能力有限。但是当考虑在服务器密钥对和证书中使用的加密算法时，问题的答案也许就不同了。RSA 公钥操作如在确认数字签名的使用中，需要的资源并不多于 ECC 操作需要的资源。结果是在已广泛应用的 RSA 技术基础条件下，这个行业趋向于使用 RSA。当考虑用于客户认证或数字签名的加密算法时，这个问题更有意义，因为 ECC 私钥操作（如数字签名）比 RSA 相应的操作需要的资源更少。

但是采用 ECC 的操作遇到了现实的反击，互联网数字签名确认系统是基于 RSA 的，已有的技术基础也支持采用 RSA。除非移动设备中的处理平台简化到在可接受的时间内不能完成一个 RSA 私钥操作，而使 ECC 成为一个好的选择，否则数字签名还是选择 RSA 加密算法。总之，到底采用哪种加密算法更好，应当取决于市场和技术两种因素。

14.5.3 移动电子商务安全对策

首先，我国有关部门应完善移动电子商务相关的法律和制度，从而完善产业发展模式，以构建安全的电子商务交易环境。由于移动电子商务存在于虚拟的网络环境模式下，相对传统的交易方式更需要有效的规范和制约来维持。合理的法律保障能够使商务平台具有安全性，加强交易双方的信任感，使其投入快捷的移动电子商务体系中。因此，我国应完善相关的法律法规，为移动商务的发展做出明确的导向，为其提供公平的竞争和沟通环境，使各种参与进来的团体能够合理地进行利益分配，以在技术和资金上支持我国的移动电子商务的发展。

其次，合理提高移动终端的设备，确保数据信息的安全性。为了吸引更多的人参与移动电子商务过程，必须从改善移动终端设备开始，不仅要在设计方面改进现有的方案，同时还应努力开发多功能的无线设备，从而允许较小的成本支出，提供更为快捷方便的移动电子商务服务，找出传输过程中每个薄弱环节，并采取适当的安全措施确保整个过程的安全性和准确性，从而充分提高移动电子商务的可用性和可推广性。同时，在实现数据信息传输路径的过程中，可以通过公共的加密技术来构建，这样可以真正地使交易双方达到可信交易的目的，还可以保护数据的私密性。

再次，加强移动电子商务安全的规范管理和交易主体的身份验证管理，可以有效地起到预防移动电子商务安全威胁的作用。为了确保正常的移动电子商务运作体系，我国相关部门必须建立相应的管理规范，提高移动电子商务交易双方主体的安全意识和安全防患，营造出诚信、公平、安全的整体交易价值观念。与此同时，通过对移动电子商务安全的规范管理，不仅可以提高整个交易过程中的安全系数和服务质量，而且还可以在交易过程中达成良性循环，在很大程度上促进移动电子商务的健康发展。此外，在移动电子商务的交易过程中可以精确地对交易的主体身份进行验证，通过加强身份管理认证体系，保证用户的授权准确性和访问真实性，把实名身份认证的方案运用到其中，可以不断加强移动电子商务应用过程的安全性，从而保证双方的利益不受损害。

最后，移动电子商务的核心技术是移动电子商务成功的因素之一。因此，面对日趋成熟的我国移动通信技术，还要做到不断发掘新的技术，以实现安全化交易的目标。在数字信息化时代的步伐下，要运用新的移动通信技术和更加个性化的服务和营销方法、更快速的信息管理和采集、更准确高效的移动办公体系、更安全方便的支付手段，为企业创造更多的商业利益，可以运用移动 IP 技术、无线局域网技术、蓝牙技术等多种新型技术作为行业支持的基础，用以标准化无线通信设备，以其技术领先性来适应不断变化更新的市场竞争。通过这些新技术、新手段可以更快捷、安全地为团体和个人服务，从而不断推动我国移动电子商务的飞速发展。

复习思考题

1. 移动电子商务的定义和特点是什么？
2. 推动移动电子商务发展的因素有哪些？
3. 试比较国外和国内的移动电子商务的发展现状。
4. 结合本章谈谈你对移动电子商务发展的建议。
5. 试比较移动互联网和传统互联网的区别。
6. 移动互联网的服务体现在哪些方面？
7. 移动支付的模式有哪些？请分别举例说明。
8. 移动银行的定义以及基本原理是什么？
9. 移动电子商务的安全包括哪些内容？
10. 应对移动电子商务安全问题有哪些对策？

第 15 章

电子商务是经济发展的必然趋势

本章要点： 电子商务拥有传统商务无法比拟的优势，它可以协助企业获得核心竞争力，可以帮助消费者获得更好的服务。然而，一系列深层次的问题制约着电子商务的进一步发展。正确认识这些问题，有助于我们认清电子商务的发展趋势。同样，随着互联网技术的发展，电子商务的模式在新技术的影响下不断进步，进一步促进经济发展。

15.1 电子商务的优势和价值

电子商务具有对市场变化反应迅速、成本低、高效等传统商务方式所无法比拟的优势，它加速了企业内部和外部的信息交流，突破了交易和交货形式的时空界限，大幅度提高了企业的管理素质和运作效率，降低了运营成本，有效提高了市场竞争力和影响力，同时为消费者提供了更多、更灵活的选择。

15.1.1 电子商务的优势

（1）时空优势。传统的商务是以固定不变的销售地点（即商店）和固定不变的销售时间为特征的店铺式销售。互联网上的销售通过以信息库为特征的网上商店进行，所以它的销售空间随网络体系的延伸而延伸，没有任何地理障碍。它的零售时间是由消费者，即网上用户自己决定的。因此，互联网上的销售相对于传统销售模式具有全新的时空优势，这种优势可在更大程度上、更大范围内满足网上用户的消费需求。事实上，互联网上的购物已没有了国界，也没有了昼夜之别。

（2）效率优势。电子商务具有极大的速度、效率优势。首先，电子商务可以加快生产流通速度。例如，一个产品的生产是许多企业相互协作的结果，因此产品的设计开发和生产销售可能涉及许多关联的企业，通过电子商务可以将过去信息封闭的分阶段合作方式改造为信息共享的协同工作，从而最大限度减少因信息封闭而出现等待的时间。其次，电子商务提供了更快捷的服务，通过浏览网页，就可以获得产品信息，接受企业提供的服务。因此，速度优势是传统商务所不能相比的。

（3）成本优势。与传统的商务相比，利用互联网渠道可避开传统商务渠道中的许多中间环节，降低流通费用、交易费用和管理成本，并加快了信息流动的速度。事实上，任何制造商都可以充当网上零售业中商品的提供者，能以基本价格向消费者提供商品。当投资传统商店所需要的建材和商品库存费用越来越高时，投资电子商务商店所需的电脑和电信设备却日益便宜。同时，软、硬件价格的降低使更多的消费者能以低廉的价格接入互联网，享受电子商务带来的种种好处，并进而促进电子商务的发展。

（4）个性化优势。由于互联网具有实时互动式沟通的特点，并且不受任何外界因素干扰，消费者更容易表达出自己对产品及服务的评价。这种评价一方面使网上的零售商们可以更深入了解用户的内在需求，更好地提供产品和服务；另一方面使得为用户提供个性化服务成为可能。例如，通过海尔集团的电子商务网站（http://www.ehaier.com），顾客可以按照自己的喜好定义冰箱的颜色、形状等。个性化的服务和产品将成为新一代电子商务的重要特点，并成为电子商务普及发展的内部推动力。

（5）信息优势。传统的销售在店铺中虽然可以把真实的商品展示给消费者，但对一般消费者而言，对所购商品的认识往往是很表面的，也无法了解商品的内在质量，往往容易被商品的外观、包装等外在因素迷惑。利用电子商务技术，可以全方位展示产品及服务功能的内部结构，从而有助于消费者全面地认识商品及服务。另外，信息优势还体现在通过对企业内部信息的整合和优化，改善企业信息的组织结构，加快信息流动，为企业的生产和决策提供更快、更好的数据。

（6）便捷优势。从某种意义上说，消费者花在购物上的时间会越来越少，但购物次数却会越来越频繁。特别是对于购买某些特定的商品，如原料、个人用品（书籍、礼品、特别尺寸的衣服等），移动电子商务所能提供的便利性将与日俱增。消费者可利用分散的时间，在网站上搜寻相关产品信息，进行质量和价格的比较之后，就可以方便地在家中完成交易。总之，快捷方便的查询功能、人性化的商品目录、价格比较的功能，将促进某些商品转向网上交易，特别是那些运送成本低廉、标准化、缺乏购物乐趣的商品。

（7）潜在规模大。移动电子商务目前还没有得到长足的发展，但在未来的商务活动中必将是发展的主要方向。2022 年底，我国的移动电话用户已接近 16.83 亿户，居世界第一位。显然，从电脑和移动电话的普及程度来看，移动电话远远超过了电脑。而从消费用户群体来看，手机用户中基本包含了消费能力强的中、高端用户，而传统的上网用户中以缺乏支付能力的年轻人为主。由此不难看出，以移动电话为载体的移动电子商务不论在用户规模上，还是在用户消费能力上，都优于传统的电子商务。

15.1.2 电子商务帮助企业获得核心竞争力

核心竞争力，是一个公司与其竞争对手相比较而言，能够保持较长期的优势，在经营、生产和服务方式上具有自己擅长的技术或技能。企业能否把握住时代脉搏，在竞争中胜出，取决于企业的核心竞争力。电子商务给企业提供了一个全新的建立企业核心竞争力的机会。它改变了企业经营的游戏规则，网络上的竞争不完全取决于资本的大小，小企业可以和大企业一样在同一个互联网网络上展开竞争。

电子商务帮助企业获得核心竞争力表现在以下几个方面。

（1）降低运营成本。运营成本包括信息搜寻成本、合同签订成本、监控管理成本、流程改造成本等，高昂的运营成本将直接导致利润下降，甚至导致企业运营的失败。

电子商务有能力帮助企业在线搜寻、选择和购买所需要的原材料或中间品，这意味着利用互联网渠道可避开传统商务渠道中的许多中间环节，降低流通费用、交易费用和管理成本，并加快信息流动的速度。与电子商务所带来的巨大优势相比，投资于电子商务所需的电脑和电信设备却日益便宜。

（2）与顾客和商业伙伴构建更密切的关系。信息技术提供了一种交互的、共享的平台，帮助企业与更广泛的顾客建立密切的关系。通过这个平台，企业能够直接接触到更多的消费者，有机会与他们建立良好的关系，从而提高客户的忠诚度。

电子商务平台也为企业提供了更便捷的条件去发现、联系并保持商业伙伴，建立同盟合作关系，甚至和竞争者建立良好的互动关系。这种密切的合作关系，被一些学者称为“战略性关系网络”。这种关系网络使得企业和客户、企业和企业之间的关系更有效、更灵活，交互性更强，给企业带来核心竞争力。

（3）简化业务流程。电子商务的出现，有助于帮助企业在提升传统的工作效率的同时打破传统的工作规则，并创造新的工作方式，这正是企业流程重组的核心内容，尤其是随着移动电子商务的发展，企业内部之间事务的处理效率将会有极大的提高。一个典型的例子是当把传统企业里的加工操作流程移植到互联网上之后，一部分或者全部业务流程都必须改变、合并甚至被取消。流程重组带给企业的好处包括提升工作效率、提高产品质量、降低成本等。然而，企业业务重组的关键在于如何利用信息技术实现全新的目标，如何用新的信息技术“做好当前和过去没做过的工作”。为此，需要研究新的开发方法，创造性地应用电子商务技术。

（4）推动企业的知识管理。21 世纪企业的成功越来越依赖于企业所拥有知识的质量，利用企业所拥有的知识为企业创造竞争优势和保持竞争优势对企业来说始终是一个挑战。许多公司的决策者要求信息系统部门着手进行知识管理工作。电子商务拥有信息优势，可以提供便捷、实时的信息交流平台，并在此基础上创建企业知识协作的平台。通过这个平台，企业内部的员工可以方便、快速地获得或者交流企业内的各种数据和文档，服务于决策。一个典型应用是，员工可以随时从企业数据库中查询到本公司某个产品的历史价格走向或某个公司规章的各种相关文档，以辅助其工作。

另外，电子商务有助于企业建立知识库，帮助员工更有效地使用知识。通过电子商务，信息和知识可以有效地流动，这有益于整个企业的相互合作。一些电子商务应用程序，主要是基于 Web 的信息系统，还可以极大地促进企业内部的交流和对话。例如，Intranet、企业办公系统等一方面提升了企业的工作效率，另一方面也为企业提供了内部交流的平台，促进了企业内部的沟通，提升了内部凝聚力，并推动企业信息文化的形成。

15.1.3　电子商务帮助消费者获得更好的服务

电子商务在人们的日常生活中发挥着重要的不可替代的作用，如电子邮件正以其便捷性赢得人们的青睐，并在一定程度上逐步替代传统的信纸邮件。以网络为平台的交流方式改变了人们之间的传统往来，使得人们之间的交流更加方便。而随着移动电子商务的迅速发展，人们可以更加方便地通过手机、PAD 等移动终端来了解信息，使得人们之间商务的沟通不受时间、地点影响。具体来讲，电子商务能在以下几个方面给消费者带来全新的体验。

（1）集成化的服务。商业服务的集成度正变得越来越高，这有助于用户将其注意力集中于核心应用上，并获得更有效、更便捷和更精确的服务。

客户面对的电子商务系统必须是集成的、一体化的，这种集成和一体化不仅仅是功能上的集成，还应体现在内容和数据上的全面，与此相反的是，一些现行系统是支离破碎的。功能上的集成是指客户可以通过电子商务系统来完成一系列相关的功能。比如说网上拍卖系统，客户可以通过系统输入拍卖产品的资料（包括照片、文字资料等），可以查询到历史上该产品的一般定价，可以设定拍卖起止时间，可以随时获知买家信息和最新的买家价格，可以通过在线聊天和电子邮件的形式与买家商量具体事宜等，所有相关的功能都应集成在该系统中。内容和数据的全面是指数据资料的全面性，用户通过一个系统就可以在最大范围内进行资料和信息的查找匹配。比如说在线产品的搜索，搜索库应该尽可能全面和丰富，用户不需要为了查找产品和数据，从一个系统跳到另一个系统。

（2）定制和灵活性。通过利用互联网和Web技术，如推送技术、Cookies技术、智能代理等，用户可以从企业获得定制和灵活的服务。推送技术可以根据消费者的偏好，直接将其感兴趣的新闻、广告以及其他有用的消息传送给消费者；Cookies技术对于跟踪网上用户的行踪、分析其行为模式和偏好来说非常重要；智能代理可以用于用户需求分析或者充当产品供需买卖谈判的中间件等。

（3）快速服务。享受快速的服务是客户选择商家的一个重要的原因。如果一个商家不能满足客户对服务速度的要求，必然有其他的商家满足这种要求。为了争夺并保持客户，企业必须减少客户搜索产品、选择产品、确立订单和售后服务处理的时间。任何一个环节的迟缓，将导致整个客户服务的延缓。通常服务时间的延迟是由大量的手工传递作业导致的。因此，必须构建一体化的、集成的信息系统，满足几乎整个商业运作，从接受订单、审核订单有效性、订单传递，到传递库存要求、更新库存信息、更新账目信息、要求补充存货等。在日趋激烈的竞争环境下，为了满足日益挑剔的客户，商家只有革新其商务运作的模式才可能生存和发展，这就要借助电子商务来缩减客户服务等待的时间。

（4）自助服务。有关专家指出，从某种程度上讲，电子商务就是自助服务。通过电子商务，消费者可以获得没有时间限制的自助服务。在房地产、保险、旅游、汽车购买、拍卖以及零售等行业中，客户和商家将通过网络完成商业过程，人工干预很少，自助服务大有作为。通过自助系统，客户可以查询到公司信息、产品信息、订单信息以及获得一定的技术支持，减少人工干预，使服务更加方便和快捷。

15.2 制约电子商务发展的因素

从世界范围来讲，电子商务的发展极不平衡。在发展中国家，已有越来越多的企业开始使用互联网，但时至今日，它们的电子商务依然处在一个较低的水平。即便是在发达国家，电子商务的发展也并非一帆风顺。那么，究竟是什么在制约电子商务的进一步发展呢？正确认识并理解这些存在的问题，有助于我们制定正确的电子商务发展战略并对电子商务今后的趋势和走向有一个明晰的认识。

15.2.1 电子商务环境的限制

（1）互联网基础设施建设。互联网是电子商务的基础。截至2023年6月，中国网民规模达10.79亿人，较2022年12月增长1109万人，互联网普及率达76.4%。当前网民增长进入了一个相对平稳的阶段，互联网在易转化人群和发达地区居民中的普及率已经达到较高水平，下一阶段中国互联网的普及将转向受教育程度较低的人群以及发展相对落后地区的居民。目前，随着移动互联网的繁荣发展，移动终端设备价格更低廉、接入互联网更方便等特性，为部分落后地区和难转化人群中的互联网推广工作提供了契机。

提高电子商务的基础设施建设仍然是目前需要解决的问题之一。移动电子商务需要广泛的网络覆盖，特别是在偏远地区。如果某些地区的移动网络覆盖不足，用户将难以访问电商平台，限制了市场的拓展。

（2）信息安全问题。阻碍电子商务广泛应用的一个非常严重的问题就是信息安全问题。信息安全是指信息的所有者能够控制信息，然而由于互联网自身的技术缺陷、计算机病毒的泛滥以及大量黑客的存在，消费者对电子商务活动的安全性缺乏足够的信心。随着国民经济信息化的迅速发展，人们对网络信息安全的要求越来越迫切，尤其自互联网得到普遍应用以来，信息系统的安全已涉及国家主权等许多重大问题。黑客事件和电子邮件病毒传染是造成目前信息安全问题的主要原因。

（3）隐私权保护。对于消费者而言，网上交易给个人资料带来的潜在威胁是阻碍消费者上网购物的一个重要因素。其中，最主要的问题是经营者不合理地收集消费者个人资料。这主要是指经营者收集多于实际所需的资料或者将收集到的资料用于消费者未曾预料的用途。在现实世界中，没有一个商店会要求欲进店浏览的顾客提供自己的个人信息，但几乎所有的网上经营者都要求消费者登记自己的个人资料，包括姓名、性别、电话、住址等，有些还要求提供身份证号码、收入状况。此外，由于 Cookies 等互联网技术的广泛采用，人们在网上的各种活动都在不知不觉中被服务器记载，通过对消费者在网络上访问网站、查看产品广告、购买产品等行为的跟踪，结合网络注册系统，商家就可以得出消费者的健康状况、休闲嗜好、政治倾向、宗教信仰等资料，就可以有的放矢地抢夺并挖掘客户。目前处于大数据的时代，企业掌握了大量的用户网络数据，就可以对用户的行为进行分析，把握消费者的心理状态和消费观念，从而抓住消费者的潜在需求。然而这也是对用户隐私信息的一种潜在威胁。

（4）支付系统。电子支付系统是电子商务的重要组成部分。然而，不同国家和地区的支付习惯和支付系统的发展水平不同，这可能影响电子商务的普及和便利性。不同地区和国家的用户对电子支付的接受程度和习惯不同。在一些地区，由于文化习惯或对新技术的不信任，消费者可能更倾向于使用传统的支付方式，如现金或支票。此外，在处理国际交易时，货币兑换有时会导致额外的成本和复杂性。不同国家之间的汇率波动也会影响跨境电子商务。因此，支付系统的发展和完善对于电子商务的成功至关重要。

（5）法律制度和标准。随着互联网的普及，在互联网上传播和复制资源性文件变得非常容易，互联网上的版权问题变得日益严重，在软件、音乐、电影等领域这一问题尤其突出。此外，电子商务涉及跨国贸易，不同的税收体系也给这种交易带来了一定的问题，如企业或个人有可能利用不同国家的税收差别完成交易，甚至逃避关税。同样，在电子商务技术方面也存在这种标准不统一或不兼容的情况，目前电子商务网站的技术在不同的浏览器上可能会有不同的显示页面，浏览器没有按照标准进行开发，给网页开发带来了较大的麻烦。因此，全球性的电子商务需要完善、统一的标准。

（6）物流问题。物流管理是保证企业生产经营持续进行的必要条件。企业的生产经营活动表现为物质资料的流入、转化、流出过程，一旦某一环节不能及时获取所需物资，企业正常的经营活动秩序将被扰乱。此外，物流管理决定着企业的销售情况与市场份额，企业能以何种价格提供多少品种和数量的物质产品，决定了企业满足消费者需要的能力，这一能力正是决定企业销售数量和市场占有率的关键所在。在电子商务交易中，所要求的不仅是局限在内部的物流管理分配上，对外部的协同配合有着更高的要求，从而形成了整体价值链的优化。

（7）交易诚信和社会商业信用。由于互联网具有匿名性这一特色，网上交易的诚信问题严重影响着电子商务的健康发展，这就要求建立一套和社会商业信用体系互相关联的网上信用机制。虽然中国在逐步建立信用制度管理网络和平台，但由于各个部门分割管理，存在着信息疏漏和查询困难的弊病。鉴于当前的信用状况，一些企业为了保证财务的稳健已经基本取消了对客户的信用额度，还有一些企业则通过会员制对客户进行审核和考察，自己建立一套信用管理体系。

15.2.2 企业内部问题

（1）企业信息化程度低。电子商务所要求的是相对均衡的运行环境，而不是一两个企业信息水平提高了就可以实现电子商务，它要求企业不仅仅是连接到互联网上那么简单，而是要求通过电子商务应用技术来整合企业前、后台业务，统筹内外部资源，管理、优化并实现从顾客、分销商、合作伙伴、核心企业到供应商的所有环节增值，实现供应链联盟业务协同、信息共享、管理集中，体现协同和多赢的商业目标，全面提升企业的核心竞争力与服务对象的满意度。如果企业信息化水平达不到所需的标准，就会出现一方有需求而另外一方无法响应的局面，虽然集合式电子平台可以为信息化水平低的企业提供可供交易的界面，但它却无法提供有效的后台支持，更多的只是流于形式，无法实现真正意义上的电子商务。

（2）对电子商务的错误认识。电子商务并不是无所不能的，并非可以解决一切问题。电子商务虽然代表着未来的商务方向，但毕竟才刚刚起步，很不成熟，需要探讨其盈利模式，并将潜在的用户转变成真正的顾客，这一切都不仅仅是将商务活动移到网上进行那么简单。不少开发电子商务项目的企业以吸收风险资本为目标，片面追求访问量，使企业面临极大的经营风险。正是这些尝试应用电子商务的企业投入产出之比偏低，令许多还未参与其中的企业信心不足，怀疑电子商务的优越性，以至于不愿涉足于此。

目前，对电子商务的认识还存在一种“重技术、轻商务”的现象。快速发展的信息技术给一些人造成一种错觉，那就是一旦采用了先进的信息技术，那么适当的信息管理就会自然产生，实施电子商务必将成功。然而，电子商务终究是建立在信息技术平台之上的商务活动，忽略了商务核心，忽视了信息管理的重要作用，再先进的技术也成了无本之木。

（3）用户的参与度不够。用户的参与与否直接决定着实施电子商务的成败，企业利用在线社区或网上交易平台的能力将决定它是否能够赢得市场空间，这也就给管理者带来了很大的挑战。在与潜在的用户或者顾客接触的早期，社区应该给他们比较大的自由度以吸引他们的参与。用户可能参与社区内容的生成、产品或者服务的评价以及在用户间互相咨询相关问题等。社区管理者应该对这些问题给予回答、及时查看他们发表的评论，以获得用户的认可并显示出本企业的在线社区与其他在线社区的不同之处。

（4）缺乏有效的项目管理。电子商务的建设过程涉及企业内部每个员工和终端用户，时间跨度长、参与面广，是一个充满不确定因素的过程。同时，信息系统实施的复杂性和不确定性给电子商务在企业中的推广带来了很大的困难。因此，电子商务的实施实际上也是项目管理和软件工程的结合，是一道摆在管理者面前的难题。然而，当前大部分可用的项目管理的方法多是从技术角度出发考虑问题，这给电子商务的推广带来了更多的困难。

（5）信息鸿沟。曾经被很多人争论不休的信息鸿沟确实在企业内部存在，并成为限制电子商务项目获得成功的重要因素。这是因为，通常来说，信息技术专业人员习惯从技术角度思考并解决问题，容易忽略商务的本质以及企业组织和人的因素；相反，那些业务层的伙伴常不能认识到信息技术在提高经营业绩上的潜力，或者低估了这个过程的复杂性和不确定性。例如，我们有时在商场的电子商务网站上下单购买，却需要 24 小时或者更久才能确定这个货是否真有。对于这样的商场，虽然从技术上讲实施了电子商务，但没有相应的业务流程做保证，那电子商务的意义还有多少？这就是一个极端化的信息鸿沟的例子。

15.3 中国电子商务发展的总体战略

15.3.1 指导思想

全面贯彻党的二十大精神，深入贯彻习近平总书记系列重要讲话精神，深刻领悟“两个确立”的决定性意义，增强“四个意识”、坚定“四个自信”、做到“两个维护”，牢牢把握我国有望引领全球电子商务发展的历史性机遇，按照党中央、国务院战略决策和部署，立足新发展阶段，贯彻新发展理念，构建新发展格局，推动高质量发展，以深化供给侧结构性改革为主线，以改革创新为根本动力，以满足人民日益增长的美好生活需要为根本目的，统筹发展和安全，聚焦电子商务连接线上线下、衔接供需两端、对接国内国外市场的三个定位，通过数字技术和数据要素双轮驱动，提升电子商务企业核心竞争力，做大、做强、做优电子商务产业，深化电子商务在各领域融合创新发展，赋能经济社会数字化转型，推进现代流通体系建设，促进形成强大国内市场，加强电子商务国际合作，推动更高水平对外开放，不断为全面建设社会主义现代化国家提供新动能。

15.3.2 基本原则

（1）坚持守正创新，规范发展。以创新为引领，加强电子商务领域新一代信息技术创新应用，鼓励新模式新业态发展，扩大新型数字消费，推动形成新型数字生活；坚持底线思维，健全电子商务相关法规制度，提升数字化治理水平，强化各市场主体权益保护，促进公平竞争，强化反垄断和防止资本无序扩张，加强平台企业网络和数据安全能力建设，增强电子商务在防范化解重大风险中的作用，推动电子商务持续健康发展。

（2）坚持融合共生，协调发展。做好电子商务统筹推进工作，促进线上线下、行业产业间、国内国际市场深度融合，推动电子商务全方位、全链条赋能传统产业数字化转型，形成更高水平的供需动态平衡；坚持包容审慎监管，深化相关制度改革，破除制约电子商务融合创新发展的体制机制障碍，构建资源共享、协同发展的良好生态。

（3）坚持普惠共享，绿色发展。聚焦人民共享发展成果，积极发挥平台经济、共享经济在城乡一体化和区域一体化发展中的作用，加快弥合城乡之间数字鸿沟，强化产销对接、城乡互促，促进共同富裕，让人民群众从电子商务快速发展中更好受益；践行绿色发展理念，贯彻落实碳达峰、碳中和目标要求，提高电子商务领域节能减排和集约发展水平。

（4）坚持合作共赢，开放发展。立足高水平对外开放，充分发挥电子商务集聚全球资源和要素高效配置的优势，推动相关产业深度融入全球产业链供应链，助力产业链供应链安全稳定；丰富电子商务国际交流合作层次，推进电子商务领域规则谈判，与世界各国互通、互鉴、互容，推动建立互利共赢、公开透明的电子商务国际规则标准体系。

15.3.3 发展目标

电子商务已经深入渗透到国民经济的方方面面，为培育壮大具有全球影响力的电子商务产业创造了有利条件，推动着国际电子商务大市场的形成与发展。电子商务经济正步入规模发展的阶段，成为推动经济增长和促使新旧动能转换的关键引擎。其影响全面覆盖社会发展的各个层面，不仅在经济领域发挥着显著作用，还在教育、医疗、文化、旅游等社会事业中引领着创新发展。电子商务作为一个重要平台，不仅为就业提供了新的机遇，更在改善民生、惠及城乡等方面发挥着关键性的作用。

《“十四五”电子商务发展规划》指出，2025 年，电子商务交易额要达到 46 万亿元；全国网上零售额要达到 17 万亿元；相关从业人数要达到 7000 万人。据了解，该规划阐明了“十四五”时期我国电子商务发展方向和任务，并将其归纳为七项任务：一是深化创新驱动，塑造高质量电子商务产业；二是引领消费升级，培育高品质数字生活；三是推进商产融合，助力产业数字化转型；四是服务乡村振兴，带动下沉市场提质扩容；五是倡导开放共赢，开拓国际合作新局面；六是推动效率变革，优化要素资源配置；七是统筹发展安全，深化电子商务治理。

（1）深化创新驱动，塑造高质量电子商务产业。推动电子商务产业创新，应加强技术应用创新，提高企业专利、标准、品牌、体系、专业水平，通过自主创新和原始创新提升核心竞争力，促进新一代信息技术在电子商务领域的集成创新。同时，鼓励电商平台企业拓展产学研用融合通道，推动数字技术的应用和创新。在业态方面，引导电商企业挖掘用户需求，推动新业态健康发展，如社交电商、直播电商、内容电商等，并支持数字化运营模式的发展。此外，加强数字货币研发，鼓励各类技术服务和知识产权交易平台的专业化建设。在协同创新方面，促进电商平台资源有序开放共享，加强创新链和产业链的有机结合，推动产业链上下游、大中小企业融通创新，促进区域协同发展。在绿色低碳方面，引导电商企业适应绿色低碳发展，建立绿色运营体系，推动节能环保技术设备的应用，协同推进包装绿色 SCM，规范二手电子商务，促进资源循环利用，推动绿色生产生活方式的形成。

（2）引领消费升级，培育高品质数字生活。推动数字生活消费新场景，支持企业运用 5G、人工智能、虚拟现实/增强现实（augment reality，AR）等新技术，创造多样线上消费场景，培育高新业态，提升网络消费体验。促进智慧零售，支持传统零售数字化转型，强化商业基础设施智能化升级，推广实体门店数字科技。鼓励智慧街区、商圈发展，推动智慧体育场馆建设，促进新业态健康发展。在电子商务平台方面，打造智能化电商平台，优化运营，提高供需匹配程度。关于绿色发展，健全标准规范，推动示范基地绿色转型，包装减量化、标准化、循环化。鼓励商业模式创新、智能化升级，强调服务终端建设，丰富线下数字化消费场景。在线上生活服务方面，拓展文旅、医疗、教育、体育等线上服务，提供数字内容，推动电子商务深度应用，构建“互联网+养老”模式，创新家政服务业。推动无接触交易服务，支持交通出行服务在线化、智能化，优化末端配送，提升服务能力。

（3）推进商产融合，助力产业数字化转型。推动智能制造和产业链协同发展，鼓励电子商务平台与工业互联网平台互联互通，推动制造企业实现“上云用数赋智”，培育新型智能制造模式。支持网络智能定制和协同制造服务，促进中小制造企业数字化、智能化发展。在产业链上，强调资源整合和数据共享，打通产业链协同的信息“堵点”，助力产业链、价值链、消费数字化发展。文旅商培育电子商务示范企业，拓展线上旅游销售和交易渠道，推进文化和旅游业线上线下深度融合。创新链联动发展，支持产业链上生产企业与电商平台的信息共享，实现生产企业精准营销，全面提升产销联动效率。这一系列措施旨在构建数字生活消费新场景，促使产业各方实现协同共赢，推动经济的数字化、智能化转型。

（4）服务乡村振兴，带动下沉市场提质扩容。推动农业农村产业新业态发展，强调电子商务与休闲农业、乡村旅游的深度融合，挖掘农业农村的多功能和多价值，促进乡村共享经济等新业态。重视提升农产品标准化、多元化、品牌化、电商化水平，鼓励使用新媒体进行宣传，创新产销对接方式如网络众筹、预售、领养、定制。推动农村电商与数字乡村衔接，整合政府与社会资源，推进农村电商新基础设施建设，加速农业供给侧结构性改革，引入物联网、人工智能，完善农产品安全监管。在数字供应链建设方面，培育平台和服务商，进行试点示范，支持中小企业数字化降本增效，推动中小企业深度融入供应链。衔接农村普惠金融服务，促进互联网支付、移动支付和供应链金融的应用。发展县域电商服务业，引导企业在县域建立服务机构，创新销售机制和模式，提高农产品电商销售比例。支持农村居民从事电商创业，推动特色农产品电商发展。加强农村物流体系，建设农村电商快递协同示范区，创新物流支持农村特色产业发展。这些举措旨在培育农业农村产业新业态，推动数字乡村建设。

（5）倡导开放共赢，开拓国际合作新局面。支持跨境电商高质量发展，鼓励电商平台全球化运营，优化全球电子商务基础设施，培育跨境电商服务企业，推动全球产业链数字化，推进跨境电商综合试验区建设，加快海外仓布局，强化跨境物流。在国际合作方面，深化“一带一路”共建国家电子商务合作，促进全球贸易参与，推动经验分享与人才交流。推动构建全球电子商务发展格局，制定国际规则，推动多边和双边电子商务规则谈判，加强跨境交付、个人隐私、数据流动、消费者权益等领域国内国际规则衔接。支持行业组织、企业在国际规则体系建设中发挥作用，促进数字领域规则协同，探索全球电子商务市场新规则和最佳实践。

（6）推动效率变革，优化要素资源配置。促进数据要素高水平开发利用，加强数据共享机制，推动政务数据整合共享，提升公共数据开放水平，加速国家数据资源调查和标准体系建设。释放电子商务对商务领域数据价值的引领作用，引导合法合规的数据处理活动，培育数据服务产业，规范第三方数据服务，支持电子商务企业开发数据产品。在电子商务人才市场方面，完善培养体系，加大培训力度，引导创新创业，促进中西部及农村电子商务人才市场培育。优化电子商务载体资源，深化与快递物流的协同发展，提升示范基地的服务效能，引导电子商务园区升级。多维度加强电子商务金融服务，创新金融支持政策工具，鼓励金融机构整合电子商务数据资源，增加中小微电子商务企业的金融服务供给，强化农村金融机构服务电子商务的激励约束机制，完善多层次资本市场体系。

（7）统筹发展安全，深化电子商务治理。推动电子商务法规标准体系的完善，着力修订法律法规，尤其注重数据产权制度的建立，同时规范新技术应用、市场准入、反垄断和知识产权保护。强化监管水平，构建数字化监管机制，推动线上监管和跨部门联合执法，提升反假技术创新和纠纷解决效率。推动多元共治格局的建设，加强平台自治与政府监管的协同，参与全球电子商务治理，推进全球治理体系的公正合理发展。促进电子商务行业组织建设，发挥第三方组织作用，构建国际一流的数字商业环境。

15.4 电子商务发展的新看点

研究领域的热点问题常常代表了未来的发展趋势。目前电子商务技术已经相对较为成熟，而电子商务的发展形态和未来的模式一直在变化，以下对电子商务关注的问题进行探讨。

15.4.1 物联网技术

物联网，顾名思义就是“物物相连的互联网”，它是通过 RFID、红外感应器、全球定位系统、激光扫描器等信息传感设备，按约定的协议，把任何物品与互联网连接起来，进行信息交换和通信，以实现智能化识别、定位、跟踪、监控和管理的一种网络。其中包括两层含义：第一，物联网的核心和基础仍然是互联网，是在互联网基础上延伸和扩展的网络；第二，其用户端延伸和扩展到了任何物品与物品之间，进行信息交换和通信。

物联网的实现，在电子商务上有着多方面的应用，对电子商务企业经营管理、消费者购物等方面将具有十分重要的推动作用。

（1）物流服务质量的提升。如果说当年人们所说的制约电子商务发展的三大因素还剩下什么没有解决的话，可能就是物流了。在网络营销过程中，客户投诉多集中在物流配送服务的质量上。虽然和前几年相比，现在的物流网络已经有很大的改善，但在物流服务质量上还有很多不尽如人意的地方。例如，送错目的地，物流状态网络上查询不到，送货不及时等现象时有发生。这主要是由企业和消费者对物流过程不能实时监控造成的。

物联网通过对包裹进行统一的 EPC（electronic product code，产品电子代码）编码，并在包裹中嵌入 EPC 标签，在物流途中通过 RFID 读取 EPC 编码信息，并传输到处理中心供企业和消费者查询，实现对物流过程的实时监控。这样，企业或消费者就能实现对包裹的实时跟踪，以便及时发现物流过程中出现的问题，有效提高物流服务的质量，切实提高消费者网络购物的满意程度。

（2）完善产品质量监控。在网络购物逐渐被人们接受的今天，仍有许多消费者对这种“看不见、摸不着”的购物方式望而却步。究其原因，除了网络安全、购买习惯等因素外，对产品质量的不放心也是一个主要原因。相比而言，消费者觉得在实体店那种“看得见、摸得着”的购物比较踏实。消费者的这种对网络购物商品质量的疑问在物联网中将得到有效的解决。从产品生产（甚至是原材料生产）开始，企业就在产品中嵌入 EPC 标签，记录产品生产、流通的整个过程。消费者在网上购物时，只要根据卖家所提供的产品 EPC 标签，就可以查询到产品从原材料到成品，再到销售的整个过程以及相关的信息，从而决定是否购买。彻底解决目前网上购物中商品信息仅来自卖家介绍的问题，消费者可以主动了解产品信息，而这些信息是不以卖家的意志而改变的。

（3）改善 SCM。通过物联网，企业可以实现对每一件产品的实时监控，对物流体系进行管理，不仅可对产品在供应链中的流通过程进行监督和信息共享，还可对产品在供应链各阶段的信息进行分析和预测。通过对产品当前所处阶段的信息进行预测，估计出未来的趋势或意外发生的概率，从而及时采取补救措施或预警，极大地提高企业对市场的反应能力，加快企业的反应速度。

15.4.2　区块链技术

区块链是分布式数据存储、点对点传输、共识机制、加密算法等计算机技术的新型应用模式。所谓共识机制是区块链系统中实现不同节点之间建立信任、获取权益的数学算法。

一般说来，区块链系统由数据层、网络层、共识层、激励层、合约层和应用层组成。其中，数据层封装了底层数据区块以及相关的数据加密和时间戳等基础数据和基本算法；网络层则包括分布式组网机制、数据传播机制和数据验证机制等；共识层主要封装网络节点的各类共识算法；激励层将经济因素集成到区块链技术体系中来，主要包括经济激励的发行机制和分配机制等；合约层主要封装各类脚本、算法和智能合约，是区块链可编程特性的基础；应用层则封装了区块链的各种应用场景和案例。该模型中基于时间戳的链式区块结构、分布式节点的共识机制、基于共识算力的经济激励和灵活可编程的智能合约是区块链技术最具代表性的创新点。

区块链技术的诞生为改变互联网时代寡头们对数据的垄断提供了技术的可行性。依靠区块链透明可追踪、不可篡改、无法抵赖的特点建立全新的一种数据授权和付费使用模式，每个参与方都可以根据自己的需要共享和使用数据，实现数据交易市场的高可靠性、低交易成本和多方共赢的全新商业模式。

区块链进行数据加密，结合智能合约技术帮助商家、消费者获得消费数据的所有权、控制权和收益权，建设一个高效、安全、透明的区块链生态网络连接百万计的商家和亿计的电商消费者，实现价值交换的自由流动，实现商家、消费者和品牌商的共赢合作。

区块链技术让市场自由回归中的小商家和消费者，真正解决了垄断、隐私主权等问题，生态系统中活跃的各方参与者均能从中获得激励。简单地说，就是让数据自由、安全、便捷地流通，消灭库存，让数字营销变得简单。

区块链技术正在与实体业务加速融合，如国际知名的IBM、国内的腾讯早已布局区块链+物联网。如今区块链+物联网正在向我们打开一个新世界。区块链+物联网不只是技术上的匹配，区块链的介入让物联网衍生出了无限的商业可能，具体而言可分为两个层面。

（1）最有价值的数据应用。这也可以称作被动层面的意义，即把物联网那些分布式的设备作为数据的来源地（视为一个被观测的点，而没有主动输出），只统计和验证它们所观测到的特征，综合起来加以利用。区块链加入进来之后，因为难以造假，物联网带来的数据变得更为准确和有效。例如，2016 年 10 月，GE 与爱立信合作，在 GE 云上提供基于区块链的数字指纹服务；2017 年 4 月，Cisco 公司探索如何使用区块链来登记设备标识；被三星投资的创业公司 Filament 利用区块链技术使设备独立处理付款，以及允许智能合约确保交易的可信。

（2）最“共享”的共享经济。在该层面下，终端设备不再被视为一个点存在，而是可以主动参与物联网的资源实体，有更多终端与终端之间的资源交互。而这，也造就了非实物层面的共享经济，且可能比我们通常理解的共享经济要更“共享”，事实上，滴滴打车能够比 ofo 成功，原因之一就在于其是真正的用户层面共享，但滴滴高达 20%抽成的做法给共享这件事本身造成了额外成本。

在区块链+物联网下，共享经济更为彻底，终端归属不同所有者，通过闲置资源出让获得对应的价值，且几乎没有额外成本，国外类似 Slock.it 和 OpenBazaar 都在探索构建一个普适的共享平台，依托去中介化的区块链技术，让供需双方点对点地进行交易。国内的斐讯推出的天天链 N1 也是如此，归属用户的终端闲置资源都进行了全链共享，计算能力、带宽及存储等非实体资源被共享，而区块链技术加速了各类闲置资源的直接共享，所有参与共享的用户，几乎不用付出额外成本。共享资源的出让方则能从区块链上获益，通过闲置资源计量换取其他收益。事实上，从天天链 N1 上，我们也可以看出区块链+物联网给共享经济提供了全新的思维方式，重资产、抽成等旧有模式被颠覆，低成本、快捷化、公信力强的真正意义上的点对点共享经济成型，而这，显然更符合共享双方的需求。

区块链+物联网提供了最有价值的数据，为各行各业的算法和商业模式提供着原动力。

15.5 电子商务的发展趋势

信息化是人类历史上崭新的发展，是继农业革命和工业革命之后，社会进步的一场深刻变革，符合历史发展规律。信息化的兴起是历史发展的必然趋势，而非某些国家或个人的炒作产物。回顾近年来互联网发展的历史，我们清晰地看到，电子商务本质上是信息技术不断演进的产物，也是一个持续演进的过程。从内联网、外联网到互联网，从办公自动化、管理信息系统到电子商务，电子商务的概念和内涵屡经扩充，不断丰富和发展。随着这一发展，电子商务的核心由最初对现实商务逻辑的模拟，逐渐演变为构建基于网络的经济环境，推动着更深层次的经济方式和结构的演进。换言之，电子商务如同一台高效的推进器，将我们从传统经营模式推向以网络为核心的未来经营模式。

15.5.1 新一代电子商务

初级的电子商务只是企业建立静态网站，构建产品信息库，搭建网站前端与后端订单管理与存货控制系统互相的连接。面对全球的竞争态势，企业将从初级的电子商务模式发展成为新一代的电子商务——为客户量身定制产品及服务。换言之，电子商务模式将从以厂商为中心的营运导向，转向以客户为中心的需求导向，这使得客户能够直接从一个公司的网站发出和追踪订单，并在订购过程中享有更多个性化服务和拥有更多的控制权。对于企业来说，在下一代电子商务中，企业将能通过网际网络技术，以电子化形式实时地管理其与国内外供货商的业务交流，从而为客户提供素质更佳的定制化产品及服务。

电子商务迎来下一个发展阶段，呈现出全新的特色。借助信息技术，企业可以通过根本性的业务流程调整，将企业转型为以客户为中心的模式。这一类电子商务不再局限于局部的前端信息化，而是实现了企业内部所有业务的全面整合。这种整合甚至可能涵盖整个产业链上的合作伙伴关系，以向用户提供完整一体化的服务。在这一阶段，尽管商务的基本法则并未改变，但通过电子商务，传统业务的完成速度和运营质量有望提高数倍，甚至数十倍，这使企业能够更大幅度地降低成本，更快速地捕捉市场机遇，并建立起长期、可持续盈利的商务模式。整合的程度将不仅仅限于企业内部，还将延伸至整个产业链，实现更高效的合作与服务，为用户提供更加综合、优质的体验。这一发展阶段将深刻塑造电子商务的未来面貌。

可以得出，新一代电子商务具有智能化个性化服务、跨平台无缝连接、实时互动社交整合、绿色可持续、区块链应用、实体店线上融合、物联网技术应用、安全隐私保护、快速响应灵活性、可扩展性等特点。通过整合技术，提供更智能的购物体验，加强与用户的互动，实现线上线下融合，并注重环保和隐私保护，以满足不断演进的市场需求。

15.5.2 中国未来几年的电子商务趋势

（1）直播趋势。直播商务成功将娱乐性与实时购物相融合，在中国迅速崛起为零售业中的强大销售渠道，为零售商、品牌和数字平台带来了创新的价值创造方式。起源于2016年，中国零售巨头淘宝首次提出直播商务概念，将在线直播与电商商店紧密结合，使观众能够同时观看和购物。短短七年时间内，直播商务已经迅速改变了中国零售格局，稳固了其作为主要销售渠道之一的地位。2024年，电商直播的势头将进一步壮大，淘宝直播、抖音、快手、小红书等平台将继续积累庞大的用户基础。这些平台为品牌提供了独特的机会，可通过直播展示产品、与消费者互动，并在直播过程中促成销售。观众可通过聊天功能或互动按钮参与直播，并实时购买产品，创造了具有实时互动性的购物体验。品牌可借助直播流的互动参与，展示产品功能、提供实际演示，并与观众实时互动，创造购物的紧迫感和兴奋感，从而推动销售。

（2）跨境电子商务趋势。近年来，跨境电商已经崛起成为中国电商市场的主导趋势。随着可支配收入的增加、中产规模的不断扩大，以及消费者对高品质和独特商品的追求，中国市场对国外产品的需求持续高涨。为支持这一趋势，中国政府出台了一系列支持跨境电商的政策，包括降低关税、简化通关程序以及增加进口配额等，进一步推动了跨境电商的蓬勃发展。展望未来，跨境电商有望在以后继续成为中国电商市场的重要驱动力。品牌可以采取本地化策略，调整产品、优化营销信息和客户服务，以更好地迎合中国消费者的偏好和文化特点。

（3）农村电子商务趋势。以后的农村电子商务，继续是政府引导下的重要产业。农特产品的创新、标准化，小的电子商务的企业化，将是以后农村电子商务的主要方向。农特产品的生产、包装、营销都将标准化，因为只有标准化才能规模化。而手工类的农特产品，更多需要的不是标准化，而是手工艺的创新、与时代接轨。

（4）社群电子商务趋势。微商在现在已经带动了上千万的社群电子商务玩家，社群电子商务也是阿里妈妈的变相形式，以前需要懂SEO的玩家，但在现在的移动互联网中人人都可以成为分销客。拼多多的快速崛起，完全地说明了社群电子商务的趋势到来。

（5）从KOL到KOC和COL的转变。中国电商的发展呈现从关键意见领袖（key opinion leader，KOL）向关键意见消费者（key opinion consumer，KOC）和文化意见领袖（cultural opinion leader，COL）的过渡。这是因为中国消费者在购物决策中更趋向于寻找真实、小众、有关联且与文化相关的内容。KOC和COL是对特定产品类别具有真实兴趣和专业知识的普通消费者。他们提供同行推荐、用户生成的内容和专业见解，与消费者建立共鸣、树立信任，推动互动和参与。这一演变得到中国社交媒体环境的推动，特别是短视频平台、直播和社交商务的兴起。这为KOC和COL提供了机会，使他们创作的内容更符合中国消费者在数字时代不断演进的偏好和期望。

（6）人工智能助力沉浸式购物体验

人工智能、增强现实和虚拟现实技术的快速发展正深刻改变着中国电商格局，极大地改善了消费者的在线购物体验。这些技术通过个性化推荐、沉浸式购物体验、优化客户服务、推动移动支付以及改进物流和供应链操作等方面，共同提升了购物的便利和愉悦感。中国的电商平台正在充分利用人工智能算法分析海量数据，以更准确地预测消费者行为，为其提供更相关的产品推荐，并不断优化个性化选择。增强现实和虚拟现实技术的运用创造了沉浸式的购物体验，使消费者能够虚拟试穿产品、在家中预览商品外观，甚至探索虚拟陈列室。这些技术的进步不仅重塑了消费者的行为和期望，而且在中国电商市场推动了企业更好地适应不断变化的消费者需求。展望未来，预计中国的电商市场以后将持续蓬勃发展。为了在中国零售业数字化时代保持竞争力，企业需紧跟当前趋势，灵活调整战略，积极适应这个动态和竞争激烈的电子商务市场。

电子商务的演进已经超越了纯粹的电子商务时代，商品体验、支付方式、物流速度和售后服务的升级将决定用户的选择。在商品品质参差不齐的时代，个性化的电子商务平台如网易严选、必要等展现出独特魅力，拥有更为忠诚的用户群。总的来说，不仅消费者的行为塑造着电子商务模式的发展，同时每个时代的购物方式也构成了电子商务模式演进的趋势。

15.5.3　电子商务大趋势

如今，受到技术创新、消费者期望变化以及对更加个性化和便利购物体验的需求驱动，电子商务的发展呈现出以下的趋势。

（1）全渠道策略。电商不再局限于单一平台，而是融合了线上商店、社交媒体和实体店等多渠道，以提供流畅的客户体验。

（2）移动购物的加速发展。智能手机的广泛使用促进了移动商务的发展，对企业来说，优化网站和应用以适应移动用户变得非常重要。

（3）社交媒体与电子商务的融合。社交媒体与电子商务的结合持续增长，如国内的抖音、小红书；国外的 Instagram 和 TikTok 等平台成为重要的直销渠道。

（4）个性化购物体验。定制化的购物体验根据每个客户的偏好和行为来提供，增强了客户参与和忠诚度。

（5）人工智能。人工智能技术越来越多地被用于理解购物者行为和偏好，为他们提供个性化的购物体验，并简化运营过程。

（6）增强现实和虚拟现实提升在线购物体验。这些技术通过更加沉浸的方式来可视化产品，从而增强了线上购物体验。

（7）语音搜索崛起。随着语音激活设备的普及，越来越多的用户使用语音搜索进行购物，企业需要优化其内容以适应语音搜索算法。

（8）对可持续商业实践和环保产品的需求增加。随着消费者环保意识的增强，对可持续商业实践和环保产品的需求也在增加。

（9）订阅模式兴起。基于订阅的电子商务模式帮助企业保留客户并确保稳定的收入流。

（10）影响者营销。与影响者合作成为品牌拓展受众和提升销售的关键策略。

（11）提供多样化的支付选项。提供包括数字钱包在内的多种支付选项，以迎合不同客户的偏好。

（12）用户生成内容（user-generated content，UGC）。利用用户创建的内容，如评论和社交媒体帖子，成为建立信任和吸引客户的有效手段。

（13）区块链技术的应用。区块链的应用在电子商务中成为一种趋势，为交易提供增强的安全性和透明度。

（14）无人机递送。无人机技术在物流中开始发挥主导作用，提供更快速和高效的递送选项。

（15）会话营销的普及。利用聊天机器人和AI驱动的助手与客户进行实时对话，越来越受欢迎。

电子商务经过二十几年的发展，在全世界各个国家已经生根、发芽，并开始结出丰硕的果实。精明的企业家们不断利用先进的科学技术，为人们营造越来越广阔的“电子空间”，在人们感受到由此带来的种种便捷和愉快的同时，也勾画出企业新时代的发展蓝图，酝酿着信息时代的经济腾飞。

从诸多层次来看，电子商务为我们创造了崭新的市场机会。在机会面前，谁把握得及时，谁就能成功。那么也可以预见，在未来的几年中，基于电子商务的产品和技术一定会非常明显地占据市场。相应地，及时调整方向、基于电子商务而进行投资、进行产品技术开发的企业也许能够走出市场困境，找到新的生存基点。考虑到中国美好的经济前景、巨大的贸易额以及辽阔的疆域，电子商务在中国的前程将是无限的，它必将在中国发展壮大并有力地推动中国经济的迅猛发展。这是一个不可逆转的大趋势。

符合人类进步趋势的新事物必然会得到大家的认同。电子商务就是这样一种事物，它对人类社会进行着全方位的改造，在企业竞争、政府部门、公共研究机构、教育以及娱乐等方面改变着人类相互交往的方式，为人们展示了一个全新的世界。

对于企业来说，越来越大的市场竞争压力会促使商家寻求一切可以增加销售、提高服务水平、提高效率同时缩减成本的途径来帮助企业获得更多市场份额和更高利润；对于国家来说，经济的腾飞和社会的进步都有赖于信息化的进一步建设与发展。在未来全球化竞争面前，开展电子商务是企业生存的必然方式，从而在某种意义上决定着一个国家的兴衰。因此，可以毫无疑问地讲，电子商务是历史发展的必然趋势。

复习思考题

1. 与传统商务模式相比，电子商务的优势是什么？
2. 电子商务有哪些作用？
3. 请简述制约电子商务发展的主要因素。
4. 你认为中国发展电子商务面临的主要问题是什么？应该采取什么样的对策？
5. 电子商务发展的总趋势是什么？
6. 请举出你所知道的物联网技术在电子商务中的具体应用。
7. 浅述云计算对电子商务的影响。
8. 为什么说电子商务是历史发展的大趋势？
9. 新一代电子商务的主要特点是什么？
10. 请描述你眼中电子商务的明天。

参考文献

巴恩斯 S. 2001. 电子商务与虚拟商业: 为企业插上 e 的翅膀. 王永贵, 译. 北京: 机械工业出版社.

白东蕊, 岳云康. 2019. 电子商务概论. 北京: 人民邮电出版社.

曹华莹, 刘威. 2023. 建设全国统一大市场背景下农村电子商务的深度挖掘: 基于物流网络和互联网络的实证. 商业经济研究, (21): 113-117.

陈安, 刘鲁. 2000. 供应链管理问题的研究现状及挑战. 系统工程学报, 15(2): 179-186.

陈兵. 2002. 网络安全与电子商务. 北京: 北京大学出版社.

陈德人. 2008. 中国电子商务案例精选. 北京: 高等教育出版社.

陈德人. 2017. 电子商务概论与案例分析. 北京: 人民邮电出版社.

陈恭和, 吴晨. 2001. ebXML 技术框架: 全球电子商务的革命. 中国金融电脑, (12): 8-12.

陈景艳, 苟娟琼. 2003. 电子商务技术基础. 北京: 电子工业出版社.

陈梅梅. 2001. 电子商务实务. 上海: 东方出版中心.

陈孟建, 陈奕婷, 童红斌. 2012. 电子商务网络技术基础. 北京: 电子工业出版社.

陈如刚, 杨小虎. 2000. 电子商务安全协议. 杭州: 浙江大学出版社.

陈晓红. 2001. 电子商务实现技术. 北京: 清华大学出版社.

陈拥军, 孟晓明. 2008. 电子商务与网络营销. 北京: 电子工业出版社.

陈禹. 1998. 信息经济学教程. 北京: 清华大学出版社.

丁明一. 2002. 企业电子商务基础. 北京: 电子工业出版社.

方美琪. 1999. 电子商务概论. 北京: 清华大学出版社.

高富平. 2003. 电子商务法律指南. 北京: 法律出版社.

高富平. 2004. 网络对社会的挑战与立法政策选择: 电子商务立法研究报告. 北京: 法律出版社.

郭懿美. 2004. 电子商务法律与实务. 北京: 科学出版社.

郭懿美, 蔡庆辉. 2006. 电子商务法经典案例研究. 北京: 中信出版社.

韩海雯, 宋永欣, 黎晓华. 2007. 电子商务网站规划与建设. 北京: 清华大学出版社.

郝颖, 丁月华, 文贵华. 2001. 基于 XML 的 Internet EDI. 华南理工大学学报(自然科学版), (6): 77-80.

何荣勤. 2003. CRM 原理・设计・实践. 北京: 电子工业出版社.

洪勇, 张永美, 彭万峰. 2013. 电子商务模式案例. 北京: 经济管理出版社.

胡芳, 徐赟, 詹敏学, 等. 2017. 中小企业 B2B 电子商务使用行为的探索性研究. 系统管理学报, 26(3): 473-484.

胡鸿高, 赵丽梅. 2003. 网络典型案例与法律法规汇编(国内部分). 北京: 法律出版社.

胡静. 2001. 电子商务认证法律问题. 北京: 北京邮电大学出版社.

胡凯, 宋京民, 阚志刚, 等. 2001. 网络计算新技术. 北京: 科学出版社.

黄重阳. 2001. 信息资源管理. 北京: 中国科学技术出版社.

黄晖. 2001. 驰名商标和著名商标的法律保护. 北京: 法律出版社.
黄建康. 2004. 企业电子商务管理与战略. 南京: 东南大学出版社.
黄健英, 李成岳. 2000. 解密中国电子商务. 北京: 中央民族大学出版社.
黄敏学. 2001. 电子商务. 北京: 高等教育出版社.
黄孝武. 2001. 网络银行. 武汉: 武汉出版社.
黄云森, 林强. 2000. 电子商务基础教程. 北京: 清华大学出版社.
纪香清. 2002. 网络金融实务. 北京: 电子工业出版社.
姜春林, 贾维嘉, 谷科. 2012. 实用的移动网络匿名认证协议. 小型微型计算机系统, 33(7): 1418-1421.
姜锦虎, 王刊良. 2008. 电子商务概论. 西安: 西安交通大学出版社.
姜旭平. 1998. 电子商贸与网络营销. 北京: 清华大学出版社.
矫云起, 张成海. 1996. 二维条码技术. 北京: 中国物价出版社.
柯新生. 2004. 网络支付与结算. 北京: 电子工业出版社.
兰宜生. 2007. 电子商务基础教程. 北京: 清华大学出版社.
黎新伍, 叶晗堃. 2021. 跨境电子商务运营与管理. 南京: 南京大学出版社.
李红, 梁晋. 2001. 电子商务技术. 北京: 人民邮电出版社.
李宏兵, 柴范, 翟瑞瑞. 2023. 跨境数据流动的全球态势、规则比较与中国策略. 国际经济合作, (6): 30-41, 86.
李洪心. 2006. 电子商务案例. 北京: 机械工业出版社.
李晶, 韦沛文, 陈婷婷, 等. 2016. 电子商务概论. 北京: 清华大学出版社.
李立祥, 柴跃廷, 刘义. 2010. 基于交易服务的第三方 B2B 电子商务平台模型. 清华大学学报(自然科学版), (4): 489-492.
李琪. 2000. 电子商务通览. 北京: 中国商业出版社.
李琪. 2004. 电子商务概论. 北京: 高等教育出版社.
李琪, 等. 2001. 电子商务图解. 北京: 高等教育出版社.
李琪, 彭丽芳, 王丽芳. 2017. 电子商务概论. 北京: 清华大学出版社.
李翔. 2004. 电子商务. 北京: 机械工业出版社.
李晓新, 石鉴. 2000. 电子商务. 北京: 经济科学出版社.
李扬. 2004. 数据库法律保护研究. 北京: 中国政法大学出版社.
梁晓春, 安徽. 2001. 电子商务: 从理念到行动. 北京: 清华大学出版社.
廖晓淇. 2004. 中国电子商务报告(2003 年). 北京: 经济科学出版社.
林禄苑, 李校原. 2017. 一本书搞懂农村电商. 北京: 化学工业出版社.
林萍. 2007. 电子商务案例分析. 北京: 化学工业出版社.
刘碧松, 房庆. 2004. 电子商务标准化指南. 北京: 中国标准出版社.
刘春长. 1999. 电子商务. 北京: 中国城市出版社.
刘春田. 2003. 知识产权法. 2 版. 北京: 高等教育出版社.
刘吉成, 颜苏莉, 高云杉. 2004. 企业电子商务. 北京: 经济科学出版社.
刘军, 季常煦. 2001. 电子商务系统的规划与设计. 北京: 人民邮电出版社.
刘磊, 梁娟娟. 2011. 电子商务物流. 北京: 电子工业出版社.
刘业政, 何建民, 姜元春, 等. 2016. 电子商务概论. 北京: 高等教育出版社.
卢金钟, 雅玲. 2017. 电子商务概论. 北京: 清华大学出版社.

栾斌. 2001. 电子商务与网络营销基础教程. 北京: 科学出版社.
吕廷杰. 2000. 电子商务教程. 北京: 电子工业出版社.
吕廷杰. 2011. 移动电子商务. 北京: 电子工业出版社.
马刚, 李洪心. 2016. 电子商务支付与结算. 大连: 东北财经大学出版社.
毛晶莹. 2016. 电子商务概论. 北京: 北京大学出版社.
梅绍祖, 范小华, 黎希宁. 2000. 电子商务法律规范. 北京: 清华大学出版社.
梅焰. 2008. 电子商务与物流管理. 北京: 机械工业出版社.
莫拉斯 P. 2003. 赢利模式: 电子商务成功之路. 冯雷, 译. 北京: 社会科学文献出版社.
牛东来, 张铎, 李俨. 2000. 电子商务理论与实践. 北京: 北京理工大学出版社.
欧阳峰, 陈朝荣. 2001. 电子商务技术. 北京: 中国财政经济出版社.
齐爱民, 刘颖. 2003. 网络法研究. 北京: 法律出版社.
齐华宁, 李姝. 2001. XML 技术和电子商务的发展. 辽宁大学学报(哲学社会科学版), (5): 105-108.
祁明. 2000. 电子商务实用教程. 北京: 高等教育出版社.
祁明. 2001. 电子商务安全与保密. 北京: 高等教育出版社.
钱世德, 蔡小虎, 徐迎晓. 1998. 电子商务入门. 北京: 科学出版社.
覃征. 2000. 电子商务导论. 北京: 人民邮电出版社.
覃征, 等. 2012. 移动电子商务. 北京: 清华大学出版社.
覃征, 李顺东, 韩毅, 等. 2009. 电子商务概论(英文版). 北京: 清华大学出版社.
覃征, 岳平, 田文英. 2001. 电子商务与法律. 北京: 人民邮电出版社.
瞿裕忠. 2000. 电子商务应用开发技术. 北京: 高等教育出版社.
全国人大财政经济委员会电子商务法起草组. 2016. 中国电子商务立法研究报告. 北京: 中国财政经济出版社.
全国人大常委会法制工作委员会. 2003. 计算机网络电子商务常用法律法规手册. 北京: 中国民主法制出版社.
权金娟. 2016. 移动电子商务. 北京: 清华大学出版社.
施亮. 2004. 如何进行企业电子商务管理. 北京: 北京大学出版社.
施奈德 G P. 2008. 电子商务. 成栋, 译. 北京: 机械工业出版社.
史达. 2001. 电子商务与网络经济. 大连: 东北财经大学出版社.
舒彤. 1998. 电子商务的实现途径及其发展障碍分析. 湖南大学学报(社会科学版), (4): 59-63.
司林胜. 2007. 电子商务案例分析. 重庆: 重庆大学出版社.
宋玲, 陈进, 王小岩. 2000. 电子商务实践. 北京: 中国金融出版社.
宋文官. 2007. 电子商务概论. 北京: 清华大学出版社.
苏国良. 2003. 统一域名争议解决政策: 案例与评析. 北京: 法律出版社.
孙健, 林则夫, 王稳. 2000. 试论电子商务对企业管理的挑战. 中国软科学, (8): 106-109.
孙健, 游桂云. 1999. 试论电子商务对国际贸易的影响. 经济问题, (8): 14-17.
孙铁成. 1998. 计算机与法律. 北京: 法律出版社.
汤冰勇, 陈梅梅. 2007. 中小企业电子商务之路. 北京: 清华大学出版社.
陶鑫良, 等. 2001. 域名与知识产权保护. 北京: 知识产权出版社.
特班 E, 等. 2007. 电子商务: 管理视角. 4 版. 严建援, 等译. 北京: 机械工业出版社.
特伯恩 E, 金 D, 李在奎, 等. 2016. 电子商务. 石鉴, 等译. 北京: 中国人民大学出版社.

田文英, 等. 2000. 电子商务法概论. 西安: 西安交通大学出版社.
汪应洛, 王刊良, 冯耕中. 2000. 我国电子商务对管理影响研究的现状与不足. 中国软科学, (3): 23-26.
王纪平. 2002. 电子商务法律法规. 北京: 清华大学出版社.
王京. 2000. 移动通信向第三代演进. 中国无线通信, 6(5): 9-12.
王利明. 2005. 电子商务法律制度: 冲击与因应. 北京: 人民法院出版社.
王平. 2000. 电子商务系统及其实现技术. 重庆: 重庆大学出版社.
王伟. 2014. 美国电子商务征税困境与新对策. 国际税收, (6): 47-50.
王晓喃, 钱焕延. 2011. 6LoWPAN 嵌套移动网络路由优化方案. 计算机应用研究, 28(10): 3897-3899.
王星, 郑淑蓉. 2017. 我国进口跨境电子商务运营模式比较. 商业经济研究, (13): 56-57.
王曰芬, 丁晟春. 2002. 电子商务网站设计与管理. 北京: 北京大学出版社.
魏修建, 严建援, 王焰. 2004. 电子商务物流. 北京: 人民邮电出版社.
巫宁. 2006. 旅游信息化与电子商务经典案例. 北京: 旅游教育出版社.
吴汉东, 胡开忠. 2001. 无形财产权制度研究. 北京: 法律出版社.
吴清, 刘嘉. 2008. 客户关系管理. 上海: 复旦大学出版社.
吴应良. 2003. 电子商务概论. 广州: 华南理工大学出版社.
吴应良. 2006. 电子商务概论. 2 版. 广州: 华南理工大学出版社.
徐汀荣, 黄斐. 2001. 电子商务原理与技术. 北京: 科学出版社.
许榕生, 蒋文保. 2001. 电子商务安全与保密. 北京: 中国电力出版社.
薛虹. 2003. 知识产权与电子商务. 北京: 法律出版社.
杨风召. 2011. 电子商务概论. 北京: 电子工业出版社.
杨坚争. 2008. 电子商务基础与应用. 西安: 西安电子科技大学出版社.
杨坚争, 等. 2007. 电子商务安全与电子支付. 北京: 机械工业出版社.
杨坚争, 杨晨光. 1999. 电子商务基础与应用. 西安: 西安电子科技大学出版社.
杨明一, 洪大为. 2003. 电子商务与 ERP 理论与实务. 北京: 清华大学出版社.
杨千里, 王育民. 1999. 电子商务技术与应用. 北京: 电子工业出版社.
姚国章, 伍琳瑜. 2002. 电子商务案例. 北京: 北京大学出版社.
叶立润. 2023. 农产品电商农户参与行为的影响因素研究: 基于甘肃农户微观调查数据. 商业经济研究, (21): 108-112.
余力. 2007. 电子商务个性化: 理论、方法与应用. 北京: 清华大学出版社.
恽刚, 赵少平. 2000. 电子商务完全手册. 北京: 机械工业出版社.
曾强. 2000. 电子商务的理论与实战: 全球“大局观”下的中国电子商务. 北京: 中国经济出版社.
曾强. 2001. 中国电子商务蓝皮书(2001 年度). 北京: 中国经济出版社.
曾文华. 2001. 网络信息制作与发布. 北京: 中央广播电视大学出版社.
曾小春. 2017. 电子商务管理. 2 版. 西安: 西安交通大学出版社.
曾子明. 2008. 电子商务安全与支付. 北京: 科学出版社.
张宝明, 文燕平, 陈梅梅. 2008. 电子商务技术基础. 2 版. 北京: 清华大学出版社.
张楚. 2000. 电子商务法初论. 北京: 中国政法大学出版社.
张楚. 2007. 电子商务法. 2 版. 北京: 中国人民大学出版社.
张楚. 2011. 电子商务法教程. 北京: 清华大学出版社.
张铎. 2000. 电子商务与物流. 北京: 清华大学出版社.

张福德. 2001. 电子商务导论. 北京: 科学出版社.
张基温. 2001. 电子商务信息检索. 大连: 东北财经大学出版社.
张进. 2001. 电子商务概论. 北京: 北京大学出版社.
张炯明. 2002. 安全电子商务实用技术. 北京: 清华大学出版社.
张利. 2020. 跨境电子商务. 重庆: 重庆大学出版社.
张平. 2002. 网络法律评论. 北京: 法律出版社.
张荣. 2007. 电子商务案例分析. 北京: 北京理工大学出版社.
张润彤. 2003. 电子商务概论. 北京: 电子工业出版社.
张润彤, 樊宁. 2006. 网格就是商务. 北京: 北京交通大学出版社.
张润彤, 石声波. 2009. 电子商务管理. 北京: 首都经济贸易大学出版社.
张润彤, 田佳丽. 2012. 移动商务安全. 北京: 经济管理出版社.
张润彤, 周建勤. 2008. 电子商务物流管理. 大连: 东北财经大学出版社.
张润彤, 朱晓敏. 1999. 电子商务. 北京: 北京出版社.
张润彤, 朱晓敏. 2002. 知识管理学. 北京: 中国铁道出版社.
张润彤, 朱晓敏. 2008. 移动商务概论. 北京: 北京大学出版社.
张润彤, 朱晓敏, 等. 2011. 服务科学概论. 北京: 清华大学出版社.
张思光, 张延君. 2016. 电子商务概论. 北京: 清华大学出版社.
张夏恒. 2017. 跨境电商类型与运作模式. 中国流通经济, 31(1): 76-83.
张新宝. 2003. Internet 上的侵权问题研究. 北京: 中国人民大学出版社.
张云龙, 王延清. 1999. 电子商务原理与应用. 南京: 南京大学出版社.
张卓其, 史明坤. 2002. 网上支付与网上金融服务. 沈阳: 东北财经大学出版社.
赵博. 2014. 中国电子商务信用法律体系的完善. 学习与探索, (3): 71-74.
赵立平. 2000. 电子商务概论. 上海: 复旦大学出版社.
赵卫东, 黄丽华. 2006. 电子商务模式. 上海: 复旦大学出版社.
赵杨, 宋倩, 叶少霞, 等. 2014. 云计算环境下的电子商务服务平台构建与运行机制研究. 情报科学, 32(2): 7-10, 20.
赵祖荫, 张瑜, 赵卓群. 2008. 电子商务网站建设教程. 北京: 清华大学出版社.
郑适. 2010. 中国 B2B 电子商务的发展与障碍. 北京: 中国经济出版社.
郑友敬, 派普 R. 1999. 中国电子商务的发展与决策. 北京: 中国财政经济出版社.
周建国, 等. 2001. 电子商务的营利模式. 北京: 中国国际广播出版社.
周树清, 等. 2004. 电子商务情景案例. 北京: 中国国际广播出版社.
周一鹿. 2002. 电子商务网站建设与管理. 重庆: 重庆大学出版社.
周忠海. 2000. 电子商务法导论. 北京: 北京邮电大学出版社.
朱夫昌. 1993. 电子货币概论. 北京: 中国金融出版社.
朱稼兴. 1995. 电子数据交换与信息高速公路: EDI and NII. 北京: 北京航空航天大学出版社.
朱稼兴. 1998. 电子商务: E-BUSINESS. 北京: 北京航空航天大学出版社.
朱晓敏, 刘红璐, 黄磊, 等. 2013. 电子商务管理. 北京: 电子工业出版社.
朱晓敏, 张润彤. 2010. 知识管理导论. 北京: 高等教育出版社.
左美云. 2008. 电子商务项目管理. 北京: 中国人民大学出版社.
Kalakota R, Whinston A B. 2000. 电子商务管理 • 技术 • 应用. 查修杰, 等译. 北京: 清华大学出版社.

Weadock G E. 1998. 如何建立小型企业商务网. 韩智芳, 等译. 北京: 电子工业出版社.

Akter S, Wamba S F. 2016. Big data analytics in e-commerce: a systematic review and agenda for future research. Electronic Markets, 26(2): 173-194.

Andoh-Baidoo F K, Osei-Bryson K M, Amoako-Gyampah K. 2012. Effects of firm and IT characteristics on the value of e-commerce initiatives: an inductive theoretical framework. Information Systems Frontiers, 14(2): 237-259.

Bielawski L, Boyle J. 1997. Electronic Document Management Systems. Upper Saddle River: Prentice Hall.

Cameron D. 1999. Electronic Commerce: The New Business Platform for the Internet. Charleston: Computer Technology Research Corporation.

Chen Y, Zhang R, Zhang S. 2012. Service encapsulation based model for smart campus. Journal of Electronic Commerce in Organizations, 10(4): 31-41.

Chiu C M, Wang E T G, Fang Y H, et al. 2012. Understanding customers' repeat purchase intentions in B2C e-commerce: the roles of utilitarian value, hedonic value and perceived risk. Information Systems Journal, 24(1): 85-114.

Choo C W, Detlor B, Turnbull D. 2000. Web Work: Information Seeking and Knowledge Work on the World Wide Web. The Netherlands: Kluwer Academic Publishers.

Deitel H M, Deitel P J, Steinbuhler K. 2001. E-business and E-commerce for Managers. Upper Saddle River: Prentice Hall.

Fu T, Chen Y, Qin Z, et al. 2013. Percolation on shopping and cashback electronic commerce networks. Physica A: Statistical Mechanics and Its Applications, 392(12): 2807-2820.

Greenstein M M, Ray A W. 2002. Holistic, continuous assurance integration: e-business opportunities and challenges. Journal of Information Systems, 16(s-1): 1-20.

Ho S C, Chen J L. 2023. Developing the e-commerce competency for entrepreneurship education from a gamified competition. The International Journal of Management Education, 21(1): 100737.

Hsu C L, Lin J C C, Chiang H S. 2013. The effects of blogger recommendations on customers' online shopping intentions. Internet Research, 23(1): 69-88.

Hu W C, Yang C H T, Yeh J H, et al. 2008. Mobile and electronic commerce systems and technologies. Journal of Electronic Commerce in Organizations, 6(3): 54-73.

Huang Z, Benyoucef M. 2013. From e-commerce to social commerce: a close look at design features. Electronic Commerce Research and Applications, 12(4): 246-259.

Jung S J, Myllylä R, Chung W Y. 2013. Wireless machine-to-machine healthcare solution using Android mobile devices in global networks. IEEE Sensors Journal, 13(5): 1419-1424.

Kalakota R, Whinston A. 1997. Electronic Commerce: A Manager's Guide. Boston: Addison-Wesley Professional.

Kim K, Chung B S, Jung J Y, et al. 2013. Revenue maximizing itemset construction for online shopping services. Industrial Management & Data Systems, 113(1): 96-116.

Kosiur D R. 1997. Understanding Electronic Commerce(Strategic Technology Series). Seattle: Microsoft Press.

Kraemer K L, Dedrick J, Yamashiro S. 2000. Refining and extending the business model with information technology: Dell computer corporation. The Information Society, 16: 5-21.

Laudon K C, Traver C G. 2020. E-commerce 2019: Business, Technology, Society. London: Pearson.

Lee J S, Lin K S. 2013. An innovative electronic group-buying system for mobile commerce. Electronic Commerce Research and Applications, 12(1): 1-13.

Leonard L N K. 2012. Attitude influence in C2C e-commerce: buy and selling. Journal of Computer Information Systems, 52(3): 11-17.

Leymann F, Roller D, Schmidt M T. 2002. Web services and business process management. IBM Systems Journal, 41(2): 198-211.

Li D D, Zhang R T, Wang C C. 2012. Efficient group key management scheme with hierarchy structure. Chinese Journal of Electronics, 21(2): 249-253.

Lin H Y, Wu T, Huang S, et al. 2012. An efficient strong designated verifier proxy signature scheme for electronic commerce. Journal of Science and Engineering, 28(4): 771-785.

Lin J B, Luo X, Li L, et al. 2023. Unraveling the effect of organisational resources and top management support on e-commerce capabilities: evidence from ADANCO-SEM and fsQCA. European Journal of Information Systems, 33(3): 403-421.

Liu H, Wang C. 2012. The e-commerce system and its evaluation of manufacturing. Advanced Materials Research, 542/543(6): 469-472.

Lucas J P, Luz N, Moreno M N, et al. 2013. A hybrid recommendation approach for a tourism system. Expert Systems with Applications, 40(9): 3532-3550.

Luo N. 2022. Innovation of e-commerce development model under the background of artificial intelligence and wireless communication. Wireless Communications and Mobile Computing, 2022: 8572911.

Molinillo S, Liébana-Cabanillas F, Anaya-Sánchez R. 2018. A social commerce intention model for traditional e-commerce sites. Journal of Theoretical and Applied Electronic Commerce Research, 13(2): 80-93.

Nicolaou A I, Ibrahim M, van Heck E. 2013. Information quality, trust, and risk perceptions in electronic data exchanges. Decision Support Systems, 54(2): 986-996.

Nugent D. 2000. E-commerce: an Rx for organizational pain. Health Management Technology, 21(10): 32-37.

Oestreicher-Singer G, Sundararajan A. 2012. Recommendation networks and the long tail of electronic commerce. MIS Quarterly, 36(1): 65-83.

Oreku G S, Mtenzi F J, Ali A D. 2013. A viewpoint of Tanzania e-commerce and implementation barriers. Computer Science and Information Systems, 10(1): 263-281.

Peng X, Li X, Yang X. 2022. Analysis of circular economy of e-commerce market based on grey model under the background of big data. Journal of Enterprise Information Management, 35(4/5): 1148-1167.

Perkins C. 1996. IP Mobility Support(No. RFC 2002). New York: IBM.

Shang X P, Zhang R T, Chen Y. 2012. Internet of things IOT service architecture and its application in e-commerce. Journal of Electronic Commerce in Organizations, 10(3): 44-55.

Shang X P, Zhang R T, Chu F Z. 2013. An inter-PAN mobility support scheme for IP-based wireless sensor networks and its applications. Information Technology and Management, 14(3): 183-192.

Shiau W L, Dwivedi Y K. 2013. Citation and co-citation analysis to identify core and emerging knowledge in electronic commerce research. Scientometrics, 94(3): 1317-1337.

Shih H Y . 2012. The dynamics of local and interactive effects on innovation adoption: the case of electronic commerce. Journal of Engineering and Technology Management, 29(3): 434-452.

Sullivan Y W, Kim D J. 2018. Assessing the effects of consumers' product evaluations and trust on repurchase intention in e-commerce environments. International Journal of Information Management, 39: 199-219.

Wang H F, Wu C T. 2012. A strategy-oriented operation module for recommender systems in e-commerce. Computers & Operations Research, 39(8): 1837-1849.

Wang X N, Mu Y. 2013. A secure IPv6 address configuration scheme for a MANET. Security and Communication Networks, 6(6): 777-789.

Warkentin M, Sugumaran V, Sainsbury R. 2012. The role of intelligent agents and data mining in electronic partnership management. Expert Systems with Applications, 39(18): 13277-13288.

Whang L S M, Lee S J, Chang G. 2003. Internet over-users' psychological profiles: a behavior sampling analysis on Internet addiction. CyberPsychology & Behavior, 6(2): 143-150.

Whinston A B, Choi S Y, Stahl D O. 1997. The Economics of Electronic Commerce. New York: Macmillan Technical Publishing.

Wigand R T. 1997. Electronic commerce: definition, theory, and context. The Information Society, 13(1): 1-16.

Yen B P C, Ng E O S. 2002. Migrating procurement onto the Internet. Electronic Commerce Research, 2(1/2): 113-134.

Zhang R, Zhang J, Zhang Z, et al. 2012. Enterprise Information Systems. Heidelberg: Springer-Verlag.

Zhang Y, Deng X, Wei D. 2012. Assessment of e-commerce security using AHP and evidential reasoning. Expert Systems with Applications, 39(3): 3611-3623.

Zhu X M, Shang X P, Wang C C, et al. 2013. MOTP: an identity authentication scheme for m-commerce. Chinese Journal of Electronics, 22(1): 146-150.